普通高等教育“十三五”规划教材

U0965174

公共关系理论与实务

第3版

张建新　房桂芝　雷焕贵　杜　娟　主编

中国农业大学出版社
·北京·

内容简介

本书主要内容尽可能吸收国内外公共关系学界的最新成果和理念。全书由公共关系概述、公共关系的起源与发展、公共关系的职能、公共关系主体、公共关系客体、公共关系传播理论与媒介、公共关系的工作程序、公共关系专题活动、公共关系危机管理、公共关系演讲与谈判、公共关系文书写作、公共关系礼仪、政府公共关系、企业公共关系等十四章构成，既包括了公共关系基本理论，也包含了公共关系的具体实务和部分部门公共关系。在体例上每章由导引案例引出本章的主要内容，依据知识点再设置案例和思考题，力求理论学习与实务实践的统一。本书既可以作为各类高等院校的教学用书，也可以作为公共关系从业人员的参考读本。

图书在版编目(CIP)数据

公共关系理论与实务 / 张建新等主编. —3 版. —北京：中国农业大学出版社，2019.6

ISBN 978-7-5655-2210-9

Ⅰ.①公… Ⅱ.①张… Ⅲ.①公共关系学 Ⅳ.①C912.31

中国版本图书馆 CIP 数据核字(2019)第 090880 号

书　　名　公共关系理论与实务

作　　者　张建新　房桂芝　雷焕贵　杜　娟　主编

策划编辑　梁爱荣　　**责任编辑**　梁爱荣

封面设计　郑　川

出版发行　中国农业大学出版社

社　　址　北京市海淀区学清路甲 38 号　　**邮政编码**　100083

电　　话　发行部 010-62818525，8625　　读者服务部 010-62732336

编辑部 010-62732617，2618　　出　版　部 010-62733440

网　　址　http://www.caupress.cn　　**E-mail** cbsszs@cau.edu.cn

经　　销　新华书店

印　　刷　涿州市星河印刷有限公司

版　　次　2019 年 6 月第 3 版　2019 年 6 月第 1 次印刷

规　　格　787×980　16 开本　24 印张　440 千字

定　　价　56.00 元

第3版编写人员

主　　编　张建新　房桂芝　雷焕贵　杜　娟

副 主 编　舒永久　袁修雨　万蓬勃

编写人员　（按姓氏拼音排序）

杜　娟（山西农业大学）

房桂芝（青岛农业大学）

郝志瑞（山西农业大学）

雷焕贵（山西农业大学）

石昱岑（内蒙古农业大学）

舒永久（四川农业大学）

万蓬勃（青岛农业大学）

袁修雨（安徽农业大学）

张建新（内蒙古农业大学）

第2版编写人员

主　编　舒永久　房桂芝　郝卯亮
副主编　黄洪雷　雷丽君　张建新　颜怀坤
参　编　袁修雨　杜　娟

第1版编写人员

主　编　舒永久　房桂芝
副主编　郝卯亮　高贵如　黄洪雷　雷丽君
　　　　张建新　颜怀坤
参　编　袁修雨

第3版前言

公共关系作为组织的一项重要管理手段，无论是从职业角度还是学科角度，无不紧跟时代的步伐而不断创新。十年前，多所农业高校的公共关系学者在中国农业大学出版社促成之下，组成了以四川农业大学舒永久老师为首的编写团队，编写出版了主供农业高校使用的《公共关系学》教材，并于2011年进行了第2版修订。十年来，教材获得了师生较高的评价和较广泛的使用。但公共关系的理论与实务较以前有了很大的发展创新，尤其是传播的方法手段等受到新媒体发展的影响，有了很大的变化，教材再次修订势在必行。但非常遗憾，舒永久老师由于工作繁忙，抽不出时间来主持修订工作，出版社委托我来牵头，我深感责任重大而又力所不逮，好在还有我们团结合作的优秀团队，虽有几位老师因故不再参与，但又有新鲜血液加入，大家历时半年多合力完成了修订工作。此次修订，尽可能吸收国内外公共关系学界的最新成果和理念，采用了全新的案例，尽量满足教学需要。本次修订立足于第1版和第2版的基础之上，保留原版的风格和特点，但在章节结构上进行了较大的调整。第3版教材章节设为14章，将原来的部分章节进行了拆分和重组，增设了部分部门行业公共关系章节，便于使用者按专业选择教学。

本书列入中国农业大学出版社“普通高等教育‘十三五’规划教材”，是在2008年第1版、2011年第2版的基础之上修订而成。本次修订由主编张建新编写大纲并进行统稿工作，主编房桂芝、雷焕贵、杜娟三位老师协助统稿，各章节编写人员分工如下：张建新（内蒙古农业大学，前言，第11章）、房桂芝（青岛农业大学，第1章、第12章）、雷焕贵（山西农业大学，第2章，第3章）、杜娟（山西农业大学，第8章，第14章）、舒永久（四川农业大学，第7章，第10章）、万蓬勃（青岛农业大学，第4章，第5章）、郝志瑞（山西农业大学，第6章）、袁修雨（安徽农业大学，第9章）、石昱岑（内蒙古农业大学，第13章）。

在本次修订过程中，编者参阅了国内外公共关系学方面的著作、教材和最新的学术刊物，从中得到很大启示和帮助，由于篇幅的关系，未一一列明，在此对原作者表示衷心的感谢！感谢修订团队所有人员的努力！感谢中国农业大学出版社的大力支持和帮助！

由于修订时间仓促，加之水平有限，书中缺点和错误在所难免，恳请广大读者批评指正。

张建新

2019 年 2 月

第2版前言

斗转星移，光阴似箭。自本书2008年第1版出版以来，不经意间已过3年。虽然公共关系学有着自身的界定范畴、理论框架、概念体系和实践操作方法，但国际、国内公共关系理论与实务都在不断发展。通过此次修订，一方面使本书尽可能包括当前国内外公共关系学的最新发展和研究成果，展现一些全新的案例，使全书的理念和思想与时俱进，跟上时代的步伐，及时反映时代的特征，更好地满足教学的需要。另一方面，希望通过修订来剔除或弥补第1版之中的不足，使教材质量更上一个台阶，这也是全体编写人员肩上的担子和责任。从当代国内外公共关系发展来看，注重公共关系实务是该学科发展的重要方向。基于这一思路，本次修订基本保留了第1版的风格、特点和体系结构，章节由原来的10章增加为11章。并在修订内容中特地增加了“CIS与组织形象”一章，以阐明公共关系在实践上注重企业形象和如何提升企业形象，从而为公共关系实践模式提供必要的理论和实践基础。另外，在一些章节中还增加和补充了许多新的内容，如在第3章中对“公共关系客体”的相关内容增加了公众心理分析等内容，结合目前的实际进行了更为全面、深入的阐述；第11章中，对国际交往的公关礼仪进行了补充；等等。

本次修订由主编舒永久、房桂芝、郝卯亮三位老师编写大纲并进行统稿工作，各章节编写人员及编写情况如下：舒永久（四川农业大学，前言、第5章）、房桂芝（青岛农业大学，第1章、第11章）、黄洪雷（安徽农业大学，第2章）、雷丽君（山西农业大学，第3章）、郝卯亮（山西农业大学，第4章，第6章）、杜娟（山西农业大学，第7章）、袁修雨（安徽农业大学，第8章）、颜怀坤和舒永久（四川农业大学，第9章）、张建新（内蒙古农业大学，第10章）。

感谢所有读者的厚爱，感谢出版社所有工作人员的支持，感谢所有编写人员的努力！

作者

2011年11月

第1版前言

公共关系作为一种新兴的职业、一门新兴的学科，于20世纪初发端于美国。公共关系学是当今科学高度发展的产物，它综合了新闻学、传播学、经济学、管理学、社会学、心理学、人际关系学、语言学、美学、信息论等现代科学知识，是现代空前复杂的经济活动的延伸，是一门新兴的软管理科学，是当代管理学研究领域最活跃的实践性学科之一。目前它在整个世界范围内受到了极为广泛的重视，并被广泛地应用于社会的各个领域。企业、政府、学校、公益组织以及各种社团纷纷展开各种公共关系活动，扩大社会影响，建树良好的公众形象，为组织的生存和发展营造良好的社会氛围。

随着我国改革开放的深入和社会主义市场经济的发展，公共关系于20世纪80年代初进入中国大陆，到20世纪90年代发展得比较成熟，经历了从沿海地区向内陆发展，从人们不认识、不熟悉到逐渐认识、熟悉，从怀疑到推崇，再从狂热到理性回归的不平凡历程。我国改革开放以后从发达国家学习和研究公共关系学，众多公共关系专家和学者立志创建有中国特色的公共关系理论体系，既促进了公共关系学在我国的发展，又推动了改革开放和现代化建设事业。

首先，公共关系是一种观念或意识。它作为一种现代文明的思想观念和市场竞争的形象战略更加引起社会的关注和广大公众的浓厚兴趣，正在为社会主义物质文明和精神文明建设发挥积极的作用，在实现党和国家全面建设小康社会的奋斗目标过程中将发挥极为重要的作用。随着社会主义市场经济体制的建立，现代组织所处的社会环境越来越复杂，它们对组织顺利发展的影响力越来越大。组织机构如何在复杂、活跃的经济活动和激烈竞争中立于不败之地，如何改善、协调社会组织的内外关系，建树组织良好的信誉和形象，使组织处于天时、地利，尤其是人和的发展环境中，公共关系显得越来越重要，并已成为现代组织的战略管理要素。今天，各行各业开始注重形象管理，追求无形资产，企业文化、品牌形象、全员公关得到了史无前例的关注。

其次，公共关系是一种实践活动或实务活动。它根据科学发展、社会和谐这一发展中国特色社会主义的基本要求，通过公共关系调查研究、编制公共关系实施计划，从而确立公共关系实务目标、选择公众对象、挑选运用传播方式、正确处理实施过程中的公众关系，以科学的公共关系运作模式和技巧达到最佳的公共关系效果，完成塑造组织良好形象的任务。

再次，公共关系是软性的信息沟通工作。它通过公共关系调查获取信息，经过处理，及时、准确预测环境变化，向公众有效传递信息，实现组织与公众双向交流、沟通，最终达到获得公众的理解、信任、合作与支持，为自己创造良好的生存和发展环境，实现"内求团结、外求发展"的目的，以此进一步完善组织的机制，促进公共关系的良性运行。

再其次，公共关系是广结人缘的工作艺术。它立足于组织的长远效益，注重于情感交流、心灵沟通，以此取得公众对组织的了解、理解、信任与支持，建立组织与公众和谐的合作关系，使组织赢得公众、占领市场、创造市场，获得最佳的经济效益和社会效益，增强组织的实力，促进组织的蓬勃发展，这是组织的立身之本。

最后，公共关系是塑造组织形象的重要手段。它运用各种传播手段，主要是现代大众传播媒介，广泛宣传组织形象，扩大组织的知名度和美誉度，加大信誉投资的力度，使组织在竞争中立于不败之地。

任何一次成功的公共关系实务活动离不开公共关系知识和技巧，这是实现公共关系目标的有力保证。本教材力求比较全面、系统地阐述公共关系的基本知识和操作技术，以提高组织公共关系的运作水平，力争取得最佳的公共关系效果。本教材在体系结构上，重点介绍了公共关系的基本理论和实务技巧，重点介绍了公共关系的基本概念、内涵、兴起与发展、公共关系的基本要素、职能与原则、工作程序、公共关系专题活动、公关谈判与演讲、公共关系文书写作和公关礼仪等内容。

本教材是针对高校的教学特点，并吸收当今国内外最新的公共关系理论和研究成果编写的。本书特点在于：在体系上力求简明扼要，避免贪多求全；在内容上注重实用性和技能的培养，力求理论与实际相结合，明确目标性和启发性，突出综合性及与其他学科的衔接性；在理论阐述上繁简得当，案例分析典范，作为教材可给予任课教师以充分发挥和创造的空间。

我国的公共关系事业方兴未艾，正在向广度和深度发展。作为组织的工作人员，特别是从事管理、金融、财政、外贸、商业、教育等工作的人员，应该通过公共关系理论的学习，掌握其基本技能，以便在实践中不断提高自己的公关能力，在组织发展和个人成功中发挥其价值和作用。《公共关系理论与实务》一书将向广大读者全面介绍公共关系的基本知识和实用技巧。本书可作为高等院校学生必修课或选修课教材，也可作为公共关系培训教材，并实用于企业管理人员和专职公关人员自学用书。它能帮助热心于公共关系事业的读者自学成才，推动我国公共关系实践向更新、更高的层次发展。

本书于 2007 年初由中国农业大学出版社发起，邀请众多工作在高校公共关系教学一线的教师参加编写，由主编舒永久、房桂芝两位老师编写大纲和进行统稿工作，各章节编写人员及编写情况如下：舒永久（四川农业大学，前言、第 5 章）、房桂芝（青岛农业大学，第 1 章、第 10 章）、黄洪雷（安徽农业大学，第 2 章）、雷丽君（山西农业大学，第 3 章）、郝卯亮（山西农业大学，第 4 章）、高贵如（河北农业大学，第 6 章）、袁修雨（安徽农业大学，第 7 章）、颜怀坤（四川农业大学，第 8 章）、张建新（内蒙古农业大学，第 9 章）。

从某种意义上说，市场经济不仅是法制经济，而且是公关经济。党的十七大报告明确指出，当今世界正在发生广泛而深刻的变化，当代中国正在发生广泛而深刻的变革。机遇前所未有，挑战也前所未有，机遇大于挑战。全党必须坚定不移地高举中国特色社会主义伟大旗帜，带领人民从新的历史起点出发，抓住和用好重要战略机遇期，求真务实，锐意进取，继续全面建设小康社会、加快推进社会主义现代化，完成时代赋予的崇高使命。让我们共同努力，在全面建设小康社会过程中共同建设好公共关系学这门新型的应用学科。本教材在编写过程中，得到了中国农业大学出版社和众多兄弟院校的领导及老师的大力支持，教材中借鉴和参考了大量国内外公共关系专家学者的文献资料，在此表示衷心的感谢。由于编者水平有限，书中难免有诸多不足和疏漏之处，敬请有关专家学者和广大读者批评指正。

舒永久

2007 年 9 月

目　录

第一章

公共关系概述

导入案例

这就是公关

北京长城饭店是中国第一家中外合资的五星级饭店。1984 年,长城饭店试营业期间,为了提高饭店的知名度和美誉度,饭店聘用美国的露西·布朗女士担任公关部经理。当时人们对公共关系很陌生,不知道什么是公共关系,服务员的公关培训也无从下手。恰巧,有一天一位服务员在打扫房间时,发现客人的床头摊放着一本书,她没有挪动书的位置,也没有信手把书合上,而是细心地在书摊开的地方夹进了一张小纸条,以起书签的作用。客人回来后发现了放在原处的书和书中的纸条,十分满意,不仅将此事告诉了几天后来的几十名同事和她所认识的其他朋友,而且还找到布朗女士说:"你们的服务真周到!"并将书中夹纸条的事告诉了布朗女士。布朗女士在随后召开的员工会议上说,把小纸条夹入客人看了一半的书中,这就是公共关系。

分析以上案例,理解公共关系在实践中的应用。

什么是公共关系?这是学习研究公共关系首先要解决的问题之一。公共关系诞生于 20 世纪初美国,第二次世界大战结束后在全世界迅速推广,许多国家已经把公共关系广泛地应用于政治、经济、军事、文化等社会生活的各个领域,以指导各类社会组织的实践活动。作为一门新兴的管理科学和艺术,公共关系于 20 世纪 80 年代随着改革开放的浪潮涌入中国。在短短几十年的时间内,公共关系在现代社会组织中发挥着越来越大的作用,成为社会组织在社会竞争中立于不败之地不可缺少的一个组成部分，公关作为一种职业也成为社会所需求和现代许多年轻人热衷的职业之一。公共关系以其独特的魅力在组织经营管理、市场营销、大众传播等领域发挥着独特的作用，被越来越多的管理者特别是企业家所重视和认可。

第一节 公共关系的概念

"公共关系"一词是"舶来品"，是英文"Public Relations"的中文译称。Public既可作形容词，译为"公共的"，即属于社会的，而不是个人的；又可作为名词，译为"公众"，即社会群体。Relations中文译为"关系"，是公众、群体之间的关系，我们开展一个活动，推广某种产品是有特定对象的，而不是属于全社会的，因此，将"Public Relations"翻译为"公众关系"更准确。由于"公共关系"已广为流传，成为一个约定俗成的特定概念，人们就沿用了"公共关系"这个译法，"公共关系"简称"公关"，英文缩写为P·R。

一、公共关系的定义

定义是认识事物的起点，自20世纪初公共关系成为一门学科以来，理论界从未停止对公共关系核心概念的探究，但迄今为止，仍未达成共识性的理解，不同的学者从不同的角度定义公共关系，使得公共关系的定义异彩纷呈，这已经构成了公共关系理论研究的一个重要内容，了解和把握公共关系的这些基本概念，是我们学习和应用公共关系的基础。

(一)众说纷纭的公共关系定义

公共关系的定义应如何界定？目前还没有一个世界公认的看法，1993年出版的《中国公共关系大词典》列举了29种公关定义，最终依然强调"迄今为止国际间还没有一条得到所有方面一致确认的权威性的公共关系定义"。总之，目前人们对公共关系的定义已有上千条之多，但归纳起来，大体分为以下几种观点。

(1)管理说。这种观点认为公共关系是一种管理职能，突出公共关系的管理属性，代表人物是哈洛博士。1976年美国学者哈洛博士在美国公共关系研究和教育基金会的赞助下，查阅了有关公共关系的各种书籍、杂志，研究了472个公共关系定义，并向83位公关领导人征询意见之后，提出了一个详细的定义："公共关系是一种特殊的管理功能。它帮助组织建立和维持与目标公众之间的相互沟通、理解、接受与合作；它参与对各种问题和纠纷的处理；它帮助管理部门了解公众舆论并作出反应；它明确并强调为公众服务的管理责任；它作为监视预警系统，帮助管理部门预先作出应变准备，与社会动向保持一致并有效地加以利用；它使用有效的、正当的传播技能和研究方法作为自己的基本工具。”这个既包括概念性又包括可操作性要素在内的定义，比较全面地指出了公共关系的性质、职能和手段，并明确指出公共关系就是一个机构与其公众之间的传播管理系统，具一种独特的管理职能。但不可否认的是，哈洛博士的表述过细、过长，不符合下定义的基本要求。

国际公共关系协会同样认为公共关系是一种管理职能，其定义是：公共关系是一种管理功能，它具有连续性和计划性。通过公共关系，公立的和私人的组织机构试图赢得与它们有关的人们的理解、同情和支持——借助对舆论的估价，以尽可能协调它们自己的政策和做法，依靠有计划的、广泛的信息传播，赢得更有效的合作，更好地实现它们的共同利益。

美国著名公共关系学者卡特李普和森特认为：公共关系是这样一种管理功能，它能建立和维护组织与公众之间的互利互惠关系，而一个组织的成功或失败取决于公众。

(2)传播说。这种观点侧重于公共关系的传播属性，认为公共关系是社会组织与公众之间的一种传播沟通方式，把公共关系看作是一种传播的手段或传播的过程。如英国著名学者弗兰克·杰夫金斯认为：“公共关系是一个组织为了达到它与公众之间相互了解的确定目标，而有计划地采用一切向内和向外的传播沟通方式的总和。”

国外一些大型的百科全书或综合词典也从传播或沟通的角度来定义公共关系。《美利坚百科全书》中的定义是：公共关系是关于建立一个组织同其既定公众之间相互了解的活动。《大不列颠百科全书》认为：公共关系旨在传递个人、公司、政府机构或其他组织的信息，以改善公众对他们态度的政策和活动。《韦伯斯特新国际词典》认为：公共关系是通过传播大量有说服力的材料，发展邻里的相互交往和估价公众的反应，从而促进个人、公司或机构同他人、各种公众以及社区之间的亲善友好关系。

我国学者上海复旦大学居延安在其编著的《公共关系学》中将公共关系定义为：“公共关系是一个社会组织为取得与其特定公众的双向沟通和精诚合作而进行的遵循一定行为规范和准则的传播活动。”

(3)传播管理说。传播管理说将管理说和传播说结合起来，强调公共关系是组织一种特定的传播管理行为和职能。其代表人物是当代美国公共关系学术权威、马里兰大学的詹姆斯·格鲁尼格教授。1984 年，格鲁尼格和亨特在《公共关系管理》

一书中指出:“公共关系是一个组织与其相关公众之间的传播管理”,这个定义以“传播”为中心,以“管理”为原则来界定公共关系。格鲁尼格认为,公共关系是一种战略管理,管理组织与公众之间的相互依存关系,以便使组织在复杂多变的环境中能够保持充分的自主性,从而高效地实现组织的目标。传播管理包含了双向沟通、议题管理、公共事务、社会责任担当等职能,这些职能的实现主要是通过传播管理得以实现的。

(4)关系说。持这种观点的人认为,公共关系是我们从事各种活动、发生各种关系的统称,“关系”体现公共关系的本质属性,公共关系是一种特定的社会关系,正确认识公众关系、处理公众关系是开展公共关系的出发点和归宿。

美国普林斯顿大学的资深公共关系教授蔡尔兹认为:公共关系就是我们所从事的各种活动、所发生的各种关系的通称,这些活动与关系是公众性的,并且都有社会意义。

英国公共关系学会的定义是:公共关系是在组织和它的公众之间建立和维持相互了解的、有目的、有计划的持续过程。

(5)艺术说。持这种观点的人认为,公共关系还只是一门不精确的学科,公共关系在实际运作中要讲究创造性,讲究形象思维,公共关系是一种艺术。

1978年8月,世界公共关系协会大会通过的《墨西哥宣言》将公共关系定义为:公共关系是一门艺术和社会科学,他分析趋势,预测后果,向机构领导人提供意见,履行一连串的有计划的行动,以服务本机构和公众的共同利益。

中山大学王乐夫认为:公共关系是一种内求团结、外求发展的管理艺术。余明阳等也认为:公共关系是社会组织为了塑造组织形象,通过传播、沟通来影响公众的科学和艺术。

(6)对话说。中国人民大学教授胡白精通过对当前公关流派的梳理与比较,认为公共关系的核心是借由沟通管理建立组织与公众的利益互惠与价值认同关系,或者说,公共关系旨在成就“组织—公众”共同体,而这个共同体的建立只有通过对话才能产生,所以,他认为“公共关系即对话以形塑认同和成就共同体”。

除此之外,还有“形象说”“协调说”“咨询说”等众多学派。虽然这些定义表述各不相同,但它们是人们在研究公共关系领域时取得的重要成果,对这些成果进行学习和总结,有助于我们更好地认识公共关系。

(二)公共关系的定义

那么怎样理解“公共关系”的定义呢?在总结前人成果的基础上,我们认为:“公共关系是社会组织运用各种传播手段旨在建立和维护组织与其公众之间生态关系的管理活动。"从定义中我们可总结出公共关系的四个基本要素。

1.公共关系的主体要素——社会组织

在这一要素中，社会组织具有主导性，社会组织作为公关主体决定了公关状态，主宰着公关活动，社会组织的任何运作都会通过传播影响公众，特别是当今的信息社会，一方面，社会组织主导性的要求加剧；另一方面，社会组织的任何运作都会很快引起公众的反响。

2.公共关系的客体要素——公众

公众在公关活动中虽然是处于被影响、被引导、被作用的地位，但公众绝对不是消极的、被愚弄的对象，公众的独立性、选择性越来越强。

3.公共关系的中介要素——传播媒介

公关之所以能产生作用，得益于传播沟通手段，社会组织的各种良好行为要转化为实际公关中的知名度和美誉度，必须依靠传播沟通，"说、做相结合"。

4.公共关系的目的要素——公关结果

公共关系是社会组织运用传播沟通媒介，促进组织与相关公众之间的双向了解、信任与合作，建立与公众的生态关系，使双方形成良性的循环。所以对组织来讲，公关的目的就是为了塑造良好的组织形象，争取最佳的社会效益和社会人际关系环境，为组织发展奠定长久的无形资本。中国历来讲究事业上的成功有赖于天时、地利和人和，更有"天时不如地利、地利不如人和"的说法。公关活动就是追求人和的境界，为特定组织创造人和的条件，离开此点，任何公关活动就失去了它本身的含义。

二、公共关系的基本内涵

在公共关系长期发展的历史中，人们赋予公共关系相当多的内涵，在不同的场合有着不同的含义，主要有以下六个方面。

1.公共关系状态

它是指一个组织所处的社会关系状态和社会舆论状态，也就是这个组织在公众心目中的现实形象。社会关系状态是指组织机构与其相关的公众对象之间相互交往和共处的情形与状况，社会舆论状态指公众对组织机构的反映和评价的情形与状况。

从静态角度看，公共关系是一种状态，不管你理解与否，也不管你是否从事公关活动，任何组织或个人都有某种公关状态存在，它是与社会组织相随的一种客观现象。公关状态制约着组织的生存与发展，良好的公共关系状态，既表现公众对组织的肯定性评价和积极态度，又会成为组织的一种无形资产，为组织生存和发展创造良好的外部环境；不良的公共关系状态，则是公众对组织的否定评价和消极态度的反映，可能使组织处于某种潜在危机之中，对组织的进一步发展极为不利。一个组织的公关活动总是针对其特定的公共关系状态来进行的，同时以形成、维持或改善某种特定的公共关系状态为目的。公共关系状态是组织公关活动的基础和结果，一方面公关活动总是在特定的社会关系状态和公众舆论状态的基础上展开；另一方面公关活动又必然影响和造成一定的社会关系状态和公众舆论状态，认识公共关系的客观性是开展公关活动的前提。

2. 公共关系活动

从静态角度看，公共关系是一种不以任何人的意志为转移的客观存在，但从动态角度看，公共关系又是作为一种活动方式而存在的。当一个社会组织自觉地、清醒地认识到自己所处的公共关系客观状态后，比如组织认识到自己完全处在了一个不良的公关状态，它要根据自身发展的需要去主动改善组织的公关状态，使其由不良状态提升到良好状态，这就是一种公关活动。公关活动主要指组织作为一种经营管理行为的公关实务，如公关调查、公关策划、公关宣传、公关交际、公关服务等。目前，我国许多组织是为公关而公关，注重公关活动忽视公关状态本身，公关活动的出发点不是为了改善公关状态的不足，这种重公关活动而轻公关状态的意识导致了对公关活动技巧的过度关注。

3. 公共关系意识

它是指客观的公关状态和能动的公关活动在人们思维中的反映。并以观念和文化的形式，构成经营管理中的一种价值观念、行为准则和道德规范，它直接影响、指导组织决策与行为的选择趋向，从而反作用于人们的公关活动。当人们自觉地意识到公关状态的客观性和公关活动的重要性时，便会形成一定的公关意识或公关观念。现代社会所应具备的公关观念和意识主要有：整体意识、形象意识、传播意识、公众意识、协调意识、互惠意识、服务意识等，只有具备这些意识，公关活动才是有计划的、有目的的，才会取得良好的效果。

4. 公共关系学

它是在公共关系实践活动的基础上产生的一门新兴的应用性的边缘学科。当有人说"我曾学过公共关系"时，这里的"公共关系"就是指公共关系学。公共关系学是本书论述的对象，有关这个概念的内容将在下面详细阐述。

5.公关事业

它是指综合概括一个国家或地区公关发展情况的总体指标，它是一个很广泛的概念，包括公关活动、公关意识、公关科研、公关机构、公关人员的素质等方面，是一个综合体。

6.公关职业

它是指专门提供公关方面服务和劳务而获取报酬的职业。其职能是协调社会组织同公众的关系，塑造组织良好的社会形象，以促进组织不断发展和完善。

由以上分析可以看出，“公共关系”一词在实际的使用上并没有严格的规定，人们在不同的情况下使用往往有不同的含义，在具体使用时应尽量区分以上各种含义，在不同场合使用不同的术语，这样可以避免因语义不同而导致的许多不必要的争论和混乱。

三、公共关系与其相关领域辨析

公共关系在其履行职责的过程中，经常涉及一些相关的活动领域，由于它们与公共关系既有区别又有联系，这些实践活动领域往往被人们误认为就是公共关系，或简单等同于公共关系，从而造成认识上和实践中的混乱，因此有必要区分一下。

（一）公共关系与人际关系

人际关系是人们依靠某种媒介并通过个体交往而形成的人与人之间的关系，也称私人关系，是人与人之间的相互联系、相互影响、相互作用。公共关系与人际关系有密切的联系，首先，公共关系渊源于人际关系。人际关系是人类一切关系中最古老的关系，自人类产生，人际关系就产生了，而公共关系则是现代社会商品经济获得长足发展，开放性的社会化大生产出现后才问世的，公共关系作为人际关系的补充，是适应日渐繁杂的种种社会关系而产生的，公共关系是在人际关系的母体中孕育、培植起来的；其次，公共关系的实现离不开人际关系，一个组织与另一个组织，一个组织与某些人之间的相互关系最终要归结到人与人之间的关系上，公共关系无论多么具有技术性、专业性，它的实现还得借助于人际间的沟通，良好的人际关系有助于组织内外环境的和谐与改善；善于进行人际交流，充分发挥人际交流的结缘、说服、礼仪等手段无疑对公共关系具有重要的推动作用。

但公共关系与人际关系又有许多不同，二者在考虑和研究的出发点、具体交往的方式、追求的最终目标等方面都存在差异。第一，结构不同。公关的主体是社会组织，客体是与组织有关的公众，公关是一种以组织为出发点的全方位关系，体现的是组织的价值观念、行为规范，属于“公”的关系；人际关系的主体是个人，客体也是个人，它是一种以个人为支点的人与人之间的关系，体现的是个人的价值观念和行为规范，实现的是个人的意愿、目的，属于“私”的关系。第二，目的不同。公关的目的是为组织塑造良好形象，为组织的发展创造良好的环境，而人际关系的目的则是为个人结良缘，交朋友，实现的是个人的利益，是为了达到人与人和谐交往。第三，沟通方法不同。公共关系主要是运用大众传播媒介和群体媒介的技术方法，它的实现需要专门的组织、专门的人员，更具专业性、科学性；而人际关系的实现主要依赖个人与个人之间的交往，所采取的手段是人际传播，如面对面、电话、书信等。总之，公共关系不是人际关系，它比人际关系要复杂得多，在开展公关活动时，不能把公共关系当作人际关系来处理，即使是以个人的身份出现，也要透过个人之间的关系，将组织与公众联系起来。

（二）公共关系与新闻宣传

公共关系与新闻宣传在一些工作方法和内容上有相同、相似或交叉处。它们都是信息传播活动，从活动的形式、使用的工具看，它们都需要运用新闻媒介开展新闻报道，印发一些带有宣传性的简报、杂志或小册子，通过讲演等来影响公众，因此不少人简单地把公共关系等同于宣传。公共关系的一个要素就是新闻媒介，社会组织需要新闻媒介的宣传来提高组织的影响力，公共关系离不开新闻宣传这一手段，但利用新闻媒介进行宣传只是公共关系工作内容之一，并不是其全部内容，公共关系和宣传有根本的区别，决不能混为一谈，区别在于：①工作对象不同。新闻宣传面对的几乎是社会全体成员，而公共关系工作的对象是与组织有关联的公众，即特定公众。②内容不同。新闻宣传的主要目的是通过宣传达到改变和强化人们心理状态或精神状态，获得人们对某种主张或信仰的支持，内容涉及社会的各个领域，政治、经济、文化、军事、体育，交通安全、疾病宣传等；而公共关系的工作内容则不像新闻宣传那样广泛，它有自己独特的内容，如信息交流、决策咨询、评估组织机构的形象开展各种专题公关活动等。③沟通方式不同。新闻宣传是单向传递，注重“说服”，通常是对公众讲解、劝说，使群众能对所进行的劝说加以服从，或接受你所传递的观点思想，有时候不允许接受者提出不同意见甚至反对意见，因此，宣传在某种程度上具有强制性和权威性；但公共关系属于双向沟通，它通过一定的传播媒介既把公众的信息向组织的管理者输导，又把组织的有关信息向公众输导，达到双向沟通的目的，使公众了解甚至支持本组织。④使用的技术手段不同。宣传注重的是写作、编辑等技巧。公共关系在此基础上，更注重调查、预测、反馈、定量分析等技术手段的运用,公共关系的技术手段比宣传更为科学化。⑤服务对象不同。宣传是服务于政治运动和政治思想工作,公共关系服务于管理,包括行政管理和经营管理。

(三)公共关系与市场营销

从一个企业管理角度来看,企业良好的公共关系的建立,往往可以为市场营销铺平道路;反过来,成功的市场营销,对顾客需求的满足,也可使得一个企业与其公众间的良好关系变得易于建立和维持,企业良好的公共关系也有赖于良好的市场营销活动的支持。在实际工作中,许多公关人员花费相当多的时间和精力去支撑市场营销,推出新产品、新服务,宣传它们的用途等,在一些小的组织中,同样的人同时开展公共关系和市场营销两项工作。

在理论上,公共关系和市场营销还是能区别开来的:①管理职能不同。市场促销只是公关在企业市场营销活动中应用的一个领域。公关的介入使促销观念发生巨大的变化,促销从简单的卖方市场(宣传游说),扩大到整个社会发展趋势、社会舆论,让社会了解企业的方针、政策及发展前景,建立企业良好的公关广告形象和信誉,把促销活动纳入树立企业生存发展的最优形象的目标之中。②公众的范围不同。市场营销是一个组织与特殊的公众(产品或劳务的消费者)之间的一种交易活动,市场营销聚焦于与顾客的交换关系,市场营销努力的结果是等价物的交换,既满足顾客的需求,又赢得组织的经济目标。公共关系是处理组织与更多、更广泛的公众问题(政府、新闻、金融、教育等),是与各类公众之间相互的信息交流运动。工作目的不仅仅是组织的经济利益,还有社会利益、政治利益等,公共关系通过建立维护和谐的社会政治环境,为市场营销做贡献。③参与市场竞争的对象不同。在市场竞争中,市场营销更主要的是推动具体产品参与市场竞争,市场营销更强调的是“物”。公共关系是“心”,更注重的是公众的态度,两者最主要的区别是活动目标的不同。④考虑问题的着眼点不同。公共关系和市场营销都遵守“互惠原则”,但市场营销的原则更着眼于市场的等价交易。公共关系的原则要广阔得多,不但要考虑物质的问题,还要考虑心理的、情感的问题以及双方的根本利益。

第二节 作为一门学科的公共关系学

公共关系学的学科历史并不长,但发展很快。它是随着公共关系职业的兴起,为适应公共关系实践活动不断深化的需要,在对公共关系研究的基础上逐步发展起来的。1923年爱德华·伯内斯出版的《舆论的结晶》标志着公共关系学科研究的开始。20世纪30年代以来美国大学中公共关系教育的兴起，各种公关研究刊物、专著的出版，推动了学科研究的迅速发展。1947年波士顿大学公共关系专业的设置，表明公共关系学科的形成。50年代以来，公共关系教育在全世界的普遍开展，数以千计的公共关系著作的出版，反映了公共关系学这一新生学科越来越强的生命力，反映了这一学科正在自我完善中从目前的初级阶段走向成熟。

一、公共关系学的研究对象和内容

公共关系学是以公共关系的客观现象和活动规律为研究对象的一门综合性应用学科，是研究组织与公众之间传播与沟通的行为、规律和方法的一门学科。

根据研究对象的特点和学科研究的需要，公共关系学与其他应用学科一样，其主要研究范畴也可分为公共关系历史研究、公共关系理论研究和公共关系实务研究三大部分。从目前的研究状况来看，公共关系学这三部分的研究并不平衡，对理论部分的研究相对薄弱，对公共关系历史的研究更是落后，而对应用部分的研究则比较丰富活跃。

公共关系的历史研究主要探讨的是公共关系的历史源流，研究公共关系产生的历史原因，探讨公关发展的历史事实，揭示其发展的历史轨迹，总结其历史经验教训，寻求其历史发展规律，为现实的公共关系实践提供经验和借鉴。但由于公共关系学科研究的历史很短，到目前为止，公共关系历史的研究仍非常薄弱，发展也很慢。至今仍没有一部较完整的、系统的世界公关史专著，整理出来的系统历史资料、研究成果也十分有限。在历史研究的许多领域里，基本上还是块待开垦的处女地，仍有待于我们和后人去开拓。

公共关系的理论研究，其主要探讨的是公共关系的性质、定义；公共关系的基本功能、思想观念和工作原则；探讨公共关系这种组织传播活动的基本规律、工作程序及其效果；研究公共关系的公众、组织；研究公共关系与社会的政治、经济、文化以及舆论等的关系。公共关系理论研究的目的是为现实的公共关系的实践活动提供理论依据，并用于指导现实的公关实践。

公共关系的实务研究是公共关系学研究中最重要和最活跃的部分，其主要的内容有：公共关系的组织机构研究；公关人员的培训研究；公共关系的各种媒介运用，各种传播沟通艺术的研究以及公共关系的各应用领域的业务研究，如政府公关、军队公关、企业公关、金融界公关、教育界公关等业务的研究。公关实务研究的目的是为策划实施各种公共关系活动提供必要的技术手段。

二、公共关系学的学科性质

由于公共关系学涉及的学科十分广泛，它涉及社会学、心理学、逻辑学、新闻学、管理学、广告学、市场学等基础学科和应用学科，因此，人们对公共关系学的学科性质的认识至今还没有取得完全的一致。目前，国内外比较流行的观点有3种：①公共关系具有管理职能，属于管理学的范畴，公共关系学是管理学的一部分；②公共关系是一种社会关系，本质上是一种社会组织的行为，因而，公共关系学是社会学或组织行为学的分支学科；③公共关系是一种传播活动，公共关系过程是一个传播过程，所以，公共关系学是传播学的一贯应用领域。

这3种观点各有其侧重点，都有一定的合理性，但又简单地把公共关系学归属于某一学科。从公共关系学科所反映的内容、所包含的知识、学科的结构体系以及学科的研究倾向看，公共关系有两个十分显著的特点：①带有突出的实践的应用性特点；②带有典型的多学科交叉的综合性特点。

从公共关系学科的研究发展史看，公共关系学的研究一开始就是紧紧围绕着公关实践活动而展开的，是直接用来为公关实践活动服务的，公共关系学研究的起步就带有十分明确的实用性。即使是在公共关系学研究已发展到相当的阶段之后，公共关系学研究仍更多地被作为应用传播学的一个分支，或被作为企业管理的一种职能，市场营销的一种手段，或被作为社会管理、政治活动的一种方法来进行研究和建设，应用研究得到特别的重视。由于长期的这种学科研究倾向，逐渐发展形成的学科的内容相当大的部分是来自于直接地对公共关系实践的经验总结，其理论性不强，抽象程度也不高。大部分的内容都是直接配合公关实践业务活动，直接为公关实践服务的。因此，在公共关系的学科体系结构中，纯理论部分很小，而公关的实务和应用研究占有最大的分量，使得整个公共关系学从学科内容，再到学科的体系结构上都带有显著的实践的应用性特点。

从公共关系学研究的理论看，公共关系活动的开展需要涉及相当广泛的学科知识。公共关系活动要达到使一个组织与其公众相互了解、相互协调的目的，它就必须了解、研究各种社会组织和各类的公众，就必须了解、研究社会学中关于社会组织、社会公众的理论。为了有效地影响公众的态度和行为，就不能不深入了解处于社会这一环境中的人的需求、动机等心理活动规律，了解人的心理过程的社会机制，公关的实践与研究就需要研究社会心理学。公共关系作为一种管理职能，它需了解公关管理在组织管理系统中的地位以及和其他管理职能的关系，科学的管理理论是公共关系必不可少的知识。公共关系活动本质上是一种信息传播活动，传播学对于公关活动有直接指导意义，而与传播活动直接相关的舆论学、新闻学、广告学等也就成为公关传播活动所直接应用的和研究的对象。公关活动所需知识的广泛性，决定了公共关系学研究也必然是多学科的相互渗透、相互交叉结合。

又由于公共关系学是一门正在发展中的新学科，学科研究仍处于不完善的初创阶段，其学科体系尚未完备，在其学科体系的结构上，集中围绕公关核心问题研究而形成的，反映本学科性质的规定性的核心理论，即它的内核部分还很小。更多的还只是直接综合、汲取其他众多相关学科如传播学、管理学、社会学、舆论学、新闻学、广告学、社会心理学等有用的理论和知识，来构成自己的基础理论。这就使得公共关系学带有十分明显的多学科综合性的特点。

综上所述，公共关系学是一门综合性的边缘交叉学科，具有应用性、综合性、交叉性和边缘性的特点。但并不是说公共关系没有自己独特的专业理论和应用业务，经过近百年的发展，公共关系学已经发展成为一门具有自己的理论、应用范围和历史的较为成熟的边缘交叉学科。

第三节 学习和研究公共关系学的意义与方法

公共关系自问世以来，迅速在世界各地普及并发展开来，发展十分迅速。改革开放后，公共关系以其独特的魅力，被广泛应用于我国社会的各个领域，在经营管理、市场营销、大众传播等领域发挥着令人瞩目的作用，越来越受到人们的高度重视。随着社会的不断开放，市场经济的不断繁荣，民主政治的不断完善，公共关系越来越成为企业搞好管理和经营，获得生存和发展的重要手段。做好公共关系工作，“对于扩大信息交流、促进商品流通、沟通企业联系、建立新型人际关系都有着积极的作用”，对促进当代社会的健康发展有着极大的推动作用。

一、学习公共关系学的意义

(1)改革开放纵深发展的需要。实行对外开放，扩大对外交流合作，调动一切积极因素为社会主义现代化建设服务，这是我国的一项基本国策。党的十九大报告指出，中国开放的大门不会关闭，只会越开越大，要推动形成全面开放的新格局。当前，我国对外开放已迈入“全面开放”新时代，要对外开放、交流合作，就必须增进相互了解。一方面，中国要了解世界，了解国际市场的政治、经济及文化环境的情况和变化趋势，了解各国的政治、政策、民族、习俗等；另一方面，要面向世界传播自己，向国外公众宣传我们的路线、方针、政策和政治经济形势，消除误解，调解矛盾，同世界各国互相尊重、求同存异、平等相待、友好相处，在国际上树立我国的良好形象，以获得世界各国政府与人民的理解、支持和合作，为我国的改革开放和现代化建设争取有利的国际环境。习近平在全国宣传思想工作会议上强调要推进国际传播能力建设，讲好中国故事、传播好中国声音，向世界展现真实、立体、全面的中国，提高国家文化软实力和中华文化影响力。对于企业来说，要走出国门，必须要提高各企业、产品在国际上的知名度和美誉度，在公众中树立良好的国际形象，这都需要公共关系。总之，对外开放的过程，离不开国际公共关系活动。改革开放的力度越大，对公共关系的需求越强烈。

(2)市场经济发展的需要。市场经济带来了大范围的分工协作关系和市场竞争关系。经济越发展，市场竞争就越激烈。随着卖方市场向买方市场的转变，社会组织需要运用公共关系来拓展合作关系，加强竞争能力，树立组织及其产品的知名度、美誉度，提高经济效益和社会效益。进入21世纪以来，我国社会主义市场经济得到了快速发展，社会主义市场经济实际上是一种竞争经济。一方面，企业逐渐成为有独立经营自主权的经济实体，为了能在竞争中壮大和发展，企业间的协作规模越来越大，横向经济联系日益加强；另一方面，各个企业平等地、公开地参与激烈的市场竞争，迫使竞争的参与者面临成功与失败的双重考验，优胜劣汰。正是这种竞争的压力，促使企业组织积极开展公共关系学研究，掌握公共关系的技巧，增强员工的公共关系意识，提高开展公共关系活动的水平，以调节企业内部所有者、经营者和员工之间的关系，协调与其他企业、消费者等各类外部公众的关系，随时掌握市场的各种信息，进行科学的管理和决策，通过双向信息交流，提高知名度和美誉度，赢得社会公众的信任、支持和帮助，在竞争中处于有利地位。

(3)社会主义民主政治的需要。现代民主政治高度重视公众舆论，重视社情民意，视舆论和民意为政治性和行政性决策及行动的根据。重视舆论就必须重视与公众的沟通，就必须建立各种有效的渠道去了解民意、跟踪民意和反馈民意。一方面，政府工作人员应随时深入民众中去，听公众最真实的声音。了解公众的基本态度和意见，为决策提供更充实可靠的根据。另一方面，通过协商、信访、专线、接待、网络、新闻发布会等各种沟通手段，及时地、通畅地、准确地做到上情下达、彼此交流，提高政府工作的透明度，满足公众的知情权。通过公共关系活动，经常向人民群众宣传党的方针政策和工作目标，解释工作中出现的问题，及时反映社会公众的意向要求，争取社会公众的谅解、理解和支持，接受社会公众的监督。随着政治体制改革的深入，公共关系学的研究将会发挥越来越重要的作用。

(4)个人素质提升的需要。公共关系是一门实用性和操作性都很强的学科，对公关人员的要求不仅是专才，更是全才，它要求公关人员必须有杰出的组织能力和协调能力、优秀的沟通能力、敏锐的观察能力、良好的情绪控制能力、卓越的学习能力、临危不乱的危机处理能力，等等，公关人员不仅要掌握公关工作技巧，还要掌握写作、演讲、传播、广告、策划、销售、心理等知识。因此，通过对公共关系学的学习，可以极大地提高自身的沟通能力、交际能力、团队协作能力、创新能力、实践操作能力、应变能力，等等，对于个人自身素质的提高具有极大的帮助。

二、学习公共关系学的方法

公共关系学有自己的研究对象和范围，也有着自己的研究方法。公共关系学应用性强，其所有原理与实务技能、工作方法都是从实践中总结出来又被用于实践的，因此公共关系的学习和研究，必须掌握一些基本的和具体的方法。

(1)要注意掌握辩证唯物主义和历史唯物主义的方法论。公共关系学是一定时期一定政治条件的产物，尤其是在中国，离开了特定的社会政治经济条件，就无法正确把握公共关系的实质。因此，必须运用辩证唯物主义和历史唯物主义的方法论去分析公共关系存在的特性。

(2)掌握理论联系实际的方法。公共关系是操作性、应用性很强的学科。在进行公共关系理论研究时，一定要把理论同现实生活中的实际密切结合起来。要有意识地参加一些公关实践活动和训练，培养自己的实际操作能力。

(3)坚持“古为今用”“洋为中用”的原则。现代公共关系学尽管在 20 世纪 80 年代才传入我国，但公共关系的思想、公共关系的活动资料在我国古代已相当车富，许多公共关系案例在当今仍有应用价值。所以，我们要努力挖掘这方面的资料和经验，“古为今用”。现代公共关系发源于美国，所以，目前我国的公共关系体系与研究不可避免地带有西方文化的色彩，因此，就要求我们一定要同中国的具体实际结合，做到“洋为中用”。

公共关系研究除运用一般方法外，还需要掌握几种具体方法，主要有下列六种：

实践实验法。根据公共关系学的原理和实务，在一定范围内进行有计划、有目的实践，以检验和验证公共关系原理和理论，从中获得实践技能和感性认识，并进行总结提高，上升为理论，对实验实践中的各种现象和规律给予科学的说明，这是研究公共关系的科学方法。

观察法。观察法分为现场观察、实验室观察和自我观察。主要是对社会组织进行实地观察或人工设计程序进行实验观察，或是自身体验，从而对公共关系进行研究，得出结论。

社会调查法。通过对公共关系活动进行调查、了解、分析，从正反两个方面进行观察、统计、分析，得出结论。具体方法有全面调查、抽样调查、典型调查等。可采取问卷、访问、座谈等方式，了解收集材料并对材料进行分析研究，以取得公共关系活动的规律，提出新观点，做出新的理论解释。

情景模拟法。也称模拟公关。指创造一定的公关活动情景环境，按照公关要求，亲临其境进行模拟表演，以收到公关实践的效果，这种方法适宜于学习培养训练公关技能，强化活动能力。

案例分析法。指通过对典型公关事例进行分析研究，从中做出判断，总结经验教训的方法。运用实践实验法和社会调查法搜集来的典型事例，包括好的典型、坏的典型和专项典型案例，最能体现公关活动的本质。因此，对他们进行分析研究，便可以使人们从案例现象中引起思考，从而认识到事例的本质，有利于从感性认识提高到理性认识。

学科比较法。公共关系学是一门边缘性学科，与其他一些学科都有联系，因此，研究公共关系离不开与其他学科的比较。要把公共关系学与其相关的学科，如传播学、管理学、行为科学、心理学、广告学、市场营销学等加以比较鉴别，找出它们之间的相同点与不同点，找出各学科在公共关系学中的地位和作用，以便从公共关系学与相关学科的比较中认识它们的相同与差异，从而掌握公共关系学的本质特点和自身规律。

本章小结

公共关系是社会组织运用各种传播手段，旨在建立和维护组织与其公众之间的生态关系的管理活动。在公共关系长期发展的历史中，人们赋予公共关系相当多的内涵，在不同的场合有着不同的含义，在学习和运用时要正确加以区分。要对公共关系与人际关系、公共关系与宣传、公共关系与市场营销等进行区别，以更好地把握公共关系的本质。

公共关系学是以公共关系的客观现象和活动规律为研究对象的一门综合性应用学科。根据公共关系学研究对象的特点和学科研究的需要，公共关系学主要研究范畴也可分为公共关系历史研究、公共关系理论研究和公共关系实务研究三大部分。公共关系学是一门综合性的边缘交叉学科，具有应用性、综合性、交叉性和边缘性的特点。

案例分析

京东:重新定义“假货”激民愤

2018年3月13日3点30分,“大V”六六在微博上发表了一篇名叫《无赖京东》的文章。详细说明了她的朋友程茉在京东买到假货的过程:程女士在“京东全球购”购买了美国Comfort U护腰枕,京东标价人民币1 489元,美国官网售价109.95美元。而商家实际卖给程女士的是一个标识为Contour U的护腰枕,美国官网售价33.6美元。

也就是说商家用一个人民币212元的枕头,冒充人民币700元的枕头,再以人民币1 489元卖给中国消费者。

收到枕头第一时间,程女士拍了清晰的货品照片发给商家,告诉商家,到货根本不是Comfort U枕头。

商家从外观、品牌、重量等各个方面向程女士论证,这个就是Comfort U枕头,甚至在程女士指出“广告介绍Comfort U枕头重量为9.7磅,而程女士收到的枕头标明是7.4磅”后,商家解释说,9.7磅是枕头加快递包装盒的重量。商家为了证明他们一直卖这个产品,给程女士截屏并发来了他们的销售列表,并坚持说,寄给程女士的就是Comfort U枕头,不能退货。

程女士登录美国网站,下载了Comfort U枕头和Contour U枕头的介绍发给商家,商家看到证据确凿才放弃继续狡辩,说可以退货退款。

程女士根据京东全球购“正品保证”“假一罚十”的承诺向商家提出,售假必须“假一罚十”,商家轻松回答:“我们发错货了而已。”

于是,程女士联系京东客服,投诉不法商家。万万没想到,最大的无赖,原来其实是京东!

1.向京东客服官方微信,详细递送了与商家交流的所有信息资料,包括真假产品信息,客服说做了详细备案,会有专员联系程女士。

2.京东专员电话程女士:“你的订单解决方案是,商家发错货了,你可以退货。”程女士问京东客服,可有看程女士与商家的沟通记录?她说“没有,商家说发错货了。”

任凭程女士拿出任何证据,京东客服一口咬定商家发错货了。

程女士提出要投诉她不称职,她完全无所谓,说:“我的工号51162,无论你怎样投诉,最终还是会回到我这里来的,就这个结果,不会改变。”

3.程女士继续拨打京东客服热线,投诉商家、投诉京东客服,接线客服说:“请相信京东，相信刘强东。”

4. 京东再来电，居然、果然还是那位51162，她说：“你再怎样投诉，就是这个结果。”程女士投诉51162，居然由51162处理程女士的投诉，正如51162所说，“你投诉也没用，终归回到我手里。”

5. 程女士继续投诉京东玩弄客户投诉，期间多次询问京东客服：“京东承诺假一罚十，是罚商家，还是罚京东？”所有回答都是：“不知道。”

在这种情况下，程女士拨打12315，消协专员说：“网购没有发票，我们不受理，而且京东不是上海公司，我们不管。”查到了京东注册在宿迁，拨打宿迁12345，至今没有回复，但是告诉了程女士，京东只是把客服公司注册在了宿迁，要投诉京东得去北京。打北京12345投诉，几天后，北京某部门致电给程女士，京东全球购和京东不是一家公司，那家公司注册在香港，中国大陆管不了，要投诉，可以去香港找司法部门打官司。

后来，京东客服来电话，回复程女士屡次的投诉，明确告诉程女士：“我们没有看你递交的资料，商家说就是发错货了，你可以退货。”程女士与商家的信息对话，商家欺骗人的部分，居然被京东数据后台处理抹掉了，商家的虚假广告信息也被抹掉。

4点30分，该条长微博阅读量已经突破100万，评论条数超过2 000。3月14日，各大门户和网站还有自媒体的作者也发现了这个“热点”，关于“知名作家怒斥京东无赖”的各种稿件，已经有了十多篇，下面的评论动辄超过500条。

3月14日中午，11点26分，距离六六发稿都已经过去24个小时，京东终于回应了，发表了《关于六六女士有关京东全球购商家投诉的声明》，指出商家所售的是两款不同的商品“并非假货”“在商家并非售假的情况下，我们无权要求商家提供10倍赔偿”“消费者与客服的通话录音，并不存在”，京东“绝不会删除任何商家和用户的聊天记录”，对于六六发布的诋毁京东的文章，“将坚决采取法律手段进行维权。”

这种高姿态的声明，引起了更多网友的抨击，最终京东CMO不得不亲自出面道歉。

问题：

1. 京东及商家的做法违背了公共关系的哪些原则？

2. 从此案例中分析组织应具备的公共关系意识。

思考题

1. 什么是公共关系和公共关系学？
2. 在不同学者的公共关系定义中，我们可以发现其中的哪些相同之处？
3. 简述公共关系与人际关系的区别。
4. 简述公共关系与宣传的区别。
5. 简述公共关系与市场营销的区别。
6. 简述公共关系学的研究对象和内容。

第二章

公共关系的起源与发展

导入案例

信陵君(？—公元前243年),名魏无忌,中国战国时代魏国人,是魏昭王的儿子,魏安釐王同父异母的弟弟。信陵君是战国时代著名的政治家、军事家,魏安釐王时期官至魏国上将军。魏无忌为人仁爱宽厚,礼贤下士,士人因而争相前往归附于他,最高峰时门下曾有三千食客。所以当时的魏无忌威名远扬,各诸侯国连续十多年都不敢动兵侵犯魏国。

当时魏国有个隐士,叫侯嬴,已经七十岁,因家贫,做着大梁(魏国都城)夷门的守门小吏。魏无忌听说此人后,前往拜访,并想馈赠一份厚礼,但侯嬴不肯接受。魏无忌于是设筵席大会宾客,等人来齐后,魏无忌带着车马和随从,空出车子左边的上座,亲自到夷门去接侯嬴。侯嬴为考验一下魏无忌,径直坐上魏无忌空出的上座,还让魏无忌载他去拜访在街市做屠夫的朋友。魏无忌当即驾车来到街市,侯嬴下车前去会见他的朋友朱亥,而魏无忌则手执马缰在一边等待。此时,魏国的将军、丞相、宗室以及宾客们都已坐满堂,等魏无忌回来开宴,魏无忌的随从都在暗骂侯嬴,而魏无忌仍然是面色和悦,一直等到侯嬴聊完,才载着侯嬴回去赴宴。经过此事之后,魏无忌在魏国的市井大众中得到了一个礼贤下士的好名声。

通过魏无忌的“执礼”,分析其公共关系意识。

公共关系是现代社会的产物,但是与世界上任何事物一样,公共关系的产生也不是偶然的,它有一个从萌芽到成熟、从低级到高级不断发展演变的过程。探究公共关系的起源与发展,弄清其来龙去脉,以把握公共关系发展的规律,对于指导我们的公共关系实践具有重要的意义。

第一节 公共关系的起源

一、西方公共关系萌芽

公共关系的源头可追溯到古代社会人类文明开始的地方——古埃及、巴比伦、波斯和中国等。当时的统治者虽然更多是依靠国家机器——军队、监狱等暴力工具来维护他们的统治，但舆论手段的运用在处理与民众的关系上仍然具有很重要的地位，"水能载舟，亦能覆舟"就是当时的统治方式的反映。虽然"公共关系"这个名词几千年前根本没有出现，但在当时，它作为人类的一种实践活动却已有之。

古希腊是当时文化发达、政治民主的国家，这个国家就非常重视沟通技术，十分推崇演说和辩论，深谙沟通技巧并能应用自如的演说家有很高的社会地位，其中的杰出人物甚至被推选为首领。古希腊的民主政治导致公众代表会议和陪审团制度的形成，它为公众表达自己的意见提供了一个舞台，而这种变化所产生的舆论导向在当时有着非常大的影响。公元前 4 世纪，古希腊出现了一批从事法、道德、宗教哲学研究与演讲的教师和演说家，他们在当时被称作诡辩家，他们的演讲技巧被称为诡辩术，而其中，苏格拉底、柏拉图和亚里士多德是他们的代表。亚里士多德运用严谨的思维逻辑和科学的方法写出《修辞学》，强调语言修辞在人际交往和演讲中的重要性。他认为，"语言是思维的工具，是思想的直接现实，是人类最重要的交往媒介。而语言艺术能增加人与人之间的情谊、消除误解、融通思想"。修辞是沟通政治家、艺术家和社会公众相互关系的重要手段与工具，是寻求相互了解与信任的艺术；他还提出在交往沟通中，要用感情的呼唤去获取公众的了解与信任，要从感情入手去增强演讲和劝服艺术的感召力和真切可靠性。为此，西方的一些公共关系学者视亚里士多德的《修辞学》为人类历史上最早的公共关系著作。当然，这个观点从某种程度上来说是夸大其词，却又从一定程度上说明公共关系作为一门实践性艺术，从人类文明社会一开始就放射出灿烂的光芒。

古罗马时代，人们更加重视民意，听取民众的呼声。整个社会都推崇沟通技术，一些深谙沟通技术的演说家往往因此而被推选为首领。据记载，古罗马的独裁统治者恺撒（公元前 400—公元前 101 年）就精通沟通技术。他十分注重民意，信奉"公众的声音就是上帝的声音"。面对即将来临的战争，他通过散布各种传单来开展大规模的宣传活动，以获得民众的支持。他在率领罗马军团进军高卢的途中，不断派手下人送回很有感染力的“用人民的语言”写就的战地快报，这些战地快报在罗马广场上被人们广为传诵，激起了狂热的民族自尊感，并树立起了他自己的神圣形象。他甚至为此还专门请人写了一本记录他功绩的纪实性著作《高卢战记》，后来该书成为一部纪实性的经典之作广为流传。这些活动，堪称古代社会公共关系实践活动的典范。

二、中国公共关系萌芽

早在我国商朝，就有了公共关系萌芽。《尚书·盘庚》多有引用，如：“恶之易也，如火之燎于原，不可乡迩，其犹可扑灭？”记载了盘庚对臣民的演说词，将迁之时，盘庚指责贵族中有贪求财富的乱政官吏，既迁之后，他又告诫官吏不要积聚财物，应施惠于民。盘庚为了迁都成功，对民众先后进行了三次训示，在这三次的训词中，盘庚均提及了“朕及笃敬，恭承民命”，这说明他已经知道，要使事情成功，一个重要因素就是顺民意，得民心。

在春秋战国时期，由于国家分裂，各种势力不断重新组合，造成了一种社会动荡不安的政治氛围，这在客观上为各种思潮的发端提供了现实的土壤。各种思想、言论的冲撞与吸收，终于造就了“百家争鸣、百花齐放”的文化盛世。当时的士大夫阶层，在社会上举足轻重，深受诸侯君王的器重与信任，形成策士游说成风、舌战艺术发达的局面。特别是当时以齐国孟尝君为代表的“四君子”，家里都养了成群的门客，这些门客当时主要起提供参谋意见、收集信息情报和外交说服的作用。上述门客的种种功能和今天公共关系部的功能有着惊人的相似。《文心雕龙·论说》曾云：“暨战国争雄，辩士云涌，从横参谋，长短角势，《转丸》骋其巧辞，《飞钳》伏其精术。一人之辩，重于九鼎之宝；三寸之舌，强于百万之师。”战国的游说，以闻名中外的合纵连横之术为最高境界。

此外，那时人们的日常交往中，自觉的公共关系意识和思想得到一定程度的体现。孔子在《论语》中说：“有朋自远方来，不亦乐乎！”孟子说：“天时不如地利，地利不如人和。”这些都同现代公关活动的基本原则和追求目标基本一致。当然，这些自觉的公共关系意识带有很大的随意性，并且这种意识很分散，不具有普遍性。因此，从严格意义上来讲，它只是公共关系的萌芽活动。到了明清时期，公共关系思想开始进入商业活动中。如酒店门口悬挂着“酒”的旗帜，店铺门上的“百年老店”招牌，人们经商活动中遵循的“和气生财”准则，都是公共关系思想在商业活动中的运用。

公共关系是一门实践性艺术，它最初的表现形式是古人无意识的实践活动。

无论是古希腊，还是古中国；无论是张仪、苏秦的纵横之术，还是郑和的下西洋，在当时的社会环境中都不可能产生像现代这样系统的公共关系理论。它们具有如下两个明显的特征：①从自觉程度来看，当时人们所开展的各种沟通、协调活动带有明显的自发性和盲目性。由于缺乏系统的理论，公共关系活动往往是某些天才人物的灵感闪现，很少能流传下来。②从其发挥作用的社会领域和范围来看，当时社会生产力相对低下，经济还相对落后，人与人之间的经济关系还相当简单，人类早期的公共关系活动主要发生在政治领域，带有强烈的政治色彩和伦理色彩。

第二节 公共关系的发展

一、公共关系的发展历程

现代公共关系作为一种职业和科学是近百年以来的事情，它的产生和发展大体经历了 4 个阶段。

（一）孕育时期

美国最早的公共关系活动完全是出于政治上的需要，今天公共关系实践模式主要是由亚当斯和他的革命伙伴们在动员舆论的过程中创新形成的。《美国公共关系教程》认为“试图转移和操纵舆论的持续运动，可以追溯到美国革命战争时期和亚当斯及其追随者所做的工作。这些革命家深深懂得公众支持的重要性，并且自觉地知道怎样唤起和引导它。他们以富于想象力和不讲情面的方法，运用笔、讲台、讲坛、事先安排好的各种活动、各种符号、新闻线索和政治组织。如果手边没有任何可以服务于他的目的的东西，亚当斯就会制造出事件来满足某种需要。”当时，为了刺激美国人对英国人的仇恨，亚当斯出版了许多小册子，详细列举了英国人的自大与压迫人民的证据，有些是煞费苦心精心炮制的。18 世纪 70 年代通过的《独立宣言》更被认为是历史上最好的公共关系工作。独立战争和南北战争后，中产阶级更加重视争取民众的力量，他们为争取民众的支持做了大量的工作，斯科特·卡特李普和阿伦·森特十分明确地指出“美国的公共关系起源是在封建贵族与资产阶级争夺政权的美国革命时期。”

美国的总统选举促进了公共关系的发展。在 20 世纪 20 年代后期和 30 年代前期，美国普通人赢得了选举权，免费的公立学校开始出现了，公民的读写能力提高，政治兴趣日益增加，各种党派报刊迅速发展。随着人民政治权利的获得，开展活动以赢得人们的支持就显得十分必要，政府再也不是少数贵族唯一关心的对象了。候选人为了捞取选票，开始精心设计给民众许下诺言、有计划地加强与公众的联系、到什么地方说什么话、穿什么衣服、怎样和别人握手等，周游各地、发表演说、举行记者招待会、访问选民区等都是政府公共关系的雏形。杰弗逊成为最早利用报纸在政治竞选和主持政务中开展公关活动的美国总统，此后，美国历届政府形成了利用新闻机构开展政府公关活动的传统。

可以看出，美国最早的公共关系活动完全是出于政治上的需要，独立战争、总统竞选中所采用的一些沟通手段和方法，体现了公共关系的某些功能，但还不能说它是科学意义的公共关系。

有组织、有意识的公共关系活动，起源于19世纪中叶在美国风行一时的报刊宣传代理活动。1833年9月，本杰明·戴伊创办了第一张面向大众的通俗化报纸《纽约太阳报》，从此开启了美国报刊史上以大众读者为对象、大量发行的、价格低廉的“便士报”时期。由于这种报纸发行量大，广告费用也迅速上涨，当时，一些大的公司和财团为了节省广告费，便雇佣专门人员炮制关于自己的煽动性新闻，以扩大影响。而报刊为迎合下层读者的需要，增加发行量，也乐于接受发表，这样一来，便出现了美国历史上有名的报刊宣传代理活动，其中最突出的代表便是一个马戏团的经理费尼斯·巴纳姆。巴纳姆可以说是新闻传播方面的行家里手，他具有很强的吸引公众注意的才能。他的工作信条是：“凡宣传皆好事”，完全不把公众放在眼里。他运用他的才能和技巧，编造许多荒诞离奇的故事来吸引公众的注意和好奇，在制造新闻、愚弄公众方面达到了登峰造极的地步。从下面这个例子我们可以一管窥豹。巴纳姆曾经在报纸上发表了一篇文章，说他所在马戏团的一名黑人女奴海斯在100多年前曾养育过美国第一任总统乔治·华盛顿将军。这一“新闻”激起了美国社会的巨大轰动，引起了公众巨大的兴趣。巴纳姆乘势又在报纸上使用不同的笔名制造“读者来信”，人为地引起一场巨大的争论，有的来信说巴纳姆的所谓“海斯”故事只是一个骗局，有的来信则说巴纳姆发现了海斯是一大功劳。而巴纳姆作为这一骗局的制造者则大获其利，他每周可以从希望一睹海斯风采的美国人那里获得1 500美元的门票收入。但是，海斯死后，人们对她的尸体解剖表明，海斯只不过80岁左右，并非巴纳姆说的161岁。事已至此，巴纳姆居然还厚颜无耻地“深表震惊”，声明他本人也是受骗者之一。

从上面这则例子我们可以发现，巴纳姆的宣传完全不顾及公众的利益，这种做法与公共关系职业的基本要求和道德准则相去甚远。这些报刊宣传员典型的“个人英雄主义”，不惜愚弄和欺骗公众，根本不顾及公众的利益，与公共关系的宗旨背道而驰，给现代公共关系的健康发展带来了巨大的负面影响。人们把整个巴纳姆时期称为“公众受愚弄”时代“反公共关系时期 ”。

1882 年，美国律师、文官制度倡导者多尔曼·伊顿在耶鲁大学法学院发表了题为“公共关系与法律职业责任”的演讲。在演讲中，他首次使用了“公共关系”这一概念，但该词在当时所表达的并不是现代意义上的公共关系，而是大众利益之意。1897 年，现代意义上公共关系第一次出现在美国铁路协会编的《铁路文献年鉴》中。

这一时期公共关系活动的特点：第一，这一时期公关活动已带有一定的组织性和较为明确的目的性；第二，这一时期的公关活动已不局限于政治领域，而逐渐与谋利愿望结合在一起，为公共关系向各行业、各领域的发展奠定了基础。

(二)公共关系职业的产生

由于巴纳姆时期利用新闻媒介一味地制造虚假新闻、愚弄公众，所以当公众发现自己上当受骗、被那些他们信赖的报刊宣传员愚弄时，一股怒不可遏的抵制浪潮几乎使得新闻媒介无立足之地，而那些“声名显赫”的工商企业也受到了公众的普遍怀疑而信誉扫地，整个社会几乎都陷入了“信誉”危机。这一事件对当时的公共关系来说无疑是当头一棒，使其发展陷入了一种进退维谷的尴尬境地，又使得那些意气风发的公关人员驻足反思，重新审视这一全新职业的职业要求和职业道德。

19 世纪末，美国进入垄断资本主义时代，垄断财团占有着社会绝大部分财富，他们不择手段地榨取剩余价值，肆无忌惮地搜刮民脂民膏，为攫取最大利润，全然不顾广大民众的利益和最起码的社会道德标准，社会阶级矛盾日益激化，整个社会充满了对工商寡头的敌意。在此情况下，一些报纸杂志率先开始揭露实业界那些“强盗大王”的丑恶行径，从而掀起了美国近代史上著名的“清垃圾运动”，又称“揭丑运动”。新闻界发表大量文章和漫画进行揭露，据统计，在近 10 年里，各种报刊发表的这样的文章达 2 000 多篇，从而使许多大企业和资本家声名狼藉。垄断财团最初试图采取高压手段，对新闻界进行威胁提起诉讼；威胁失败后，他们又试图贿赂并高薪聘请新闻代理人撰写虚假新闻以掩盖矛盾和丑闻，制造各种新闻和神话，结果适得其反，弄巧成拙。最终他们终于认识到：为求得生存与发展，他们必须取得公众的信任。于是他们纷纷从“修建”封闭的“象牙塔”逐渐转向“建造”透明的“玻璃屋”，力图提高企业的透明度；让公众广泛地了解整个企业，以期取得他们的信任。而在这一过程中，以“讲真话”来获得公众信任的主张被提了出来，并得到了越来越多工商界人士的支持与提倡。艾维·李就是这一“讲真话”的公共关系思想的代表人物。取得公众的信任和理解，无疑是组织生死存亡的关键，艾维·李正好顺应了这一时代需求。他以公众的需求为出发点，致力于改变这种无中生有、制造

“新闻”的状况，让重视公众利益的理念在当时成为不可逆转的潮流，从而使得公共关系进入一个“讲真话”的时代。

艾维·李(1877—1934)出生于美国佐治亚州一个牧师的家庭，曾就学于哈佛大学法学院，毕业于普林斯顿大学，早期受聘于美国报业大王斯特的纽约《世界报》当记者。1903 年，他开办了历史上第一家“宣传顾问事务所”，从而成为向客户提供公关咨询并收取费用的第一位职业公关人员，这标志着现代公共关系的问世。从此，公共关系事业的发展就进入了一个前所未有的发展时期。1906 年，他在处理无烟煤工人罢工事件时，向新闻界发表了著名的具有里程碑意义的《原则宣言》：这不是一个秘密的新闻处，我们的全部工作都是开诚布公的，我们的目标是提供新闻。这不是一个广告公司，如果你认为我们送到你们企业办公室的文件资料有任何不准确的话，请不要用它。我们文件资料务求准确。我们将尽快地提供有关任何受到处理的主题的进一步细节，而且，任何主编在直接核对任何事实的陈述方面都将愉快地得到我们的帮助……简而言之，我们的计划是代表企业公司和公共机构坦率地并且公开地向美利坚合众国的新闻界和公众提供迅速和准确的信息，这些信息涉及公众感到值得和有兴趣知晓的有关主题。在艾维·李的推动下，工商企业界纷纷改变他们对待公众的态度。他们不再像过去那样通过欺骗公众去包装自己，而是主动地把组织的必要的真实情况最大限度地向公众披露，即使有时披露的情况可能会对公司产生不利的影响，他们也可以通过采取“危机公关”的措施，去获得公众的原谅，然后再通过一系列的公关活动，去重新建立组织的信誉。例如，1904 年艾维·李被美国著名实业家约翰·洛克菲勒聘为私人顾问，此时洛克菲勒因科罗拉多州燃料公司和钢铁公司工人罢工被搞得焦头烂额。洛克菲勒在处理这一事件时，态度强硬，毫不妥协并对罢工进行镇压，在当时公众中声誉极坏，被称为“强盗大王”。艾维·李接受此事件协调使命后，采取了以下几条措施：请有声望的劳资专家来主持，调查事发原因并公布于众；邀请工人代表参与商讨解决劳资纠纷的办法；建议增加工人福利和向慈善事业捐款，以改变公司形象。洛克菲勒接受了艾维·李的建议，公众逐渐改变了对洛克菲勒的看法，平息了事端，挽回了声誉。

此件事之后，艾维·李声名鹊起，他的事务所也因此生意兴隆，其客户包括美国电报电话公司(AT&T)、美国钢铁公司、公平人寿保险公司以及纽约市长。艾维·李的公共关系思想的核心就是“说真话”。他的信条是：“公众必须被告知”。他认为企业与员工、企业与社会关系的紧张和摩擦，主要是由于企业主要人员采取保守秘密的做法，没有将信息发布出去。企业和公众只有通过有效的信息沟通，了解事实真相，建立理解、同情和相互支持的关系，才能获得生存。如果告知真情对组织不利，也不能封闭信息、保守秘密，而是应当调整组织的行为。

艾维·李的重要功绩，表现为他对公共关系所做出的四大贡献：第一，提出了关于工商业应把自己的利益同公众利益联系起来、而不是对立起来；第二，与最高决策者和管理人员打交道，并且只有在管理人员积极支持和亲自出力的情况下才实施计划；第三，与新闻媒介保持公开的畅通的信息交流；第四，强调使工商业具有人情味的重要性，并把公共关系工作做到雇员、顾客和邻居中去。

艾维·李为现代公共关系的实践奠定了主要基础，他的成功的公关实践，对公共关系事业的发展起到了很大的推动作用。此后，公共关系服务范围从企业公司，扩展到学校、医院、军队等领域，使公共关系职业化，所以，人们把他尊称为“现代公共关系之父”。然而，艾维·李的公共关系工作更多的是靠经验、凭直觉进行的，缺乏科学理论的总结。因此，人们把他的公共关系称为“只有艺术，没有科学”。

(三)公共关系学的产生

艾维·李作为现代公共关系的创始人，虽然提出了一系列独创性的公关理论，并且由于他的极力推广，“讲真话”被当作公共关系的一条重要原则确立下来，但是由于受历史条件和个人精力的局限，他的这些从个人实践经验得出的理论缺乏系统性和科学性。随着公共关系事业的不断发展，这种建立系统理论的需求越来越迫切，而这个工作最终是由爱德华·伯内斯完成的。

爱德华·伯内斯出生于维也纳的奥地利奇，后移民美国，是著名的精神分析学家弗洛伊德的外甥。1913 年，他受聘于美国著名的福特汽车公司，担任公关部经理。第一次世界大战结束后，他和夫人在纽约开办了一家公共关系公司。1923 年，他的第一本专著《舆论之凝结》(又称《舆论明鉴》)问世。在这本书中，他首次提出了公共关系咨询的概念。他认为，公共关系咨询主要有两个作用：其一是为工商企业组织推荐它们应采纳的政策，而这种政策的实施必须符合公众的利益；其二是把工商企业组织采纳执行的合理的政策、采取的有益于社会公众的行为广为宣传，帮助他们赢得公众的信任和好感。同年，他在纽约大学首次讲授公共关系这门课程。1928 年，《舆论》一书出版；1952 年，他的第一本教科书《公共关系学》出版。这样，通过他不断研究和反复实践，使得公共关系的基本理论、原则和方法初步形成一个较为完整的体系。

伯内斯以其不懈努力，为现代公共关系的发展做出了一系列重要的贡献：公共关系职业化；公共关系工作摆脱了新闻界附属的地位，开始独立自主地发展；归纳出公共关系的运作程序、方法、技巧，提出了整个运作过程的 8 个基本程序；初步建立了现代公共关系的理论体系；强调了舆论及通过投其所好的公共宣传来引导公众舆论的重要作用；主张获得公众的谅解与合作应当成为公共关系的基本信条。

伯内斯公关思想的核心是“投公众所好”，他认为，以公众为中心，了解公众的喜好，掌握公众对组织的期待与要求的态度，确定公众的价值观念，应该是公共关系的基础工作；然后按照公众的意愿进行宣传，才能做好公共关系工作。社会组织在决策前应充分了解目标公众的社会地位，经济状况、意见倾向、兴趣爱好等，在确认公众态度的基础上再进行有的放矢的工作。

伯内斯完成了公共关系从艺术到科学的升华，使公共关系的原理和方法形成了较为完善的理论体系，他对于公共关系所做的努力具有里程碑的意义，美国《生活》杂志在 1990 年的一期专刊里，将其列入“20 世纪 100 位最重要的美国人”，伯内斯 1995 年逝世，享年 103 岁。

继伯内斯 1923 年在纽约大学首次开讲公共关系课程之后，1937 年美国公共关系学创始人之一的哈洛博士也在斯坦福大学开设公关课程。1947 年波士顿大学成立了第一家公共关系学院，开始授予公共关系的硕士和博士学位。在这一时期，享有盛誉的公关学者和实践者还有希尔·诺顿公司的创始人之一约翰·W·希尔、曾担任美国电报电话公司第一个企业公共关系副总裁的阿瑟·佩奇等。

(四)发展时期

第二次世界大战后，公共关系的实践和理论的发展都进入了一个全新的阶段。1947 年，美国公共关系学会成立，哈洛博士成为第一任主席。1955 年，国际公共关系协会(简称 IPRA)在英国伦敦正式成立。这一时期，以斯科特·卡特李普、森特和杰夫金斯为代表的一大批公共关系专家和大师，在理论和实践上把公共关系推向一个新的历史发展阶段。而这其中，又以卡特李普和森特提出的“双向对称”公共关系模式最具有代表性。

第二次世界大战以后，国际间的经济、技术和劳务合作日趋频繁和紧密。但由于不同民族和国家的文化背景各有差异，客观上需要一批公关人员从中斡旋，进行有效的沟通和协调。事实上，这种跨文化交际的障碍已严重地成为那些跨国巨头进一步发展的最大障碍。他们在拓展世界市场中发现，能够与不同文化背景的人进行沟通交流、协调关系是他们的事业能否成功的关键。传统的公共关系理论认为，在公共关系实践中，公共关系都是作为“一项具体工作”而表现出来。这类工作只注重将有关组织的信息扩散到组织的环境之中，而忽略将有关环境的信息传递给组织。这种理论实质上是把公共关系系统看成一个“封闭系统”，这种一厢情愿式的单向传递模式在特定的历史条件下可能会收到一定的效果，但缺少公众参与的“一头热”模式的弊端则日渐显露出来。

1952 年美国学者斯科特·卡特李普和森特在《有效公共关系》中，首先提出了

“双向对称”的公关模式。“双向对称”的理论模式提出了组织与其公众关系的维持、改变是建立在输出—反馈—调整的互动模式基础之上的。在这种模式中,公共关系具有潜在的、能够发挥参谋或顾问作用的能力,可以对决策过程施加影响。这种潜能能够在危机期产生控制局势的作用,而且作为外界环境的感应系统,公共关系还可以阻止潜在危机的发生。根据“双向对称”模式,组织必须区分那些对组织影响较大的公众,通过调查研究并展开适当的公关活动,以协调和这部分公众的关系。斯科特·卡特李普和森特首次把公共关系工作分成四个步骤,他们认为公共关系的最终目的是要在组织与公众之间建立一种和谐而良好的关系,这就要求一方面必须把组织的想法和信息传播给公众;另一方面必须把公众的想法与信息反馈给组织,唯有如此,一个组织才能求得双向沟通和对称平衡的最佳生存发展环境。

“双向对称”模式的提出,把公关实践活动的本质予以理论抽象,并将公关理论的知识体系发展到战略性高度,使公关在很大程度上达到了专业水平。

20世纪50年代以来,公共关系的实践和理论研究进入了一个全新的发展时期。1955年5月国际公共关系协会在伦敦成立,1992年的会员已发展到五大洲62个国家919名会员,这标志着公共关系已作为一门世界性的行业而独立存在。

在这一时期,以萨姆布莱克、卡特利普、爱伦森特、杰夫金斯和格鲁尼格等为代表的一大批公关大师,在理论和实践上把公共关系推向一个新的历史发展阶段。特别是卡特利普、森特等合作的《有效公共关系》一书,被美国公关协会定为美国高校公共关系课程的标准基础教材,被誉为公共关系“圣经”。

二、公共关系的发展

公共关系在美国兴起后,大约从20世纪30年代开始,公共关系的理念和实践在英国、法国等经济发达的欧洲资本主义国家传播,直到第二次世界大战后,公共关系才迅速在世界其他语系国家传播,进入70年代后,各种公共关系活动和业务已扩及世界主要国家和地区,其发展趋势至今方兴未艾。

随着公共关系在世界的发展,公共关系呈现出新的特点:

(1)公共关系从业人员的职业化、行业化。公共关系诞生之初,没有人专门从事公共关系工作并把它作为谋生的职业。艾维·李和伯内斯原先也都是从事新闻传播工作的,艾维·李虽然在1903年就创办了世界上第一家公共关系事务所,但当时以公共关系为职业的还寥寥无几,远未形成社会上的一种独立的行业,其机构也是从属于某一企业。但当今公共关系的活动方式和规模已经大为不同,社会上独立的公共关系机构成百上千,公共关系作为一种行业已经得到社会的承认,公共关系的从业人数迅猛发展，以美国为例，1937 年专门从事公共关系工作的人近 5 000 人，1950 年为 2 万人，1960 年增加到 3 万人，1970 年 7 万人，1976 年突破 10 万人，1990 年达到近 20 万人，增长势头非常迅猛，在欧洲、日本、中国等地，情况亦大致相同。

(2)公共关系活动的国际化、规范化。第二次世界大战后，世界各国政治、经济、文化的交流日益密切和广泛，每一个国家都被卷入了全球化的浪潮中，公共关系在世界各国全球化的交流中发挥着越来越重要的作用。随着世界范围内公共关系活动的广泛开展和应用，众多国家的专家学者呼吁成立一个世界性的公共关系组织，以规范各国的公共关系活动，于是，1955 年国际公共关系协会在英国伦敦成立，这个世界性的组织拥有来自 60 多个国家 700 名会员，在它的主持下，经过各方协商，共同制定了《国际公共关系协会行为准则》。1959 年，欧洲公共关系联盟成立，它们的宗旨之一就是倡导并促成公共关系的职业准则、职业内容的标准规范化，并主张世界各地的公共关系活动计划化、会员之间的联系交流网络化、定期化。

(3)公共关系以短期效应模式走向以关系管理为目标的展览发展模式。由于 20 世纪 90 年代末新经济的问世以及随即出现的网络泡沫、美国公司相继爆发的腐败案例，一直到 21 世纪，有人提出真正以顾客需求为导向的“后经济”时代的到来，公共关系正在从传统的以短期效应为公关主旨的运行模式转变为以关系管理为长期目标的战略发展模式，这是国际公共关系发展的最新动向和趋势。

三、公共关系在中国的兴起和发展

公共关系是“舶来品”，20 世纪 50 年代进入中国香港，60 年代进入中国台湾，80 年代改革开放后进入大陆。纵观 30 多年中国大陆公关发展史，我们发现，公共关系作为一种新的经营管理和技术传入中国后，呈现出由南向北、由东向西、由服务行业向工业企业、由外资企业向国有企业、由企业组织向政府组织逐步发展的格局。

(一)公共关系实践

20 世纪 80 年代初，随着改革开放的进行，中国在引进资金、技术的同时也引进了先进的管理经验。公共关系作为一种理论和职业，开始引起了中国人的广泛关注。在深圳、广州等改革开放的桥头堡，一些中外合资企业和外商独资企业开始按照西方资本主义国家的管理模式，设立了公共关系部。1980 年，深圳蛇口华森建筑设计顾问公司率先成立我国第一个公共关系性质的专业公司。1982 年，深圳竹园宾馆成立公共关系部，开展以招徕顾客、扩大影响为目标的服务性公共关系活动。1983年，中外合资的北京长城饭店成立公共关系部，并因成功策划接待美国总统里根访华而名扬海内外。1984年，广州中国大酒店设立公共关系部。1984年9月，我国国有企业的第一家公共关系部——广州白云山制药厂公共关系部正式成立。这是公共关系正式引入中国大陆企业的标志。随着改革开放的深入发展，公共关系在中国大地上迅猛推进，30多年来公共关系活动已经扩展到政府部门、事业单位、社会团体及社会公众个人等领域，公共关系工作的水平也不断提高。总而言之，通过30多年的公共关系实践，中国的公共关系事业已有长足进步，并已取得了巨大成效。

(二)公共关系教学和研究

为了适应公共关系在中国发展的需要，一些高校开始在大学内部开设公共关系课程，并设立公共关系专业。1985年9月，深圳大学率先设立公共关系专业，同时招收了首届公共关系专业的大学生。此后，中山大学、北京大学、兰州大学、首都师范大学、复旦大学、清华大学、中国人民大学等相继讲授公共关系课或开设公共关系专业。1986年11月，中国社科院编著的《塑造形象的艺术——公共关系学概论》正式出版。同年12月，王乐夫、廖为建等的公共关系专著问世。1988年1月，中国公共关系第一家专业性报纸《公共关系报》在杭州创刊。1989年1月，中国第一份国内外公开发行的公共关系杂志《公共关系》在西安创刊。从20世纪90年代初期到90年代中期，公共关系在中国的发展进入了一个相对稳定、成熟的时期。1994年，中山大学被教育部批准开办部属院校第一个公共关系本科专业，随后在行政管理专业的硕士点招收公共关系方向的硕士生。至今，所有的本科院校全部开设了公共关系学课程，全国公开出版的公共关系专著、教材、译著、工具书已超过1 000多种，其中具有代表性的有《中国公共关系教程》《中国公共关系大辞典》等。同时这一时期，学术研究活动活跃，中国公共关系的一些学术流派开始产生，如形象学派、协调学派、传播学派、管理学派等，从而加深了对公共关系的研究。公共关系实践活动由自发走向自觉，全国有一大批公共关系专家、学者分别主持、策划和操作企业公共关系、企业CIS、政府公共关系、城市CIS和城市形象建设。

(三)公共关系协会

20世纪80年代中后期，公共关系在中国的发展进入了一个全面引进的高潮时期，专业性公共关系公司、公共关系协会如雨后春笋般纷纷建立起来。1985年，伟达公司和博雅公司这两家世界上最具影响的公共关系公司先后进入中国。其中,博雅公司与中国新闻发展公司于 1986 年 7 月合作成立了我国第一家公共关系公司——中国环球公共关系公司。1986 年 12 月,上海成立了全国第一家省级公共关系协会。1987 年 5 月,全国权威性的公共关系社团组织——中国公共关系协会在北京正式成立。到 90 年代中期,该协会已有团体会员 500 余家,个人会员 2 000 多名。1988 年底在杭州召开首届全国省市公共关系组织联席会议,研讨“公共关系热”,在 1989 年 9 月的第二次联席会议上,提出了《中国公共关系职业道德准则(草案)》;1991 年 5 月的第四次联席会议上,正式通过了经过国内公关专家反复修订的《中国公共关系职业道德准则》。1991 年 4 月,以促进国内外公关界交流与协作为己任的中国国际公关公司在北京成立。此外,国内比较有名的公关协会还有由一些在大学中从事公关教学和研究的专家、学者组成的中国高等教育学会公共关系学会。这些学会都能组织定期的成员间的学术交流和研讨活动,对推动我国公共关系的健康发展做出了积极的贡献。

进入 21 世纪后,中国社会政治、经济、文化诸领域正在经历着深刻的变革,在新的历史条件下,中国的公共关系事业必定取得更大的发展,走向更高的水平。

第三节 公共关系产生和发展的社会条件

公共关系作为一种客观存在,是伴随着人类交往的出现而出现的,但作为一种专门的职能和学科,则是伴随着 20 世纪的来临首先在美国问世的,到第二次世界大战前后,公共关系传到英、法等国,在世界得到普及和发展,其发展的原因是与当代社会政治经济科学技术的发展息息相关的。

一、公共关系产生的社会条件

(一)公共关系产生的社会政治条件

在人类社会发展的数千年历史中,绝大部分时间是处于专制制度的统治之下。在这种制度下,专制制度的代表——君主利用手中掌握的军队、监狱等国家机器,推行符合他个人意志的统治,他掌握着民众生死予夺的大权,他的话便是法律、是圣旨,任何人都不得违抗。在奴隶社会,奴隶为物,可以随便买卖,柏拉图认为,奴隶“绝对不可信任,”必须“用尖棒和皮鞭”教训他们。在封建社会,君主是统治者,以血缘关系为基础的封建宗法关系成为人们政治生活中起主导作用的支配关系,老百姓是任人宰割的草民,官府对民众滥施淫威,民众对官府毫无约束力,官府与民众的关系是绝对统治与绝对服从的关系,在这种政治氛围中根本产生不了以平等协商为原则的公共关系。文艺复兴和宗教改革,打开了欧洲封建统治"黑暗时代"的缺口。随后,随着社会经济、技术的不断发展,特别是第一次、第二次科技革命对社会生活各个方面的巨大冲击,资本主义民主制度逐渐取代了封建专制制度。虽然,资本主义民主制度有其虚伪性,但其提倡的"自由、平等、博爱"的精神,无疑解放了人们的思想,为民主政治的建立奠定了坚实的社会文化基础,特别是三权分立和选举制更是在统治者内部建立了一种民主政治的楔子。三权分立使统治者内部权力分散、相互制衡,从而为民主政治提供了现实的政治土壤。这种对内部权力的约束和制衡需要一种外在力量来维系,而公众则成了这一力量最重要的砝码,选举制度是这一客观需要的重要体现。可以说,"得民心者得天下"在资本主义民主政治中得到充分体现,无论哪一个政党要想在大选中获胜,都必须和公众处理好关系,争取绝大多数公众的理解和支持。正是在这种大的政治前提和背景下,现代公共关系应运而生。

(二)公共关系的产生的经济条件

市场经济是一种以社会分工为基础、以交换为目的、以市场为导向、以消费为结果的社会经济形态。在人类社会发展史当中,从奴隶社会到封建社会,都是一种小农经济。小农经济是一种自给自足的经济形态,它基本上都是以家庭为生产单位,家庭几乎可以生产满足自家生活需要的全部产品。所以,他们对社会和他人的依赖性相对较小,人与人之间关系的维系主要是靠血缘、地缘关系,靠传统的伦理观念和义务。这种与生俱来的客观现实,使他们不需要刻意地去努力建立、维持某种关系。而市场经济则完全不同。科学技术的发展促进了社会分工,而这种分工使得社会生产朝着专业化、规模化的方向发展,并且出现了一种相对独立的经济组织——公司或企业。由于这种专业化的分工使得人与社会、与他人的关系愈来愈紧密,使得人不能离开社会而生存,因此,这种以交换为目的而建立的经济关系日益成为人们生活中最重要的关系之一,而企业或公司则成为维系这一关系的重要载体。首先,组织大规模的生产需要一大批产业工人和生产管理者,而如何组织、协调好和他们的关系则成为事关企业生死存亡的大事;其次,企业光生产出产品还不够,还必须实现它们的价值,因为他们这种生产是以交换为目的,只有生产的产品全都卖出去了,才能最终实现这种生产的连续更替。为了把产品卖出去,为了在同类竞争者中获胜,企业必须得到社会的广泛认同,获得公众的信任和支持。随着市场经济的进一步发展,市场形势经历了由"卖方市场"向"买方市场"的转变。在买方市场条件下，消费者在消费过程中拥有更多的优势，他们可以根据质量、价格、服务、品牌等去购买所需的商品。因此，企业必须通过发展良好的相互感情关系，能更有效地维持市场发展，这就直接促进了公共关系的兴起。

(三)公共关系产生的技术条件

在农业社会中，科技落后、经济不发达、生产规模小，人们几乎处在一种半封闭的、与世隔绝的自然状态之中。“鸡犬之声相闻，老死不相往来”，由于落后的自然经济本质上不要求进行广泛的人与人之间的相互沟通与联系，加之又受到当时落后的交通工具和信息传播手段的限制，因而人们也不可能发生广泛而深刻的社会交往和联系。随着经济的发展和社会政治的变革，人们交往的空间不断扩大，人们需要了解的信息量也越来越大。这种客观需求促进了交通运输和信息传播技术的飞速发展，从火车、汽车、飞机、人造卫星的出现到电报、电话、广播、电视以及光导通信的普及推广，各种信息在一瞬间就可以传遍世界的每一个角落，且具有高保真和费用低廉的特点。正是由于传播技术的发展，人们之间的交往愈来愈广泛，联系也更加方便，使一个多空间、多层次、多文化的传播体制逐渐在全世界形成，使得言论自由、新闻自由的理想能进一步地实现，使得社会舆论力量、公众意见的表达越来越具有影响力，公众对社会组织的干预能力日渐增强。同时，社会组织只要能有效地驾驭传播手段，和公众进行积极的沟通、交流，就能取得公众的信任，协调好与公众的关系，树立起有利于自身发展的良好形象。由此可见，传播技术和与传播有关的信息通信技术、控制技术的出现，为现代公共关系的形成与发展提供了重要的物质技术支持。

二、公共关系在美国出现的原因

现代意义上的公共关系首先在美国问世，其原因主要有以下 4 点：

(1)相对于欧洲资本主义国家来说，美国的民主政治体制有其自身特点。美国是一个多民族的移民国家，经过独立战争、南北战争直至 21 世纪初，三权鼎立的政治体制得到较为稳定的确立。美国民主政治的典型特点是依靠代议制、纳税制和选举制实现其管理。在这样的民主政治下，政府与公众的关系，更多地表现为民主协商、民主对话、民主监督，而且经常使用的手法是通过传播媒介促进沟通与交流。民主政治取代专制政治，为公共关系提供了孕育生长的温床，加之社会环境与政治制度对公共关系产生了迫切的需求。

(2)“南北战争”后，北方的工业经济与南方的种植园经济置于同一政府的管理之下，国内市场体系发育十分健全。19 世纪末到 20 世纪初，美国经济得到飞跃发展，大工业的商品经济社会逐渐形成。在商品经济发展过程中，美国的市场经济经历了由“卖方市场”向“买方市场”的转变。社会现实迫切需要用公共关系去增进企业与公众的相互理解与合作，需要用公共关系去塑造组织形象，提高组织声誉，从而去争取市场、争取顾客、争取方方面面的支持。

(3)美国是一个由许多民族移民组成的国家，国民中具有很强的平等意识。作为一个年轻的移民国家，美国缺少统一的历史传统，容易接受新文化、新思潮，更重要的是这些从欧洲、亚洲、非洲等地迁居到美国的移民，具有较强的平等意识，他们都期望在新的天地建立新的国家，谁也不愿意任人宰割、奴役，资产阶级革命时期的“自由、平等、博爱”等思想能更迅速地在美国传播、开花、结果。

(4)美国独特的人性文化为公共关系的产生提供了精神源泉。美国是一个移民国家，来自不同国家、不同文化背景的移民组成了一个大杂烩式的国家。多元文化的冲撞与交融使美国形成了自己独特的文化：个人主义、英雄主义和理性主义。在社会文化意识上，美国人注重人性，尊重个人的文化观念；在管理上，资本家也认识到工人不是机器、不是“经济人”，而是有情感、有需要的“社会人”。因此，不得不在管理中重视工人的情感与尊严，与工人进行平等对话，改善劳资关系。现代公共关系的兴起，适应了美国社会人性化和软管理的迫切需求。

正是基于以上原因，美国社会内部自然地孕育了现代公共关系的胚胎。

本章小结

公共关系作为人类社会的实践活动，历史悠久，但作为一门独立的学科出现，成为一个行业和职业，则是 20 世纪初的事情。现代民主政治制度的产生、市场经济的发展和大众传播技术的进步促进了现代公共关系的产生。美国是现代意义上的公共关系发源地。美国人艾维·李是现代公共关系的奠基人，伯内斯对公共关系的科学化、规范化做出了巨大贡献，斯科特·卡特李普和森特将公关理论的知识体系发展到了战略性高度。第二次世界大战结束后，公共关系在欧美国家飞速发展，成为一个新兴的、充满活力的行业。20 世纪 80 年代公共关系引入中国大陆，如今越来越多的社会组织日益重视公共关系工作，使公共关系在我国的发展空间越来越大。

案例分析

哈尔滨水污染事件

2005年11月13日，吉林省吉林市的石化公司双苯厂胺苯车间发生爆炸，成百吨苯流入松花江，导致下游松花江沿岸的大城市哈尔滨、佳木斯，以及松花江注入黑龙江后的俄罗斯大城市哈巴罗夫斯克等面临严重的城市生态危机。危机来临之初，由于政府没有及时通报事实真相，导致谣言四起。从11月20日中午开始，哈尔滨市到处流传着近期将发生地震的传言，很多市民开始争相抢购饮用水，市区内很多商店饮用水脱销，继而又出现“在江边晨练、散步会吸入苯和硝基苯”“哈尔滨部分居民供水网含剧毒”“离哈机票售光”等传言，却没有得到官方证实，传言越来越多，致使许多人到超市抢购饮用水，不敢到松花江边的公园晨练，担心要地震，人心惶惶。直到21日中午，也就是爆炸发生8天后，得知污染水团将于30小时内抵哈，危机已迫在眉睫的哈尔滨市政府才向社会发布公告，全市停水4天，理由是“要对市政供水管网进行检修”。这显然无法让民众信服，没人会相信检修管道不分区进行，而是一下子停掉全市的供水，越来越多的市民觉得这个公告可能与地震有关。结果，公告发布后，市民开始了大规模的抢购，这座城市曾一度陷入慌乱之中。当日午夜，省、市政府决定向媒体公布真相。22日凌晨，第二份公告发出，证实了上游化工厂爆炸导致松花江水污染的消息。为了方便居民储水，市政府在同日又发出了一个公告。针对一件事，两天发布三个市政府公告，哈尔滨史无前例。市委、市政府还决定：从24日起，每天召开新闻发布会，通报停水后的重要信息，让百姓在第一时间了解实情。省环保局也以每天两次的频率，通过媒体通报污染变化情况。市民心里有了底，慌乱局面很快缓和下来。

问题：

1. 哈尔滨政府的做法违背了公共关系的哪些原则？
2. 从此案例中分析组织应具备的公共关系意识。

思考题

1. 简要介绍几个公共关系发展历史上的重要人物和思想。
2. 现代公共关系产生的社会历史条件是什么？
3. 简述公共关系在美国出现的原因。

第三章

公共关系的职能

导入案例

日本东京一家贸易公司有一位秘书小姐，专门负责为客商购买车票。客商中有一位德国人，是一家大公司的商务经理，经常请她购买来往于东京和大阪之间的火车票。不久，这位经理发现：每次去大阪时，座位总在右窗口，返回东京时又总在左窗边。这位经理问小姐什么缘故，秘书小姐笑着回答："车去大阪时，富士山在您的右边；返回东京时，山又到了您的左边。我想，外国人都喜欢日本富士山的壮丽景色，所以我替您买了不同位置的车票。"德国人听了大受感动，他想："对这么微不足道的小事，这家公司的职员都能想得这么周到，那么，跟他们做生意还有什么不放心的呢？"于是，他决定把同这家日本公司的贸易额由原来的 400 万马克提高到了 1 200 万马克。

分析案例中公共关系协调关系的重要性。

本章主要介绍公共关系的职责和功能，以解决公共关系在组织营运中"做什么"和"有什么用"这两个问题，同时对现代公共关系活动应该遵循的基本原则作简要分析。

第一节 公共关系的职责

公共关系的职责指的是公共关系机构或从业人员的职责。公共关系活动是公共关系的行为主体——社会组织围绕一定的公关目标即塑造组织自身形象而展开的，是伴随着公共关系所体现的职责而进行的。因此，公共关系职责的有效发挥，决定了公共关系目标的实现程度。公共关系的职责主要体现在采集信息、咨询建议、参与决策、协调沟通和策划专题活动5个方面。

一、采集信息

采集信息是公共关系部门的一项基本职责。公共关系活动的本质，是通过组织与公众之间的双向沟通，有效地达成双方之间的信息交流。就公共关系活动程序而言，通常是从采集信息开始的。所谓公共关系信息是指围绕塑造组织形象而采集、传播的各种信息。

(一)组织实力形象信息

公共关系中所谓的组织形象，是指公众对社会组织在运行中的总体表现与行为特征所产生的印象和评价。它主要包括组织的实力形象、文化形象、品牌形象和组织的发展预期。实力即组织的有形资产，是组织存在和发展的物质性基础，也是组织形象其他因素的附着点。组织实力形象信息包括企业的总资产、固定资产、生产规模、流动资金、产品销售、装备先进程度与员工人数等信息。

(二)组织文化形象信息

组织文化形象是组织形象的精髓。它是指组织现有的价值理念、员工群体意识、发展目标、人才阵容、技术水平和管理行为对组织形象的影响和公众对组织的评价。

1.公众对组织的管理行为所形成的认知和评价

通过组织的管理行为所展现的形象是全面的、整体的，包括组织的机构设置、方针政策、规章制度、工作效率、服务态度、财政资信、信守合同的信誉、技术实力、营销能力、参与社区活动的影响等信息。如组织决策是否合乎社会实际情况、生产节奏是否紧凑、内部分工是否合理、对市场变化的反应是否灵敏等。

2.公众对组织的成员所形成的认知和评价

员工是组织最活跃的形象载体，通过组织成员所展现出来的组织形象，包括员工的道德品行、文化素质、职业水准、行为仪表等具体的形象因素信息。领导者是组织的发展核心，通过组织领导者所展现出来的组织形象，包括领导者的领导能力、创新意识、办事效率、人才使用、威望与可信任度等。

3. 公众对组织的特定文化所形成的认知和评价

组织的特定文化制约着组织形象的个性，标志着组织形象的特定风格。组织的特定文化包括：组织的价值观念和管理理念，组织的历史与传统，组织的榜样人物和标志性事件，组织的职业意识与职业道德，组织的礼仪与行为规范，以及组织的口号，如厂歌、厂旗、厂服、各种宣传品等。

(三)组织品牌形象信息

品牌是以文字、数字表示或用口语表达的，以及偏向于视觉特性的产品或组织标记，是用以和竞争者产品相区别的名称、术语、记号和设计。品牌是组织的无形资产，比有形资产更具有持续的生命张力。品牌的价值在现代社会日趋重要。现代社会商品种类繁多，消费者难以在购买时准确判断其质量、效用，往往就是根据其品牌来做出购买取舍的。企业之间的竞争，往往先是重视产品加工，后转为重视产品质量，再转为重视产品品牌，通过对品牌的宣传和保护，形成知名品牌。

1. 公众对组织的产品所形成的认知和评价

向市场提供产品是社会组织运行目标的最基本方式，也是组织与消费公众之间发生关系的根本原因，是公众对组织进行认知与判断的主要依据，通过产品体现出来的组织形象最为直观，公众直接通过产品了解一个组织，组织也直接运用产品去争取公众。产品形象的基本要素包括质量、性能、款式、包装、用途、价格销售服务等。当然，不同的组织有不同的产品形式、不同的产品特殊形态，如政府的公共政策、企业的工业产品、餐馆的菜肴、宾馆的客房、银行的服务项目、出版社的书籍、电视台的节目、学校培养的学生等。针对公众的需要，结合组织的特点，如组织的服务，又包括对服务种类、服务范围、服务时间、服务深度、服务态度、服务效率的评价。

2. 公众对组织的标识所形成的认知和评价

标识本身就是组织品牌形象标志的具体化，能够帮助公众识别和记忆组织的形象，是组织象征性的标记。通过标志和符号化的识别系统所展现的组织形象，包括组织的名称、产品及商标的命名、建筑物的风格、产品的品牌、商标或徽记的符号、产品包装的设计、广告代言人、宣传的主题词和典型音乐、标准字体和标准色彩、包装的风格、宣传的格调等。如设计定位清晰、个性鲜明、简洁易记、易于传播的组织和产品标记，相统一的组织名称与商标，规律地应用色彩，自成体系的产品包装风格，浓厚的产品文化品位而又适合市场需求的品牌，则是对品牌形象的充分展示。

(四)组织发展预期信息

这类信息主要是指组织自身运行可能发展的趋势,及其所有对社会组织运行及其发展趋势发生或将要发生影响的情况。这类信息反映的是组织运行的现状和将来的发展趋势,是组织形象维护的重要依据。它主要包括组织的社会责任意识和传媒形象。

1.公众对组织的社会活动形成的认知和评价

社会组织是社会的有机组成部分,组织的发展有赖于良好的社会环境,同时也必须承担相应的社会责任和义务,这会给组织的发展带来长远的收益和良好的预期。因此,要求组织采集国家的大政方针、法律法规、政府决策、改革动态、发展规划、对外交流等信息,掌握公众对组织在遵纪守法、劳动保护、消费者权益维护、环境保护、社区福利、慈善事业等方面业绩的认知和评价信息。

2.公众对组织在大众传媒上的有关报道形成的认知和评价

现代社会是大众传播的时代,公众对组织的认知和评价越来越依赖于各种传媒的引导,如通过电视、广播、报纸、杂志和网络上传播的信息,公众能够了解到组织的政策、行为、产品、人物或事件等,从而形成对组织的认知和评价。这就要求组织必须掌握自己的媒介形象,包括媒介报道的对象、内容、渠道、方法、时间、地点,消费公众的舆论,新闻媒介和公众人物的赞誉和批评,政府有关部门和上级主管部门以及同行的意见。

二、咨询建议

公共关系人员采集信息,其目的就是通过对所采集到的信息进行分析处理,即对信息的分析鉴别、去粗取精,去伪存真,向组织的决策层提供咨询建议,以增强决策的科学性、可行性,充当好组织的“耳目”。公共关系咨询建议主要是指组织的公共关系人员向本组织的决策层和各管理部门提供公共关系方面的情况和意见。公共关系的咨询建议不同于一般职能部门从技术、经济、业务和人事等传统角度所提供的建议,它是从组织形象、社会公众和传播沟通的角度为决策提供咨询。

(一)提供组织形象的咨询建议

公共关系人员的工作是为社会组织在公众中树立美好的形象和创造有利于组织发展的社会舆论而展开的,在咨询的基础上积极地提出一些卓有成效的建议,其目的就在于提出如何才能使本组织的方针、政策、计划、方案等与公众利益达成一致的措施，从而制定出塑造良好组织形象的整体方案。组织形象的好坏直接决定着组织的生存状况和发展前景。随着社会的发展进步，组织自身和社会公众评价标准也在变化，一个组织的形象自然也会随着时间的变化而发生变化。因此，公共关系人员要全面搜集公众对组织形象的评价信息，并加以客观地综合分析，得出真实的组织形象，诊断组织存在的问题，及时向组织决策层提供改善和提高组织形象方面的建议和咨询，如提供提高产品质量、完善组织标识和增强组织实力等方面的咨询建议。

（二）提供公众情况的咨询建议

由于公共关系人员是直接与组织的公众打交道的，他们更了解公众，他们可以从公众的立场综合评价组织的方针政策，通过咨询建议促使领导层根据公众的利益、态度修正决策目标，使组织行为目标和社会公众的利益、愿望尽量相一致，以获得公众对组织的理解和支持。如针对公共关系机构的日常工作，为了让组织的领导层及时掌握公众的一般情况，以便适时调节组织的运行机制，创造有利条件实现组织目标，需提供员工公众对组织的归属感、消费公众对组织产品的反映、媒介公众对组织的社会舆论以及同行们对组织的评估等咨询建议；针对组织中长期战略规划的制订和完善，为了正确地分析公众心理，以便在不断变化的客观环境中，研究和预测公众心理需要的变化。公共关系人员必须对公众的心理和行为变化及时进行分析和做出预测，并向组织的决策层提出咨询建议。例如，消费者在购买商品的活动中通常会受到习俗心理、时尚心理、求廉心理、求实心理、趋美心理、偏爱心理等不同心理需要的影响，这些心理需要错综复杂地交织在一起，构成了消费者的不同购买动机，决定了消费者的不同购买行为，据此社会消费现象，公共关系人员就应当分析和预测不同性别、不同年龄层次和不同收入群体消费者的消费心理特征，预测消费变化趋向，以向本组织的决策层提供产品设计或销售服务、产品研发和市场营销等方面的建议。

（三）提供传播沟通的咨询建议

公共关系咨询建议职责是采集信息职责的延伸，实际上是公共关系人员有选择有分析地向组织的领导层转送关于公众信息的过程，也是公众向组织反馈信息的中间环节，因此，从根本上说，它仍是一种信息传播活动。公共关系活动往往是以组织举办的某项专题活动为载体的。为了使专项活动更有成效地开展，公共关系人员必须向组织决策层提供与该项活动有关的情况说明、意见和建议。例如，组织拟举行新闻发布会，公共关系人员需向组织决策层提供新闻媒介的近期报道动向、媒介公众对本组织的了解情况以及建议邀请出席会议者名单、会场的布置等。又如当组织面临突发事件，与外部环境关系紧张，与公众关系产生某些摩擦苗头时，公共关系人员应以敏锐的观察、准确的判断，适时建议组织调整自身行为，并及时、有效地协助组织与媒体和外部公众的沟通，以适应公众的要求和环境的变化，预防对组织不利情况的发生。

三、参与决策

面对复杂多变的社会经营环境，社会组织要想在市场竞争中争取主动，必须要求把公共关系工作渗透到组织的经营管理决策中，即公共关系人员根据组织的具体情况，运用其专业知识和方法，向组织的决策者和各部门提供解决纷繁复杂问题的有关信息资料和咨询建议，为决策提供科学的依据，参与组织决策的全过程。随着现代社会的发展，公共关系参与决策的职能日益凸显，公共关系部门正成为组织的“思想库”或“智囊团”。公共关系人员参与决策，就是代表公众从组织内部对社会组织的决策进行约束，要求在决策中必须反映公众的利益和要求，从而促使公共关系目标进入组织决策方案，使社会组织总目标与公共关系目标趋于一致。

（一）站在公众立场审视决策问题

决策是社会组织对自身生存条件和外界发展环境经过缜密考虑和比较之后，对组织的运行目标以及实现这一目标的方法、步骤所做出的决定性选择。由于公众是关系到社会组织的自身生存条件和外界发展环境的重要因素，公共关系人员必须就组织的公众关系问题、组织的发展环境问题向决策者提供咨询，参与决策。现代组织的决策日益专门化，整体的决策体系需要分解为各个职能部门的专门决策，如生产决策目标、技术开发决策目标、财务决策目标、市场营销决策目标等。各职能部门的专家或管理人员往往将决策焦点高度凝聚于本部门的专业需求，易使组织的决策者陷入社会组织的客观现状与多种决策目标选择之间的矛盾之中，难以发现组织自身决策中所存在的问题。这就需要公共关系部门充分发挥自己与公众联系密切的优势，站在公众的立场上，综合比较和评价各职能部门的决策，多层次地去审视决策反馈信息，思考组织决策中存在的问题，依据公众需求，及时修正可能导致不良社会效果的决策目标，使组织决策目标既反映自身发展的要求，也反映社会公众的立场。一个企业如果从与自身组织目标直接相关的消费公众的立场来发现问题，就更容易找到问题的本质和解决方法。当企业面临如何开拓新产品或是否要转产此类决策问题时,必须首先考虑消费公众的特定需要。

(二)注重公众利益,确保决策公正

为了保证组织决策的公正性,社会组织必须建立相应的约束机制。这种约束来自两个方面,即外部约束和内部约束。公共关系人员参与决策就是代表公众从组织内部对社会组织的决策进行约束,要求组织决策体现公众的利益和需求,以公众利益约束组织决策,及时调整组织决策中的缺陷和失误,确保决策的公正性。社会组织如果缺乏公共关系的内部约束,在社会舆论等外部约束因素未能发挥作用时,就难免会犯只顾自身利益的片面性决策的错误。其最终结果是既损害了公众利益,又阻碍了组织自身的发展。因此,公共关系对于社会组织的决策是一种约束,对促使组织正确决策更是一种保障。在组织决策过程中,注重公众利益能够促使组织的决策方案集思广益,科学合理,趋于完善。

(三)协助组织决策,确立公共关系目标

社会组织的决策是社会组织确立目标与实现目标的方案选定过程,事关组织的全局及所有部门。但由于组织决策日益专门化,整体的决策目标往往被分解为各个职能部门的决策目标,而各职能部门的管理者一般都把决策注意力集中于本部门的目标上,常常忽略了从社会和全局的角度来考虑决策可能导致的社会后果。因此,只有公共关系人员参与决策,在决策中开发组织的形象资源,使塑造组织良好形象的公共关系目标融入组织决策方案,才能制订出真正完整的组织决策方案,使公共关系目标成为组织整体决策目标系统中的组成部分。否则,社会组织总目标与公共关系目标就会发生脱节,公共关系机构的工作也不容易同其他职能部门的工作很好地协调,社会组织的运行也难以顺利进行。

四、协调沟通

公共关系协调沟通是指公共关系人员在收集有关公众信息的基础上,通过促成组织与社会公众之间有效的双向信息交流,使组织与公众之间形成和保持一种互惠互利、平等和谐、共同发展的协调关系,以建立和发展组织的良好形象。公共关系是组织与社会环境之间的一种协调沟通机制,即运用各种协调、沟通的手段,为组织的发展疏通渠道、传播信息、调解冲突,成为组织与各类公众交往的桥梁,为组织的生存、发展创造"人和"的环境。公共关系作为社会组织与公众之间交流的纽带,目的就在于促使组织与公众之间相互支持与合作,以塑造组织良好的形象。

建立和谐的公共关系，不但是公共关系工作追求的理想目标，而且是公共关系工作的基本内容。

(一)组织内部的协调沟通

公共关系是一门内求团结，外求发展的经营管理艺术。内求团结是外求发展的前提和保证，公共关系工作首先要从创造良好的内部氛围开始。组织内部的协调沟通，就是要建立协调机制，畅通传播沟通渠道，实现组织与内部公众的双向信息交流，增强组织的凝聚力和向心力。具体来说，就是通过建立和完善组织内部的各种沟通渠道和协调机制，促进组织内部的信息交流，下情上达，上情下达、横向联络，分享信息。包括领导层与全体员工的关系，组织内部各个职能部门之间的联系，使组织在充分的信息交流与分享的基础上保持和谐状态，以提高组织的向心力、凝聚力。针对组织内部的协调沟通，公共关系人员在其中起着承上启下、传播信息、沟通反馈的作用。这就要求公共关系人员一方面应下情上呈，积极主动向领导反映员工的意见、建议和诉求，并提出如何根据下级员工的实际情况调动其积极性的建议，从而使领导层能经常了解和把握员工的情况，及时地调整与员工之间关系；另一方面应上情下达，积极主动向员工介绍宣传组织的目标和管理方针政策，传达领导层的决定和意见等，消除可能产生的误会，使领导的意向和组织的现状、发展方向能随时为员工所了解，从而使员工自觉地与领导搞好配合，使员工拥有方向感。否则，组织内部信息不畅，员工没有方向感，必然会产生麻木不仁、无所事事或焦虑烦闷、人心涣散等消极情绪，这是公共关系人员的失职和失误。

(二)组织外部的协调沟通

公共关系在内求组织团结的基础上，必须外求组织和谐发展，以使组织获得更加良好的生存发展空间。社会组织在其运行过程中，要与各种社会公众发生联系，组织与公众的关系错综复杂。因此，公共关系外部的协调沟通应分清主次，确定公众关系类型。一般情况下，组织外部公众协调沟通的程序是：①要处理好各类直接的业务来往关系，诸如顾客和用户关系，原材料和能源供应关系，产品的销售网络关系，运输部门的关系，银行信贷及投资人关系等，以保证组织日常人、财、物与技术的经营运转；②要妥善处理好组织与各种权力制约部门之间的关系，如工商管理局、税务局、商检局、环保局、市政局、公安局、司法部门以及海关等，还有目前体制下存在的各业务主管部门；③还要主动建立和发展各种非业务性的社会关系，如社区关系、新闻界关系、社会名流关系、社会团体关系等，尽可能扩大组织的公共关系网络。

由于各种公众关系状态不同，在社会组织运行过程中，公共关系沟通协调的重点和运用方法也有所不同。当双方关系处于和谐状态时，沟通的重点应当是通过不断传播社会组织的业绩，来保持和强化公众对组织形成的良好印象，即塑造组织的良好形象，如开展诸如周年纪念等活动来加强组织的社会地位。当双方关系处于不和谐状态时，沟通的重点应该是解剖组织自身，反省自己的责任，然后客观地分析公共关系状态，找出原因，并提出改进公共关系状态的具体意见和措施。当双方关系处于不明状态时，沟通的原则首先是用善意的态度来表达自己明确的主张，竭力使对方消除紧张或戒备等逆向性心理因素，为双方的信息交流创造正常的平衡的心理条件，以避免发生误会和偏见。在此基础上，还应当把双方关系格局中含有的双方利益关系交代清楚，使双方对公共关系状态的实质及趋势心中有数。社会组织要向公众交心、交底，努力使公众明白组织的公共关系现状，以利于日后良好公共关系的建立和发展。

五、策划专题活动

社会组织在运行过程中，为了实现公共关系的目标，需要公共关系人员围绕某一特定主题而精心策划和开展一种群体活动，这就是策划公共关系专题活动。公共关系专题活动的种类很多，如庆典性活动、推销性活动、联谊性活动和信息发布活动等。不管哪一类活动，都离不开信息传播。公共关系专题活动是社会组织与广大公众进行沟通，塑造自身良好形象的有效途径。在公共关系专题活动中，可以实现与会者之间直接的接触，可以面对面地交谈，公共关系人员可以当场对某些问题作出说明，可以避免通过其他新闻媒介传播所造成的误会。参加公共关系专题活动的人员可事先规定，因而，信息传播对象可以是特定的，有些不宜在新闻媒介中大肆宣扬的内容也可以在这类活动中做出说明。策划公共关系专题活动，意味着公共关系人员不仅要策划好活动方案，而且对活动事无巨细都要躬亲，比如，要亲自过问会场的布置、发言稿基调的把握、新闻公报的编写、出席者名单的拟定直至到场客人的接待等。

第二节 公共关系的功能

公共关系的功能是指公共关系机构或从业人员在具体履行职责和功能的过程中所产生的影响和效用。相对于公共关系的职责而言，公共关系的作用主要体现为监测功能、凝聚功能、调节功能和应变功能。

一、监测功能

公共关系的监测功能是通过监测组织环境来实现的，即通过观察和预测影响组织目标实现的公众情况和其他社会环境变化情况，以向组织提供环境信息，帮助组织预测环境变化，使组织对环境保持准确的分析和敏锐的感觉，从而合理地制定或调整本组织的目标，以防患于未然。社会组织是一个开放的系统，社会组织不能独立存在，而是与其所处的社会环境联系在一起的。组织的存在与发展、组织运行状态如何，取决于它与环境之间的关系。组织的公共关系环境是指组织与其相关的内外部环境之间的关系状况。由于环境的不确定性、可变性和复杂性，使得社会组织与环境的关系常常处于不平衡状态。社会组织为了适应环境，在环境中求得生存和发展，就必须想方设法去寻找并建立与环境之间的相对平衡。而公共关系活动的目的，就是要研究社会组织与环境之间的相互依赖性和平衡的调节机制。具体来说，要在充分掌握环境的基本特征的基础上，根据组织的总目标，来策划各种旨在适应环境、影响并改变环境的公共关系活动，从而主动为本组织创造一个和睦友善的生存与发展环境。我们正处于一个信息量急剧膨胀的时代，为了生存和发展，任何一个社会组织必须学会对信息资源充分运用。对于社会组织来说，采集信息并不是公共关系的最终目的，因为信息只有在经过加工、整理和分析后，针对形势预测趋势时，才能真正发挥其作用。公共关系工作正是同信息资源打交道的工作，公共关系监测的作用是通过对采集信息的处理和反馈来发挥的，其实质是对组织信息资源的一种合理的运用。公共关系的监测功能主要体现在对内监视和对外监测两个方面。

（一）对内监测

对内监测是通过对组织自身各种变化的把握，来对组织运行状态和组织目标实现的可行性进行监测。对内监测，需要采集和处理社会组织内部的信息，发挥其监视组织自身运行状态、预测组织运行的发展趋势和各种目标实现的可能性的作用。公共关系的对内监测作用是通过组织与内部公众的双向信息交流来实现的。这就要求公共关系人员把采集来的最新内部公众信息，源源不断地输送到组织决策层那里，以使组织做出相应的回应，采取必要的措施，让组织的运行与内部公众的要求相一致，以减少公众信息的输入对社会组织输出的负面影响，使社会组织的运行持续在相对平衡的过程中，以最终保证组织目标的实现，为组织的发展创造良好的内部环境。

从公共关系的角度来看，社会组织是公共关系活动的主体，社会组织又受到环境的影响和制约，为了实现组织目标而开展的公共关系活动，就不能消极地适应组织所面临的各种内部和外部环境，而应该积极、主动地影响或改变环境。一般而言，组织要创造良好的公共关系环境，首先应该从改善内部环境做起。良好的内部公众关系是保证组织目标实现的条件和基础。例如，一家企业为了提高内部的生产效率，健全组织管理制度，对内部员工提出了“今天工作不努力，明天努力找工作”的宣传语，这无疑给员工的工作增加了压力，可以在一定程度上提高员工的工作效率，但易使员工对企业产生敌对情绪，无法真正解决员工工作的内在动力问题。公共关系人员获得这一信息，应立即向决策层报告，企业领导根据这一信息，及时对企业内部宣传语做出调整，改为“企业是我家，发展靠大家”。这样，企业与员工的利益一致，更有利于形成企业的内部合力，利于企业长远发展。这正是公共关系对内发挥监测作用的过程。当然，信息反馈过程不可能是一次性完成的，它往往要经过多次反复才能使信息交流达到相对平衡状态。因此，公共关系对社会组织某一行为的监测也不是一次就能完成的，它也要经过信息采集、信息反馈和信息处理的多次反复过程。只有这样，才能充分发挥公共关系监测的作用。

（二）对外监测

对外监测是通过传媒，不断地把握对组织有关的社会信息，以监视和预测外部公众对组织的态度，及时调整对策，以防止外部公众意向发生变化时组织出现束手无策的被动局面。对外监测必须通过各种信息传播媒介，及时掌握与组织相关的各种信息，以监视和预测公众的态度及其行为变化趋势。对外监测的目的是使社会组织在自身运行过程中，针对外部工作环境的变化，能及时拿出应变对策。对于社会组织来说，在改善内部环境的同时，还要改善外部发展环境。组织要了解环境的基本特性，明确一般环境监测目标，重视重点环境监测目标。组织必须重视对大众传播媒介的重点监测，因为大众传播媒介现在已成为组织与社会之间联系的主要桥梁。大众传播媒介所传播的信息影响大，而且具有共享性，尤其是社会消费趋势和发展方向等信息，必将对组织未来的发展产生深远的影响。

在现代社会，任何组织必须和政府部门打交道，都必然受到国家的法律、法规以及政治、经济、文化、社会等方面政策的影响。因此，任何组织的现实行为必须符合政府的现行政策，未来行为必须符合政府的未来政策走向。这就要求公共关系部门监测政府决策趋势，密切关注政策环境，随时掌握政府决策动态和方向，及早预测与组织有关的各种现行政策可能发生的变化，以及这种变化可能带来的机遇和挑战，以使组织提前准备应对之策。同时，组织必须密切注视社会环境的发展动态，如监测国家的民族传统、风俗习惯、伦理道德、价值观念、文化水准和宗教信仰等相对比较稳定的因素；也必须监测自然环境、经济环境、科技环境等变化相对较快的因素，以使组织能根据环境变化主动出击，获得更大的发展空间。为了组织的长足发展，组织还必须监测竞争对手的发展动态，洞察竞争对手的公共关系状态，借鉴竞争对手的成功经验和失败教训，分析竞争对手的优劣所在，预测竞争对手的未来走向，以谋与竞争对手在相互合作中取长补短。

二、凝聚功能

公共关系的凝聚功能是针对组织内部公众的。公共关系是内求团结、外求发展的经营管理艺术，其“内求团结”，正凸显公共关系的凝聚功能。

在组织的公共关系活动中，内部公众由于是组织的成员，在组织中呈现为双重的角色，它既是外部公共关系工作的主体，又是内部公共关系工作的对象，主客体角色集于一身，是一种与组织公共关系最密切的公众。同时，社会组织与内部公众在根本利益上是一致的。因为对于组织外部而言，内部公众又是组织的成员和化身，直接代表组织并影响着组织的形象，社会组织本身就是内部公众的组织形式，组织的内部公众就是为了追求共同的目标和责任而走到一起来的。组织的发展和内部公众利益的需求是必须依靠组织的不断发展来实现的。所以，通过组织内部的公共关系工作，易使内部公众同组织在利益目标、价值取向、态度行为等方面能够同心协力、形成内聚力。公共关系活动就是通过组织不断向内部公众灌输组织共同的价值观念、追求目标和利益宗旨，把内部公众的言行引导到组织既定的公共关系目标上来，形成良好的内部公众关系，从而激发起内部公众的敬业、奉献和团队精神。

良好的公众关系源于理解、合作、真诚、尊重等公共关系理念的维系。公共关系活动既不能靠物质刺激，也不能靠强制命令，而是通过信息交流、人际互动来沟通社会组织成员之间的心理情感，起到化解矛盾、整合关系、增进融洽、凝聚人心的作用，从而使内部公众团结起来，同心协力地为实现组织的各项目标而努力工作。因此，组织内部公众关系的和谐，是组织生存和发展的基础；组织内部公众潜能的充分发挥，是组织充满生机和活力的源泉。只有搞好组织内部公众关系，才能有利于赢得自己成员对组织的认同和信任，才能有利于调动内部公众成员的主人翁责任感，激发工作热情和创新精神，才能有利于在内部公众之间消除内耗、增进团结和增强组织的凝聚力。如北京长城饭店在饭店创办伊始，就开始给每个过生日的员工发饭店自制的生日蛋糕。此后不久，饭店又开始给员工按月份举行生日祝贺会。在祝贺会上，当月出生的员工全部出席，饭店总经理、党委书记、工会主席以及各部门经理出席会议，高唱生日歌，为员工祝贺生日，并发生日礼品。使员工备感亲切，增强员工对饭店的归属感，这正是公共关系凝聚作用的具体体现。

三、调节功能

要塑造组织形象，实施公共关系活动，对于任何社会组织来说，不仅要确立正确的组织公共关系目标，而且还必须通过准确到位的运行才能实现目标。因为公共关系活动是直接渗透到组织运行的每个过程、每个环节中的。因此，公共关系活动在社会组织与公众的关系方面具有调节功能。

由于目标公众的情况错综复杂，在公共关系目标方案的实施过程中，组织难免会与公众产生各种摩擦，公共关系具有减少摩擦的调节作用，可以避免矛盾的激化，达到防患于未然的效果，最大限度减少摩擦给组织带来的危害，使组织与公众处于相互了解、相互合作的融洽关系中。如组织就公众关心的问题邀请公众代表直接对话，有利于消除组织与公众间的误解及矛盾，达成共识。有的组织与新闻媒介合作，采取现场直播的方式，开展组织与公众的直接对话活动，获得了令人满意的调节效果。

社会组织的形象是在公共关系方案的实施过程中，通过实施结果和公共关系目标的不断调节中建立和发展起来的。调节意味着减少、化解乃至避免组织与内部公众之间的摩擦及与外部公众之间的冲突。由于作为公共关系主体的组织和公关对象的公众处于不同地位，它们之间必然会存在利益的种种差异和矛盾，又由于他们在信息的掌握上总是不对称的，因此，摩擦在所难免。这就要求组织充分运用公共关系调节、努力减少摩擦，协调内外关系。对于社会组织来说，有冲突并不是什么丑事，关键在于及时化解，运用各种有效的沟通方式，化干戈为玉帛，解冲突于无形。公共关系方案的实施只有通过调节才能化解障碍，减少摩擦，保证公共关系活动过程的连贯、畅通。

四、应变功能

组织在生存和发展过程中，常常由于公众的误解，或是由于自身管理不当而导致组织形象受损，出现形象危机。在组织形象受到损害，组织与公众关系遭到破坏时，公共关系人员可以进行抵御和应变，以改变这种不良的状况，这就是公共关系应变功能的体现。

当组织形象受损时，应该根据不同情形采取相应的措施。如果是因组织自身失误危害了公众利益，就应该本着实事求是、有错即改的态度，坦率认错，尽快采取补救措施，将损失减少到最低限度，并把组织处理事故的过程以及整改措施及时告知公众，求得公众谅解，以期重获公众支持和信赖；如果是因为公众误解，应及时向公众澄清事实真相，消除误会；对于他人陷害则应尽快查明真相，揭露阴谋，并将本组织采取的预防措施向公众宣布，以防事态扩大，然后再逐步恢复公众对组织的信心。

面对组织危机事件，公共关系部门及人员必须重视一切涉及损害组织形象的因素，采取有效措施加以解决，使组织尽快渡过危机，重塑形象。首先，应及时控制社会舆论。不管这些损害和意外事件是否属实，都必须把危机的影响面控制在最小的范围内。其次，迅速查清危机发生的原因，澄清事实真相。再次，诚恳地向内部公众和外部公众道歉。组织应针对不良之处加强管理，以求得公众的谅解，化消极为积极，尽快重振声誉。公共关系人员发挥临危应变的作用，若能将危机妥善解决，将会使危机成为组织的一次新的发展机会，否则将使组织声誉降低，甚至危及组织的生存。如 2003 年上半年，面对"非典"传染病的初期流行，北京市政府对前期信息采取了封锁的政策，因此带来了巨大的负面效应，形成了"非典"危机事件，严重影响了北京市政府的形象。面对这一危机，北京市政府尽快采纳了公共关系人员的建议，针对"非典"传染病的疫情，实行了透明化、公开化的做法，定期举办新闻发布会，通过新闻发言人及时、准确公布"非典"传染病的疫情，不但使北京市政府顺利渡过了危机，也使全国公众对北京市政府产生了更多的信任，外部社会对于北京的应变能力也是刮目相看。北京市也借此次危机事件，顺势应变，重塑了政府的良好形象。

第三节 公共关系的基本原则

公共关系的基本原则是指在开展公共关系活动时组织所必须遵循的行为规范和基本要求。公共关系是为了促进社会组织与公众之间的双向沟通和真诚合作而采取的传播活动，这是一项自觉的、有计划的和系统化的行为。为了充分体现公共关系的职能，发挥好公共关系的作用，确保公共关系决策的科学性和可行性。开展公共关系活动必须遵循以下基本原则：

一、实事求是的原则

开展公共关系活动遵循实事求是的原则，意味着社会组织的公共关系活动，必须以事实为基础，真诚地向公众传播沟通信息，并根据事实的变化来调整公共关系活动的决策与行为，以建立自身良好的信誉和形象。

（一）尊重事实

公共关系活动是通过传播活动，实现社会组织与公众之间的良性互动，以促成社会组织与公众之间关系的平衡和协调。这种关系是以客观存在的事实为基础的，因为社会组织总是与环境处于不停的交互作用之中，两者总存在着平衡或不平衡、协调或不协调。一般来说，总是先有不干衡、不协调的“事实”，然后才变不平衡、不协调为平衡、协调的公共关系。因此，实事求是是开展公共关系活动的前提和基础。否则，公共关系就会成为无源之水、无本之木。在公共关系范畴里，事实并不仅是简单的客观表象，而且还承载着大量的社会信息，这就要求公共关系人员全面、客观、准确地把握有关事实，必须设法采集有关公众情况的所有信息以及有关组织与公众互动情况的资料，调查双方可能存在的不平衡、不协调的种种事实。

（二）真实传播

从事公共关系活动，不仅要准确把握事实，还要真实地向公众传播信息，把组织的情况如实地告知公众，既报喜，亦报忧，不夸大自己的优点，更不隐讳自己的缺点，通过各种传播手段向公众介绍自己的产品及服务特点，展示自身形象，让公众了解熟知，加深印象。正如公共关系之父艾维·李倡导的“说真话，讲实情”“公众必须被告知”原则，这是公共关系活动最基本的准则。《国际公共关系协会的行为准则》中第 11 条指出“所有成员都应力戒传播没有确凿依据的信息”。公众作为公共关系活动的对象，有权利知晓与其利益相关的组织信息。任何社会组织都不能隐瞒事实真相，更不能弄虚作假，欺骗公众。1986 年，苏联切尔诺贝利核电站发生核泄漏，新闻媒介在事故发生 3 天后才对外发表正式消息，此前各方猜测不断，人心惶惶，西方国家对之纷纷责难，影响极坏。苏联政府不仅因为核泄漏蒙受重大损失，其国际形象也受到了严重损害。1988 年澳大利亚墨尔本第 11 届公共关系世界联盟大会上，一位苏联教授做了题为“切尔诺贝利核电站事故以来的两年”的报告，报告中他沉痛地总结了切尔诺贝利的教训——违背了尊重客观事实的原则，事发后公布消息过晚，致使人们产生“苏联政府是不顾公民死活的政府”的坏印象。

这一做法背离了真实传播，有意掩盖、隐瞒事实真相，采取了欺骗公众的手法，那只能使公众产生怨恨，使政府失掉了信誉。没有对事实的准确把握，公共关系活动就失去了存在的基础。开展公共关系活动必须以事实为根据，以此作为公共关系的“生命线”。真实地向公众传播信息，意味着传播的每条具体信息都要完全真实，信息中的时间、地点、人物、过程以及所引用的材料等都必须符合客观事实；传播的每条具体信息要和所反映的事物总体一致，不能以偏概全；传播的事实应和事实总体的形象相一致，以免产生歧义。如对一个管理良好的监狱的传播，就切忌不能让人产生监狱犹如人间天堂的感觉。

（三）讲求信誉

公共关系活动不仅要“求实”，更要“求是”，即公正守信。“求实”与“求是”是互相联系、互相依存的两个方面，内在统一于公共关系活动中。良好的信誉是组织的追求。公共关系是以真诚、守信促进组织与公众之间的相互了解，获得公众的理解与合作。社会组织只有掌握客观事实、信息和相关材料，在充分了解事实真相以后，认真地研究、分析，本着客观公正的态度，实事求是地传播有关信息，合理运用公共关系的技巧、艺术手段，充分履行自己的诺言，公正地解决问题，方能取信于公众，在公众中树立良好的形象。

二、社会效益的原则

所谓社会效益，是针对整个社会而言的，是指社会组织的活动对社会发展的积极作用或有益的效果，它既包括了社会组织的自身利益，也包括了社会公众的利益。

（一）社会效益优先

公共关系活动要以社会效益为准则，这是由公共关系的基本特征所决定的，是公共关系事业发展所要求的。社会效益是衡量公共关系工作成败的一个标准。公共关系是以优化组织生存与发展环境，塑造组织形象为目标的传播活动，其最终目的就是树立组织的良好形象，为组织自身创造良好的社会环境、和谐的社会关系、最佳的社会舆论，从而赢得社会公众的了解、信任、支持和合作。这里的良好形象，不是组织自身的评价，而是各类社会公众对组织的共同认可和评价。所以，各类社会公众是组织赖以生存和发展的基础，失去了社会公众，组织就失去了生存的基础。而要赢得社会公众的支持和合作，组织就一定要从社会公众的利益出发，要注重社会效益。公共关系活动只有建立在为组织、为社会、为公众谋利益的基础之上，才能优化组织生存与发展的环境，实现组织自身的长远发展。

对于社会组织来说，尤其是经营性的组织必须创造经济效益，追求利润，否则就没有存在的价值。然而，公共关系要求组织追求的应是最优化的利润。尤其是在经济全球化的今天，开放的市场、信息技术和发达的交通运输把全球经济连为一体，面对市场竞争，非赢即输的理念已逐渐不适应时代的发展。社会组织与对手在寻求共同利益的基础上，要学会与对手合作，树立新的市场竞争理念，并将眼光投向竞争的另一方，也就是客户，通过获得客户的认同来增强市场实力，共同开拓新市场，共享资源，追求竞争中的合作，互惠互利，实现组织与组织之间的双赢，组织与社会各方面的和谐发展。当组织在谋自身利益的同时，给公众和社会带来积极的作用和影响。当组织利润追求与社会和谐发展发生冲突时，组织应当以社会效益优先作为最基本的价值取向。

(二)追求共同利益

在现代社会的运行中，每一个社会组织、各种社会公众群体都是社会整体的一部分，彼此的利益是相互影响、休戚相关的。如某矿山开采煤矿，其产品送入钢铁厂，所产钢铁入机械厂，机械厂生产的机器又流入矿山，这是个环环相扣的运转过程，一个环节出了问题，势必产生多米诺骨牌效应，迟早会殃及其他环节，所以单个组织的利益也就不可避免地会影响到社会整体利益。西方也有一首民谣：丢失一个钉子，坏了一只蹄铁；坏了一只蹄铁，折了一匹战马；折了一匹战马，伤了一位骑士；伤了一位骑士，输了一场战斗；输了一场战斗，亡了一个帝国。初始条件十分微小，但其长期效应却是巨大的。所以，组织要和自己的公众对象以及社会一道共同发展，彼此真诚合作，实现互惠互利。

(三)注重社会责任

社会效益是组织生存和发展的终极价值，承担社会责任是组织必须为社会应尽的义务。组织自身的利益与社会效益在本质上是统一的。公共关系部门开展活动，既代表着本组织利益，也体现着社会利益，诸如遵纪守法、缴纳税金、培训人员、安排就业等。参与社会公益活动，如修建公共设施、扶助弱势群体、热心慈善事业等，会成为扩大组织影响，树立组织良好形象的有利机会。公共关系人员要及时地、不断地向公众传递组织信息，如技术实力、生产水平、产品质量与性能、组织对社会的贡献、组织的群体氛围等，让公众熟悉本组织的情况；同时，深入了解公众对组织的意见和建议，并根据公众的意见和建议及时调整自己的行为，使组织的行为更好地反映公众的愿望，接受社会对组织的监督。这样，为组织的发展提供良好的外部环境，促进组织自身经营的不断发展。

三、公众至上的原则

对公共关系活动来说，公众是活动对象，在处理和协调组织与公众的关系时，公众是第一位的，组织是第二位的。

（一）尊重公众

尊重公众，具体来说，就是尊重公众的人格，尊重公众的个性爱好和性格特质，尊重公众应当具有的各项公民权利。公共关系要求组织的一切公共关系活动，都要充分考虑并切实满足公众物质上、精神上和心理上的需要，满足公众需要就是组织责任。随着现代社会的日益进步，人们在社会交往中普遍希望受到他人尊重，其待人处世往往表现出明显的独立性、自主性和主动性。从组织的形象与效益出发，从职业道德和对公众负责考虑，组织在工作中理应满足公众独立自主的人格需求，并贯彻到组织与公众发生交往的每一个细小环节中。这就要求公共关系人员在公共关系活动中，对于各类公众，不但要平等相待，而且能设身处地地为公众着想；接待中注意礼节，对公众一视同仁，不以貌取人，虚心听取公众意见，尊重公众自己的选择及风俗习惯，千方百计满足公众需求，尽心竭力维护公众权益。这样，才能真正赢得公众的信任、支持与合作，创造有利于组织发展的良好的公共关系环境。

（二）理解公众

遵循公众至上的原则，必须要正确认识公众的地位，摆正组织与公众的位置。因为，任何社会组织的生存和发展都离不开公众的支持与合作。一个社会组织如果失去了公众，也就失去了自身存在的价值和可能。为了有针对性地实施公共关系，必须正确认识与确定公共关系的目标公众。由于在组织的具体运行过程中，面临的公众关系极其复杂多变，比如一家服装厂，对顾客来说是个生产单位，对衣料厂来说又是个购货单位，而对银行、营运部门来说，他们又成为客户了。就公众群体中的个人而言，在本单位可能是公共关系专业人员，上了火车就成了旅客，进了商店成了顾客，入了影剧院又成了观众，其角色随着所处的社会环境而发生相应变化。所以，对不同的公共关系公众需要采取不同的手段和方法。又如，在同一所大学中，对不同年龄段的教师来说，对组织的要求也是不一样的。30 岁以下教师要求的是更多发展机会，30～45 岁的教师要求自我价值的实现，45 岁以上的教师则是要求学校对工作的认同。即使是同类公共关系公众,也会有不同的情况发生,也需要有相应的针对性措施。

(三)服务公众

服务公众就是要求社会组织在公共关系活动中要首先服务于公众利益。公共关系活动是通过有效的信息传播,实现组织与公众之间的双向沟通,使公众对组织产生良好的印象,进而为组织的生存发展创造有利的内外环境。这种良好的印象,只能建立在对公众利益积极维护的基础上。美国电报公司董事长韦尔说过:"我们已经发现,大众的最好利益也就是我们的最好利益,我们相信我们能有如此成就,是由于我们的经营方针一直遵循着这一原则。"随着公共关系自身的不断发展以及社会对其客观需求的不断增长,公共关系活动已不再局限于工商企业等各种营利性社会组织,它已经在社会的其他各种非营利性组织中也发挥着重要作用,同越来越多的各种类型的社会组织相结合,发挥着更加广泛而具体的社会功能。值得指出的是,公共关系学要能发挥其应有的作用,明确现代公共关系"公众至上"的思想是十分重要的。正如美国著名公共关系学者爱德华·伯纳斯在1923年指出的:公共关系工作是为了"赢得公众的赞同","公共关系应首先服务于公众利益"。开展公共关系活动,为公众谋利益的同时,也维护了组织的利益。例如,对一个煤炭焦化企业来说,经济利益是十分可观的,但炼焦所产生的排放物,会对企业所在的社区产生很大的污染,不及时治理,势必会引起附近居民和社会的反对,继续生产难以为继。如若采用循环经济的方式,注重使用环保设施,并对排放物加以回收再利用,于组织和公众都是有利的。因此,在公共关系中,组织主体的利益与公众客体的利益是对立统一的,它们之间构成了互补的利益平衡关系。现代社会组织在协调公众关系中应自觉树立"公众至上"的原则,从而为组织赢得公众,塑造良好形象。

本章小结

公共关系活动是公共关系的行为主体围绕一定的公共关系目标即塑造组织形象而展开的,是伴随着公共关系所体现的职能而进行的。其职能主要包括采集信息、咨询建议、参与决策、协调沟通、策划专题活动5个方面。相对于公共关系的职能而言,公共关系的作用则主要体现为监测作用、凝聚作用、调节作用和应变作用。为了充分体现公共关系的职能,发挥好公共关系的作用,确保公共关系决策的科学性和可行性,开展公共关系活动必须遵循实事求是、社会效益和公众至上的基本原则。

案例分析

顾客争座时，肯德基怎么办？

2000年8月，江西第一家肯德基餐厅落户南昌，开张数周一直人如蜂拥，非常火爆。不想一个月未到，即有顾客因争座被殴打而向报社投诉肯德基，造成一场不小的风波。

事件经过大致如下：一位女顾客用所携带物品占座位后去排队购买套餐时，座位被一位男顾客坐上而发生争执。先是两位顾客因争座发生口角，尽管已引起其他顾客的注意，但都未太在意，此时餐厅的员工未能及时平息两人的争端。接着两人上升到大声争吵，店内所有顾客都开始关注事态，邻座的顾客则停止用餐，离座回避；带小孩的家长担心事态危险和小孩受到粗话影响，开始领着小孩离店。最后二人争吵上升到斗殴，男顾客大打出手，殴伤女顾客后离店，别的顾客也纷纷离座外逃或远远地看热闹。女顾客非常气愤，当即要求肯德基餐厅对此事负责，并加以赔偿。到此时，其影响面还局限于人际范围，如果餐厅经理能满足顾客的要求，女顾客就不至于向报社投诉。但餐厅经理表示"这是顾客之间的事情，肯德基不应该负责"，拒绝了女顾客的要求。女顾客马上打电话向《南昌晚报》和《江西都市报》两报投诉。两报立即派出记者到场采访。女顾客陈述了事件的经过并坚持自己的要求，而餐厅经理在接受采访时对女顾客被殴表示同情和遗憾，但认为餐厅没有责任，不能做出道歉和赔偿。两报很快对此事做了报道，结果引起众多市民的议论和有关法律专家的关注。事后，根据消费者权益保护法，肯德基对此事负有部分责任，向女顾客公开道歉，并赔偿了部分医药费，两报对此也都作了后续报道。

问题：

1. 从公共关系角度来分析，顾客争座，肯德基到底该不该管？
2. 通过这一事件，我们应该汲取哪些教训？

思考题

1. 联系实际分析组织品牌形象包括哪些信息。
2. 试述协调沟通的职能。
3. 谈谈你对公共关系凝聚功能的理解。
4. 举例说明怎样在公共关系活动中遵循公众至上的原则。

第四章

公共关系主体

导入案例

海底捞“后厨门”事件

2017年8月25日，被视为餐饮界标杆的海底捞，因为食品安全问题被推上舆论的风口浪尖。有媒体暗访北京海底捞劲松店4个月后曝光其后厨存在：老鼠爬进装食物的柜子，清理地面和墙壁的扫帚、抹布与餐具一同清洗，洗碗机油污未清洁，火锅漏勺用于掏下水道垃圾等卫生问题。

8月25日下午，海底捞迅速发出《关于海底捞火锅北京劲松店、北京太阳宫店事件的致歉信》，内文显示，海底捞方面在经过内部调查后发现，媒体所披露的后厨卫生问题属实，因此向顾客朋友表示诚挚的歉意，同时该公司已经布置海底捞所有门店进行整改，后续会发出整改方案。在致歉信中，海底捞表示“这锅我背，这错我改，员工我养”，言辞诚恳，句句认错。

随后，海底捞在其官方微博再发《关于海底捞火锅北京劲松店、北京太阳宫店事件处理通报》，记者在该《通报》中了解到，海底捞北京劲松店与太阳宫店已主动停业整改，并列明一系列卫生整改方案，同时该公司在《通告》中表示，该事件是公司深层次管理问题，公司董事会承担主要责任，表示“涉事两家门店干部和职工无须恐慌”，致歉声明出街后，获得不少粉丝力挺。

事件在短短两日内迅速发酵。北京市食药监局约谈海底捞总部，要求其落实食品安全主体责任，全面进行限期整改，在一个月内对北京各门店实现后厨公开、信息化、可视化。8月27日下午，海底捞官网发布《关于积极落实整改，主动接受社会监督的声明》，表示对北京食药监局的约谈内容全部接受；同时将媒体和社会公众指出的问题和建议，全部纳入整改措施。

分析以上案例中海底捞公司的做法。

社会组织是公共关系的主体，公共关系活动的开展需要相应的组织机构，公共关系人员是公关工作的策划者、承担者和执行者，他们是否具有良好的素质，将会影响公共关系工作的顺利开展。上述案例说明了公关活动对公关人员的要求较高。如何理解公共关系主体、应用公共关系的组织机构，认识公共关系人员的角色，是公共关系工作不可缺少的环节。

第一节 公共关系的组织机构

随着社会的不断发展，特别是进入 21 世纪以后，公共关系的职能化、职业化、专业化特点越来越明显，现代社会需要有专门的组织机构来从事公共关系工作。准确地把握公共关系组织机构的特点和优势，明确公共关系组织机构的设置原则，认识公共关系组织机构的地位和作用，了解公共关系组织机构的类型和分工，是我们建立和健全公共关系组织机构，成功开展公共关系工作的保证。

公共关系的组织机构是专门执行公共关系任务、实现公共关系功能的行为主体，是公共关系工作的专门职能机构。公共关系的组织机构一般包括组织内部的公共关系职能部门(一般称为公共关系部)、专业的公共关系公司和独立的公共关系社团。

一、公共关系部

(一)公共关系部的特点和优势

公共关系部是组织内部设立的、专门从事公共关系活动的职能部门。有的组织称为“公关策划部”“传播企划部”“市场推广部”“公关宣传部”“公关联络部”“公关与新闻办公室”“公关与开发办公室”“社区关系部”等。

公共关系部的出现是现代企业及其他组织管理发展的必然结果，其职责、地位、规模是由组织自身状况和公众特点以及组织与公众之间联系的状况决定的。工业企业的公众主要是客户，如供应商、批发商、经销商等；商业企业的公众主要是消费者；服务业的公众主要是宾客等。这些组织和它们的公众之间时刻都有着密切的利益关系、协作关系或情感关系。设立公共关系部可以协调组织与公众之间的关系，在公众心目中树立良好的形象。因此，它是组织的“情报部”“参谋部”“联络部”“外交部”和“宣传部”，对组织发展起着非常重要的作用，能使组织更有的放矢地开展公共关系工作。

1.公共关系部的特点

公共关系部作为组织较为特殊的职能部门有着自身的特点。它不同于组织的其他部门，它既不是基层的生产部门，也不是直接的经营管理部门，它有以下几个特点：

(1)专业性。指作为组织内部专门从事公共关系工作的职能部门，其组成人员必须保证有较强的公共关系经验和能力，必须保证有较专门的工作对象和内容。

所谓有较强的公共关系经验和能力，即队伍的专业化，是要求公共关系部的成员应具有明确的公共关系意识，富有开拓进取的精神，受过一定的公共关系专业训练并具有一定的专业水准与能力。

所谓有较专门的工作对象和内容，即工作对象和内容的专业性。公共关系部的工作必须针对公共关系目标来进行，必须集中精力去做与实现组织公共关系目标相关的事情，不能随意地将公共关系部作为单纯的接待部门、联络部门，或当成办公室、秘书科、总务科等。否则，就使公共关系部徒有虚名，流于形式。

(2)协同性。指在实施组织公共关系计划时，公共关系部不能形单影只、孤军奋战，必须和组织中各部门相互配合，和公关人员协同作战。在各部门相互配合的过程中，公共关系部要发挥组织、沟通、协调的作用，和各部门之间建立良好的关系、进行密切的合作、寻求积极的配合。公共关系部人员也必须相互配合、协同工作。否则，组织就无法做好公共关系工作，也无法实现公共关系目标。

(3)自主性。指公共关系部在组织中要有相对独立的地位，有相对灵活的权限范围，可以较为灵活机动地开展各项工作。由于公共关系部在组织中起着决策参谋的作用，必须赋予它自主灵活的功能，否则，公共关系部就不能更好地实现组织的公关目标。

(4)服务性。指公共关系部是一种服务性部门，它不是组织的领导部门，也不是直接的经营管理部门。必须体现其服务的特点，可以通过咨询和建议的形式为组织其他部门服务，可以通过专项公共关系活动为组织服务，也可以通过日常公共关系活动为员工和社会公众服务，它是组织内求团结、外求形象的服务性机构。

2.公共关系部的优势

在组织内部设立公共关系部，对于开展公共关系有以下好处：

(1)熟悉组织情况。公共关系部工作人员都是组织成员，他们对组织的情况比较熟悉，特别是对组织内部结构和各部门之间相互关系了解比较透彻，把握比较准确。如各部门、各成员之间关系如何，关键人物、关键环节、主要问题是什么，等等。同时，他们在组织内部一般有较好的人际关系，能及时把握可靠的、最新的信息等。因此，容易提高公共关系工作的有效性。

(2)能提供及时的公共关系服务。公共关系部对本组织的情况比较了解，可以随时为组织决策层提供咨询和建议。特别是遇到突发事件，公共关系部可以快速做出决定，及时提出对策，发布新闻、协调关系、处理危机。

(3)公共关系工作具有持续性和稳定性。公共关系部通过改革各项工作可以使组织和公众之间的关系保持平衡和稳定状态，不断完善组织自身在公众心目中的良好形象，创造有利于组织进一步发展的社会环境。公共关系部作为组织的专职机构，在时间、人力、物力等方面能保持公共关系工作的经常化和职能化，有利于保持公共关系工作的连续性和稳定性。

(4)有利于节省经费。组织特别是企业经常性地要进行公共关系工作，一些重大的公共关系专项活动可以委托公共关系公司或聘请公共关系专家来处理，但大量的、例行的事务性公共关系活动请公共关系公司代理显然是一笔较大的开支，这些工作由公共关系部来完成可以节省经费、减少开支。

3.公共关系部的组建原则

(1)精简原则。这是组建一个机构的基本原则，在组建组织内部的公共关系部时首先要考虑的也是这一原则。这意味着公共关系部下属的二级机构要精简，不要臃肿，公共关系部的人员岗位和编制要精简，不要因人设岗而导致人浮于事。

组织的公共关系部的规模可大可小，大者几十人甚至上百人，小者 3～5 人甚至只有 1 人。在确定公共关系部的规模时，一般要考虑组织本身规模、组织内部各职能部门的职能分配、组织对公共关系部的要求、组织的公众特点等情况。一般说来，公共关系部的规模与组织规模呈现一种正相关态势。美国公关学者经过调查发现：年产值超过 10 亿美元的大型企业，公共关系部平均人数为 44 人，一般的大、中型企业平均为 10 人，其他文教、医疗、基金会等组织为 6～7 人。

(2)效能原则。公共关系部是专门开展公共关系工作的组织机构，它的每一项工作都可能涉及组织的声誉和形象。因此，在设立公共关系部时，一定考虑让公共关系部充分发挥其效能，行使其职能。这就要求一方面要界定公共关系部的职责和权利，要让公共关系部门拥有其职责范围内相应的人、财、物的决策权，以保证其工作的主动性和积极性；另一方面要合理设置公共关系部内部的二级机构，使整个公共关系部能有效地整合起来，形成整体效应，发挥最大威力。

(3)灵活机动原则。公共关系部的工作既包括日常性的信息收集和整理分析、公众来访接待、常规公共关系宣传等工作，也包括一些临时性大型专题活动的组织和临时性突发事件的处理。这就要求组织在设立公共关系部时，充分考虑这两种不同性质工作的特点，使组织的公共关系部能适应客观环境变化和组织工作的调整，保持高度的灵活性和应变能力。

(二)公共关系部的设置模式

1.公共关系部的设置模式

(1)从公共关系工作特点来考虑：可分别按照公共关系的职能、对象和工作区域设置公共关系部(图 4-1、图 4-2、图 4-3)。

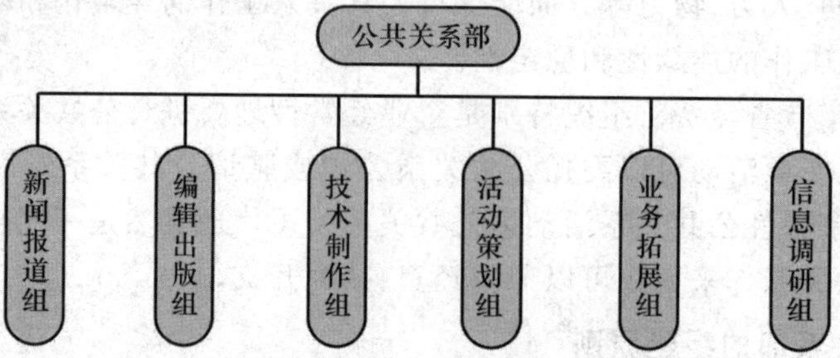

图 4-1　按公共关系职能设置公共关系部

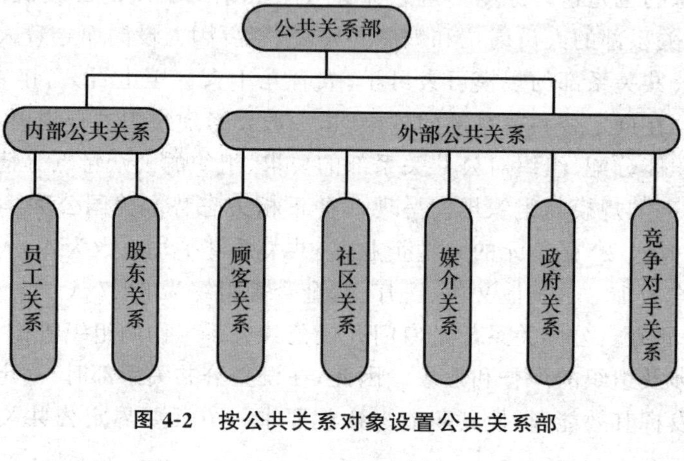

图 4-2　按公共关系对象设置公共关系部

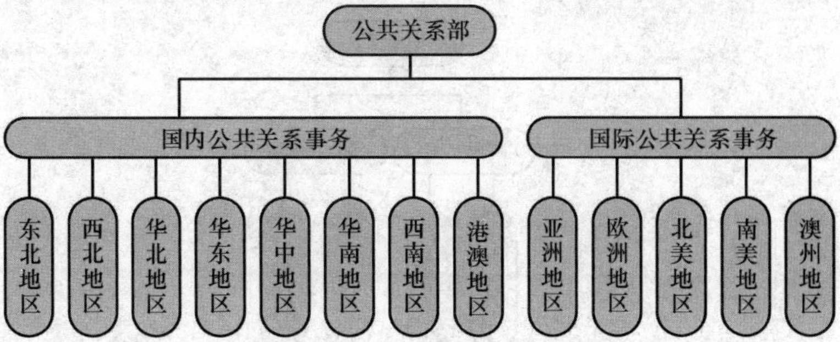

图 4-3　按公共关系工作区域设置公共关系部

(2)从公共关系部的隶属关系考虑:可分为总经理直接负责制型(图 4-4)、部门并列型(图 4-5)和部门所属型(图 4-6)。

上述 3 种类型中,总经理直接负责型是较为理想的一种模式。因为公共关系部不同于其他部门,直接受总经理领导,明确表明公共关系部在组织中的重要地位;部门并列型将公共关系部与其他职能部门同等看待,并不直接突出其地位,但仍然强调其工作性质,是总经理负责制型的一种特殊形式,而部门所属型则淡化公共关系部的作用,不适合经济组织。

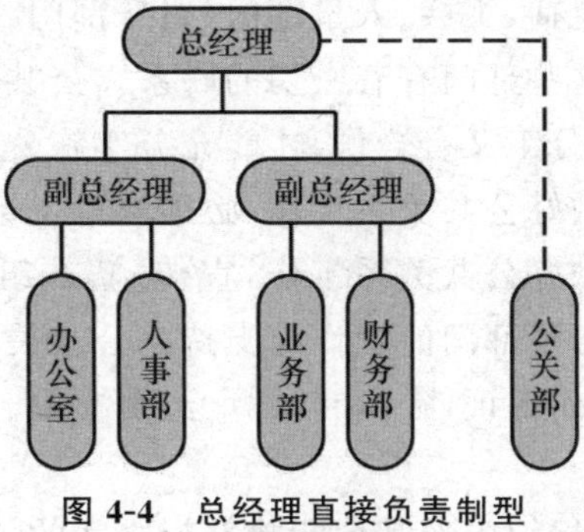

图 4-4　总经理直接负责制型

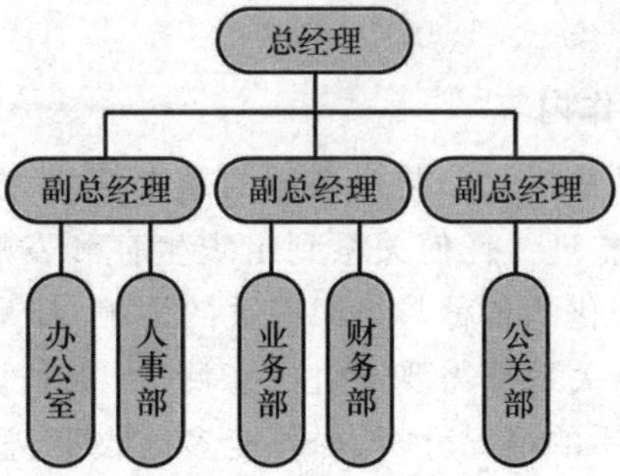

图 4-5　部门并列型

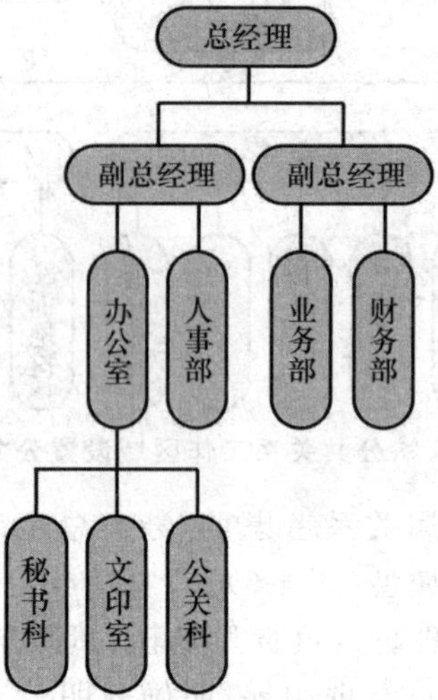

图 4-6 部门所属型

2. 公共关系部与其他机构的关系

组织内部其他机构包括：工会、人事部门、财务部门、宣传部门、广告部门、销售部门等。公共关系部与这些部门有着密切的联系。公共关系部的各项工作都要得到这些部门的配合，既有分工又有合作，才能充分实施公共关系计划。

公共关系部对内要做好公共关系工作，必须取得工会、人事等部门的合作与支持。公共关系部对外要做好公共关系工作，宣传、塑造组织良好的形象，推介产品或服务，离不开宣传、广告等部门的合作与支持。公共关系部要实现组织的公共关系目标，需要一定的经费作保证，在编制预算、经费支取、财务审核等方面必须得到财务部门的合作与支持。

总之，公共关系部与组织内部其他职能部门之间的关系是相互促进、相互协作的关系。

3. 公共关系部的工作内容

(1)收集和处理各种情报。公共关系部的重要职责之一就是对来自组织内外的各种情报进行收集和整理。任何关系到组织生存和发展的内部、外部情报以及随着时间、环境变化而变化的各种与组织有关的情报，都是公共关系部需要收集和处理的对象。因此，公共关系部需要通过民意测验、市场调查、媒体报道以及主管部门、合作伙伴、竞争对手的情况分析，尽可能多地收集、整理和储存与组织密切相关的各种情报，并在此基础上进行分析、总结和预测。

（2）提供咨询和提出建议。公共关系部的一个重要职能在于为决策层提供真实、合理、实用的信息和情报，为组织的决策提供咨询，为组织的行为提出建议。其具体工作包括：协调组织与公众环境的关系而制定出可供选择的行动方案；协助决策者分析和权衡各种方案的可行性；预测组织的政策和行为可能产生的影响和后果；敦促和提醒决策者及时改正可能会导致不利后果的政策和行为，等等。公共关系部正是在组织中担当着决策参谋作用的职能部门。公共关系部必须根据公众对组织的要求，根据公众对各职能部门管理决策活动及可能产生的影响结果进行综合评价、预测，并提出建设性意见和方案，协助组织决策。

（3）新闻宣传和编辑制作。公共关系部担负着向公众宣传、解释组织的有关政策和行动，传递有关信息的重要职责。通过组织各种参观、座谈、联谊、展览、交流、信息发布、记者招待会及各种专题活动，从而收集内部、外部公众对组织的态度和行动，求得内部公众对组织的凝聚力、向心力；求得外部公众包括合作伙伴、上级主管、竞争对手和普通客户的信任、支持与合作。为了做好这些工作，需要进行新闻宣传和编辑制作，以扩大组织的知名度和美誉度。要根据不同公众对象和不同时期的计划要求，撰写新闻稿、编辑各种内部刊物和宣传手册、设计制作各种音像材料等。

（4）组织协调和对外交往。公共关系部还承担着对内协调、对外交往的重要职责。它要通过正常途径，妥善处理好各种关系，如组织内部公众之间的关系，组织内部上下级之间的关系，组织内部部门之间的关系，组织与组织之间的关系等。对内需要求团结，对外需要求发展，需要协助组织领导层协调各种关系、处理各种危机。另外，公共关系部还需要经常性地举办各种社交活动，广泛接触社会各界的组织和人士。这些对组织营造良好的内部环境和争取有利的外部环境有着重要的作用。

公共关系部应根据组织的不同特点和不同发展阶段来确定不同的公共关系工作侧重点和形式。如广东核电公司根据大亚湾核电站的特殊性设立公共关系部，提出明确的任务：树立形象、处理信息、编辑资料、发布新闻、科普宣传、接待参观等，并建立了 1 700 $米^2$ 的公众信息中心。再如上海锦江集团的前身锦江饭店，是一家闻名遐迩的高级宾馆。1987 年，他们成立了直属集团经理领导的锦江集团公关部，主要任务是为集团拓展业务，提高知名度和美誉度。在集团与公众之间穿针引线，为集团决策参谋，让公众了解锦江，让锦江熟识公众，树立“锦江是属于公众的”这一形象。

二、公共关系公司

(一)公共关系公司的特点和优势

公共关系公司又称公共关系咨询公司、公共关系顾问公司、公共关系事务所、公共关系服务公司。它是由职业公共关系专家和各类公关专业人员组成,专门为社会组织提供公共关系咨询,或受理委托为客户开展公共关系活动的信息型、智力型、传播型的服务性机构。

公共关系公司是随着公共关系作为一种职业的出现而产生和发展起来的。它诞生于 20 世纪初的美国,1903 年艾维·李创办了具有公共关系公司性质的宣传顾问事务所,1920 年 N. W. 艾尔正式开办了公共关系公司。据统计,美国公共关系公司现已发展到 2 000 多家,英国有 600 多家。在我国,自 1985 年 1 月美国伟达公共关系公司在北京设立办事处以后,才逐渐出现这种新兴的专业公司;同年 8 月,美国博雅公共关系公司与中国新闻发展公司签约成立中国环球公共关系公司,这是我国第一家公共关系专业公司。随后,公共关系在我国蓬勃发展起来。这类公司为我国的公共关系事业开拓了新的前景。

公共关系公司的出现有其必然性。随着商品经济的发展和市场竞争的加剧,组织特别是经济组织客观上必须开展公共关系工作,扩大自己的知名度以占据市场,提高自己的美誉度以稳定市场。不同类型、不同规模、不同地域、不同特点的组织需要不同的公共关系工作,需要不同的公共关系机构。一些组织在设立公共关系部的同时,为了更好地开展公共关系工作,往往需要寻求公共关系公司的帮助;一些没有设立公共关系部的组织,更需要获得专业的公共关系公司的帮助与咨询。这些就为公共关系公司的出现和发展提供了可能和条件。

公共关系公司已经成为世界上一种新兴的、蓬勃发展的组织。一些先进国家的许多企业在内部设置公共关系部的同时,还聘用一些公共关系公司的专家作为顾问。在美国,有 1/3 工商企业的公共关系活动是由公共关系公司代理的。随着社会需求的不断发展,公共关系公司信誉好、服务水平越来越高,公共关系公司的作用越来越大。

公共关系公司的特点和优势可以归结为以下 4 点:

(1)观察分析问题具有客观性。公共关系公司的专家和工作人员不是委托办理业务的组织内部成员,与该组织没有直接的利益关系,也不必听从该组织领导或其他人员,与组织无瓜葛。他们看问题不带感情色彩或主观性,能够从外部冷静地观察问题,分析问题、解决问题,较为客观公正、实事求是。

(2)提出方案和建议具有权威性。公共关系公司的工作人员一般具有较高的职业水平,在长期的业务服务的过程中,都积累了较为丰富的经验,使他们在进行公共关系咨询服务的过程中,提出的建议和方案具有很强的权威性,容易受到组织决策者的高度重视。

(3)社会交往具有广泛性、信息送达具有快捷性。公共关系公司长期从事公共关系咨询服务,同社会各类组织和公众,包括政府、社区、主管部门及社会名流等建立起了广泛的联系,有着良好的关系,特别是他们与大众传播媒介要比组织内部的公共关系部可能更为熟悉,信息来源广泛、渠道畅通信息送达更为快捷。因此,能够更快更好地为客户服务。

(4)公共关系活动整体规划的经济性。这主要针对中小企事业单位而言。这些组织要在组织内部设立公共关系部,必然会增加人员编制和经费投入,从经济的角度来看,并非是最佳的选择。针对组织的目标和计划,如果要开展专业性强、规模较大的公共关系活动,可以考虑委托公共关系公司代理,这样可能更经济、更有效。

当然,公共关系公司也有其劣势,主要表现在:与公共关系部相比对组织内部情况缺乏更多、更深的了解;工作缺乏连续性和持久性;与客户之间的沟通存在一定的困难或障碍。

(二)公共关系公司的工作内容

公共关系公司的基本职能是:为客户提供公共关系的全部或单项服务;为客户进行公共关系的咨询或策划;为客户代理公共关系事务等。

公共关系公司的工作内容包括以下 5 个方面:

(1)确立目标,调查研究。按照客户的实际状况和要求,接受客户委托,帮助客户确立公共关系目标,进行市场调查、现状分析,找到影响公共关系目标实现的因素,提出解决问题的方法。

(2)制订计划,实施任务。在深入研究分析的基础上,帮助客户制订切实可行的公共关系计划,经过可行性分析和客户同意,帮助实施计划,完成任务。

(3)编制预算,提供咨询。为客户提供真实的公共关系工作的预算,尽量避免浪费,造成客户损失。为客户提供咨询服务,提供解决问题的具体方案。

(4)沟通协调,化解危机。帮助客户开展内部、外部公共关系工作,化解矛盾,处理危机,加强内部公众的向心力、凝聚力,提高组织的知名度、美誉度、和谐度。

(5)接受监督,评估效果。为客户提供公共关系服务,实施公共关系计划,接受客户全程检查监督,评价公共关系实施效果。

公共关系公司在代理公共关系工作的同时,一定要避免超越自己职责范围,不能干涉客户内部事务、打探客户内部机密、泄露客户内部信息或从事直接商品贸易等。

(三)公共关系公司的组织机构

公共关系公司的组织机构没有固定模式。

从工作范围看,有局限于本地的小公司,其机构较为简单,工作人员大多身兼数职;也有跨地区、跨国经营的大公司,提供跨地区、跨国公共关系服务。

从业务内容看,有承担单项业务的公司,也有承担多项业务的公司。

从人员组成看,有几个人构成的小型公司,也有几十人的中型公司,还有几百人的大型公司。一般来说,6人以下的小型公司,由于人员少,机构设置极为简单,工作人员之间没有明确的分工,多是身兼数职。从美国的公共关系公司来看,小型公共关系公司平均为6人,中型公司平均为7～25人,大型公共关系公司一般有25人以上,像伟达、博雅等这样的国际性大公司则有几百人甚至上千人的规模。

从服务项目看,有综合性的公共关系公司,可以承办数项乃至数十项业务,也有专业性的公共关系公司,其经营大中型公共关系公司一般由以下几部分组成:

(1)行政部门。这个部门主要工作是负责处理公共关系公司的行政事务,包括组织、制定和实施为客户服务的公共关系业务项目。行政部门的人员包括公共关系经理及相当数量的业务经理和办公室工作人员。总经理全面负责公司的决策工作和检查实施情况;副总经理协助总经理分管几个具体部门,负责公共关系工作的实施和评估;业务经理人员主要负责具体组织、制定和实施为委托人服务的公共关系项目。

(2)规划审计部门。这个部门工作是对公司所承办的各项业务进行规划,审查项目的可行性,监督实施情况,并负责统筹安排人力、物力、财力,及时为各个项目提供指导和咨询,目的是在保证公共关系项目质量的前提下,以最小的成本经费,获得最大的经济效益,保证公司财政收入。

(3)专业技术部门。这个部门具体从事公共关系项目,接受并完成规划审计部门分派的与本部门专业技术相关的任务。人员主要由一定数量的精通专业技术的公共关系职业专家组成。

(4)国际业务部门。专门为外国或外地区提供公共关系服务。一些大型的国际公共关系公司为客户提供国际公共关系服务,设有地区部门和国际部门,由这些部门来完成有关地区和国家的国际公共关系服务项目。

(四)公共关系公司的工作原则

公共关系公司不同于其他服务性公司，既要维护委托单位或个人的形象和信誉，又要对社会公众负责，必须遵守以下原则：

(1)自觉遵守国家法律、法令和有关方针政策。公共关系公司既是服务性机构，又是一个经济实体。公共关系公司的首要任务是为社会服务，不能超越自己的经营范围将贸易开发、商品经营作为主营项目。公司的一切行为都要在国家方针、政策的指导下，以遵纪守法和高质量的服务为公司赢得声誉。

(2)严守委托方秘密，不干涉委托方的内部事务。由于工作性质，公共关系公司可能会接触和了解委托方的生产、经营、管理情况，甚至还会触及委托方的某些商业秘密，而这些信息一旦透露出去，特别是被竞争者掌握，可能会给委托方带来严重的甚至是致命的后果。因此，公共关系公司在工作过程及工作完成以后，都应该严守这些秘密。同时，公共关系公司在为委托方服务过程中，应强化自我约束，把对委托方的建议意见和干涉其内务区分开，不得借口工作需要而指手画脚，损害客户利益。

(3)要一切为客户着想。公共关系公司在开展工作时，不但要注意维护自身形象，更重要的是要站在客户的立场上，尽全力为客户着想。公共关系公司在制订公共关系活动经费预算时应该精打细算，不要因为好大喜功、一味地追求轰动效应而铺张浪费；在收取服务咨询费时应公平公道，不能漫天要价；对于在公共关系活动实施过程中出现的问题，也应本着认真负责的态度及时整改，以求达到最佳公共关系效果。

(4)避免同时为互相竞争的委托者提供服务。公共关系公司的服务对象遍及各行业、各部门，但公共关系公司不得同时为两家互为竞争对手的公司提供公共关系服务，更不能以掌握的信息为资本，去为客户的竞争对手服务，因为这样做对这两家公司都是不公平的。美国公共关系协会全体大会 1977 年通过的《关于公共关系业务的职业道德准则》中就明确规定："会员在没有获得有关各方的特别允许的情况下，在事实充分展开之后，不得代表相互冲突或竞争的利益集团；在会员的利益正在或可能同客户的利益相冲突时，应将这些利益冲突充分告知对方。"

(五)公共关系公司的收费方式

公共关系公司通过为社会提供有偿服务，在客户提出咨询或代理公共关系业务时，以公共关系劳务的形式为客户服务，并向客户收取一定费用。公共关系公司的收费方式（也是客户的付费方式）主要有：

1. 项目收费

公共关系公司接受客户委托，办理某个具体项目，为保证这一项目顺利完成所必须收取的费用。将项目按公共关系业务进行分解，并根据项目的内容及其开支状况确定其费用，然后再对各个项目费用进行汇总，得出其总费用。项目收费主要有：

(1)项目劳务费。包括项目实施期间工作人员的工资和相关管理人员、顾问或专家的报酬。

(2)行政管理费。按项目总费用的一定比例提取，主要用于公司行政管理和办公开支。

(3)咨询服务费。因项目需要，公司的专家提供咨询或给予指导所需的费用。

(4)项目活动经费。在项目进行的整个过程中，需要开展一系列的公共关系活动，按活动计划和需要确定费用金额。

这种收费方式的优点是专款专用，有利于保证公共关系项目的质量，便于考核与管理。

2. 计时收费

计时收费是公共关系公司按照参加公共关系活动的人员情况，按工作时间进行收费。计时收费标准一般根据公共关系公司的声誉高低而定，没有统一标准，视具体情况由双方商定。

3. 综合收费

委托双方根据业务的需要，协商确定费用的总金额。这种费用一般在业务开始时就由客户方支付。它有利于根据有限的资金统筹安排，合理使用，缺点是客户难以对费用的使用情况进行监督。

4. 按项目需要分次收费

这是综合收费的变通形式。客户不愿采用综合收费，也可按项目实际需要分次逐项付款。作为公司可视为项目收费，作为客户则可以监督公司代理业务的质量，若不满意，其他业务可考虑选择其他公共关系公司。

5. 项目成果分成

即公共关系公司和项目委托单位（个人）共同承担风险，共同受益。项目最终取得收益时，按一定比例分成。公共关系公司的收费没有统一标准，一般要根据公司的声誉、专业人员的资历、具体业务的难易程度等，同时参照同类公司的收费标准和供求关系的变化。

(六)客户选择公共关系公司的标准

社会组织特别是企业在选择公共关系公司代理业务之前,一般都要根据若干标准来评价公共关系公司,并且在比较之后再选择公共关系公司。客户选择公共关系公司的标准主要有:

(1)公共关系公司的信誉和声望。公共关系公司成立的时间长短、规模大小、声誉好坏,在公共关系界是否有权威,可以提供哪些项目的服务等,都是客户要考虑的因素。

(2)公共关系公司的人员素质。公司从业人员是否接受过专门训练、专业技术水平如何,能否与客户的要求相一致并努力去满足他们的需求,能否按时圆满完成任务等,公共关系人员的素质决定了公司的服务水平。

(3)公共关系公司的客户情况。公共关系公司曾经代理过哪些客户,特别是较知名的大企业,现在为哪些客户进行公共关系代理,他们对公司的服务态度、专业水平和信誉质量的满意程度如何。

(4)公共关系公司的财务状况。公共关系公司的实力是否雄厚,财力是否强大,财务状况是否良好,等等。

(5)公共关系公司的收费标准。一家信誉较好的公司往往可能收费较高,但客户选择和评价公司实际上是将其信任度、服务质量同收费标准进行比较的,客户花了相对较高的价钱是为了获得较好的公共关系服务,因此,公司应将收费标准制定在与服务相应的水平上。

三、公共关系社团

公共关系社团是指社会上自发组织起来的、非营利性的从事公共关系理论研究和实务活动的群众性组织或团体,主要包括公共关系协会、学会、研究会等组织。在我国,1987 年 5 月,全国性的公共关系团体组织——中国公共关系协会在北京成立。1991 年 4 月,中国国际公共关系协会在北京成立。

公共关系社团的工作内容主要有以下几个方面:

(1)联络会员。联络会员、发展会员,是公共关系社团的一项具体工作。

(2)制定规章。公共关系社团开展公共关系工作需要遵循一定的规章,主要包括各公共关系社团的组织宗旨、工作任务、工作要求以及公共关系从业人员的职业道德规范等。制定、宣传并监督执行规章的落实是公共关系社团的一项基础性工作。中国国际公共关系协会自 1991 年成立以来,制定了《会员行为准则》和《专业公关公司服务规范》等一系列行业规范。

(3)理论研究。对公共关系理论进行研究，并将研究成果转化为对公共关系实践的指导，是公关社团尤其是公共关系协会、学会、研究会的重要工作。

(4)普及知识及培训人才。公共关系社团有责任向社会公众普及公共关系方面的基本知识，传播公共关系文化，介绍国内外公共关系行业的发展情况。公共关系社团有一项经常性的工作，就是进行公共关系专业知识和技能的培训，为社会培养公关人才。

(5)编辑出版刊物。国际公共关系协会编辑出版了影响较大的《国际公共关系评论》《国际公共关系通讯》等。

第二节 公共关系从业人员

公共关系人员指专门从事公共关系工作的人。公共关系人员在公共关系活动中具有双重身份：既是公共关系活动主体之核心，又是公共关系传播媒介之一。社会组织与公众通过媒介构成公共关系，社会组织的公共关系工作由专门的公共关系组织承担，而一切公共关系活动最终都落实在公共关系人员身上，由公共关系人员策划和操办，公共关系人员在公共关系活动中起着决定性作用。

一、公共关系从业人员的素质

一般人可能认为，公共关系工作对人的要求就是“俊男靓女”加“口若悬河”，这其实是对公共关系工作的极大误解。公共关系工作是一项专业性很强的工作，对其从业人员也有特殊的要求。俊男靓女固然好，口若悬河亦所求，但若不能够具备良好的基本素质，是不可能成为一个优秀的公共关系工作者的。作为一名专业的公共关系从业人员，不仅应具备合理的知识结构和专业技能，还应有较强的综合能力，此外，还必须有良好的心理素质和道德素质。

(一)公共关系从业人员的知识结构

合格的公共关系从业人员，应该具备以下3方面知识。

(1)公共关系的基本理论知识。主要包括：公共关系的基本概念、职能作用，公共关系的由来和历史沿革，公共关系的核心概念和基本理论；公共关系的三要素及其相互关系，公共关系工作的基本程序等。

(2)公共关系的基本实务知识。公共关系是一种实务性强、重视经验积累的职业,必须重视公共关系基本实务知识和技巧。公共关系调研知识、公共关系策划知识、公共关系谈判技巧、公共关系传播方法等,都是公共关系从业人员应掌握的实务知识。

(3)相关学科知识以及开展特定公共关系工作所需的专业知识。公共关系从业人员要想更好地开展工作,还应该掌握一些相关学科的理论知识。如哲学、管理学、经济学、新闻学、社会学、心理学等,而市场营销、传播学、广告学、社会心理学等则因为与公共关系学科的理论和实务有相当的交叉而颇具借鉴意义。除此之外,公共关系从业人员在接受特别的委托业务如国际公共关系、行业公共关系时,还要了解相应的国家和地区文化传统、风俗习惯以及特定行业的基础知识。

现代社会是信息爆炸、知识爆炸的社会,每个人不可能也没必要掌握全部的公共关系知识,但每个公共关系人员都应不断学习,不断吸收最新的公共关系理论知识、实务知识和操作技巧,努力使自己成为知识结构合理的公共关系人员。

(二)公共关系从业人员的能力结构

美国一位公共关系专家坎托曾在《公共关系杂志》上撰文,阐述了成功的公共关系从业人员的10个特征:①对于紧张状态做出反应;②个人主动性;③好奇心和学习;④精力、活力和抱负;⑤客观的思考;⑥灵活的态度;⑦为其他人提供服务;⑧友善;⑨多才多艺;⑩缺乏自我意识。分析这10大成功因素,大多与公共关系人员的工作能力相关,由此可以看出,较强的综合能力对公共关系人员十分重要。

一般说来,合格的公共关系人员应当具备以下5方面的能力。

(1)表达能力。包括口头表达能力与书面表达能力。①口头表达能力,就是通常所说的口才。口才是公共关系工作中实现信息双向交流沟通最主要、最直接、最迅捷的传播手段。如特定场合对公众发表专题讲话,以争取公众的演讲形式;人际交往中与个别公众面对面沟通,进行解释、说服等的交谈形式;为争取组织利益与其他组织进行的谈判形式。为此,公共关系人员要掌握口头表达的规律和艺术,能充分借助面部表情、体态动作等辅助语言,增强口头表达的说服力、亲和力和感染力。②书面表达能力,就是文字写作能力。公共关系人员在工作中经常要涉及写作,从日常的信件函牍、公文告示到公关计划、调查报告、总结汇报,从新闻稿、演讲词、广告语到公关手册、公关策划书,都需要公关人员有熟练的文字功夫和写作技巧。因此,公共关系人员要熟练掌握包括新闻、信函、计划、总结、分析报告等各种文体,同时还要注重严谨规范的逻辑和朴实流畅的文风。

(2)社交能力。公共关系人员工作的大量内容是直接面对各种类型、各种层次的社会公众，要迅速建立起有效的双向沟通交流，赢得好感、认同、支持与合作。这就要求公共关系人员必须具备较强的社交能力。只有这样，公共关系人员才能在各种社交场合从容应对、左右逢源、广交朋友，在公众中树立良好的形象，为组织赢得更多的发展机会。

(3)组织管理能力。公共关系人员要善于调动、组织和协调组织内外公众的力量和关系；善于制订公共关系工作的日常计划及专题计划，并适当有效地组织实施与评价；善于组织和参与各种会议与活动，并恰当有效地选择和运用多种传播手段，推动组织预期目标的实现与完成。

(4)自制自控与灵活应变能力。公共关系人员搞公关活动时常会遇到各种意想不到的突发事件和问题，要能做到镇定自若、头脑清醒、正确判断、机智灵活、果断应变，圆满应变、处理和解决问题。

(5)创新能力。不同时间、不同地点、不同对象的公共关系工作各不相同，同一内容的工作方式也不尽相同。公共关系工作在某种程度上就要求公共关系人员能够以变促变，因此，它要求公共关系人员思维活跃，激情勃发，摒弃成规与陋俗，在工作中体现较强的开拓进取和勇于创新的精神风貌。

(三)公共关系从业人员的生理素质和心理素质

谈到公共关系从业人员的生理素质和心理素质，大部分人可能会认为：外向型性格的人比内向型性格的人更适合从事公关工作，相貌英俊、漂亮的人比相貌普通的人工作更出色，善于应酬和交际的人比不善应酬的人更有优势。其实这是一种误解，我们当然不否认那些性格外向、热情奔放、英俊潇洒、善于交际的人可以从事并且可以很好地开展公共关系工作，但相貌普通的人同样可以在公关行业找到自己的位置。因为：①性格的内向与外向、相貌的俊美与平常、交际能力的强弱是相对的，并没有统一的标准，很外向的人也有沉默寡言的时候，很内向的人在知己面前也同样会滔滔不绝，口若悬河。②公关工作是多样化的，既有公共场合的交际应酬，也有独处一室的日常工作。整理资料要求细致，分析问题需要严谨，接待来访要求耐心，文案工作要求全面，这些可能与人的性格、相貌、交际等并无太大关系。③尽管一个人的相貌、性格特点不易改变，通过适当的着装打扮、学习培训，每个人都可能将自己优点展示在别人面前。

当然，公共关系作为一种职业，还是需要具备一定的生理和心理素质的。但这些生理和心理素质是可以培养出来的，只要通过一定努力，使自己具备或努力培养以下4个方面的心理素质,成为一名合格的公关人员并非难事。

(1)兴趣广泛。职业特点决定了公关人员必须与各种专业、各方面、各层次的人打交道,具有广泛的兴趣,寻找共同点和接近点,这是建立交往的基础,是实现与公众沟通、交流的主要手段。同时,对于公关人员来说,具有广泛的兴趣可以博采众长、见多识广,在复杂的环境和关系中机智应变,顺利开展工作。

(2)意志坚强。公关人员应该在复杂多样的公共关系活动中,在可能遇到的诸多棘手的困难面前,保持较强的心理承受力、忍耐力和自制力,保持很强的自信心、上进心,敢于承担责任,承认错误,善于动员自身力量从容处置,迎难而上,以达到既定目标。

(3)性格开朗。人的性格在公关交际中具有重要意义。开朗外向型性格的人,常常充满热情、富于朝气,可以使人感到亲切,易于创造交流思想、交流感情的环境,能够使人在困难面前保持乐观向上的情绪,能够使人形成宽容豁达的精神。因此,公关人员具有开朗、开放的性格,是促进公关工作开展的重要心理条件。

(4)保持良好的仪表和风度。生理素质是指公关人员的体形、长相、仪表、风度等方面的情况。公共关系工作要求经常与公众打交道,从生理的角度看,较好的体形、强健的体格、端正整洁的仪表和潇洒飘逸的风度,会对公众产生天然的吸引力和首因效应,为进一步发展交往、增进友谊、开展工作打下良好的基础。

(四)公共关系从业人员的道德修养

一个学科、一个行业、一种职业的真正成熟,其标志并不是从业人员的大量增加,也不是营业额或客户数量的迅速增长,而是形成该行业的职业道德准则。所谓职业道德,是社会对各种不同职业、行业所提出的专门化的道德要求,是一种系统化、规范化的规章制度。任何一种行业、职业,只有认真地履行自己的职业道德准则,才会得到社会的认可、支持和理解。公共关系行业在长期的社会实践中,其职业道德准则也得到了不断地完善。在公共关系发展史上,美国公共关系协会是最早推出自己职业道德准则的专业协会。在美国公共关系协会的带动下,很多公共关系协会都推出了自己的道德准则。

(1)国际公共关系协会的《国际公共关系道德准则》。在所有的公共关系道德准则中,《国际公共关系道德准则》影响最大。很多国家直接采用这个准则,或以此为范本制定自己的职业道德准则。长期以来,国际公共关系协会就致力推动各国公共关系工作职业化和规范化。该协会的第一个《国际公共关系道德准则》(《雅典准则》)于1965年5月推出,其后,经多次修订,形成了现在的《国际公共关系道德

准则》,其主要内容如下:

Ⅰ.国际公共关系协会成员必须竭诚做到以下13条:

第1条　为建设应有的道德、文化条件,保证人类得以享受《联合国人权宣言》所规定的诸种不可剥夺的权利做贡献。

第2条　建立各种传播网络与渠道,以促进基本信息自由流通,使社会的每个成员都有被告知感,从而产生归属感、责任感与社会合一感。

第3条　牢记由于职业与公众的密切联系,个人的行为,即使是私人方面的,也会对事业的声誉产生影响。

第4条　在自己的职业活动中尊重《联合国人权宣言》的道德原则与规定。

第5条　尊重并维护人类的尊严,确认各人均有自己做判断的权利。

第6条　促成为真正进行思想交流所必需的道德、心理、智能条件,确认参与的各方都有申述情况与表达意见的权力。

Ⅱ.所有成员都应保证:

第7条　在任何时候任何场合,自己的行为都应赢得有关方面的信赖。

第8条　在任何场合,自己均应在行动中表现出对所服务的机构和公众双方的正当权益的尊重。

第9条　忠于职守,避免使用含糊或可能引起错误的语言,对目前及以往的客户或雇主都始终忠诚如一。

Ⅲ.所有成员都应力戒:

第10条　因某种需要而违背真理。

第11条　传播没有确凿依据的信息。

第12条　参与任何冒险行动或承揽不道德、不忠实、有损于人类尊严与诚实的业务。

第13条　使用任何操纵性方法与技术来引发对方无法以其意志控制,因而也无法对之负责的潜意识动机。

(2)英国公共关系协会的职业行为准则。《英国公共关系协会的职业行为准则》是一部诞生较早、影响较大的职业准则,在国际公共关系领域同样享有盛誉。根据1991年版本,准则共有17条,第一条开宗明义地规定了公共关系人员的职业行为标准:“各会员在其职业活动中应尊重公众利益和个人尊严。在任何时候都应忠诚，公正地对待他目前及以往的客户与雇主、其他会员、传播媒介及公众。”准则还注意维护准则本身的权威性，第 15 条规定：“各会员均应维护准则，并团结其他会员在实际中加以贯彻，如果其会员发现另一会员参与破坏准则的行为，应向协会报告，全体成员都应自觉支持协会推行此准则，协会亦应支持它的会员。”准则还对传播媒介、信息保密、利益冲突、职业声誉、中伤他人、影响他人等条款，制定了相应的规范和要求。

(3)中国公共关系职业道德准则。1989 年 9 月召开的全国省市公共关系第二次联席会议，提出了《中国公共关系职业道德准则(草案)》，1991 年 5 月的第四次联席会议，正式通过了经过国内公共关系专家反复修订的《中国公共关系职业道德准则》。现将全文引述如下。

中国公共关系职业道德准则

总　　则

中国公共关系事业的发展，是中国改革开放的必然趋势。它以新型的管理科学，协调社会各方面关系，密切党和广大人民群众的联系，调动各种积极因素，维护安定团结，促进社会主义建设。因此，公共关系工作者肩负着时代的使命，公共关系工作者必须具有高尚的职业道德作为完善自身形象的行为准则。

条　　款

1. 公共关系工作者应当坚持社会主义方向，自觉地遵守我国的宪法、法律和社会道德规范。

2. 公共关系工作者开展公关活动首先要注重社会效益，努力维护公关职业的整体形象。

3. 公共关系工作者在公共关系活动中，应当力求真实、准确、公正和对公众负责。

4. 公共关系工作者应努力提高自己的政治水平、文化修养和公关的专业技能。

5. 公共关系工作者应当将公关理论联系中国的实际，以严肃、认真、诚实的态度来从事公共关系学教育。

6. 公共关系工作者应当注意传播信息的真实性和准确性，防止和避免使人误解的信息。

7. 公共关系工作者不能有意损害其他公关工作者的信誉和公关实务。对不道德、不守法的公关组织及个人予以制止并通过有关组织采取相应的措施。

8. 公共关系工作者应当对公关事业具有高度的责任感。不得利用贿赂或其他不正当手段影响传播媒介人员进行真实、客观的报道。

9. 公共关系工作者在国内外公共关系实务中应该严守国家和各自组织的有关机密。

纵观世界各国对公共职业道德的要求，最核心、最基本的规范主要体现在以下几个方面：

(1)公平、公正、公开。这主要是指公关人员应公平地对待每一个顾客、雇主、同行及其他公众，办事公正、公平，用合理、合法、透明的手段去对待每一件公关工作。

(2)诚实、客观、信用。公关人员应忠实自己所服务的组织，以真诚的态度对待公众，对公关事实不夸大、不溢美，言行一致，表里如一，讲求信用。

(3)维护职业形象和声誉。公关公司、公关组织应比其他任何组织更看重自己的职业形象和声誉，公共关系从业人员应该严格自律，不干有损公关行业形象的事，不说对公关行业形象不利的话。

二、公共关系人员素质的培养

公共关系工作成功与否，一个关键的因素在于人的运用和把握。公共关系人员的素质并非天生，而是后天有意识、有目的地不断加强教育培养的结果。

(一)培养类型

(1)通才型。通才型公共关系人员就是知识面较广，有较合理的知识结构，有良好的心理素质和综合能力，在工作中能独当一面，较好地处理复杂问题的公共关系领导人才或专职管理人员。有人把此类人才结构形象地称为"三个1/3"，即：

- 1/3的企业家，有企业家头脑，强烈的经济效率的观念，敢于竞争，追求卓越的自信以及深刻的洞察力、敏锐的判断力、丰富的想象力和果断的判断力及顽强的意志力；
- 1/3的宣传家，有较强的形象观念、信息观念、能说会写，富有传播技巧，信息灵通，左右逢源；
- 1/3的外交家，待人热情真诚，说话幽默，举止端正高雅，态度谦和，善交朋友。

(2)专才型。专才型公共关系人员就是比较精通于某方面的公共关系技术技能，如编辑、写作、创意、市场调查、绘画摄影、广告设计等。这类人才是公共关系工作不可缺少的人才，是某方面的专家，较适宜于公共关系工作中某些具体的业务工作。

(二)培养途径

(1)院校教育。院校教育是公共关系人员培养的正规途径之一，在这种方式下，通常有系统和严格的教学计划、教学大纲、专业教师和专业教材，有明确的培养方向和目标，学生可以系统地学习公共关系理论，潜心研究公共关系技巧，并可以适当参加实践活动。

(2)在职进修培训。在职进修是我国公共关系教育培训中最受欢迎的形式之一，其主要特点是：教学的针对性较强、周期短、见效快；学生的学习目的明确，且已有实践经验，故易于理解、接受和领悟，而且能学以致用。在职进修培训主要有：①长短期公共关系培训。由高校、企业或行业组织（如公关协会）举办，时间长短不一，有几天、1 个月、数月等，时间没有统一规定，伸缩性很大。培训对象一般是有一定实践经验的人员，培训目标和重点是专业基本理论与知识，着力于理论水平的提高。此外还有岗前培训，主要是进行专题讲座与报告，属于角色培训。②见习培训。这种方式主要是在公共关系实务中学习与提高，让见习人员在一段时间内担任本组织或公共关系公司公关人员的助手，见习并实际参与公关实践，学习别人处理公关事务的技术和方法，增强感性认识。

(3)聘请专家、学者进行指导。聘请公共关系专家来本组织进行指导和咨询，帮助解决组织公关工作中的疑难问题，对公关人员进行业务的实际辅导和点拨。这种方式针对性强，启发性大，实际效果好。

(4)其他培养形式。如组织员工参加自学考试、函授刊授教育及电视广播教育，并为之提供参加辅导、面授等的条件，多途径、多形式地提高专业理论水平和业务水平。

第三节 全员公共关系管理

全员公共关系管理，又称全员 PR 管理是指通过全员教育与培训，增强全员的公关意识，提高全员公关的自觉性，加强整体的公关配合与协调，全面发动全员的公关努力，形成浓厚的组织公关文化气氛。

作为一种管理职能，公共关系的重要责任是管理一个组织的“无形资产”。这些无形资产包括知名度和美誉度。公关工作的成功，不仅需要依靠专职的公关部门和公关人员的不懈努力，而且有赖于一个组织各个部门和全体人员的整体配合。一个组织上至最高领导，下至每一个成员，都是有形无形的公关人员。

(一)领导的公共关系意识

一个组织的领导，必须对自己组织的声誉和形象承担直接责任。因此，应该具备强烈的公共关系意识，关注组织的公共关系状况，在经营管理中提出公共关系方面的要求，在实际工作中支持和指导公共关系的工作。公共关系业务的特殊性在于，它渗透到日常的行政、业务工作的各个环节，必须从全局和战略的角度加以协调管理。

(二)全员的公共关系配合

要将公共关系的经常性工作与全体干部、职工的日常行政、业务、生产工作结合起来。各职能部门和生产单位在自己的工作范围内做决策、订计划时，都应该自觉地配合组织公共关系的目标。公共关系的好坏，也成为对各部门业务工作进行评价考核的一项标准。相应地，应该在有关的规章制度中明确每一部门或岗位对公共关系应负的责任。因此，需要经常在干部、职工中进行公共关系的教育和，开展公共关系方面的评比和奖励(如宾馆酒店中评选"微笑大使""礼貌使者")。

(三)组织的公共关系氛围

全员公共关系有赖于在组织内部形成一种浓厚的公关风气、公关氛围。应该在组织内部普及公共关系教育，使全体干部、职工意识到，一个组织的形象、信誉等无形资产比有形的资金、设备更为珍贵，更为难得。良好的形象能使一个企业组织所拥有的实物资产增值；恶劣的形象会使一个企业组织的有形资产贬值。

一个组织要想建立良好的信誉，成功地开展公共关系活动，首先要避免各种公关误区，其次要靠全体员工的共同努力，从每一个人做起，真正做到全员公关。

本章小结

公共关系工作要以公共关系组织机构作为组织保障，而公共关系机构中的公共关系人员的素质又对公共关系工作效率起着决定性作用。因此，合理设置公共关系机构，任用具有良好素质和技能、有职业道德的公共关系人员，对于成功展开公共关系工作意义重大。

公共关系主体包括公共关系部、公共关系公司和公共关系社团，重点介绍组织内部公共关系部、组织外部公共关系公司的基本特点、优势和工作模式,公共关系从业人员应该具备的基本素质及培养。

案例分析

“自如”甲醛房事件

2018年8月31日,一篇《阿里P7员工得白血病身故　生前租了“自如”甲醛房》的文章在网络热传。

2018年9月1日,“自如”(提供租房产品及服务的互联网公司)发声明表示,公司立即安排与王先生家属联系,跟进相关事宜。“自如”将积极配合司法部门工作,并尊重法院裁定。

2018年9月21日,记者从杭州市滨江区人民法院了解到,原定于2018年9月27日公开开庭审理的阿里员工家属诉“自如”公司生命权、健康权、身体权纠纷一案,因被告方“自如”公司申请司法鉴定,法院依法予以准许,故具体开庭时间将予以延后,视情调整。

2018年10月11日,距9月11日“自如”最后一次发布说明,介绍空气检测及治理工作进展整整一个月,有媒体再次曝出“自如”出租房屋存在甲醛和总挥发性有机物超标问题。有租客入住后,“先后出现咳血等症状,去医院查出支气管炎等”。

与过往案例不同的是,这次媒体爆出的“自如”房屋甲醛问题,是在租客已经入住满一年后发现的。这样的情况,其实远比“自如”新房源出现的甲醛问题严重。

可以说,“自如”对公众承诺的诸多解决房屋甲醛问题的措施,恐怕立足的还是危机善后的思路。这样的解决思路,其实也和此前引发舆论广泛关注的“滴滴”顺风车安全事件类似——企业有所改进,但并未解决根本性问题,也缺乏彻底进行企业模式反思和革新的力度。

“自如”“滴滴”这样的互联网生活服务供应平台,已成为目前其所对应的全国消费市场上的领头羊,占据了大部分市场份额。这就意味着消费者在这些领域的消费行为,并无更多“用脚投票”的余地。如果因此就习惯于垄断或半垄断带来的舒服和权利,大于义务的状态,不啻在自行呼唤行政管制,自行招引消费者在心理上的抛弃。而这两点,都是互联网所催生的新业态所最应忌惮的。

新业态的企业,要想成熟,应该对得起这个由市场赋予的“新”字,以对业务的精益求精、对消费者的主动尊重,来赢得发展的可持续性,擦亮互联网催生的中国新企业的品牌，而不是以“新”字作为野蛮生长和管理漏洞的借口。具体到“自如”和“滴滴”，就是将市场呼吁内化为行动，主动为消费者提供更加安全的住房与出行服务，不犯重复性错误。

新业态的诞生与成长，曾从公众舆论中获得了极大的支持，因为人们认为它们代表着中国市场的力量。业内企业真应该好好呵护这个定位，珍惜自己的品牌，不要走到市场规律的反面，以另一种方式证明市场淘汰的力量。（资料来源：光明日报：“自如”再现甲醛房，新业态须珍惜自身品牌）

请问：

(1)“自如”开展的公共关系活动是否达到了预定目标？

(2)公共关系公司策划公共关系活动的思路和原理是什么？

思考题

1. 如何选择公共关系公司？
2. 公共关系人员应具备哪些最基本的素质？
3. 公共关系部的常见类型模式有哪些？
4. 组建公共关系部要坚持哪几个原则？
5. 某企业招聘公共关系人员，你若想应聘，该做哪些准备？自我应聘书应该怎么写？

第五章

公共关系客体

导入案例

“拼多多”的崛起

“拼多多”申请赴美上市引发多方关注。这家成立于2015年的电商，仅仅用了三年便到达了其他许多竞争对手都不曾到达的一步。

究其原因，除了巧妙借助微信的巨大流量与社交红利，以及主打“团购＋低价”的竞争策略之外，还有更为深层次的社会现实原因，而这需要从我国当前如火如荼的消费升级说起。

不可否认，我们国家的消费升级正在真真切切地发生着：

从消费总量上看，居民消费支出占国民经济比重有了明显提高；

从消费结构上看，我国居民衣食类消费比重持续减少，服务类消费比重在不断提升；

高铁爆满、五星级酒店客房入住率上升、境外人均购物消费额领先全球等剧情，不断在我们身边上演。

然而，看似风光的消费升级背后，却有着不为人知的另一面。

消费升级的前提是收入攀升。虽然我国居民的整体收入水平一直稳步增长着，但是对于不同收入群体来说，其收入的提升幅度与速度却有明显差异。

当前，随着新零售的不断发展，一切以消费者为中心的理念也越来越深入人心。而不管是消费升级也好，消费降级也罢，都是以消费者需求为主导。同时也需注意到：虽然我国经济发展迅猛，但同样存在着发展的不均衡，消费需求的层次性与不均衡性依旧存在。

因此，作为商家应该充分意识到：我国居民的消费演进步伐并不一致，而针对不同阶层不同类型消费群体的消费习惯、心理偏好，商家需要进一步深刻洞察，并基于不同的策略来实现消费者的差异化满足。

最后，不能不提的一点是：有相当一部分的三四五线城市"拼多多"用户，他们热衷于通过拼团方式购买的商品都是在当地难以买到的。以水果为例，越南进口高乐蜜杧果、四川眉山脐橙、陕西高原红富士苹果等，都是"拼多多"极其畅销的商品。

分析"拼多多"现象体现的消费者需求的多样性。

公众是公共关系的客体，也是公关工作的主要对象。公众对某一组织的态度和行为反映着这个组织的公关工作状态，是检验公关工作的重要标准。公共关系管理理论把公众利益作为最高准则，公共关系管理中的传播沟通、关系协调、信息管理、形象管理等各种职能，无不是主要面向公众展开的。因此，分析、了解并正确认识组织所要面对的各类公众，通过有效沟通与之建立良好关系，是每一个社会组织有针对性地开展以及有效地做好公关工作的重要前提。

第一节 公众的概念及分类

一、公众及其特点

1.公众的含义

公众是公共关系学中最基本的概念之一。公共关系学所指的"公众"与传统意义上的公众含义有所不同，它不是指群众、老百姓，也不是指社会上的大多数人，而是指相对于组织运行或开展公共关系工作时所面对的社会群体，可以是人群，也可以是组织。其特定含义是：任何因面临某个共同问题而与一个社会组织发生相互影响、相互制约和相互作用的社会群体。

2.公众的特征

公众的基本特征可以归结为以下 5 点：

(1)整体性。任何组织的发展都离不开一定的公众环境，它是组织运行过程中面对的各种社会关系和社会舆论的总和，涉及组织内部和外部，涉及社会各个方面。如一家商业企业，它所面对的公众既有职工、股东等内部公众，也有消费者、供应商、批发商、社区、政府、新闻媒体、主管部门、合作伙伴等外部公众。公共关系工作不会只注意某一类公众，而忽略其他公众，否则就可能导致整个公众环境的破坏。

(2)同质性。公众不是毫无联系的人的组合，而是具有某种内在共同性的群体。当一群人、一个社会阶层、一些社会团体因为某一共同问题而与组织发生内在联系时，便成为一类公众。这种共同性就是相互之间的某种共同点，如共同的利益、需求、目的、问题、意向、兴趣、背景等。如原本没有什么联系的人或群体，因为同样面临所在社区一家企业的污染威胁，从而使他们的态度和行为具有内在联系，不约而同地或者有组织地针对该工厂构成一定的公众压力、舆论压力。因此，公众是相对于组织而言的，他们之间必然具有同质性。

(3)多样性。公众的存在形式不是单一的，而是复杂多样的。公众既可以是个人，也可以是群体，还可以是组织。不同的公共关系工作会面对不同的公众，即便是同一类公众，也有不同的形式，如消费者公众，可以是个人、可以是团体、也可以是组织。公众形式的多样性，决定了沟通方式和传播媒介的多样性。

(4)可变性。公众不是封闭僵化、一成不变的，是一个开放的系统，处于不断发展变化的过程中。公众的性质、形式、数量和范围等会随着主体条件、客观环境的变化而变化，比如，通过组织公共关系活动，可以将一些持反对态度的公众变成持中立态度的公众，甚至变成持支持态度的公众。可见，公众环境的变化，可以导致公共关系工作目标、方针、手段的变化；而组织自身的变化也可以导致公众环境的变化。

(5)相关性。公众不是抽象的，而是具体的，与特点组织密切相关。组织不能脱离公众而存在，公众也不能脱离组织而存在。公众之所以成为组织的公众，是因为他们与该组织有一定的相关性、互动性。他们的意见、观点、态度和行为对该组织的发展有实际或潜在的影响力和制约力，甚至决定组织的成败；同样，该组织的决策和行动也对公众具有实际或潜在的影响力和制约力，制约着他们利益的实现、需求的满足、问题的解决等。

二、公众的分类

公众分类是公共关系理论中的重要部分，公众的分类是一个非常复杂的问题，可以从不同的角度去划分。

(1)根据公众与组织的所属关系，可将公众划分为内部公众和外部公众。内部公众指组织内部的各类成员，如企业中的员工、股东等。外部公众指组织外部的公众，如企业面临的顾客、原料供应者、产品经销商、政府部门、合作伙伴、竞争对手、新闻媒介等。

(2)根据公众对组织的不同态度可以将公众划分为顺意公众、逆意公众和独立公众。顺意公众是指对组织的政策、行为、产品或服务持同意态度并积极支持的公众。对顺意公众，组织需经常与他们保持沟通联系，细心维持和不断加强与他们的关系。逆意公众是指对组织的政策、行为、产品或服务持否定态度的公众。对逆意公众，组织应慎重对待，对他们态度要冷静、客观地进行分析，通过有效的工作，使其逐步转变对组织的态度，即使不能将其转化为顺意公众，也应争取其成为独立公众。独立公众是指对组织的政策和行为持不明朗态度，既不明确赞同，也不明确反对。对独立公众，组织应高度重视，要将其作为工作的重点，争取使其逐渐转变成为顺意公众。

(3)根据公众对组织的重要性不同，可以将公众划分为首要公众、次要公众和边缘公众。首要公众是指关系到组织生死存亡、成败荣辱的公众。对这类公众必须投入大量的人力、物力、财力及热情、耐心和时间。如企业内部的员工、企业产品的客户、政府有关部门、有关的新闻媒介等。次要公众是指对组织生存发展有一定影响，但并不起决定性作用的公众。如竞争对手、职工家属等。边缘公众是指那些对于组织来讲，处于公众与非公众交界地带的公众。从公关实务投入和产出效益来考虑，应保证首要公众，兼顾次要公众和边缘公众。但我们要认识到，三者的区分只是相对的，在一定条件下，他们之间还会转化。

(4)根据组织的价值判断，又可将公众区分为受欢迎的公众、不受欢迎的公众和被追求的公众。受欢迎的公众指完全迎合组织的需要并主动对组织表示兴趣和交往意向的公众，这种关系一般不存在沟通障碍。如股东、赞助者等。不受欢迎的公众指违背组织的利益和意愿，对组织构成潜在或现实威胁的公众，如索取赞助费的团体。对不受欢迎的公众可以采取回避办法，与其保持适当距离，不必都闹得沸沸扬扬。被追求的公众指很符合组织的利益和需要，但对组织却不感兴趣、缺乏交往意愿的公众，如新闻机构。组织要想方设法建立沟通的渠道，讲究交往的艺术，把握传播的时机。

(5)根据公众发展过程不同阶段的特点，可将公众分为非公众、潜在公众、知晓公众、行动公众。非公众指在组织的影响范围中，不受组织各项政策和行为左右，同时，他们的行为和要求也不影响组织的社会群体。非公众不是公关工作的对象。因此，区分公众与非公众可减少公关工作的盲目性。非公众有可能发展成潜在公众。潜在公众是指组织的目标和行为已影响到这些公众，而其本身尚未意识到。

潜在公众在一定时期内，至少在意识到他们面临的问题之前，不会采取行动，他们对组织的影响力只是潜在的。在公关工作中及时发现潜在公众可以“防患于未然”。据美国一家百货公司调查，进入商店的顾客，有明确购买欲望的占 28%，其余都是潜在顾客。所以组织要密切注意潜在公众的态度和意向，通过有效沟通引起注意、诱发兴趣、激发动机、促成行为。知晓公众又叫将来公众，是指本身已经意识到他们所面临的与组织有共同公关问题的那类公众。他们迫切需要了解组织的信息，组织应刻不容缓地与之沟通，主动控制舆论，促使这一类公众对组织产生信赖感向积极的方向转化。在公关工作中，能否以积极的态度、正确的方法对知晓公众开展公关活动，关系到公关工作的及时性，往往是成败的关键。行动公众又叫现在公众，是指那些已经把意识转变为行动的公众。由知晓公众发展而来，包括组织所面临的所有现实公众，组织要保持和他们的良好关系，出现危机时将公众利益放在首位，求得公众的理解、支持和合作。

确定公众并对公众进行分类的意义在于：①科学的公众分类可以使公共关系工作人员明确工作对象，把握主攻方向，抓住主要矛盾，能够有针对性地开展公共关系活动。②科学的公众分类可以使公共关系工作人员针对不同公众的不同特点选择有效的传播方式进行沟通，能够保证公共关系工作有较高的效率和较好的效果。

第二节 目标公众分析

每个组织都有自己特定的目标公众。组织的性质、类型不同，具体的目标公众也就不相同。如政府的目标公众、企业的目标公众、学校的目标公众，相互之间会有很大差异。以下就一般社会组织较为常见的带有一定共性的目标公众做简要分析。

一、内部公众

内部公众指组织内部沟通、传播的对象，包括组织内部全体成员构成的公众群体，如企业内的员工、股东；学校内部的教师、学生、干部等。内部公众既是内部公共关系工作的对象，又是外部公共关系工作的主体，是与组织自身相关性最强的一类公众对象。

加强内部公众沟通的目的，是培养组织成员的认同感和归属感，形成向心力、凝聚力;培养组织成员的主体意识和形象意识。做好内部公众的公关工作有两个方面的意义。

1.组织需要通过自身成员的认可和支持来增强内聚力

组织特别是企业的存在价值和整体形象在取得社会认可之前,首先需要得到内部员工的认可;组织目标的实现、任务的完成在得到社会的支持之前,首先需要内部员工的配合与支持。否则,组织目标无法实现、任务无法完成,更无法作为一个整体面对社会公众。内部员工是组织的细胞,他们对组织的认同和依附,是组织得以存在和发展的基础。因此,良好的内部关系是公共关系的起点,也是组织发展的起点。

要达到这一目的,就需要将内部公众视作传播沟通的首要对象,尊重内部公众分享信息的权力,争取他们的理解与支持,形成信任与和谐的内部气氛。如果内部传播障碍,沟通不畅,员工对组织的信息不了解,组织内部就会产生忧虑不安、猜疑传言等消极情绪和现象,形成隔阂冷漠、离心离德的状况。要避免这种情况的发生,就要健全组织内部的传播沟通渠道,完善组织内部的信息畅通机制,使全体成员在信息分享和感情沟通中与组织融为一体。

2.组织需要通过全员公共关系来增强外张力

一个组织特别是企业,对外的影响力有赖于全体成员的努力和配合。因为每一个组织成员都是组织与外部公众接触的触角,都处在对外公共关系的第一线;组织的整体形象要通过他们在各自工作岗位上的良好行为具体体现出来。如客户服务电话的接线员,服务台、问询处、接待室的工作人员,行政部门的办事员,业务部门的业务员,乃至生产线上的员工等,都是有形无形的公关人员,他们的一言一行都代表着组织的形象。在对外交往中,每一位组织成员都是非常重要的公共关系主体。组织的外张力是与组织的内聚力密切联系的。一个组织如果希望其成员能够时时处处自觉地维护组织的形象,就应该时时处处善待和尊重自己的成员,将他们作为重要的公共关系工作对象,努力培养他们对组织的认同感、归属感,增强他们对组织的向心力、凝聚力。

从管理哲学的角度看,公共关系工作要处理好团体价值与个体价值之间的矛盾。公共关系的目标是要追求较高的团体价值,即必须塑造组织良好的整体形象,提高组织的社会地位,争取组织良好的知名度、美誉度和和谐度。而公共关系工作的实际着眼点必须从确立个人的价值入手,使团体中的每个成员(以及与这个团体有关的所有个人)都能在团体的环境中追求和实现个人的价值。如果能够创造这样一种团体环境,个体就能充分展示自己的个性和追求自己的价值,那么这个团体就具备了足够的凝聚力，并且使团体价值通过许许多多个体的创造性活动得以充分体现。也就是说，追求团体价值的公共关系工作，首先应该从尊重个体价值做起，必须将个体价值与团体价值辩证地、有机地结合为一体。

二、顾客公众

顾客公众指购买、使用某组织提供的产品或服务的个人、团体或组织。如企业的产品用户、商店超市的顾客、宾馆酒店的客人、影院剧场的观众、出版机构的读者等。顾客是与组织直接联系，具有重要利益关系的外部公众，是组织特别是工商企业市场传播沟通的重要目标对象。

建立良好的顾客关系，可以促使顾客形成对组织及其产品或服务的良好印象和评价，提高组织及其产品或服务的知名度和美誉度，增加对市场的影响力和吸引力，为实现组织和顾客公众的共同利益服务。做好顾客公众公共关系工作有两方面的意义。

1.良好的顾客关系能够为企业带来直接的经济和社会利益

一个组织能否较好地存在和持续发展，很大程度上取决于其产品或服务能否得到顾客的接受和欢迎。企业的经济效益需要在市场竞争中实现，有顾客才有市场，有较稳定的、不断扩大的顾客群才有企业稳定、持续的发展。虽然与顾客的沟通并不等同于市场经营中的销售关系或直接的买卖关系，但良好的顾客公共关系却能有利于企业的市场销售关系，能够给企业带来直接的经济利益。因此，顾客公众是企业公共关系对象中利益关系最直接、最明显的外部公众。顾客关系是企业市场经营的生命线。

在企业与顾客的市场供求关系中，存在着大量的信息交流和情感沟通关系。没有广泛的信息沟通，没有充分的感情交流，市场的商品交换关系就难以建立，更难以稳定和持久。在争取顾客的注意力、影响顾客的消费选择和消费行为的市场信息传播竞争中，公共关系日益成为企业青睐的市场传播手段。它运用多元化的传播沟通方式去疏通渠道、理顺关系、清除障碍、联络感情、吸引公众、争取人心，为产品的销售营造一个良好的气氛与和谐的环境。

2.良好的顾客关系能够体现企业正确的经营观念和行为

顾客公共关系工作要求企业将顾客的利益和需求放在首位，通过满足顾客的需求和权利来换取组织的利益。企业的盈利性质决定了它必然要通过经济活动去获得利润；而公共关系的基本理念是，企业不应该只单纯追求利润，应该是将顾客接受、喜欢并使用企业的产品和服务作为企业的基本目标。只有赢得顾客的心、获得顾客的信任，企业才可能获得利润。因此，企业的一切政策和行为都必须以顾客的利益和需求为导向，在经营观念和经营方式上自觉地以消费者的利益和需求为转移。

三、媒介公众

媒介公众指新闻传播机构（包括电台、电视台、报社、杂志社和互联网网站）及其工作人员（编辑、记者等）。媒介公众是公共关系工作对象中最敏感、最重要的一部分。这种关系具有明显的两重性：一方面，新闻媒介是组织与广大公众沟通的重要中介；另一方面，新闻界人士又是需要特别争取的公众对象。媒介与对象的合一，决定了新闻媒介关系是一种传播性质最强、公共关系操作意义最大的关系。从对公共关系实务工作层次来看，新闻媒介关系往往被置于最显著的位置，甚至被称为“对外传播的首要公众”。

与新闻媒介建立良好关系的目的是争取新闻传播界对本组织的了解、理解和支持，以便形成对本组织有利的舆论气氛；并通过新闻媒介实现与大众的广泛沟通，增强组织对整个社会的影响力。做好媒介公共关系有两个方面的意义。

1.良好的媒介关系有利于形成良好的公众舆论

新闻传播机构及其工作人员是社会信息交流沟通过程中的“把关人”（Gatekeeper，传播学中称为“守门人”），他们决定着各种社会信息的取舍、流量和流向，确定公众舆论的中心议题，能够赋予被传播者特殊的、重要的社会地位，即具有“确定议程”和“授予地位”的功能。某个组织、人物、产品或时间如果成为新闻界报道的热点，便会成为具有公众影响力的舆论话题，获得较高的社会知名度；而且，一条信息通过新闻界客观的报道，容易获得公众的信任，有利于提高其美誉度。公共关系的一项重要任务，就是为组织创造良好的公众舆论环境，争取舆论的理解和支持。因此，与“把关人”建立良好的关系，有助于争取媒介报道的机会，使组织的有关信息能够比较顺利地通过媒介传播出去，形成良好的公众舆论环境。

2.良好的媒介关系是运用大众传播手段的前提

组织要实现大范围、远距离的沟通，就必须借助于各种现代大众传播媒介。大众传播借助于现代印刷、电子、网络等传播技术，大量地、高速度地复制信息，跨越时间和空间的限制，实现大范围、远距离的传播，这是现代公共关系的主要手段之一。但是，大众传播媒介不是由组织直接掌握和控制的，有关信息能否被采用和报道，即使采用和报道了，报道的时机、频率、角度也可能不尽相同，这些取决于大众传播机构和人士。除做付费广告之外，公共关系对大众媒介的使用需要通过新闻界人士才能实现。因此，与新闻界人士建立广泛、良好的关系，是运用大众媒介、争取媒介宣传机会的必要前提。与新闻界关系越多，组织有关信息的报道数量就会越多；与新闻界关系越好，组织有关信息的报道质量就会越好。媒介关系的公关效用性之强，是其他公众对象难以比拟的。

关于这一点，亚科卡有几点经验之谈：①善于与新闻界接近，无论是在顺境中还是在窘境中；②坚持每季度召开记者招待会公布生产经营结果，无论是好的还是坏的结果；③讲真话，坦率诚实地对待新闻界人士；④对于有意刁难的记者不必恼怒和驳斥，故意不理睬他就够了；⑤当记者陷入困境需要帮助时，给他提供真心实意的帮助，如连夜为记者提供图片和新闻资料等。由于亚科卡善于处理媒介关系，因此，他总能赢得新闻界80%的好评。

四、政府公众

政府公众指政府各行政机构及其官员和工作人员，即组织与政府沟通的具体对象。任何社会组织都必须接受政府的管理和制约，因此需要与政府的有关职能机构和管理部门打交道，包括工商、人事、财政、税务、审计、市政、交通、治安、法院、海关、环保、商检、卫检等政府职能部门及其工作人员。它是所有传播沟通对象中最具有社会权威性的对象。组织必须与政府各职能部门建立和保持良好的沟通，这是组织生存、发展的重要保障和条件。政府公共关系的意义包括两个方面。

1.政府的认可和支持最具权威性和影响力

政府掌握制定政策、执行法律、管理社会的权力职能，具有强大的宏观调控力量，代表公众的意志来协调各种社会关系。一个组织的政策、行为和产品如果能够得到官方的认可和支持，无疑将对社会各个方面产生重大影响，甚至使组织的各种渠道畅通无阻。因此，应该把握一切有利时机，提高组织在政府部门中的信誉和影响，使政府了解组织对社会、对国家的贡献和成就。如一个企业可以利用新厂房落成、新生产线投产、企业庆典、新技术新产品问世等机会，邀请政府主管部门领导出席企业的重要活动，主持奠基仪式或落成剪彩，参观新设备、新产品，通过种种现场活动，提高政府部门对企业的信心和重视程度。

2.良好的政府关系能够为组织赢得良好的政策条件、法律保障和社会管理环境

政府的政策、法律、管理条例是一个组织决策和活动的基本准则和规范，组织的一切行为都必须保持在政策法令许可的范围之内。通过良好的政府关系，组织能够及时了解到有关政策的变动，能够较方便地争取到政策性的优惠或支持，能够对有关本组织的问题在进入法律程序或管理程序之前参与意见，使之对组织的发展有利。为此，应该主动建立和加强组织与政府有关部门之间的双向沟通。一方面，组织的公共关系部门应该详细地分析研究政府的方针、政策、法令，提供给本组织领导及各部门参考，随时按照政策法令的变动来修正本组织的政策和活动。另一方面，组织的公共关系部门应随时将实际工作部门的具体情况上传至政府有关部门，并根据本地区、本行业、本部门的特殊情况，主动地提出新的政策设想和方案，并通过适当的渠道进行说服性的工作，协助发现及纠正政策执行中出现的偏差或失误。

此外，处理政府关系，还需要熟悉政府机构的内部层次、工作范围和办事程序，并与各主管部门的具体工作人员保持良好关系，以免因办事未遵循正规程序或越出工作范围而走弯路，减少人为造成的“公文旅行”或“踢皮球”的现象，提高行政沟通的效率。

五、社区公众

社区公众指组织所在地的区域关系对象，包括当地的权力管理部门、地方团体组织、各住宅小区的居民百姓，等等。社区关系又叫区域关系、地方关系、睦邻关系。社区是一个组织赖以生存和发展的基本环境，是组织的根基，在空间上与组织千丝万缕地联系在一起，不可分离。共同的生存背景使社区公众具有“准自家人”的特点。

发展良好的社区关系是为了争取社区公众对组织的了解、理解、信任和支持，为组织创造一个稳固的生存环境；同时体现组织对社区的责任和义务，通过社区关系扩大组织的区域性影响。

1. 社区关系直接影响着组织的生存环境，搞好社区关系是组织生存的需要

社区如同组织扎根的土壤，没有良好的社区关系，组织就会失去立足之地。组织和社区之间的这种地缘关系，直接影响着组织各方面的关系和组织的正常运转。首先，社区为组织提供发展所必需的人力，如员工等；其次，社区为组织提供发展所必需的各种能源，如水、电、气、热等；再次，社区为组织提供发展所必需的社会服务，如邮政、电信、交通、环境、医疗、商业等；最后，社区为组织提供发展所必需的安全保障，如公安、消防等。地方性的组织活动直接受社区公众的制约，跨区域的组织也不能脱离特定的社区，甚至要善于同各种不同背景的社区公众打交道，以争取社区提供各种地方性的服务和支持。因此，组织需要将社区作为自身发展的一个组成部分，将社区公众视作“准自家人”。

2. 社区关系直接影响着组织的公众形象，搞好社区关系能直接赢得良好的口碑

社区公众涉及当地社会政治、经济、文化、教育等各个方面和阶层，类型繁多，涉及面广，对组织存在着各种不同的感受、要求和评价，由于同处一地，对组织的评价和看法极易相互传播，形成区域性影响，从而形成组织的某种公众形象。很显然，组织的社区关系好坏，便直接影响着组织的社会公众形象。比如一家企业，即使产品质量很好，甚至远销海外，但如果社区关系恶劣，最终也会影响到本地市场的销售，最终影响企业的发展。组织要努力提高在社区中的形象，要树立一个"合格公民"的形象，主动承担必要的社会责任和义务，像爱护自己的家一样爱护社区，为社区造福，为社区公众多做贡献。

六、名流公众

名流公众指那些对公众舆论和社会生活具有较大的影响力和号召力的社会名人，如政界、工商界、金融界的首脑人物，科学、教育、学术界的权威人士，文化、艺术、影视歌、体育等方面的明星大腕，新闻出版界的舆论领袖等。这类关系对象的数量有限，但社会能量很大，能在社会舆论中迅速"聚焦"，影响力很强。通过社会名流去影响公众和舆论，往往具有事半功倍的效果。

建立良好的名流关系的目的，是借助名流的知名度扩大组织的公共关系网络，扩大组织的公众影响力，强化组织良好的社会形象。其意义和作用包括 3 个方面：

1. 借助社会名流的知识和专长为组织的经营管理提供有益的意见咨询

与社会名流建立良好关系，能充分利用他们的见识、专长；社会名流往往见多识广，或是某一方面的权威，组织的管理人士能够在与他们交往的过程中获得广泛的社会信息或宝贵的专业信息，无形中使企业增添了一笔知识财富、信息财富。

2. 借助社会名流的关系网络为组织广结善缘

有些社会名流虽然不可能为本组织直接提供所需的专业信息或管理咨询，但由于他们与社会各界有广泛的联系，或对某一方面的关系有特别重大的影响，组织便能通过他们与有关公众对象疏通关系，扩大社会交往范围。

3. 借助社会名流的社会声望为组织及其产品带来"名人效应"

社会名流一方面具有较高的社会地位，或在某方面具有权威性，或由于他们对社会的特殊贡献、突出成就而具有较高的知名度；另一方面，公众普遍存在"崇尚英雄""追逐明星"的社会心理，因此，组织与社会名流建立良好关系，就将本组织的名字与社会名流的名望联系在一起，利用公众崇拜名流的心理，提高了本组织在公众心目中的地位。

公共关系的目标公众除了以上种类之外，还有股东关系对象、金融关系对象、商业关系对象、竞争关系对象等。各类不同的组织需要根据自己的特点具体分析研究。

第三节 公众心理分析

公众心理是指公共关系活动的对象即公众对主体行为的感知与反映，它是组织调整自身行为以塑造良好形象的根据。公众心理包括个性心理和群体心理两部分。

一、公众个性心理特征

公众个性心理特征就是指在公众个体身上经常、稳定表现出来的心理特点。它是公众个人比较稳定的心理特点的总和，是一个人区别于他人的整体特性。

1.公众个性心理特征的表现

(1)能力。是一个人顺利完成某种活动所必需的心理特征，或者说是完成一项活动的本领。

(2)性格。是指人对现实的一种稳定的态度体系和行为方式。也就是说，性格是表现人的态度和行为方面较稳定的心理特征，如果断、寡断、耐心等。

(3)气质。是人的典型而稳定的心理特点，是人的心理活动的动力学特点。它主要表现为一个人的情绪体验的反应速度(快慢)、强度(强弱)和表露的隐显程度以及心理活动的指向性和动作的灵敏或迟钝等方面。常见的四大气质类型见表5-1。

表5-1 四大气质类型

气质类型	表现特征
胆汁质(不可压制型)	情绪激昂，易冲动，态度直率，脾气暴躁，精力旺盛，情绪外露性明显，速度快，但不灵活
多血质(活泼型)	情绪易兴奋，热情，快而灵活，善于交际，容易动感情，外部表露明显，感情丰富，注意力易转移
黏液质(安静型)	情绪不易兴奋，安静，能克制自己的冲动，对人感情真挚，内向性明显，对事物不敏感，反应比较缓慢
抑郁质(弱型)	处事谨慎，能深思熟虑，比较细腻，内向性明显，优柔寡断，易神经过敏，行动呆板

2.公众个性心理倾向

(1)公众的需要倾向。人的需要是指人体某种生理或心理上的不满足感,它可使人产生行动的动机。人的需要是多样和复杂的。美国心理学家马斯洛(Abraham Maslow)在1943年提出了“需要层次理论”。马斯洛认为,人的需要可以归纳为5大类,即生理、安全、社交、尊重和自我实现的需要。①生理需要,是人类生存的最基本、最原始的本能需要,包括摄食、喝水、睡眠、求偶等需要。②安全需要,是生理需要的延伸,人在生理需要获得适当满足之后,就产生了安全的需要,包括生命和财产的安全不受侵害,身体健康有保障,生活条件安全稳定等方面的需要。③社交需要,是指感情与归属上的需要,包括人际交往、友谊、为群体和社会所接受和承认等。此种需要体现了人有明确的社会需要和人际关系需要。④尊重需要,包括自我尊重和受人尊重两种需要。前者包括自尊、自信、自豪等心理上的满足感;后者包括名誉、地位、不受歧视等满足感。⑤自我实现需要,这是最高层次的需要,是指人有发挥自己能力与实现自身的理想和价值的需要,公众价值取向的类型见表5-2。马斯洛认为,上述5种需要,以层次形式依次从低级到高级排列,可表示成金字塔形。

表5-2　公众价值取向的类型

价值取向	表现特征
功名型	以获取功名为特征。具有这种价值取向的人,往往沉湎于精神世界中,为功名而割舍其他的兴趣爱好。这些人时间观念较强,总怀着紧迫感而忙忙碌碌,不太会因挫折和失败而屈服。对金钱、享受、爱情、家庭、健康等关心较少。功名型价值取向往往易转化为事业型价值取向,即逐渐把获得个人的名誉、地位、成功和自己所从事的事业结合起来,转化为为事业献身的动力
安稳型	以维持安稳太平的生活为特征。具有这类价值取向的人往往要求不多也不高,无忧无虑,平衡性较好
享乐型	以追求物质享受或精神享受为特征。具有这类价值取向的人工作上不大有进取心,精力主要放在个人享乐方面。他们或者比较热衷于经营自己的小安乐窝,或者衣食较讲究,或者迷恋于某种感兴趣的活动,或者兼而有之。因为消费水平高,所以对金钱的需求量也大,往往对自己的工作不满意,这山望着那山高,有时敢于铤而走险
储蓄型	以积敛金钱为特征。具有这类价值取向的人比较保守和固执。以积敛金钱为乐事,或者为某种个人心愿而聚敛钱财
事业型	以献身事业为特征。具有这种取向的人对个人利益考虑较少,一心扑在工作上,一般不逾规矩,受人敬重。他们在精神上有支柱,事业上有追求,因而往往成为生产、科研方面的骨干,发挥榜样和带头作用,深得领导的赏识
模糊型	以综合和多变为特征。具有这类价值取向的人见风使舵,受外部环境的支配,自己也不清楚自己到底追求的是什么。他们什么都想获取,又缺乏动力和毅力,常常在困难和挫折面前抽身却步,情绪不稳定,无信仰,无理想

(2)公众的动机倾向。动机这一概念是由伍德沃斯于1918年率先引入心理学的。他把动机视为决定行为的内在动力。一般认为,动机是引起个体活动,维持已引起的活动,并促使活动朝向某一目标进行的内在作用。

(3)公众的兴趣倾向。兴趣是指一个积极探索某种事物的认识倾向。当一个人经常主动地观察某种事物时,我们就说他对这一事物产生了兴趣。所以说,兴趣不是天生的,它是在社会实践活动中产生和发展起来的。

二、公众群体心理与行为

公众群体由于分类与功能的不同,其心理特征也就既有普遍性又有特殊性。根据公共关系活动的特点,群体的心理特征可从群体的一般心理特征和特殊角色群体的心理特征两个方面进行分析。

1.群体的一般心理特征

群体,无论是正式群体还是非正式群体,也不管是实存群体还是隐形群体,都会表现出群体的一般心理特征。这种特征主要是:

(1)归属心理。无论何种群体的成员,都有一种强烈的归属意识,也即对自己群体的依赖性。这种依赖性就使其成员获得了一种安全感,从而减少了孤独,增强了自信。

(2)认同心理。凡是属于一个群体的成员,都有认同其群体的共同心理特征,也都不否认自己是该群体的成员,这样才使其行为、活动表现出群体的一致性。

(3)凝聚心理。任何群体都对其成员有强烈的吸引力。群体成员之间,由于共同的背景、目标、利益或兴趣与爱好,相互之间会产生强烈的吸引力。一般来讲,群体的规模越小,其凝聚力也就越强;同时,当一个群体面临外界的压力时,其凝聚力表现得也越强。

(4)整体心理与排外心理。由于群体成员之间的凝聚力以及成员对群体的认同,就必然使他们产生或强或弱的整体意识,即意识到自己群体的整体性和共同性,从而也产生相对的独立性和排外意识。

2.不同性别角色的心理特征

公众性别一般区分为男性、女性两类。男性和女性,首先在生理上有重大差别。除此之外,文化因素对其心理特征也有重要影响。男女由于遗传及文化的不同,在性格、能力、气质、情感等方面形成了各自特定的心理定式和行为活动方式(表5-3)。

表 5-3　男女性别角色的心理特征

性别	性格特征	能力特征	气质特征	情感特征
女性	性情较温柔，富有爱心，厌恶暴力，胆怯怕事，办事谨慎，缺乏充足的自信心	记忆力较强；善于倾听，对各种话题都有兴趣；办事心细，善于观察，富于联想，谨慎小心，但开拓性不强	心胸相对较狭窄，受不得委屈与打击，家庭观念较强，较看重经济和物质，爱斤斤计较。较固执，且优柔寡断	感情比较丰富，易受感情支配，且易受感染，自制力较弱，更易接受暗示、时尚、流行等
男性	有较强的独立性，喜欢独立工作、独立思考，不喜欢受别人控制、被人指派，心胸比较开阔，不斤斤计较	更适合于开拓性的工作，且比较合群，集体意识较强。善于推理，有较强的逻辑思维能力，但比较粗心，对人和事的观察不如女性周到、敏锐	心胸开阔，意志坚定、刚强，对挫折与打击的承受力强；务实，喜欢出风头，好表现。对服饰、仪表不太讲究，但花钱大方阔绰	感情不如女性丰富，不多愁善感，不富于幻想，情绪来得快也退得快，自我控制能力较强；不易受他人控制，不像女性那样容易接受新鲜事物

3. 不同年龄角色的心理特征

个体是随着年龄的变化而逐渐成熟和变化的，个体的生理发育状况会制约心理的发展。不同年龄的个体在家庭和社会所承当的角色不同，社会对其的要求也不同。同一年龄段的个体往往具有相似的文化，影响着个体的心理和行为。根据心理学对年龄阶段的划分，可以粗略地将公众分为四个部分：儿童、青年、中年、老年。

本章小结

公共关系客体即社会相关公众，主要分析公众的特点、分类、心理分析以及重要目标公众的选择，根据公众的不同特点和需要，做好不同类型公众的公关工作。

公众的分类方法多种多样。按照公众与社会组织的归属关系不同，可划分为内部公众与外部公众；按照公众与组织关系的相关程度不同，可划分为非公众、潜在公众、知晓公众和行动公众；按公众对组织的重要程度划分，可划分为首要公众和次要公众；按组织对公众的不同态度，可划分为受欢迎的公众、被追求的公众和不受欢迎的公众；按公众对组织的态度划分，可划分为顺意公众、逆意公众、独立公众。

目标公众是构成一个组织公共关系对象的基本成分，是指大多数组织机构所共有的公众。本章列举并分析了一般社会组织较为常见的、带有一定共性的目标公众，如内部公众、社区公众、顾客公众、政府公众、媒介公众、名流公众。

公众心理是指公共关系活动的对象即公众对主体行为的感知与反映，它是组织调整自身行为以塑造良好形象的根据。公众心理包括个性心理和群体心理两部分。

案例分析

餐饮老字号竞相推小字号

日前，北京北三环新开了一家"网红"点心店，这家名为"稻田日记"的小铺是知名老字号北京稻香村的创新品牌，为了迎合年轻的消费群体，店铺从产品、装修设计到服务体验都颇具时尚感，受到了广大年轻消费者的青睐。

据了解，近年来，为了进一步抢占市场、提升品牌在年轻群体中的认知度，许多餐饮老字号也与时俱进，纷纷推出创新"小字号"，探索老字号餐品的年轻化之路。

中国食品产业分析师朱丹蓬指出，中华老字号历经历史的传承和文化的沉淀，但是缺乏新生代的经营思维，使这些老品牌不能与时俱进，无法匹配主流消费群体的核心诉求，让很多老字号面临经营困境。如何让老树发新芽，让老品牌实现年轻化是目前面临的最大挑战。

随着餐饮市场竞争的日益激烈，老字号要延续品牌影响力，就必须有适应时代的创新。此前，京城八大春之一的淮扬菜老字号同春园就曾开设新副牌"春园小邻"，推出淮扬风味的锅盖面，广受好评；餐饮老字号东来顺的创新品牌"青春逗"主打吧台小火锅，平价的火锅套餐基本能满足顾客一人食用的需求，此举被看作是东来顺开始下沉到更加大众化的市场的突破之举；百年老店全聚德也积极发力休闲简餐领域，全面上线"小鸭哥"，部署迷你小店及原有大店的小店改造。

朱丹蓬认为，"小字号"在整体品牌定位、消费定位、场景、产品组合等方面都精准匹配了新生代的核心需求和诉求。老字号加上"小字号"，变成双品牌运作，对于老品牌的发展起到积极的促进作用。

中国烹饪协会副会长冯恩援曾表示，推副牌实际上是老字号正在向现代餐饮模式转变的信号。目前，市场上活跃的餐饮品牌都颇具个性，能够为年轻消费群体提供更加多样化的服务，进而提升消费体验。老字号餐饮用个性化的新品牌进行市场探索，也是在挖掘自身潜力。此外，选择开设"小而美"的单品类餐厅，也是因为这类餐厅风险较小，更容易突出餐厅的优势资源。

朱丹蓬认为，老品牌一定要具备工匠精神，有传承。这种“儿时的味道”其实就是老字号的核心竞争力，也是其赖以生存的工具和手段，老字号的品质和口感不可改变。当然，老品牌打怀旧牌，“小字号”走创新路，对于传统品牌的发展是非常好的。

问题：

(1)请对“小字号”的目标公众进行分析。

(2)“老字号”品牌如何更好地满足年轻消费群体的需求？

思考题

1.公众的概念及其特征是什么？

2.请根据不同的标准对公众进行分类。

3.谈谈内部公共关系对组织有什么重要意义。

4.建立与新闻媒介的良好关系对组织有什么重要作用？

5.请从心理方面对公众进行分析。

第六章

公共关系传播理论与媒介

导入案例

为献礼七一建党，2016年中央电视台特别推出公益广告《我是谁》，用温暖朴实的镜头语言传递出“我是中国共产党，我一直就在你身边”的创意理念。该片立意普通平凡的身边人物故事，他们是离开教室最晚的大学生，是为了城市的整洁开工最早的环卫工人，是在手术台前救死扶伤却想到自己最少的医生，是在暴雨中依然坚守岗位到最后的交警，是小镇中为大家带来光明行动最快的邻家暖男，是知难而进、不辞劳苦、牵挂大家最多的村干部……他们时时刻刻肩负着自己的责任，为身边的人和事贡献着自己微薄的力量，镜头下他们的微笑展示出了中国共产党员在各自不同的岗位上兢兢业业、尽职尽责、默默奉献的形象。在新媒体时代，转发量、话题量是王道。短短两天这条1分30秒的公益广告网络播放量已超千万次，短片用其画面的真实性和传播的便捷性，勾勒出了共产党在体制内宣传最灿烂的一笔，成为政府对外宣传、树立形象的一个利器，也成功地赢得了一大批网友的喝彩，被网友们誉为“101分的广告”“暖心又接地气”。

分析案例中传播的重要性及媒体的作用。

传播是公共关系活动的手段，公共关系传播是一个社会组织为了提高自身的知名度、美誉度，借助传播的方式，所开展的传播活动及其传播管理。其活动必须遵循一定的传播学理论和模式，借助相应的媒介来完成。

第一节 公共关系传播理论

一、传播的含义及特征

(一)传播

1. 传播的含义

传播活动自人类问世就开始了,在语言产生以前,人类通过打手势等形式进行传播交流,后来人类在共同生产和劳动中发明了语言和文字,人们开始把思想、政治、经济的发展记载下来,流传后世,这就是传播的雏形。人类社会发展到今天,广播、电视、报纸、杂志、网络等都在传播着各种各样的信息,各种传播媒体的出现,对整个人类的文明进步产生了重大而深远的影响,人类也在传播活动的发展中不断发展起来。西方传播学的奠基人——美国学者威尔伯·施拉姆说,“人类是会传播的动物”。

传播译自英语 Communication,源自拉丁语 Communis(community),该词的中文意思可以有十几种解释,如交往、交流、交通、通信、传播等。传播的定义是指人类通过一定载体交换信息的一种过程。传播的根本目的是传递信息,是人与人、人与群体、群体与群体之间,借助各种语言和非语言,直接或间接进行信息的传递、接受与反馈的活动。

2. 传播的特点

(1)信息性。传播必然具有一定的明确的内容,即信息。信息可以是新信息,也可以是旧信息,但传播的信息必定被视为重要的信息。传播的过程是自然遴选的过程,传播者会选择自己认为重要的信息去传播,也会增加自身对其的诠释。因此一般来说,传播的内容经历的时间越久,离真实性就会越远。

(2)共享性。传播具有共享特性。传播活动的过程,就是将信息共同分享的过程。传播不等同于传递,传递是将某物送出去,而传播则是实现共同拥有。

(3)时代性。不同时代的生产力水平和科学技术条件,影响着人们对客观事物的认识程度,也影响着人们的传播活动。信息传播从烽火台、马拉松到电报、电话、无线电,再到广播电视、卫星通信、光通信、电脑网络通信等,无不表现出随着时代的发展,传播得以发展,并且取得日新月异的进步。无论从传播媒介、传播内容、传播模式、传播者与受传者的关系到传播符号都显示出强烈的时代特征。

(二)公共关系传播

1.公共关系传播的含义

公共关系活动的过程,其实质就是组织与公众之间情感和信息的传播沟通过程。组织与公众的沟通,在很大程度上依靠信息传播,组织与公众之间的误解,也往往是由于信息不畅造成的。能否有效利用各种传播媒介、遵循传播沟通活动的基本原则、营造有利的舆论环境,是衡量组织开展各类公共关系活动是否成功的关键,也是衡量公共关系工作人员水平高低的重要标准。

因此,公共关系传播是社会组织利用各种媒介,将信息或观点有计划地与公众进行交流的沟通活动。

2.公共关系传播的特点

与一般的传播相比,公共关系传播具有以下4个不同的特点:

(1)主动性。公共关系传播是社会组织主动发出信息的一种活动,传播什么、向谁传播、依托什么传播都由组织制定,因而传播效果如何,是对社会组织传播质量的检验。

(2)目的性。公共关系传播是组织的自主活动,因此具有清晰的目的性。传播的目的决定了组织的传播信息和传播方式,传播的信息必然体现出组织要达到的目的,社会组织如果想通过传播活动实现多重目的,就需要提高其传播方式的难度。

(3)情感性。公共关系传播是立足于长远的信息交流,是一种深层次的情感沟通。它不仅包括一般的信息交流,还包括思想、情感、意见和态度的交流。它牢牢抓住公众心理,以诚感人、以情感人,目的是创造有利于组织目标实现的良好情感氛围,通过组织与公众感情上的相互理解和信任,达到双方永久性的相互依赖。

(4)劝服性。公共关系传播在社会组织发展的不同时期,起着不同的劝服作用。在社会组织的初创阶段,公共关系传播针对组织形象的确立问题,劝服公众信赖组织,形成最初完整的印象;在社会组织发展乃至繁荣时期,传播针对组织形象的完善和维护问题,劝服公众保持对组织及其产品的忠诚度;在社会组织形象蒙受损害时,公共关系传播针对组织形象的维护问题,通过危机公关,维护组织形象,劝服公众相信组织。

二、传播的要素

传播的要素有两类，一类是基本要素，另一类是隐含要素。基本要素是公共关系传播的“硬件”，缺一不可；隐含要素是公共关系传播的“软件”，对传播效果有非常重要的影响。

1.传播的基本要素

(1)信源。就是信息的发布者，即传者。信源是信息的基础，是信息产生的最初发源地。在传播过程中，传播者对大量的信息加以筛选，把要传播的信息编成相应的符号，并将这些信息符号通过一定的媒介发送出去。因此传播者在传播过程中同时充当着传播信息的把关人、信息符号的制作者和信息的发送者。在公共关系活动中信源就是公共关系主体——组织。

(2)信宿。就是信息的接受者，即受者，如听众、读者、观众等个人、群体或组织。在传播活动中，信息发送者和信息接收者的角色是可以互换和转变的，如在信息反馈时，信息接收者就处于信源的地位。在公共关系活动中信宿就是公共关系客体——公众。

(3)信息。在公共关系活动中，信息就是指组织与公众沟通过程中的各种新内容、新知识等消息，可以是语言文字，如情报、数据、消息等，也可以是观念、态度、动作、表情等非语言文字。传播的实质是信息的沟通，传播内容大致可以分为两类：一类是告知性内容，即组织希望公众了解的内容，包括组织的目标、方针、产品、服务等；另一类是劝导性内容，即组织劝说公众采取组织所希望的某种行为的内容，如希望接受组织的产品和服务等。

(4)编码。编码是指信息的发送者，把要传递的信息编译成外界能接受和理解的符号的过程。这个过程包括写作各种新闻稿件、编辑计算机程序、制作广告与新闻节目等。“仁者见仁，智者见智”，就是说对同一事物，不同的人会有不同的理解和看法。一个组织向外部发出信息时，就应在编码过程中，尽可能地理解社会公众的心理，适应信宿的要求，避免外界因素的不利影响，使组织的信息传递达到“高保真”的状态。

(5)译码。译码是指信息的接受者把所接受到的信息翻译成自身能接受和理解的符号的过程。为使传播活动有效，信息的接受者应该掌握一些必要的符号信息，如外语、专业术语、计算机知识等。

(6)媒介。就是指中介，在公共关系活动中是指用以保存信息并随后由其重现信息的载体。媒介与信息密不可分，离开了媒介，信息就不复存在，更谈不上信息的交流和传播。

(7)信道。是指信息传播的途径、渠道。信道的性质和特点决定媒介的选择与运用。如在谈话中,传者如果是以声波为交流信道的,那么声波信道的特性,便决定了所选取的交流媒介只能是具有“发声”功能的物体、材料和技术手段。同样,如果以频道为信息传递渠道的,那么其媒介选择只能是电子类的载体。

(8)反馈。指信息受者对传者发出信息做出的反应。反馈能够反映信息发送者的信息传递效果,因此,公关人员应及时收集反馈信息,以了解社会公众对组织的反应,调整组织的传播政策和传播行为,以提高传播效果。

2.传播的隐含要素

(1)时间环境。传播时机的选择对传播效果有一定影响,传播的任何一方,或无故失约,或拖延时间,或姗姗来迟,都会使对方对这次传播活动的态度和感受发生变化,其传播行为也会随之而改变,从而影响传播效果。如谈判时间适当与否,对谈判效果就会产生影响。一般不应在身心处于低潮时进行谈判,避免在周一上午或周五下午进行谈判,不要在连续紧张工作之后进行谈判。

(2)空间环境。空间,指传播活动存在于一定的物理环境,传播信息总是在具体的空间环境中进行,不同的环境条件会使人对信息有不同的感受,并产生不同的传播效果。

空间环境对传播效果的影响,表现在两个方面:一是座位的安排,二是沟通交流的环境。座位的安排一般应按照传播的目的,如果是报告,可采用并排同向面对主席台的形式,加强纵向传播效果;如果是座谈,可采用围桌而坐的形式,加强横向传播效果。至于沟通交流的环境,选择恰当的交流地点会直接影响沟通双方的情绪情感。公共关系传播应努力使双方在适宜的环境下开展,让双方感觉舒适、愉快,这样沟通就会比较顺利;如在不合适的空间环境进行接触,则可能会使一方感觉不适,导致情绪受影响,甚至拒绝进行沟通。因此,社会组织在进行公共关系传播时,必须要考虑空间因素,推动社会组织与公众的顺利沟通。

(3)心理因素。主要指信息受者的心理状态。不同的心理状态,传播的效果就不一样。心理学原理揭示了这样一条规律:凡是在一定活动中,伴随着使人“愉悦”的情绪体验,都能使这种活动得到强化,而“不满意”的情绪体验,则使这种活动受到抑制。因此,传播行为的发生、延续和发展,都是建立在双方心理相悦这一基础上的。没有心理上的沟通无法获得最佳的传播效果。比如在旅游胜地的花园内、树林旁,向游客宣传“爱护花草树木”这一观点,同样木牌上写不同的话,效果就截然不同:

①严禁摘花折枝!不准乱写乱刻!违者罚款!

②除摄下美景，其他请别带走；除留下足迹，其他请别留下。

第①例是一些训斥性的词语、命令式的口气，“不满意”的情绪体验使人难以接受传播的观点；而第②例是一种语言艺术，并在传播过程中产生一种“附加的诱因”，其作用就在于唤起受者肯定、积极的“愉悦”情感和行为上的接纳。因此，“愉悦”情感是促使传播取得成效的催化剂。

(4)文化背景。不同的文化背景，会影响传播的实际效果。不同国家、不同民族、不同地域都会有不同的经济环境、风俗习惯、思维方式和价值观念，使人们对同一信息内容可能会产生不同的主观感受。

社会组织向目标公众进行传播时，首先要了解公众特有的文化风俗习惯，使组织的传播内容适应公众的接受习惯，并注意使用公众习惯的表达方式将公关活动内容传递给公众，以期达到最大的传播效果。否则，用违背目标公众的文化风俗习惯的内容和方式去传播，有可能导致事倍功半或弄巧成拙的结果。

(5)信誉意识。包括两个方面：传播内容的可信度和传播者的信誉度。在传播过程中，信息内容越真实、传者越有权威性，受众对之就越信服。传者被受者信赖的程度越高，传播的效果就越好。

传播者被受众信赖的程度，就如同其所传播的信息内容一样重要，它将极大地影响着信息传播的效果。受众对传者所产生的信赖感，一般由 3 个因素形成：第一，产生于“权威效应”，即传播者客观上是这一方面的专家、学者；第二，产生于“名人效应”，即传播者本不是这一方面的专家，但由于他的职位、身份而带来的声望，增加了感召力；第三，产生于“首因效应”，即传播者给受众的第一印象良好。

三、传播模式

模式是对某一事项或实体的内在机制与外部联系进行的一种直观的简洁的描述。传播模式大致可以分为两类：一是传统的线性传播模式；二是新型的控制论传播模式。前者侧重于揭示传播过程的运行机制，后者侧重于研究如何有效地对传播过程进行控制，以便达到最理想的传播效果。

1.传统的线性传播模式

这种模式最早是 20 世纪 40 年代由数学家香农提出的。这是一种单向的直线式运动过程。它在传播学上具有广泛影响，被称之为“香农-韦弗模式”。但它也存在着两个明显的缺陷：①缺乏信息反馈；②忽视了社会环境的客观制约因素（如政治、经济、文化等方面）和传、受双方的主观能动因素（图 6-1）。

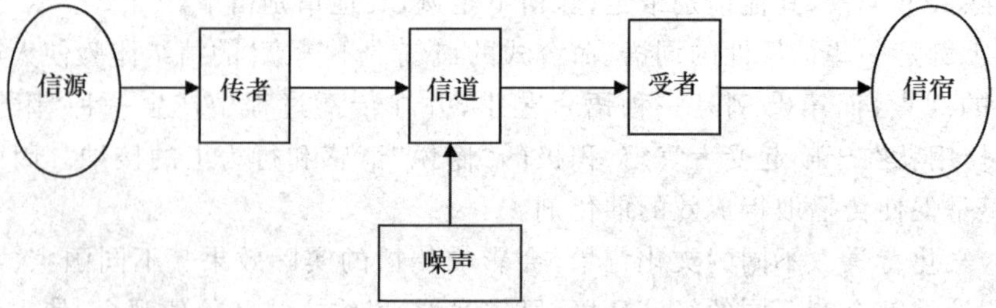

图 6-1 传统的线性传播模式

2.拉斯韦尔模式

拉斯韦尔模式是最典型的线性传播模式，它是由美国著名的传播学家哈罗德·拉斯韦尔提出的，也称“5W 模式”，即 5 个“W”：Who? Say what? Which channel? To whom? What effects? 其模式见图 6-2。

图 6-2 5W 模式

拉斯韦尔“5W 模式”表明：信息来源是组织；传播的内容是为了实现组织公共关系目标的信息；传播的渠道是各种传播媒介；传播的对象是组织所面临的公众。这种模式，用一句话来说就是“Who says what in which channel to whom with what effects”。

四、传播的类型

传播是人类的一种基本行为，它是普遍的社会现象，无时不在，无处不有。人们在传播时，往往伴随着不同的传播目标、不同的传播范围和性质、不同的传播内容，这样就形成了千差万别的传播形式。从不同角度，可以对复杂多样的传播形式进行分类。

1.根据传播活动所采用的不同媒介来划分

(1)自我传播。自我传播也叫内向传播、自身传播或个人的自我交流，即传播的双方集于一身，本身内部进行交流，是一个人独立的思想活动。

美国社会心理学家米德将自我分为主格我(I)和宾格我(me)，每个人都是主格我和宾格我的对立统一体，自我的这两个部分，经常相互交流和对话，这就是自我沟通，自我传播。凡是头脑正常、心智健全的人，都既需要进行人际交往和人际交流，也需要进行自我交流，比如人们内心的思考和独白、内在动机的冲动、自言自语、自吟自唱、自问自答、自我陶醉和自我发泄等，就属于自我内向传播。内向传播是人类社会一切传播的基础和开始，其传播过程是行为主体不断完善自我、发展自我的过程，而个人的不断完善和发展，才能推动社会的进步。一个自我内向传播丰富而平凡的人，才是一个成熟而稳健的人，它是公共关系人员必备的基本素质。

(2)人际传播。人际传播指的是个体与个体之间的沟通交流。它是最常见最广泛的一种传播方式，其表现形式分为面对面传播和非面对面传播两种。前者一般通过语言、动作和表情等媒介进行交流，如两人促膝交谈、小组讨论、发表演说等；后者则通过电话、书信和邮件等媒介进行交流。

这种传播的特点是个性、私人性和信息反馈的及时性，因此在传播过程中，传播对象专一而明确，信息交流充分而直接，信息传递平等而双向，双方不断地相互调整、相互适应，传播效果也易于显现。

(3)组织传播。组织传播是组织及其成员、组织和其所处的环境之间的沟通交流。

组织和其成员之间的传播有两种形式：一种是职能传播，如经理与员工之间的角色沟通，其沟通方向一般为下行和上行的垂直传播；另一种是非职能传播，如员工与员工、校长与师生之间的情感沟通，其沟通方式一般为平行的横向传播。组织和其所处环境之间的沟通交流，就是组织和其外部各类公众的沟通交流。这种交流的特点是传播的主体是组织，传播的对象十分广泛复杂，传播具有明确的目的性和可控性。因此组织传播是疏通组织的内外沟通渠道，密切组织的内外关系的一种传播活动。

(4)大众传播。大众传播，指的是职业传播者通过大众传播媒介，将大量复制的信息传递给分散的公众的一种传播活动。大众传播的媒介主要是报纸、杂志、广播、电视、计算机网络等，这种传播的特点是：传播主体的高度组织化、专业化；传播手段的现代化、技术化，传播对象众多，覆盖面极广，传者和受者之间的人际关系不复存在，信息反馈比较缓慢、间接等。

2.根据传播过程中的信息流向来划分

(1)单向传播。单向传播，即只有信息传递与发送，没有信息反馈的传播。这种传播形式在传播者和受众者之间不发生直接的交流关系，例如广播。因此单向传播活动中，只有信息由传者向受者的一个流动方向。

(2)回应传播。传播者根据受众提出的要求和问题进行的交流。这种传播表面上看是单向性的，只有一流向，但在传播时往往已经完成由受众到传播者的信息流动，然后再进行反向性的信息传播，因此它是对前一阶段传播的回应。

(3)双向传播。双向传播，传者与受者之间相互向对方发出信息，构成信息的双向交流。它是真正的沟通活动。在同一次传播活动中，既有由传者向受者的信息通道与信息流动，又有由受者向传者的信息通道与信息流动。因此，这种传播的传播者实际上既是传播者又是受传者，受众者既是受传者又是传播者。

公共关系传播主要是信息双向沟通。因此，它主要采用双向传播，但又不否定必要时采用单向性的和回应式的传播。双向传播是公关传播的基本形式，而不是唯一形式。

3.根据传者对传播过程的控制特征来划分

(1)自发传播。自发传播即传播者对传播过程不加以人为控制，也不对传播内容加以精选，任其自由传播的过程。它任凭信息自由流动，因此还称不上严格意义上的传播活动，但这种传播形式大量存在于人类社会活动中，对人们的社会心理以及深层次的行为动因有着重要的影响。

(2)自觉传播。即传播者根据一定的目的和需要，对传播过程加以人为控制，对传播内容加以认真选择，这种传播是有计划、有目的、有意识地进行的，具有明显的“人为”性质。公共关系传播主要强调自觉传播，但亦可同时运用自发传播渠道，以使两者相互补充、相互促进，共同维护和宣传组织形象，与公众进行有效的沟通与交流。

第二节 公共关系传播媒介

信息是不能独立存在的，它必须依附于某个特定的载体方能显示，信息的物质载体就是传播媒介，凡载有信息的任何物体都可视为传播媒介。在公共关系中，媒介与信息密不可分，离开了媒介，就难以实现有效的信息交流，组织公共关系的任何传播都需要一定的媒介。因此，公共关系的传播媒介是用以记录和保存信息并可吸引公众重视信息的载体。

一、符号媒介

符号是信息传递过程中一种有意义并触发引起互动的载体。符号媒介是社会运用最广泛的传播媒介，也是公共关系传播中最主要的媒介形式。符号媒介的分类，可以用“语言—非语言”和“有声—无声”两个维度进行划分。

1.有声语言媒介

有声语言是指以声音形式传播的口头语言，有声语言媒介大量地运用在公共关系工作中。其方式有答记者问、与员工座谈、电话沟通、内外谈判、各类演讲以及活动中为宾客致迎送词等。

有声语言媒介的特点是信息反馈迅速、形式灵活多样、传播效果明显。在公共关系事务中，运用语言进行的交流传播，既是与公众的交流传播，又是人际交流传播，是直接的、面对面的交流。因此，公共关系人员利用语言媒介的能力具有特殊的意义，语言能力是衡量公共关系人员素质的一个重要指标。

2.无声语言媒介

无声语言是有声语言的一种文字符号表达形式。在公共关系传播中，它通过文字印刷形式进行信息传递。其方式有谈判决议、会议纪要、调查报告、电文、通知、通信和简报等。

无声语言形式的特点是不受时间空间限制，语言表达便于斟酌，也有利于保存。但信息反馈没有有声语言媒介迅速。

3.有声非语言媒介

有声非语言是传播过程中的一种有声而不分音节的形式。常见的方式有：说话时的重读、语调、笑声和掌声等。

有声非语言媒介的特点是：第一，没有具体的音节，信息必须在一定的语言环境中传播；第二，同一形式其语义不是固定不变的。例如同是笑声，可能是愉快的笑声，表达受众的一种接受，也可能是讥讽的笑声，表达受众的一种拒绝。又如掌声这种媒介，可以传递欢迎、赞成、高兴等信息，也可以传递一种礼貌的否定。

4.无声非语言媒介

无声非语言媒介是指人的各种肢体语言，它以人的动作、表情、情绪等形式来传递信息。在公共关系传播中，无声非语言是一种广泛运用的重要沟通方式，主要分为体态语言和情态语言。

(1)体态语言。体态语言是指人的身体部位做出的表现某种含义的动作。在人际交往中应注意对方的体态语言，从而了解对方的心态和表达的信息。体态语言的表达主要是手、肩、足、臂、腿、腰等，由于各民族的区域文化背景不同，其体态语言表达的意思不尽相同。

手势运用构成的语言是体态语言的主体。手势可进行数目计量，可表示感情、态度。竖起大拇指表示“好”，伸出小拇指表示“差”；西方人以向下伸出大拇指表示“坏”。中国人习惯于扳肩端详或拍拍肩表示亲热，西方人耸肩示意“不明白”“无可奈何”。顿足、跺脚、插足、失足、手忙脚乱、指手画脚等都有其特定的含义。臂、腿、腰的各种动作,在具体的环境中也都表达着不同的含义。

(2)情态语言。情态语言是指人的脸部动作构成的语言,其主体是“眼语”。眼睛是心灵的窗户,喜、怒、哀、乐、怨等丰富而复杂的情感,都可以从人的眼睛里反映出来。口、舌、齿、头等部位的动作是情态语言的组成部分,亦具有丰富的含义。

二、实物媒介

实物媒介指的是信息附着在实物上,实物充当着信息传递的载体,这在公共关系活动中也是大量使用的。实物媒介与一般符号媒介不同,主要有以下几种类型:

1. 产品

产品是最典型的实物媒介,是一种最可信的信息载体。产品承载的信息主要有商标、包装、内在质量、外在品相、售后服务及广告宣传等。产品本身作为媒介被用于展览活动、赠送以及赞助活动。

2. 象征物

象征物是组织特别是企业形象的象征,是企业进行企业精神宣传的一种重要的实物媒介。如组织的标志性建筑、用于环境装饰的雕塑、大型活动的吉祥物、展览活动中的实物模型、印有组织标志的手提袋、购物袋、信封等,都向公众传递着组织的信息。

3. 公共关系礼品

公共关系礼品不同于一般企业产品,包括两层含义:一是非商品化,它必须是一种不进入(或暂时未进入)市场流通的物品,常常需要社会组织根据一定的公共关系目标设计制作,让其成为传递组织信息的一种载体。它的形式有本组织名特产品的微型样品,也有为即将进入市场的新产品做舆论导向的物品等。二是公共关系礼品的实际价值大于礼品的使用价值,因为其中还包含有信息价值和情感价值的成分。

三、人体媒介

人体媒介是以人的行为举止、仪表服饰、身心素质和社会影响作为传递信息的载体。它包括组织成员的形象、社会名流、新闻人物以及能够影响社会舆论的其他公众等。

现代组织特别是企业，员工必须统一着装、规范用语，实际上都是将这些作为传递组织信息的重要载体，因为这不仅仅给公众传递一种整体视觉，更重要的是在传播一种企业的精神和理念。人体媒介的特点是容易建立双方的感情，树立社会组织的直接形象，在公共关系传播中具有独特的形象影响力。

四、大众传播媒介

大众传播媒介指主要由专业技术人员加工制作，有公共服务性质、针对社会广大公众进行信息传播的物质载体。由于现代社会组织主要通过专门的传播机构来向自己的目标公众传递信息和进行信息的相互交流，因此，大众传播媒介是组织利用传播机构传播信息的最主要媒介类型，根据其内容载体和表现形式的不同，主要有印刷类媒介、电子类媒介和新媒体媒介三大类。

1.印刷品媒介

(1)报纸。报纸是以客观事实报道和评论为主要内容，利用印刷文字，以较短的间隔时间定期发行的印刷类媒介，有日报、周报等。

报纸作为公共关系的传播媒介具有许多优点：①造价低廉、制作简便，这是电影、广播、电视等无法相比的，而且随着现代科技的发展，计算机排版技术的广泛应用，使其在出版速度和质量上都有了飞速发展；②报纸使受者有更大的主动权，读者可以自己控制阅读速度和选择阅读时间、地点，人们可以根据自身的习惯、兴趣、能力来选择报纸阅读，可以一目十行，也可以逐字推敲；③报纸的信息量大大超过广播电视，因为广播电视的时间是有限的，受播音速度制约，单位时间传递的信息量较少；④报纸便于保存信息，面对面的交流，信息稍纵即逝，广播电视媒介传播则需专门录制，否则很快也会消失，唯有报纸能把各种事实、数字信息有效保存起来；⑤报纸可以适应受者的特殊需要，报纸可以变换自身的内容以适应不同受者的特殊需要和兴趣，而且它可以办成各种特殊性质的专门报纸，而不像其他媒介那样要求标准化，如《计算机报》可以满足不同层次计算机爱好者的需要。

当然，报纸本身也有不足之处：①即时性感染力差。它不及电影和电视形象、生动、直观，也不及广播那样有直接对话般的亲切感。②制约报纸信息传递的因素较多，如地域、交通、气候、灾难、战争等，它们均会影响报纸传递信息的速度，其传播不如广播、电视及时。③读者层次的局限影响了它的传播范围。它要求受者具有一定的文化水平和理解能力，这就造成文化程度低的人和文盲无法充分使用和享有这种媒介。

(2)杂志。杂志是比报纸更能将信息向深度和广度发展的印刷类媒介。杂志分为知识性、趣味性和专业性3类。

杂志具有以下3个优点：第一，大部分专业性杂志读者群比较固定，而且对该专业很有兴趣，深有研究，因而阅读时精力集中，领悟力较强，较易对传播的信息留下深刻的印象；第二，杂志发行期较长，因此有充分的时间采集信息、收取资料，版面的制作也有更多的时间准备，能给读者留下完整、深刻的印象；第三，便于携带，杂志虽然没有报纸那样廉价与轻薄，但也比较便于携带与传阅，而且杂志具有书籍媒体的特点，较报纸更容易保存。

杂志也具有本身无法克服的缺点：一是出版周期太长，传播速度慢，而且杂志需要分期购买或提前订阅，价格较高也限制了其发行的数量；二是专业性较强，限制了读者群。

(3)书籍。书籍是最具文化性的、历史悠久的一种印刷类媒介。它在人类社会中最显著的作用在于传播知识信息、积累文化财富，书籍一般内容完整、观点鲜明，能就某一方面的问题进行全面综合的论述，通过书籍可以鲜明地体现出作者的观点，同时书籍还可以进行细节描写，某些内容描写形象生动，其影响力不让于电视，且具有电视及其他媒体难以媲及的震撼力，给人留下的印象持久深刻。因此，书籍较其他媒介的最大特点在于容量大、信息多、形式规范，但传播的周期长、速度慢、时效性较差，尤其是关于时事方面的论述，更非书籍的长项，它通常会进行事后的综合分析。

现代公共关系传播，特别看重文化的传播性影响，因此组织可以利用重大活动，编辑出版一些关于组织发展历史和重要业绩的书籍，使公众进行深度、全面的了解。发行的方式以赠送为主，组织领导人也可通过个人传记等方式来阐述组织文化，体现组织的经营宗旨与成长历史。

2.电子类媒介

(1)广播。广播技术最早出现在西方。广播分为有线广播和无线广播，有线广播受线路限制，一般只在某一公共场所或地域(如车厢、学校、乡村等)范围内传播；而无线广播则借助于电波信号，只要发射机功率足够，信号就可以传至“天涯海角”。

广播具有以下4个优点：①广播具有极快的传递信息速度，其传播速度之快、覆盖面之广远优于印刷类媒介；②广播以有声语言作为传播的主要手段，辅之以抑扬顿挫的音调来打动听众，亲切感人，较报纸、杂志有更强的感染力；③广播使受者有相当程度的参与感，更接近于人际传播，它比报纸、杂志更适合不同文化程度的广大受众；④广播节目制作比电视等简单，广播设备投入也相对较低，因此节目制作成本较低。

广播存在的缺点：①信息难以储存，广播传播信息稍纵即逝，如不及时录音，信息无法留存；②形象感不强，广播通过语言、音响传播，在形象感方面比不上电视、电影，甚至比不上报纸；③受者不能很主动地选择信息，一旦错过节目就难再收到，收听广播不能加速、减速或更换。另外，近些年由于其他电子类传播媒介的兴起，使广播被挤退到比较次要的地位，收听广播的人群往往集中在某些特定公众类别上，如退休职工、汽车司机等，这就要求广播的信息内容需要更具有针对性。

(2)电视。电视产生于20世纪20年代，它是将声响、文字、色彩和动画结合起来的大众传播媒介，是人们获取信息的最主要的渠道之一。公共关系人员要充分利用电视传播的种种优点来塑造组织良好的形象。

电视作为一种最主要、最有效的传播媒介，其优点表现在：①真实感、时效性强。电视经常采取现场直播的方式传播信息，与事件具有同时性，使人如临其境、如闻其声、如见其人，增加了信息的可靠性。②传播效果持久。电视节目综合广播、报纸的长处，主题鲜明，重点突出，形象生动，传播效果较为持久。③即时感染力很强。电视真实感强，易激发人的兴趣和注意力。④适合多层次的受者。电视主要依靠图像加色彩来表现内容，是现代社会公众最喜闻乐见的媒体，对受者的文化水平没有太高的要求，公众通过电视媒介了解信息十分容易。

电视的缺点主要有：①传播的声像信息瞬间即逝，保存性差；②挑选性差，电视节目是由制作编辑事先安排好的，受众无法选择，即使可以挑选频道，也只能听凭排定的档期节目进行收看，要看特定的节目，还需忍受广告的轰炸；③传播费用高，组织利用电视进行信息传播的成本相对高于其他媒体，无形中增加了社会组织(主要是企业)选择电视作为传播媒介的投入成本。

3.新媒体媒介

新媒体是指继广播、电视等传统媒体之后，基于网络技术发展起来的新兴媒体，通常也被称为数字化媒体，包括所有数字化的传统媒体、网络媒体、移动端媒体、数字电视、数字报纸杂志等。因此，新媒体媒介即利用数字技术、网络技术，通过互联网、宽带局域网、无线通信网、卫星等渠道，以及电脑、手机、数字电视机等终端，向用户提供信息和娱乐服务的传播媒介。

媒体科学技术的发展不断迭代演化，媒介的生存形态发生了巨大改变。传统媒体从报纸到广播、电视的兴盛，再到互联网及移动终端的普及，媒体的发展演变过程也是新技术与新内容结合的过程。以互联网和移动终端为代表的新媒体迅速崛起，它区别于传播文字信息的报刊、传播声音信息的广播电台、传播视频信息的电视，它传播的是以文字、声音、视频等多种媒体形式所反映出来的综合数字信息。近年来，新型传播媒体异军突起，并以前所未有的发展速度迅速扩张，网络时代悄无声息地迅速到来并渗透到生活各个领域，对传统媒体的主导地位形成了挑战和威胁。报纸销量的缩减、杂志订阅量的锐减、广播听众的流失以及电视开机率的降低，都使传统媒体面临着重重危机。

对比来看，新媒体主要呈现出以下四个方面的特点：

(1)即时性。即时性是网络新闻传播时效性强的形象表述，随着网络图文直播、音频直播和视频直播的出现，网络新闻的即时性日臻完美。网络媒体为突显新闻时效性，对突发事件的报道可以精确到分钟，即使是日常新闻报道，新闻内容页面一般也都标注了精确到秒钟的发布时间。

(2)海量性。网络媒体可实行全天24小时发稿，每日发稿量远远大于传统媒体，点击打开任何一条网络新闻网页，呈现给读者的除该新闻的内容之外，还有关键词、相关新闻和新闻专题的链接，广为集纳追踪报道和相关信息，全面报道事件始末，极大地丰富了新闻外延和背景资料，使读者充分享受新闻盛宴。

信息匮乏的时代已经过去，新媒体突破了时空的局限，每个人都可能成为信息的生产源，都可以在Facebook或微博、微信等社交媒体上自由发声，畅所欲言。信息的数量成倍增加，并且将源源不断地被新媒体制造出来。但同时也应该意识到，信息数量的爆炸式增长虽然提供了更多的选择，巨量信息却增加了有效信息的甄别难度，提高了搜索有效信息的成本，导致人类注意力的稀缺，需要花费过多的时间和精力在有效信息的选择上。

(3)全球性。网络媒体的传播范围远远大于报纸、广播和电视，是全球性的。“网络传播无国界”，任何一个国家或地区，如果不采取特别的技术措施对境内外个别有害网站实施封锁，世界上任何一个网站登载的内容，都有可能供全球网民访问浏览和下载。

(4)互动性。网络媒体新闻传播是新闻与受众之间的多向性、互动性传播。互动性又称交互性，包含“一对一、一对多、多对一、多对多”的传播方式，体现了大众传播和人际传播相结合的传播方式，是网络媒体的特性和优势。网络论坛、留言板、电子邮件、QQ、微信及即时通信软件等，吸引着大量网民积极参与传播信息、评论新闻、讨论新闻话题等活动，极大地提高了网络新闻传播的社会影响力。

由此可以看出，新媒体以多点对多点、双向互动为传播特点，这一特点使组织在传播信息时，既能大众化又能小众化，从而使传播主体与传播对象的双向沟通和及时沟通由可能变为现实，能帮助组织准确定位、及时改善。

然而与传统媒体一样，新媒体对组织的影响力也具有双重性。在“人人都是新闻源头”“所有人对所有人”的新媒体传播时代，传播的渠道变得扁平化，受众之间的壁垒逐渐消失，可以实时进行互动、交流、分享和传播。消费者从弱小的、分散的、个体的、孤立的群体聚集从而形成聚合的、整体的、强大的、相互连接的消费者群体。因此，组织构建良好公共关系，还是要从源头抓起，即在组织的各种行为中，正确地认识和处理好利益相关者之间的利益关系。正如小米的忠实粉丝形成的强大聚合力，小米手机卖的不是硬件而是粉丝的认同感。在组织公共关系中，扬新媒体之长，避新媒体之短，创新组织公关的观念与方式，从而使组织实现可持续发展。

五、公共关系活动选择媒介的原则

不同的传播方式之间的一个重要区别就在于传播媒介的运用。公共关系实际操作中涉及各种不同的沟通技术和沟通媒介，为了取得最佳的传播效果，必须正确选择传播媒介，选择媒介时需要坚持以下 4 个原则：

1. 根据媒介自身特点选择

如前所述，不同的媒介特点不同，适应的传播类型也不一样。书信、电话等适合于人际传播；实物、模型等适合于群体传播；内部刊物适合于组织传播；报纸、杂志、广播、电视等适合于大众传播；互联网适合于各种传播类型。

2. 根据传播内容选择

不同的传播内容，应该选择不同的传播媒介。一般来说，传播内容比较浅显的应选择电子媒体，反之则选择印刷媒体。如果同样是电子媒体，而传播内容可以用丰富的声音来表现的，则广播更为合适；如果同样是印刷媒体版，内容相对简单而且不系统的，则报纸是明智的选择。

3. 根据传播对象选择

公共关系传播的对象即公众，公众类型复杂多样，不同的社会组织及机构，面对的公众对象不同，同一社会组织在不同时期的工作对象也是不同的。公共关系工作人员要根据不同的受传对象，有的放失地运用与之相适应的传播手段。

4. 根据组织经济实力与预期传播效果选择

使用任何传播媒介，都必然要支付一定的费用。组织在进行公关传播时，必须同时考虑传播成本与预期传播效果两个方面。一般来说，大众传播媒体的传播范围广泛，但总成本却很高，没有雄厚经济实力的组织，不应为了追求声势而盲目选择大众传播媒体；选用非大众传播媒体，尽管单位传播成本较高，但从总成本考虑是能够承受的。因此在选择传播媒介时，一定要从自身实际出发，量力而行。

第三节 公共关系传播效果

“传务求通”,要求传播有效,公共关系传播同样追求其效果。传播效果是传播对受者和社会所产生的一切影响和结果的总体,不管这些影响是有意的还是无意的、直接的还是间接的、显在的还是潜在的。传播不仅是个人、群体或组织实现特定目标所必不可少的手段,而且在确保人类文化的历史传承、实现社会系统各部分的协调与沟通、维持社会进步与发展方面发挥着重要的作用。正因为如此,应当高度重视传播活动效果的研究,探索提高传播效果的途径。

一、传播效果理论

1. 枪弹论

枪弹论也叫强效果理论。由德弗勒等提出,盛行于 20 世纪 20～40 年代。它是指受众像射击场的靶子,无法抗拒子弹的射击。受众消极被动地等待和接受媒介传播的信息。该理论认为大众传媒的力量不可抗拒,可以把“各种各样的思想、感情、知识或动机,从一个人的头脑里不知不觉地灌输到另一个人的头脑里”,就像子弹射中靶子那样迅速、神奇有效。“刺激反映”机制和媒介效力强大的信念是该理论形成的基础。

它的不足之处在于忽视时空、环境等因素对传播效果的影响,忽视了受众的个体差异及能动性,忽视受众所处群体的规范和压力作用,忽视了媒介本体特征对效果差异的作用。

2. 传播效果有限论

20 世纪 40 年代初到 60 年代末,传播研究者关注的重点是传播媒介如何在社会中发挥实际作用,特别是传播媒介对于个人意见和态度的“说服性效果”。这一时期的效果理论认为大众传播效果是有限的,其作用可大可小,因人、因事、因地而异,被称为“传播效果有限论”,它最早是在 20 世纪 40 年代由美国传播学者克拉伯夫妇经过长期研究后提出的。

传播效果有限论认为,大众传播通常并不是对受众产生影响的充分条件,它经常强化或弱化受众固有态度,但很少能从根本上改变它,传播效果的实现必须经过中介因素,这些因素包括个人心理及选择倾向、所处群体及规范、人际影响和社会传播媒介等。但中介因素难以控制，所以预期效果不可能完全实现。

不足之处是：只考察了具体的传播活动的微观的、短期的效果，而忽略了整个传播事业日常的、综合的信息活动所产生的宏观的、长期的和潜移默化的效果；只着眼大众传播对受众的影响，忽视了受众对大众传播的作用；没有摆脱“传者中心论”的局限。

3.适度效果论

适度效果论出现于20世纪60～70年代，它是基于效果有限论不足的角度提出的，其中有代表性的是“议题设置论”。研究的焦点大都集中于探索大众传播的综合的和宏观的社会效果，强调传播媒介影响的有利性，并与社会信息化的现实密切结合。

“议题设置论”主要基于两点：各种传播媒介对传播信息的“过滤”作用；面对传播过多的信息环境，公众常常感到无所适从，因此在大众传播中，越突出某一事件，多次、大量地报道某一事件，就会使社会中的公众突出地议论这一话题，这便是“议题设置”。在公共关系传播中，通过大众传播媒介在社会中形成一个热门话题，使这个话题直接或间接地与组织及其产品挂上钩，从而可以达到良好的传播效果。

4.回归强效果论

回归强效果理论出现于20世纪70年代以后，是在适度效果论基础上发展起来的。它从受众出发探讨社会间接的、潜在的、长期的影响，同时将传播过程置于整个社会政治、经济环境中进行多元化的宏观分析。该理论认为根据宣传理论的原则谨慎筹划制作节目，大众传播就能发挥强大效果。其中最具代表性的是“沉默的螺旋”理论。

1973年在德国大选及一系列舆论调查之后，德国社会学家伊丽莎白·内尔—纽曼发表了《重归大众传媒的强力观》一文，宣称大众传播在影响大众意见方面仍能产生强大的效果。内尔—纽曼发现，大多数人在用自己的态度做出选择时会有一种趋同心态，当个人的意见与其所属群体或周围环境的观念发生背离时，个人会产生孤独和恐惧感。于是，便会放弃自己的看法，逐渐变得沉默，最后转变支持方向，与优势群体、优势意见一致。这个过程不断把一种优势意见强化抬高、确立为一种主要意见，意见一方的沉默造成另一方意见的增势，如此循环往复，便形成一方的声音越来越强大，另一方越来越沉默下去的螺旋发展过程。这一理论把大多数的传播学者从对大众传播媒介的“有限效果模式”的热衷带到了对“强大效果论”的坚信的时代。

二、传播效果的层次

各类传播者对受者都会产生一定的影响、作用，这就是效果。但是效果并不都是等值的，它们有作用范围大小与作用程序深浅不同的区别。对于公共关系工作者来说，由于各类传播形式都要使用，更应该了解传播发生作用的不同层次。针对公共关系的目标和公关传播的目标评估，传播对于受者的影响可以分为 4 个层次传播效果。

1.信息层次

即将所要传递的信息传到受者处，使之完整、清晰地接收到，并且较少歧义、含混、缺漏，这是简单的传到、知晓层次，是任何传播行为首先应达到的传播效果层次。

2.情感层次

指传播者传出的信息从知晓进而触动受者情感，使受者在感情上与传播内容接近、认同，对这一传播活动感兴趣，从而与传播者接近，这是传播达到的较为理想的效果，是对所传播信息的深层反映。如对信息的深层分析、判断和取舍。但是需要注意的是，情感有正负之分，只有正面情感才是传播者所需要的，负面情感如反感、厌恶等，应予以避免。因此传播者要注重自身内外部的感情联络，缩小与受众的心理距离，使公众对组织产生好感。

3.态度层次

态度是人对事物或现象认识的程度、情感表达和行为倾向的总和。它已从感性层次进入了理性层次，是在感性认识基础上经过分析判断、理性思维而产生的，一经形成就非常难以改变。

心理学研究表明，态度一般具有两种相反的趋向：正态趋向和负态趋向。一般来说，具体社会组织要转变公众的态度，有以下 3 种情况：第一，公众原有的态度随着社会组织运行变化而需要转变，这叫转轨转变；第二，公众在与社会组织发生关系的过程中，抱有不同程度的负态趋向态度，因而需要改变这种态度，这叫逆向型转变；第三，公众在与社会组织发生关系的过程中抱有不同程度的正态趋向态度，这需要维持和发展，这叫顺向型强化。因此社会组织要在充分认知公众的基础上，积极开展公关活动，尽力培养他们的正向态度，扭转负向态度，从而取得更好的传播效果。

4.行为层次

这是传播效果的最高层次。它是指受者在感性、理性认识之后，行为发生改变，做出与传播者要求目标一致的行为，从而完成从知到行的认识—实践全过程，使传播者的目标不仅有了肯定者，而且有了具体实施、执行者。这是公共关系传播效果的最高层次，也是公共关系传播的最佳效果，这一效果的取得必须以前3个层次效果的实现为基础。

因此，要使传播效果达到行为层次，在传播活动中尽量做到以下两点：第一，传播的信息必须提出明确的目标。达到行为层次的传播效果，就要促成公众与组织的合作行为，因此，要使传播的信息确立起一个能够打动公众的目标，这个目标要与公众心目中的目标相吻合，也就是能满足公众的某种利益与需要；第二，在传播中要提供方便的公众采取行动信息。人们接受某种信息，并采取相应的行动，必然会考虑实现这一行动的途径及后果等条件，所以公关传播要尽量打消公众的种种后顾之忧，以促使他们完成某种行为。

总之，随着效果层次的提高，受者由于各种原因而逐渐减少；只有能达到较高的效果层次，才能使哪怕是初级效果得以较长时间的保持，否则受者很快淡忘，一个传播行为也就以无效告终。因此，4个层次的传播效果不是直线相连、必然上升的，它们之间的互相影响是复杂的，关系是辩证的。

三、传播效果的评价

传播效果是指传播者所发出的信息对传播对象的影响和传播对象对传播内容的反应，而传播效果的评价，就是指对传播对象影响的范围和程度进行分析与衡量，对传播效果的评价可采取两种方法来进行：

1.传播前评价法

这种方法是在传播前进行的一种事先评价法。公关信息都有一个特定的目标。传播前，可根据这个既定的传播目标进行直接评价，即邀请部分受传者对备好的几种传播方案（包括传播方式、媒体选择、传播内容、传播时间等）进行直接评价，比较哪一种传播方案与传播目标最为接近，各种传播方案的“形象差距”有多大，然后据此改进，从而最后确定实施最佳传播方案。

2.传播后评价法

具体做法有两种：一是收集反馈意见，检查传播对象的接受程度，以评价传播效果；二是认识程度测试，抽样调查传播对象，让他们回忆信息的中心内容，以测定传播对象对公共关系信息的认识程度，找出传播目标的形象与公众认识形象的差距，以此来评价传播效果。传播效果在很大程度上受到传播要素的影响制约，任何一个传播要素不能发挥正常功能，都会导致传播效果的失衡。因此，在评价传播效果时，应对传播诸要素的功能正常程度进行检测并做出综合性分析，以提高传播效果。

四、提高传播效果的途径

为求得公共关系传播的最佳效果，必须在公共关系传播过程的每个环节创造有利条件，排除各种干扰，提高传播效果的途径主要有以下四个方面：

1.创造最佳的信源条件

信源是传播活动的起点，是有效传播的第一个重要条件。传播者树立良好形象和声誉，可以增强权威性、客观性以及公众关系的亲密性，从而改善传播效果。权威性是指传播者是传播内容的权威或行家，传播活动就更有说服力；客观性是指传播者在公众心目中的立场客观、态度公正，与传播内容没有直接利害关系，其传播效果就好，影响力就大；亲密性是传播者应尽量缩小与公众的心理距离，换位思考进行传播，其思想与观点才容易得到公众的认可，公众中的“意见领袖”最具亲和力。具体可以从以下几方面着手：

(1)典型示范。典型示范是指邀请有一定声望或经验丰富的人对公众现身说法，来证明和评价人物、事物和观点。我们常可以看到歌星、影星、运动员出现在各种广告中，宣传企业的某种品牌，目的在于利用“名人效应”来吸引和说服消费者。

(2)引证。引证就是指直接让真正的宣传者公开出面，有目的、有倾向性地引用一些对自己有利的事实、论点来证明自己的观点、方案、产品的方法。我们常可见到，有些广告大量引用权威部门或权威人士的鉴定意见，或引用大量数据，抛弃那些于己不利的意见和数据，这是引证的具体运用。

(3)角色扮演。角色扮演是指组织为了使特定的公众相信并接受自己的观点，而以与公众相同或相近的身份、地位出现。这种方法往往可以使公众对组织产生“自己人”的感觉，缩小双方的心理距离和社会距离，从而接受组织的观点。

2.建立良好的信息条件

第一，要按信息内容选择合适的表现形式(符号)。信息表现形式，有语言、文字、形象、动作、表情、姿态等，不同的形式适合表现不同的内容，形式与内容不合适，就会影响传播效果；第二，改进信息内容，要针对目标公众的特点，将信息内容与其利益兴趣联系起来，才能提高传播效果。具体途径如下：

(1)美化。美化就是给人物或事物加上一些美好的评价或修饰，从而使人产生一个美好的印象，因而不经验证就会对产品予以接受或赞赏。但值得注意的是，在公共关系传播中，美化信息要可信、要适度、用词要慎重。过分美化或远离实际的胡乱吹捧，是对受者的欺骗和愚弄，将导致传播的最终失败。

(2)重复与新鲜。要引起公众对信息的注意，需从加强信息的强度、对比度、重复率和新鲜度入手。报纸上粗大的套红标题、高层建筑物上树起的巨幅广告，都能增加信息刺激的强度，容易吸引人们的选择性注意。一些优秀的广告，不仅在色彩、声音的运用上讲究刺激的强度，而且还特别重视背景转换的反差效果，这样才能增强信息传播的对比度。重复刺激也是引起注意的重要手段，组织反复、不厌其烦地向公众宣传某种观点或事物，能增强公众对信息的印象。但要注意在一定时间段内，重复的次数不能太多，否则可能招致公众的反感。

而好奇是人的天性，在信息传播过程中，只有善于标新立异，才能增加信息的新鲜度，引人注目。因此，公关人员在信息的制作和传播上，必须对信息进行强化处理，设法增加信息刺激的强度、对比度和新鲜度，并确保传播的重复率。

3.认真研究公众对象

传播效果要看信息是否为公众所接受，接受之后在认识上、态度上是否引起变化以及在行动上是否随之变化，引起信源所希望的行动。但是公众在接收信息时，根据各自的需要、兴趣、知识、经验、习惯与爱好，对信息具有选择性的注意、选择性的理解和选择性的记忆，这些选择性往往极大地影响了传播的效果，是传播过程的重要干扰。

传播中要改变公众的这种选择性是很困难的，而应改变传播者自己，顺应公众的选择趋势，从而减少和避免受众的选择性对传播效果的影响。因此，传播者要根据公众的需求，调整自己的行为、传播的内容和传播的形式。可采用的途径如下：

(1)唤起情感。社会心理学实验证明，情感具有推动和促成人行为的力量。在公共关系传播中，情感的煽动往往能产生别的手法所不及的效果。一般来说，对于文化程度较低的公众或女性、或生性羞怯自卑的人，采用情感渲染的方法可以更有效地打动他们。

(2)号召随从。号召随从要求组织了解团体背景对个人的影响，具体来讲，是让某一团体提出或支持某观点，并说明它已广为接受，唤起诸多公众随大流的从众心理。

4.完善传播沟通技巧

传播效果与传播技巧是直接相关的，熟悉并掌握各种传播技巧，有利于不断提高传播效果。在公共关系实践中，要对原生的信息进行“加工和包装”，使其变成公众感兴趣和易接受的信息，从而得到好的传播效果。可采用如下传播技巧：

(1)正面分析。正面分析是指组织传播时只对公众介绍那些有利于其观点的论据和事实的方法。如江苏某席梦思生产厂家成立时产品滞销，为打开市场，他们在进行了市场调查之后，精心策划了一次现场实验。他们将本厂生产的席梦思床垫放在马路上，找来一台 10 吨重的压路机，在床垫上往返 10 次，床垫依然如故。在场观众看后赞不绝口，该厂的席梦思床垫由此声誉大振，销量一路上升。

(2)正反分析。传播的效果首先体现为是否改变了公众的不良态度，实现公众由反对态度、中立态度向合作态度、支持态度的转变。传播过程中进行正反分析是组织同时向公众展示有利和不利于自己观点的论据和事实，然后驳斥后者的弱点，指出其漏洞，从而证明自己观点的正确性的一种方法。

总之，恰当地运用一定的传播方法，能帮助组织克服各种传播障碍，准确顺利地完成信息传递，获得理想的传播效果，实现公共关系计划，达到组织的目标。

本章小结

传播是指人类通过一定载体交换信息的一种过程。构成传播的基本要素有：信源、信宿、信息、编码、译码、媒介、信道和反馈。相应地，公共关系传播是社会组织利用各种媒介，将信息或观点有计划地与公众进行交流的沟通活动，目的是树立良好的组织形象，建立与各种公众之间的良好互益关系。

传播模式大致可归结为两大类：一是传统的线性传播模式，二是新型的控制论传播模式。前者侧重于揭示传播过程的运行机制，后者侧重于研究如何有效地对传播过程进行控制，以便达到最理想的传播效果。而对复杂多样的传播活动形式，可以从不同角度加以分类，根据传播活动所采用的不同媒介来划分，可以分为自我传播、人际传播、组织传播和大众传播；根据传播过程中的信息流向来划分，可以分为单向传播、回应传播和双向传播；根据传播者对传播过程的控制特征来划分，可以分为自发传播和自觉传播。

公共关系传播必须使用一定的媒介，公共关系传播媒介主要有四大类：符号类媒介、实物媒介、人体媒介和大众传播媒介。其中符号类媒介包括有声语言媒介、无声语言媒介、有声非语言媒介和无声非语言媒介；实物媒介包括产品、象征物和公关关系礼品；大众传播媒介包括印刷类媒介、电子类媒介和新媒体媒介。

公共关系传播效果论有枪弹论、传播效果有限论、适度效果论和回归强效果论。传播效果的层次分为信息层次、情感层次、态度层次和行为层次。在公共关系传播过程的每个环节创造有利条件，排除各种干扰，可以求得公共关系传播的最佳效果。

案例分析

1号店10周年庆多媒体联动,柴米油盐也能玩转生活

自2008年7月11日成立至今,作为国内首家网上超市,1号店已走过10年岁月。2018年7月1—11日,借十周年契机,为提升老客户活跃度、吸引更多年轻客群,更好地拓展品牌影响力、提升品牌形象,1号店开展以“1号玩家,10刻享乐”为主题的十周年庆嘉年华。整个活动分预热期、高潮期、持续期三大阶段逐步进行,线上宣传与线下活动联动,运用多种传播媒介让用户与1号店全方位“玩”在一起,把生活当成自己的玩乐场,用年轻心态玩转潮流人生,传递“柴米油盐也能玩转生活”的全新品牌理念。

6月28日至7月3日为活动预热期,以怀旧为基调,期间通过线上投放“1号玩家　10光倒流”为主题的系列海报和漫画长图与用户沟通,内容涉及第一套职业装、第一份工作后的年货、第一次租房、第一次组建家庭等人生中细微而重要的时刻,用走心的话语、温情的画面描绘出十年生活变迁,十年与1号店共同成长的点滴,引发用户情感共鸣,从而唤醒用户对1号店的记忆与热爱。

同时,为扩大受众面,此阶段亦结合线下媒介充分延展,一方面为地铁海报投放,以颇具冲击性的三张主视觉进行宣传;另一方面为电台广播,于电台投放分别为15秒的精炼硬广以及60秒的对话式软广,精准触达1号店的潜在用户。在“1号玩家”这一概念主题下,结合主打品类和时事热点进行多角度切入,最终落实到周年庆站内活动,吸引听众前往参与。引流之余,该阶段也对后续的快闪店进行宣传造势。

高潮期则以焕新为基调,在7月4—11日期间,周年庆以“1号玩家 10刻享乐”为宣传点,通过丰富的线下媒介推广与体验活动,包括地铁站、机场海报投放、微信朋友圈视频传播、10周年快递盒投放、快闪店等活动传播一系列有趣好玩的内容,强化用户对“1号店”的认知,拉近1号店与用户的距离,让用户真正感受到1号店年轻的品牌调性和玩转生活的品牌主张。

经过一系列传播预热,整个周年庆活动在7月6—8日的线下潮流快闪店活动中迎来高潮。位于五角场合生汇的快闪店在正式与大众见面之前,就以“吃鸡”游戏空投箱的创意形象在网络媒介引起热议,成为热点话题。快闪店以互动闯关为活动形式,融入射击、VR足球、摩天轮转盘、娃娃机等趣味游戏,旨在让每一个参与者都变身“1号玩家”,尽情享受场景体验,并自愿拍照、分享和转发。此外,可拼装快递盒、花迷联名限量唇膏等十周年核心定制物料也让用户眼前一亮,从细节处

彰显 1 号店的玩趣精神。

周年庆在“1 号玩家，10 力说话”为主题的持续期逐步收尾，该阶段通过对整个活动的回顾形成业界话题口碑传播，引发持续关注度。通过持续 11 天的周年庆活动，可以看出，如今的 1 号店以更年轻、更活力的姿态站在大众面前，在“全球超市”的打造过程中，也与时代和年轻个性群体紧密相连，为新潮生活添彩增色。

问题：

1. 案例中 1 号店在周年庆的活动过程中传播的信息是什么？运用了哪些传播形式？

2. 在新媒体时代，组织如何更好地运用多种媒介组合宣传品牌形象、传播组织信息？

3. 从 1 号店周年庆活动引发的持续关注度，我们能够学到什么呢？

思考题

1. 传播的基本要素是什么？
2. 大众传播媒介有哪些种类？它们各有什么优缺点？
3. 如何选择组织的不同传播媒介？
4. 传播效果的四个层次如何实现？
5. 公共关系活动中如何改善传播效果？

第七章

公共关系的工作程序

导入案例

广东电台“城市之声”员工为台庆五周年设计了一个方案：立足将城市之声5周年台庆与申办奥运活动相结合，通过电子传播媒介，传达“城市人盼奥运”的城市之声电台的时代强音，并把这一理念传遍全世界。

围绕“一首歌曲——五个‘1036’系列活动”策划主题进行城市之声5周年台庆活动。一首歌曲即是以都市人热心申奥为主题，在活动中它将作为一条主线贯穿整个台庆活动始终。五个“1036”意指与主题有关的五个系列活动：1 036个五岁的孩子亲手画制的图画；1 036米长的都市人亲笔签名横幅；1 036个市民支持申奥的声音；1 036封孩子亲手寄出的信；1 036张录有主题歌的CD光盘，在送给1 036名市民之时，传递城市之声支持申奥的热诚。活动的实施与网络活动相结合，从而扩大影响与传播范围。

请从广东电台的活动看怎么开展公共关系工作？

公共关系不仅是一种高层次的现代管理科学和管理艺术，一种以社会公众的利益为出发点的经营管理理念和意识，而且是一种旨在建树组织机构良好的信誉和形象，从而获得公众理解、信任、支持与合作的动态合作过程。公共关系的实践表明，任何一个相对完整且富有成效的公共关系实务活动，都有一个从开始到结束的过程。这一过程通常包含前后相继的四个基本阶段，西方公关专家将其称为公关“四步曲”，即公关调查、公关策划、公关实施和公关评估，它们构成公关活动程序的一般模式。由此可见，公共关系的工作程序就是指社会组织为了使组织的各种力量相互配合，协调一致，最终实现建立组织与公众之间的和谐信任关系，树立组织良好社会形象的公共关系目的，而进行有计划、有系统活动的一般规律和步骤。

第一节 公共关系调查

公共关系调查简称公关调查，是一种较为系统的工作，是公共关系活动的起点，是公共关系程序的起始阶段。

一、公关调查的含义

公关调查是指公共关系工作人员运用定量分析与定性分析相结合等科学方法，有计划、有步骤地去考察组织的公共关系状态，收集必要的信息资料，综合分析相关的因素及其相互关系，以达到准确掌握组织的真实情况，发现存在的问题，并采取相应对策来解决组织面临的公共关系方面的实际问题为目的的实践活动。正如美国公共关系专家约翰·斯顿所指出的：公共关系研究就是有计划地精心组织、准确地发现事实和倾听他人意见的过程。

公关调查与社会调查既有联系，又有区别。一方面，公关调查是社会调查的重要组成部分。所谓社会调查，就是直接地、系统地从人们社会活动中收集有关社会现象的各种材料，并在此基础上加以分析和研究的活动。因此，公关调查作为社会调查的一种，必然受社会调查理论和方法的指导。另一方面，公关调查比社会调查有更明显的目的性、专业性和实效性，其调查的对象主要是各类公众和新闻传播媒介，调查的目的是了解公众意见和社会舆论倾向，有针对性地开展公共关系活动，树立组织良好的信誉和美好的形象，实现组织经济效益和社会整体效益的统一。

二、公关调查的目的和意义

公关调查能使组织及时获取公众关于组织的各种信息，准确具体地了解组织在公众心目中的实际形象地位，以及展开公关工作的条件、困难，竞争对手的情况，实现目标的可能性等，为组织决策提供科学依据，增强公关活动的针对性，提高公关活动的成功率。只有对有关情况了如指掌，才能正确确立公关工作目标，也才能有的放矢地解决问题。在公共关系实务中，公关调查起着越来越重要的作用。

（一）提供有关组织形象的信息

公关调查的基本任务，就是了解社会公众对组织的意见、态度及反映，对组织形象及其社会信誉做到心中有数，其目的在于寻求组织形象自我评价与公众评价之间的差距，并以此为依据制订相应的公关计划来调整组织形象和信誉。

（二）为公关策划提供科学的依据

公关策划是一项复杂的系统工程，其每一步都必须以客观可靠、及时充分的信息为依据。《孙子·谋攻篇》中写道："知己知彼者，百战不殆；不知彼而知己，一胜一负；不知彼，不知己，每战必殆。"孙子在这里实际上就是强调信息对于战争谋划的重要性，信息对于战争成败有决定性的影响。同理，在现代信息社会，公共关系活动主体唯有及时准确地获得足够的有效信息，其策划与实施才能取得成功。而信息获取的途径关键就在调查研究。外国管理专家认为，面对永远变幻不定的客观实际，管理是否成功有效，关键在于是否有灵敏准确、迅速有力的信息反馈。公司越大，最高决策层的权力越大，这一点就显得越重要。

（三）为公关方案的审定提供参考的标准

当公共关系方案形成之后，一般还需由以组织领导人为首的权威人士进行认定。审定工作既要理解与把握策划者的出发点与思路，更要以客观的态度，实事求是地对方案进行评判、优化、决策。这就需要有一定的参考标准，即公关调查所获得的客观信息。审定者通过对客观信息的逻辑推理，并对照策划方案，就可以得出科学的评判。

（四）产生一定的公共关系效应

公关调查活动的开展，离不开调查人员与调查对象进行广泛而深入的接触。这个接触本身，就在向公众传播着组织的信息，有助于塑造组织值得信赖的形象。而调查所得到的信息结果，无论好坏，均能起到一定的公共关系效应。理想的信息，对组织内部员工有鼓舞士气等激励作用，对外部公众有宣扬组织良好形象的作用。欠理想的信息，对组织有早期预警作用，是激起组织上下通过公共关系工作扭转形象的动力；对外部公众来说，则易于反衬出即将开展的公共关系活动的良好效果。

三、公关调查的内容

公共关系调查的内容十分广泛，一般包括以下四个方面：公众状况调查、组织形象调查、社会环境调查和公共关系活动效果调查。

(一)公众状况调查

成功的公共关系活动,既要“知己”,又要“知彼”。因此,必须将相关公众状况调查作为公关调查的一个重点。

社会组织面临的公众多种多样,既有组织又有个人,既有政府也有企事业单位,既有顾客、合作伙伴又有竞争对手和传播媒介等。组织的公众是处于不断变化中的,为了正确地找到调查对象,获得准确信息,必须对本组织的公众范围、公众类别、目标公众等进行调查分析。通过对公众的辨认,确定调查对象和范围。关系对象不清楚,调查对象找不准,将会产生调查结果不正确和调查经费投入不当等问题。因此,掌握各类公众的基本资料,研究他们的行为动机和对本组织的需求等方面的信息也十分重要。公众情况调查的具体内容包括以下三个方面:

(1)内部公众构成情况。如组织成员的数量构成、年龄结构、性别结构、学历结构、专业结构、角色构成、能力构成、职务职称构成、劳动态度构成、思想素质构成、需求层次构成、协作精神和竞争意识等。

(2)外部公众构成情况。区分外部公众哪些是组织的首要公众,哪些是次要公众;哪些是现在公众,哪些是潜在公众;哪些是顺意公众,哪些是逆意公众,哪些是中间公众。调查分析外部公众的数量构成、地域构成、特征构成、需求构成、观念构成、与组织的关系状态构成、对组织的重要性构成、对组织的依赖性构成等,以增强公关工作的针对性。

(3)公众态度情况。英国公共关系专家杰弗金斯指出,公共关系要对付一个敌意、偏见、冷漠和无知的世界。公共关系人员的任务就是要将这四种消极的态度转变成四种积极的态度,即友善、接受、感兴趣和了解,最终由了解转向理解。因此,公共关系人员可以从上述四个方面入手,对公众的态度做一番深入的研究,以确切掌握公众对组织的态度,从而确定公共关系活动的对象。

(二)组织形象调查

组织形象调查是社会公众对一个组织的认识和评价。在拟订公共关系工作方案之前,公共关系人员要对组织面临问题进行深入的调查研究。在与外界确立沟通和信息交换的情况下,组织的成员,特别是组织的领导者往往会从主观愿望出发,对组织形象产生过高的估价。通过调查研究,存在于组织上的自我估价与公众心中的组织形象间的差距就被揭示出来。这样,公共关系部门就可以在发现形象差距的基础上,摸清组织所存在的公共关系问题,了解公众对组织形象的期望,进而有针对性地确定公共关系活动目标。

1.组织自我期望形象调查

组织自我期望形象调查是指社会组织自己所期望达到的形象目标，它是一个组织开展公共关系活动的内在动力和努力方向。期望值越高，组织所做出的努力就越大，但不切实际的期望往往成功率很低，因此必须注意主观愿望与实际可能相结合，更有科学性。开展对组织自我期望调查主要从以下三个方面入手。

(1)了解组织决策层的目标和期望。公共关系活动的目标必须围绕着组织的总目标，为实现组织总目标服务。作为组织的决策者和领导者，对组织形象期望的水平，对于组织目标、信念的形成和组织形象的选择及建立，具有决定性的意义。作为公共关系活动的调查研究，必须详尽研究决策者和领导者所制定的各项目标和政策；领会他们的决心和意图；研究他们的思想和经营管理手段；测定他们对组织形象的期望水平和具体要求，以此作为设计组织形象的重要依据。

(2)调查组织员工的要求和评价。一个组织的目标和决策需得到组织员工的认同和支持，才可能有效地实现和达到目标。为此，只有通过调查分析，了解组织员工对组织的要求、意见和评价；了解他们对决策层提出总目标的信心和支持程度；发动全体成员寻找组织的薄弱之处，积极听取和采纳他们的合理建议。

(3)分析组织的现状和基本条件。组织对自我形象的期望不能脱离组织的客观现状，为此，还应该准确、全面、完整地掌握本组织各方面情况。对企业而言，应调查分析组织的经营战略、经营方针、管理政策、生产计划、财务制度、营销状况、用人制度、人才培训、领导及管理人员素质等，并以此作为设计组织形象的客观依据。

2.组织实际形象调查

在开展对组织自我期望形象调查的同时，要了解外部公众对组织形象的评价，这是非常重要的一个环节。只有了解组织在公众心目中的实际形象，才能比较两者差距，才能更进一步了解公众对组织形象的期望。

了解组织实际形象，就是运用各种调查方法，了解该组织在公众中享有的知名度和美誉度。可以从以下两方面进行。

(1)形象地位测量。在对公众进行调查分析的基础上，根据知名度和美誉度两项指标，综合分析公众的评价意见，运用形象评估坐标图(图 7-1)(国内有的专家学者称为四象限形象定位图)，以此测定组织的实际形象地位。

组织形象评估坐标图，分为四个区或四个象限(A,B,C,D 区或象限)分别表示组织形象地位不同状态。

A 区表示高知名度，高美誉度。处于这种形象地位，说明组织形象处于较好状态。

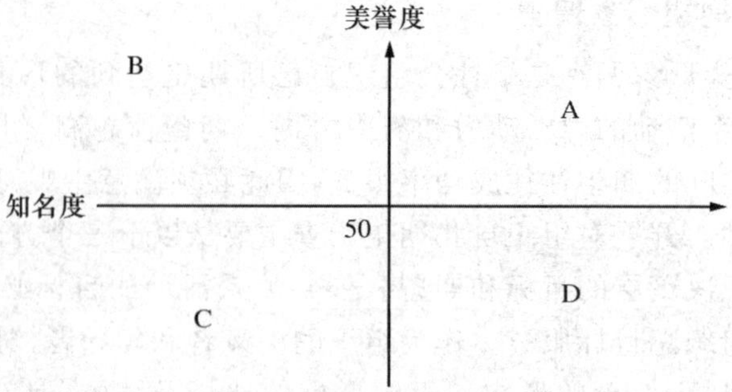

图 7-1　形象评估坐标图

B区表示高美誉度，低知名度。处于这种形象地位，说明组织具有良好的基础，公众关系活动的重点应该是维持美誉度基础上提高知名度。

C区表示低美誉度，低知名度。处于这种形象地位，表明该组织形象不佳，公众关系工作需从零开始，首先要完善自身，而在传播方面暂时保持低姿态，待享有较好的美誉以后，再着手大力提高知名度的工作。

D区表示低美誉度，高知名度，处于这种形象地位，说明该组织处于名声不佳的恶劣情况。公共关系工作应从扭转已形成的坏名声做起，踏踏实实改善自身，逐步挽回信誉。

(2)形象因素分析。组织形象包含多方面内容，对企业而言，具体涉及经营方针、产品质量、服务态度、办事效率、业务水平等各种要素。要正确评价组织的实际形象，需要对涉及组织形象问题的诸要素进行系统的分析研究，找出形成某种形象的具体原因，以便更有针对性地策划改善该形象的公共关系活动。

3.寻找组织形象差距

通过调查，了解了组织对自我形象的期望，同时，也把握了公众对组织的实际评价，下一步工作，就是进行分析比较，找出两者的"形象差距"，组织如何通过开展公共关系工作去弥补和缩小这种差距，便形成了公共关系目标。

(三)社会环境调查

公共关系目标还包含着如何使社会组织与它所处的环境达到一种和谐的氛围，从环境的动态发展中不断地把握对组织有利的机会和不利的威胁，使组织与环境处于一种相对平衡与和谐的状态，以求更好地生存和发展，为此还要广泛收集一切同组织有关的社会环境信息。

公共关系中的社会环境是指与社会组织生存和发展相关联的各类社会条件的

总和。它包括基本社会环境调查、具体市场环境调查、所属行业环境状况调查等。

1.基本社会环境调查

基本社会环境一般是指社会组织所处的一个国家或地区的政治、经济、文化等方面因素构成的宏观社会环境系统。政治状况如特定国家或地区的政局稳定及其变化情况，特定国家或地区的政治体制及其改革情况，特定国家或地区的方针政策和法律法令条规的提出、制定、颁布、实施等方面的情况等。经济环境状况如特定国家或地区的经济体制及其政策情况，特定国家或地区的产业结构、交换结构、分配结构、消费结构、技术结构及其调整变化情况，特定国家或地区的经济发展情况及相应的战略与策略等。文化环境状况如特定国家或地区的文化传统、宗教信仰、教育水平、民族特征、风俗习惯、价值观念、生活方式、社会道德规范与精神文明建设等方面的情况。

任何社会组织都是与广阔的社会环境联系在一起的，一个组织的状况和面貌在很大程度上取决于环境的影响。组织与环境间的物质交换、信息和能量交换决定了组织的生存与发展。在交换过程中，无论是输入还是输出环节发生了障碍，组织的活动乃至生存都会受到威胁。以企业为例，如果企业得不到原料和资金，生产就无法进行；如果产品质量不过关或销路不畅，企业就会被迫停产、转产甚至倒闭。因此，公共关系部门对组织所处的环境必须进行深入的调查研究，以便充分地了解情况，发现存在的问题。

2.具体市场环境调查

(1)市场需求状况调查。如特定产品或服务的市场容量，社会的购买力，居民的消费结构与消费水平，现在公众与潜在公众的人数，当前需求、长远需求以及需求变化趋势，国家或政府的消费导向等。

(2)消费者状况调查。这一点往往与前面阐述的公众调查结合在一起进行，重点调查消费者的总量、结构、分布状况，消费者的消费欲望、购买动机及影响因素，消费者的偏好及造成其偏好的原因等方面的情况。

(3)市场竞争状况调查。如市场是否形成竞争态势，竞争对手的生产能力、产品特色、销售策略、服务措施、公众形象、与消费者的关系、与中间商的关系、与媒介的关系、广告宣传的力度、公关计划、公关手段与措施等方面的情况。

3.所属行业环境状况调查

如组织所属行业的发展趋势，是朝阳行业还是夕阳行业，行业理论研究的状况，行业竞争状况，行业协会组织的状况等。

(四)公共关系活动效果调查

公共关系活动的效果,一般不是立竿见影般在短期内可见成效,要准确地评估公共关系活动的效果有一定难度,但仍可从以下几方面进行调查:

调查组织知名度和美誉度变化情况,了解组织自我期望形象和实际形象差距是扩大了还是缩小了。

从新闻媒介搜集涉及对本组织各方面报道的情况,尤其对开展公共关系活动的报道情况,如版面位置,篇幅大小,报道时机,新闻媒介的层次及本组织向媒体提供有关资料使用情况等。

通过直接和间接方法,了解公众对本次活动的评价等信息。如通过召开座谈会,问卷调查,摘编公众来信,接待来访等渠道,分析出本组织公共关系活动评价的好坏。

四、公关调查的原则

公关调查的原则是公共关系实务采集调查信息时的基本要求和指导思想,是搞好公共关系信息调查的依据。公共关系信息调查的原则可以概括为以下 5 个方面:

(一)客观性原则

公共关系部门和人员在公关调查过程中,应坚持唯物论和辩证法,反对唯心论和形而上学,必须尊重客观事实,实事求是,一切从实际出发。公关调查切忌主观、表面和片面,切不可随心所欲地给客观事实加入主观猜测的成分。组织在与公众进行双向交流时,要讲真话,做到诚实传播,其先决条件是在采集信息时,要贯彻客观性与真实性原则。只有这样,调查收集的信息才真实可靠,才能客观准确地反映事物发展规律,最终才能保证调查结果的客观性、可信性。

(二)全面性原则

公关调查的客观性本身就要求调查的全面性。全面性原则要求公共关系部门和人员在收集公众对组织形象和信誉的评价时,必须注意多方收集各类公众的意见。既要收集内部公众的意见,又要收集外部公众的意见;既要收集现在公众的意见,又要收集潜在公众的意见;既要收集顺意公众的意见,又要收集逆意公众的意见;既要收集公众的正面意见,也要收集公众的反面意见,并注意各种意见和建议之间的联系。

（三）典型性原则

21 世纪是一个信息“爆炸”的世纪，信息量在短时间内就会呈几何级数增长。在这个信息社会，每时每刻都有大量信息的出现，面对滚滚而来的信息，如果没有针对性地一概采集，绝大多数组织都没有这样的人力、物力和财力，也没有这个必要。否则就会出现庄子所说的“吾生也有涯，而知也无涯，以有涯穷无涯，殆矣”的局面。因此，组织的公关部门在采集信息时，一定要有针对性和典型性，即通过典型事例来说明问题。要重点采集那些本组织迫切需要的信息，重点收集对组织有代表意义或典型意义的信息，抛弃那些无用的信息。公关调查时往往采用从总体中抽取样本的方法来进行，而样本的代表性对反映总体全面情况的质量至关重要。所以，公关人员不仅要学会看什么，还要学会不看什么，做到“有所为而有所不为”。

（四）及时性原则

现代社会总是呈加速发展趋势，过去几十年，上百年，甚至上千年不变的东西，在今天的社会里，也许几天便发生了变化。今年流行的，明年就过时了，今天热销的商品，明天可能会滞销。

社会不断迅速变化，就要求组织的公关部门能及时发现问题，及时解决问题，这就要求公关部门能及时地采集调查到有效信息，并及时地将这些信息传递给有关职能部门。否则任何信息总是慢一拍，便会落后一大步，处处被动，或者信息缺乏有效性，影响正确决策，可谓差以毫厘，失之千里。要做好这一点，要求组织的公关部门将公关调查纳入组织的整体运作计划中，成为其不可或缺的组成部分，并使其经常化、制度化、规范化，保证其正常、健康、稳步地进行。

（五）定量化原则

公关调查要坚持定性分析与定量分析相结合的原则。对客观事物从定性分析进入定量分析，标志着人的认识从笼统、模糊的低级阶段走向了精确、清晰的高级阶段。马克思认为，一种科学只有成功地运用数学时，才算达到真正完善。这里所说的运用数学，在一定意义上就是运用定量方法来分析和显示认知的结果。公关调查所遵循的定量化原则包括三层意思：一是运用统计学的原理对调查做出规划；二是运用数学模型来收集和分析调查材料；三是运用数学关系显示、论证和表达调查的结论。

总之，公关调查具有很强的科学性和实效性。为了保证公关调查的客观、准确、可靠，真正有助于公共关系工作的开展，提高公共关系活动的质量和效率，必须遵循以上 3 个方面的原则。

五、公关调查的方法

公关调查不仅对信息的数量有要求，而且注重信息的质量。要使调查所得到的信息客观公正地反映现实现象，就必须对调查计划进行精心安排，运用科学的调查方法。公共关系调查的方法一般有以下 8 种：

（一）抽样调查法

在公关调查过程中，有时由于公关调查的对象数量巨大，分布面广，层次多样且兴趣各异，在运用上述调查方法时，就采用系统的科学方法，即抽样调查法，这是一种解决“向谁调查”问题的科学方法。抽样调查是相对于全员普查的。当被调查的对象只是几十人或 100 人左右时，可以进行全员调查以求调查的准确性。当被调查对象成千上万时，为了省时、省力、省钱，高效完成调查任务，就从被调查的对象的总体中，选出一部分代表进行调查，这就是抽样调查。抽样调查有两种选取样本的方法，即非随机抽样和随机抽样。

随机抽样是指按照概率论的原理抽取样本，使整体中的每个基本观察单位都有同等的抽中机会，从而使被抽取的样本所研究的总体具有代表性。在随机抽样中，样本的确定不受人们主观意志的支配，调查误差较小。如调查总数是 3 000，抽样为 150，样本距离是 20，从 3 000 中随机抽出一个号码，以此为起点每隔 20 个数就抽取一个数，这就是随机抽样。但随机抽样这种方法需要有一定的抽样技术，所需时间较长，成本费用较高。

非随机抽样就是被抽取的机会不均等的抽样方法，也即是按照调查者的主观意愿选取样本的方法。在公共关系调查中，往往采用便利抽样、判断抽样、配额抽样等多种随机抽样的方法来确定调查对象。如要抽选 100 人作为调查对象，按职业抽样：工人 30 人，农民 30 人，干部 20 人，知识分子 20 人；按性别抽样：男 50 人，女 50 人。其优点是可以随意地获取样本，缺点是不能估计偏差。

（二）访谈法

又称访问法、谈话法，是调查者通过与调查对象进行面对面的交谈以搜集信息的一种方法。访谈法一般是以提问开始的，访谈的问题可以分为“封闭性”问题和“开放性”问题两大类。根据访谈对象的多寡可以将访谈法区分为个别访谈法和集体访谈法两大类，可分别用于组织内接待访者，上门专访以及平时服务时的交谈等 3 种情况。访谈法不仅适用于听取用户的意见，还可以通过对社会名流、专家学者、权威人士、各界代表、新闻工作者、协作单位的个别访问和集体座谈，来收集有关组织的有关信息。

访谈法总的优点是谈话深入，所获信息内容详细，能尽量把问题讨论透彻，把握准确，还能起到利用人际关系扩大组织影响，寻求公众理解和支持，当场解决有关问题的作用。其缺点是经费开支大，信息面窄，容易使调查结果带有片面性，所以访谈法最好用于丰富补充其他调查了解的信息。

（三）实地观察法

实地观察法指调查者进入调查现场，用自己的感官及辅助工具，观察和记录调查对象表现，从而获得第一手资料的调查方法。实地观察法可分为参与观察法和非参与观察法两种。参与观察法是观察者和非观察者一起活动，比如和公众一起劳动，一同就餐，一同游玩，从亲身参与的活动中观察了解有关的信息。非参与观察是作为旁观者的观察。一般领导人的巡视、视察，大多是非参与观察。实地观察法的优点是了解的情况自然真实，而缺点是受观察者本身的经验，阅历的局限，且带有很多个人色彩，了解的信息带有很大的偶然性和表面性。

（四）问卷调查法

问卷是指为了调查和统计所设计和使用的、以设问的方式表示问题的表格。问卷调查法就是调查者用这种可控制测量的问卷对被调查者进行征答，从而搜集到可靠的信息资料的方法。这是目前国内外社会调查中普遍运用的一种方法。

问卷调查法大多采用个别发送、集体分发、邮寄、报纸杂志刊载等多种方式发放问卷，由被调查者按照调查要求来填写回答的问题，再由调查者回收问卷，并进行统计分析。问卷调查法的主要优点在于标准化和成本低，因为这种方法是以设计好的问卷为工具进行调查，而问卷的设计则要求规范化和可计量，同时问卷的印发成本相对较低。

问卷法可分开放式问卷、封闭式问卷和混合型问卷 3 种。开放式问卷又称为无结构式问卷，是对所提问题不做答案的限制，由填答者自由表述自己的感受和建议的问卷。封闭式问卷又称为结构式问卷，是事先对所提的问题给出几个可能的答案，由填答者在几个限制的答案里选择。混合型问卷又称为半结构式问卷，是上述两种问卷的综合使用。

一般来说，问卷调查按照“分发—回收—统计分析”的模式进行，问卷回收率较低，调查结果误差较大。因此，这种方法往往与访谈法结合使用，从而获得理想的调查结果。

(五)追踪调查法

追踪调查法是选择一些特定对象,进行对组织人员或产品连续性的深入调查,时间短则数月,长则数年甚至数十年。其优点是能更深入地了解特定对象的思想态度变化的轨迹,摸索和总结工作经验,掌握被调查对象的心理特点,此外,还可以联络感情,形成固定的信息网点,提高组织的知名度和美誉度。

(六)文献研究法

文献研究法是利用文献资料来收集、考察、分析、研究公共关系现象和状态的调查方法。即通过各种出版物、新闻资料、政府或行政公报、报表、财务记录、销售记录等书面信息资料的研究分析,来提取有关信息,对公共关系现象和状态进行分析研究的一种调查方法,在公共关系调查中经常使用。它不是通过实际调查获取第一手资料的方法,所以又称间接调查法。

文献研究法的特点在于,不直接与现实社会的具体人进行交往,而是从各类文字材料中找到有价值的信息,通过一系列的分析形成对组织公共关系问题的认识。

文献研究法的优点体现在:获取资料比较方便,既省时省力,又节省开支,是比较经济的调查方法。它可以作为实地调查的重要辅助方法。它的局限性主要是:各类文献资料不可能都十分齐全;有些资料也会因为当时撰稿人或记录者的倾向性使文字材料不真实。

文献研究法的基本步骤:第一,大量搜集与调查课题有关的各类文献资料;第二,对获取的各类资料进行鉴定和筛选;第三,摘录资料,在阅读的基础上,将重要的内容抄录和制作卡片,注明标题和出处;第四,考证和分析资料。在此阶段完成判别资料可靠性和使用价值的任务,并复印资料;第五,归纳、总结。将分析研究的问题概括为简明的结论,形成较系统的观点,用文字报告的形式总结其成果和理论。

(七)公开电话法

公开电话法是在本组织设立公开电话,让一切愿意与组织联系的内外公众可以随时自由地打电话,以反映组织的产品和服务中存在的问题。如厂长热线、市长热线等。

(八)奖励建议法

奖励建议法是组织建立奖励和批评制度,向社会各界公众广泛征询书面建议和意见,从中了解公众的心态和需要,了解组织存在的各种问题,吸取对组织有用的信息。如日本松下电器公司实行的提案奖励制度，对向公司提供有价值的建议或意见的人员都实行数额不等的物质奖励，鼓励有关公众为企业发展出谋划策。

六、公关调查信息的加工处理

公共关系策划者通过调查取得的信息是大量的，面对各种信息必须借助科学分析的方法，作“去粗取精、去伪求真、由此及彼、由表及里”的改造加工，分析出组织在形象、产品质量、人员素质、服务、公共关系活动等方面存在的问题，并按照问题的重要程度进行排列，由此进行科学的策划。

公共关系策划者面对各种信息，要重点分析的信息有两大类：一类是社会组织自身状况分析，包括组织的历史状况、现实状况（组织的实力、资产、资源、人才、形象等）、战略目标，具体到财务、人事、设备、技术、产品质量、业务水平、办事效率、服务态度等各要素，并由诸要素综合体现的组织知名度和美誉度信息；另一类是影响社会组织运行的各种社会信息：如分析组织目标公众、竞争对手、国家的政策法规、合作伙伴、传播媒介以及财政、金融、交通、能源、通信、人口等方面的背景及信息，从中去发现对组织有利的契机和不利的因素，如此才能策划出有成效的公共关系活动方案。

第二节　公共关系策划

策划又称为计划，就是根据组织的现状和目标要求，分析现有的基础和条件，谋划和设计最佳行动方案的过程。换言之，策划是找出事物因果关系，衡度组织未来可采取的途径，作为目前决策的依据；也就是预先决定做什么、何时做、如何做、谁来做。其实，策划活动，古已有之。在古代，无论是中国还是外国，都曾涌现出许多足智多谋、擅长出谋划策的仁人志士，如三国时的诸葛亮、宋代梁山好汉吴用等，他们运筹帷幄，为所在的利益集团策划未来。当现代公共关系作为一门新兴职业产生之后，策划被广泛地应用到公关活动之中，公关策划便应运而生。

一、公关策划的含义

现代公共关系作为一种新兴职业，作为一门新兴学科产生之后，形成了自己的一套理论构架，包括公共关系的原则、宗旨、核心、程序和方法等。公共关系以塑造组织良好形象和信誉为核心，以兼顾组织利益和社会利益为宗旨，以内求团结、外求发展为目标，以双向沟通、信息传播为手段，以真诚、平等、理解合作与互利为原则。当组织把策划的理论运用到公关活动中时，也要以这些条件为前提，不能背离公关的宗旨和原则。

所谓公关策划，就是指公关人员在公关观念指导下，为实现本组织的特定目标，根据组织形象的现状和目标要求，分析现有的基础和条件，谋划和设计公关战略、公关主题、公关专题活动和具体公关活动最佳行动方案的过程。它包含如下几层含义：

(1)公关策划工作是公关人员的工作，是由公关人员来完成的。而公关人员在进行公关策划工作过程中，必须以公关观念为指导。这就是说要坚持公关宗旨和原则的前提下，谋划或设计出组织的最佳公关活动方案。因此，公关策划工作最好由资深公关专家或有丰富策划经验的公关人员来担任。

(2)公关策划是有很强目的性的活动，是为实现组织目标服务的。而特定的公关目标总是和组织的总目标相统一，并且有助于组织总目标的达成。

(3)公关策划是有针对性的，是在公关调研基础之上，针对组织形象的现状及存在的主要问题进行谋划或设计，既不能凭空产生，也不能囊括所有公关活动。

(4)公关策划可分为 3 个层次：总体公关战略策划、专门公关活动策划、具体公关操作策划。

(5)公关策划包括谋略、计划和设计 3 个方面的工作，要求公关策划者才思敏捷、思维活跃、头脑灵活、灵感丰富，能根据不同情况、不同要求和不同的条件设计出形式各异的公关活动方案，供组织决策者选择。

二、公关策划的作用

公关策划的作用主要体现在公关策划对组织的生存和发展所能发挥的特殊功能上。任何一个社会组织，如果领导层、管理者没有或者缺乏公关意识，不重视公关策划工作，一旦遇到危机就会束手无策，使组织的生存和发展受到严重威胁，甚至毁于一旦，造成无法挽回的损失或影响。反之，如果领导层、管理者公关意识强烈，重视公关策划工作，则有备无患。正所谓“凡事预则立，不预则废”。概括地说，公关策划的作用主要体现在以下 3 个方面。

(一)公关策划是使组织充满生机和活力的酵母

任何一个不断发展壮大的组织都是充满生机和活力的组织。组织的活力是组织的生命力，它来自组织丰富多彩而又行之有效的公关活动。显而易见，公关活动的好坏首先取决于公关策划，公关策划是促使组织充满生机和活力的酵母，是公关事业的基础和先导。世界著名的公司，如可口可乐、麦当劳、IBM、松下电器等无一不是通过公关策划这一酵母来激活组织，从而使组织永葆旺盛生命力的。

（二）公关策划是组织增强凝聚力的黏合剂

公关策划犹如强力黏合剂一样，能增强组织的凝聚力，使组织成员能紧密地团结聚合在一起，爆发出前所未有的动力推进组织的发展。2006 年四川农业大学举办百年校庆活动，使全校教师与学生、领导与群众、党员与非党员、在职员工与退休人员都全力投入到校庆活动之中，既通过各种媒介向全社会展示了“川农”，让更多的人认识了“川农”，又增强了全校师生的爱校、爱岗、敬业的意识和团结协作的意识。

组织的凝聚力、组织成员之间的亲和力与组织的知名度、美誉度密切相关。一般来说，组织的知名度、美誉度越高，其凝聚力、亲和力越强。组织的知名度、美誉度的提高，是在连续不断的公关活动中实现的，而这些对内对外的公关活动都离不开公关策划。如新中国成立以来，党和国家通过各种方式宣扬自己，并在新中国成立 60 周年国庆时，精心策划、组织了盛大的阅兵式，不仅振我国威、军威，树立了中华人民共和国良好的国际形象，而且强有力地凝聚了民心、军心、党心。

（三）公关策划是组织解决危机的法宝

当今时代是一个信息膨胀的时代，当今社会是一个不断发展变化的社会，处在这个社会中的任何组织都难免会遇到一些意想不到的、突发的危机事件。对危机事件，如果对危机事件处理不当，就会使组织陷入困境，甚至面临灭顶之灾。大家对冠生园月饼事件和三鹿奶粉事件都还记忆犹新，由于相关领导对危机处理不当，给企业和相关行业都造成了重大损失。相反，如果精心进行危机公关策划，并及时实施，不仅可以使组织尽快摆脱危机，还会变企业的危机为企业发展的契机。重庆火锅料事件就是这样一个典型事例，当媒体最初披露重庆火锅料中掺有石蜡等工业原料，对食用者人体有害时，火锅产业如日落西山；但是重庆火锅协会和重庆火锅相关企业迅速商讨对策，一方面，通过调查了解，向媒体公布火锅料中加入石蜡是少数不法商贩的行为，让广大民众了解事情真相；另一方面，通过制定行业自律规范企业生产经营活动，重新赢得了民众的信任。

三、公关策划的原则

公关策划是一种富有创造性和想象力的活动，它在艺术构思、传播手段上几乎没有限制。它为公关人员施展自己的聪明才智提供了广阔的舞台。但是公关人员要做到随心所欲，而又能取得公关事业的成功，必须先确定一些公关策划的原则，作为公关人员观察问题、处理问题、策划创造的准绳。一般意义上讲，成功的公关策划应遵守以下 6 条原则：

(一)组织利益和公众利益兼顾

公共关系是一种协调社会组织和公众的双方利益，最大限度地实现双方最大利益的管理艺术。兼顾组织和公众双方的利益是一条公共关系的基本原则，也是公关策划的基本原则。在现代社会，组织和公众是彼此依存的一个整体，任何有损公众利益的发展，都是为组织的事业设置陷阱或障碍。因此，组织的公共关系策划必须在活动目标上考虑公众的利益，在策划的方案上体现公众的利益，在实施过程中落实公众的利益。因此，要把是否兼顾公众的利益，作为评价公关策划成败的重要标准。

(二)组织总体形象和特殊形象协调

组织的总体形象是指公众对组织的整体印象或评价，即组织在所有公众心目中的共有形象；特殊形象即组织在需要重点关注或照顾特殊公众心目中的形象。任何一个组织都关心他在整个社会中的总体形象。因为尽管各类公众千差万别，要求各异，但总有一些共同的利益和要求，根据这些要求就需塑造组织的总体形象。同时特殊公众的特殊要求也要予以充分的满足，为此也要策划塑造组织的特殊形象。成功的公共关系策划应既能满足一般公众的共同要求，又要满足特殊公众的特殊要求。协调好两者的关系，使之达到和谐统一，是公共关系策划的又一原则。

(三)知名度和美誉度统一

知名度和美誉度是组织形象不可缺少的两个因素。知名度是指社会公众对组织的知晓程度；美誉度是指社会公众对组织的理解、信任和赞许的程度。知名度以美誉度为基础，只有不断提高美誉度，知名度才会产生积极的正面效果。美誉度以知名度为条件，只有不断地提高组织的知名度，美誉度才能充分显示其社会价值。

知名度和美誉度都是组织生存和发展不可缺少的条件。因此在策划树立组织形象时，要将知名度和美誉度协调统一起来，两者不可偏废。

(四)富有创造性

公共关系策划要富于创造性或创新性。公关活动带有浓厚的宣传性，在信息剧增的社会里，没有新意的信息内容，因循守旧的活动方式，都不能引起公众的注意。因此，一个成功的公关策划必须根据社会条件的变化、人们心理状况的变化、组织内容的变化，勇于创新，制定出与以往不同的新内容，要新颖别致，出人意料，而又能给人留下深刻印象，这样才能提高公关活动执行者的积极性，而且也易于被公众所接受，焕发公众的潜力和激情，提高成功率，使组织获得较好的社会效益和经济效益。

(五)具有可行性

公关策划的方案最终要付诸实施，必须具有可行性，否则，再好的策划设计也派不上用场。所谓可行性是指组织的公关策划方案，符合现有经济、科技、人力和社会环境等条件的要求，是可以进行实施的。如公关策划的目标，在现有条件下，通过各方的努力是可以达到的；公关策划的内容、形式等符合现有的政策法规的要求，与当时当地的人文社会环境相吻合；公关策划的方案适应公众的心理需要，能为大多数公众所接受；公关策划要在组织现有的人力、物力、财力可以承受的条件范围内。

(六)具有反馈性和应变性

组织的内外环境是不断变化的，为适应不断变化的内外环境，公关策划人员必须从动态的角度来考虑策划方案中的内容，如根据国家政策或法律的调整、市场发展情况、公众心理变化等，使其能够得以不断地调整、充实和完整，使整个公关方案在活动时间、地点、内容、方式、目标、对象和媒介选择上富有弹性，能进退自如，随机应变，争取主动。当然，这就有赖于组织及时、准确的信息反馈。信息反馈是公关策划中协调的基础，保证了公关策划方案的优化和切实可行。

四、公关策划过程分析

公共关系活动一般按照调查、策划、实施、评估的“四步工作法”来进行，是一个动态过程。而策划是这一过程的核心，也是一个动态过程。如何对这一过程进行细化分析，揭示其规律，是公共关系策划者必须进行的。

公关调查与分析是策划的基础，调查者面对调查得来的大量信息要进行分析。因此公共关系的策划是在信息调查分析的基础上，确定公关目标、辨认公众、设计主题、选择媒介、提出对策、经费预算、计划编制、方案审定，最后以反映方案的文件——策划书的形式终结。现在就这一过程的每个步骤进行具体分析。

（一）确定公关目标

公共关系策划者在分析信息的基础上，发现问题，然后根据一定的条件，提出解决问题、期望达到的理想结果的方案，因此便有了目标。目标是指开展公共关系活动欲达到的效果和目的，也是评价公共关系活动成功与否的标准。在具体公共关系策划中，组织的运行水准，具体状况会有多种目标，对各种目标要有选择，就必须对目标进行分类。就公共关系策划而言，最富有操作意义的是以目标范围区分而定的两类目标：一类称为公共关系战略目标，它以协调关系、塑造形象为主要目标，往往比较宏观，为组织的总体目标服务，是需要长期不懈地为之努力奋斗的目标。如IBM公司所策划的一系列公共关系活动，均为体现“IBM就是最佳服务”这一理念而作的长期规划。另一类称为战术目标，比较具体，它是为公共关系战略目标服务，通过分阶段、分步骤、立项目，达到实现理想的结果。如法国白兰地酒在美国精彩亮相的公共关系策划，成功地实现了提高白兰地酒在美国的知名度这一战略目标。

（二）设计公关主题

依据调研分析结论，组织应确立公共关系活动的目的和内容，并根据公众的审美标准、情趣、文化风俗，紧扣活动的目的和内容提炼主题。公关主题是对公关战略目标的一种提纲挈领的表达方式，是公共关系活动内容的高度概括，是公共关系策划的灵魂和核心，贯穿于整个策划之中。提炼的主题可以是一句口号，也可以是一句陈述，总之要力求个性突出、形象生动、朴实真切、简洁鲜明、便于记忆、朗朗上口、吉祥喜庆，比如，电信公司公共关系活动主题“五湖四海、永结同心”。

公关主题对于策划的重要性决定了策划者在确定公关目标后，必须精心设计主题，使其表述得精练传神。如我国为申办奥运而设计的主题“新北京，新奥运”，给公众印象深刻。2006年6月26日，在北京工人体育馆举行的发布仪式上，北京奥组委宣布“同一个世界、同一个梦想”成为北京2008年奥运会中英文主题口号。这个主题口号文简意深、特色鲜明，集中体现了奥林匹克精神的实质和普遍价值观——团结、友谊、进步、和谐、参与和梦想，表达了全世界在奥林匹克精神的感召下，追求人类美好未来的共同愿望。这个主题口号深刻反映了北京奥运会的核心理念，体现了作为“绿色奥运、科技奥运、人文奥运”三大理念的核心和灵魂的人文奥运所蕴含的和谐的价值观。

设计主题是公共关系策划中最富创造性的一个步骤，为此必须认识构成主题的三要素：第一，服从和服务于策划目标；第二，要有独特新颖的信息；第三，融入公众需求因素。

（三）辨认目标公众

公共关系工作的对象是具体的相关社会公众。任何组织都有特定的目标公众。公共关系工作是以不同的方式针对不同的公众而开展的，目的是为了塑造受公众欢迎的组织形象。因此，公共关系策划者在制订公共关系计划时，就要对公众状况进行实事求是的分析和研究。即要辨认公关活动是针对哪些公众，他们的特点、需求、对组织的态度如何等，从而有针对性地设计策划主题，展开策划的各个步骤。只有理性辨认相关公众，才能设计出公关活动的主题，才能有效地选择传播媒介，如开展一次针对出租车司机的公关活动，选择广播媒介就较为恰当。只有理性辨认了相关公众，才可能确定如何使用有限的经费和资源，并在公关活动中突出公众效益，才能得到公众的支持与合作，与公众建立起协调沟通的关系。

（四）选择传播媒介

公共关系策划是把选定的信息通过有计划、分阶段地向目标公众传播、交流以此与传播对象沟通。但信息不会独立存在，必须通过载体传播出去，因此，凡能载有公众信息的任何工具载体都可视为媒体，这样可供选择的媒体种类就很多，策划者根据具体目标和本次策划活动的沟通对象，有目的有针对性地选择媒体。虽然，公共关系策划者可选择媒体非常宽泛，但大众传播媒体（报纸、广播、电视、杂志、出版、电影等）在所有媒体中始终占有举足轻重的地位，因此，公共关系策划者选择媒体时应特别重视对大众传播媒介的选择运用。随着高新技术的发展，网络媒体的功能日益受重视，公共关系策划者也应研究和重视网络媒体在传播和沟通中的作用。

（五）预算活动经费

为了具体落实公共关系计划，使投入的人力、物力、财力等有保障，使计划具有可行性和现实性，必须对经费做一番预算。公共关系活动的开展是一种市场行为，尤其对企业来说，是一种长期投资，在预算时，既要保证效果，又要考虑成本，这就对策划提出了较高的要求。为确保公共关系活动能顺利开展，组织应根据制定的措施来进行经费预算，通过预算可就活动的轻重缓急统筹兼顾，全面安排，使活动的投入产生最佳的效益，把资源花在最关键的地方。待活动完成后，就可以通过检测评估资产投入是否合理、有效，并可审视考核预算内各个项目之间分配比例是否合理，也可以为下一步活动提供参考依据。

按费用支出项，公关活动经费主要包括：直接费用、间接费用。直接费用是直接用于活动的各项费用，比如，现场布景、赞助、广告费、活动场地租赁费等；间接费用是支持活动开支的辅助费用，比如，劳务成本（工资、补贴、奖金等）、管理费（办公耗材、差旅费、通信费、水电费、房租等）、设施材料费（器材、报刊、展览设施等）。

公关活动经费可以采取比率法、实额法、量入为出法来预算。比率法是按一定时期业务量或经营收益总额确立经费比例的一种方法，该方法比较呆板、缺乏灵活性；实额法，是根据策划活动实际开支额来测算经费额的一种方法，该方法比较积极，但不利于经费控制；量入为出法是根据组织财务状况来确立经费额的一种方法，该方法比较实际，但不易平衡调配。预算的经费最好能保留一定的弹性，以提高公共关系活动的执行力。

（六）编制公关计划

公共关系策划者在主题设计、媒体选择等步骤的基础上，对策划要做总体构想，使之有序，富有可操作性，拟订出切实可行的计划，这一过程为计划编制过程。

公共关系策划者对计划的拟订有两大类：一类是总体战略策划，也称为规划。如一年一度的工作规划，内容大致有下列 5 项：①年度公共关系具体目标；②年度公共关系的主题；③年度公共关系活动项目和传播计划；④各项目和传播计划的财务预算；⑤各项目的计划、组织保证及人员分工等；另一类是活动项目的具体策划，也就是就某一次公共关系活动的计划进行编制。一般来说，编制此类计划，涉及以下内容：目标、主题、时机、方式、地点、人员、步骤和经费。只有对这八个方面系统考虑与组合，编制计划步骤才算完成。

（七）审定公关方案

公共关系策划者在完成上述的各个步骤后，具体的方案已经形成，为确保计划的可行性，对方案进行审定是策划中不可缺少的一个步骤。审定方案由组织领导、专家及具体工作人员对方案进行咨询、答辩、论证，并进一步完善方案。具体有以下几点：①通过对方案中的目标、主题及活动开展的各要素如资金、人力、时间、传播计划等进行分析论证；②对方案实施过程中可能遇到的问题、补救措施等进行分析论证；③对预期结果进行综合效益论证，判断公共关系活动方案是否付诸实施。

(八)形成策划书并上报决策者

策划书是公关策划全过程最后形成的文案，是公共关系活动实施的依据。策划书的形成，使策划者的劳动有了一种物化的体现，它凝聚着策划者的智力，是知识的结晶，如同商品一样有其价值。策划书的写作要求规范、主次清楚、题意明确。策划书的基本结构由 8 个部分构成：①标题；②目标；③主题；④公众分析；⑤传播渠道；⑥活动具体措施与步骤；⑦经费预算；⑧效果预测。除此，还有策划者署名、时间及视策划书篇幅长短可选附件等内容。

总之，策划书的形成，是策划实施者的一份行动指南，正如一位日本策划专家所说："策划书是一张大地图，它引导你在茫茫大海上航行时找到正确的航向"。需要指出的是，公关策划书形成之后，要及时上报相关决策者，以便决策通过后，迅速实施计划方案。

第三节　公共关系实施

公共关系实施是指公关工作人员在公关策划的基础上，将决策者采纳的公关方案变为现实的过程。这个过程是公共关系工作的关键环节。因为公关计划的制订、活动方案的选择仅仅是研究问题的过程，而再好的公关计划、再周密的公关方案如果不付诸实施，不变成现实的实践，都只能是纸上谈兵，空中楼阁。公关方案的实施是直接地、具体地、实实在在地解决组织问题的过程，同时也是一个极其复杂的过程。公关人员在实施公关方案的过程中，往往会遇到这样或那样的困难和问题，有时组织花费了大量的人力、物力和财力，但收效甚微，甚至可能与公关目标相背离。因此，正确认识和理解公关实施的特点、原则和方法，科学选择公关实施的运作模式，有效排除公关实施过程中的各种障碍因素，对于社会组织有效实施公关方案、实现公关目标具有十分重要的意义。

一、公关实施的特点

(一)坚持原则性与灵活性相结合

公共关系实施是建立在既定的公关方案基础之上的，而公关方案是公关人员在调查研究和精心策划的基础上产生的。一般情况下，公关人员要以实施决策者选定的公关方案为原则，严格按照公关计划规定的程序运行、操作，不能轻易更改，这是实现公关计划的重要保证。坚持公共关系实施的原则性，并不等于对客观情况的变化熟视无睹，并不否定公共关系实施的灵活性。事实上，在实施公关方案的过程中，尽管公关人员已选定的最佳公关方案很周密、具体和细致，但它也不可能与实际情况完全相一致。随着时间的推移、实施的推进，公众需求、社会环境、组织本身状况都在不断发生着变化，因此，公关人员要随时结合实际情况的变化，对公关方案实施的过程严加检测，认真分析，因人、因时、因地调整或修改行动方案，以增强实现公关目标的针对性。

（二）主张"付出的努力让社会知道，面临的困境求公众理解"

公共关系工作实质上是在公众中形成组织形象、改善不良形象、强化良好形象的过程。公共关系工作所做出的一切努力，都是为了谋求各类社会公众对组织的理解和支持。这就需要公共关系工作把良好的愿望和理想的设计付诸实施，化为具体的行动，力求在实际工作中做出成绩，并在"做"的基础上加以必要的"说"——传播，使广大社会公众了解组织的愿望和主张，感受到组织的善意，明了组织的状况，赞赏和支持组织的行为。因此，公共关系工作实施的一个显著特点就是不提倡默默无闻的"埋头苦干"，而是主张"付出的努力让社会知道，面临的困境求公众理解"。四川"5·12"大地震后，社会各界踊跃为灾区捐款捐物，新闻媒体通过自己了解到的信息，曝光了一批捐款企业的名单，无形中却给其他一些企业（包括已经捐款又想低调的企业）增加了社会压力。因为公众要比较、要猜测，这个企业捐没有？捐了多少？后来，那些已经捐款又想低调的企业不得不通过各种渠道向公众说明自己捐赠的情况。

（三）力求创新性与效益性相结合

当今社会日新月异，正处于急剧变迁和竞争加剧之中。公共关系实施也必然随着社会环境的发展而变化，随着竞争的日趋激烈而在方式上推陈出新。这就要求公关人员思想活跃，视野开阔，广泛地深入公众和公众环境中，去发现、探索、创造新的活动方式。在各社会组织之间的"形象竞争"中，新的公关活动方式往往使人耳目一新，引起公众的关注，赢得新的公众。因此，在公关方案实施过程中，公关人员要不断创造新的活动方式，努力做到"人无我有，人有我优，人优我特，人特我先"，始终处于竞争中的领先地位。创新是取得效益的关键，效益是创新的价值所在。创新的工作方式往往能够提高工作效率，充分挖掘市场潜力和社会资源，对众多的目标公众和公众环境产生深刻的影响，加速公关方案实施的进程，强化公关实施的效果。

二、公关实施的原则和方法

公共关系实施的原则和方法主要有5个：目标导向的原则和方法，控制进度的原则和方法，整体协调的原则和方法，反馈调整的原则和方法，选择时机的原则和方法。

（一）目标导向的原则和方法

所谓目标导向的原则是指公关工作人员在公共关系实施过程中，保证公共关系实施活动不偏离公共关系目标实现的原则。执行目标导向原则实际上就是实行目标管理。要贯彻目标导向原则，实行目标管理，人们常常采用线性排列法和多线性排列法。将所有公共关系行动和措施按先后顺序有机排列组合起来，然后加以实施。

线性排列法是按公共关系行动、措施的内在联系为先后顺序逐一排列出来，一步一步向目标迈进。这种方法的优点在于，当前一步行动还没有取得成功的时候则不急于开展第二步工作，以避免浪费人力、物力与资金。多线性排列法是将几个行动同时展开，共同向目标迈进的排列方法。这种方法可以缩短整个计划实施的时间，但花费的人力、物力和资金相对前一种方法要多，而且一旦前面一步的工作不能获得成功，下一步工作将造成浪费。

（二）控制进度的原则和方法

控制进度的原则就是根据整个公共关系计划和目标的需要，按照一定的程序，掌握工作的进展速度，以避免出现速度失衡倾向。在公共关系计划的实施过程中，由于分工不同的实施人员各负责其现开展的工作，往往会出现许多方面工作进度不同的现象，这就会影响到活动的正常进行。因此，在公共活动过程中，应经常检查各方面工作的进度，及时发现超前或滞后的情况，搞好协调，使各方工作同步进行和平衡发展。

贯彻控制进度的原则必须具备两个条件：一是要有明确的控制目的；二是要重视反馈信息。也可以说，要达到控制进度的目的，在公共关系计划实施之前应确立明确的控制目的，同时疏通信息反馈渠道。

（三）整体协调的原则和方法

整体协调的原则是在计划实施的过程中使工作所涉及的方方面面做到和谐、

合理、配合、互补、统一状态的原则。最普遍、最常见的协调有两类，一类是纵向协调，即上下级之间的协调；一类是横向协调，即同级部门或实施人员之间的协调。协调的目的，是要使全体实施人员在认识和行动上取得一致，保证实施活动的同步和谐，提高工作效率，减少或杜绝人力、物力和财力方面的浪费。

整体协调的方法可采用计划评估法。按照计划评估法，凡实施一项计划或组织一项复杂的工程，事前要有明确的目标，据此做出工作设计，并绘制推进工作的网络图，进行优选后作为控制实施工作的蓝本。这个网络图不仅有各项工作的名称，而且还表明了它们的相互关系以及每项工作的最早和最晚的起止时间、时差和关键线路。实施者可以根据这个网络图指挥和控制实施活动的进行，发现问题，及时解决问题，从而保证在最合理的情况下，顺利完成原定任务。

(四)反馈调整的原则和方法

反馈调整原则是利用反馈获得的信息调整整个公共关系计划实施的原则。它的特点是，根据过去实施的情况去调整未来的行为。

(五)选择时机的原则和方法

在公共关系计划的实施过程中，必须考虑到一个关键因素，就是时机问题。正确选择时机是提高公共关系计划成功率的必要条件。精心地选择和安排时机，往往使计划的实施取得意想不到的良好效果。

在实施公共关系计划时，究竟应该怎样正确选择时机呢？

首先，要注意避开或利用重大节日。凡是同节日没有任何联系的活动都应该避开节日，以免被节日活动冲淡效果。凡是同重大节日有直接或间接联系的公共关系计划，则可以考虑利用节日烘托气氛，扩大公共关系活动的影响。

其次，要注意避开或利用国内外重大事件。凡是需要广为宣传的公共关系活动都应避开国内外重大事件，以免被重大事件冲淡。而凡是需要为大众所知、又希望减少震动的活动则可以选择重大事件发生之时，主要是利用人们注意力分散减少舆论压力。

最后，还应该注意不宜在同一天或同一段时间里同时开展几项重大的公共关系活动，以免其效果相互抵消。

三、公关实施的障碍

影响公共关系计划组织与实施的因素是纷繁复杂、多种多样的，一般说来，主要有 3 个方面的障碍:即计划本身的目标障碍、传播过程中的沟通障碍和突发事件的干扰。

计划本身的目标障碍,指的是公共关系计划中由于所确定的公共关系目标不正确、不明确、不完善、不具体而给组织实施时带来的障碍,可由实施人员主动与计划制定者取得联系,促其重新修订,排除计划本身的目标障碍。

传播过程中的沟通障碍是指公共关系计划组织实施过程中的传播、沟通不可能是一帆风顺的,往往会由于传播媒体运用不当、方式方法不妥、渠道不畅以及各种各样的障碍而使计划的组织实施难以如愿以偿,出现"传而不通、沟而不通"的情况。因为传播是一个包括纵向传播和横向传播在内的综合的、多元化的网络系统,交错复杂,受到各种因素的影响。传播媒介、方式方法的选择,渠道的疏通,这属于公共关系自身的障碍,可视实际情况,针对性地采取措施,切实加以排除,这是比较容易做到的,而其他一些传播、沟通障碍的排除,就要困难得多了。传播过程中的沟通障碍主要有政治障碍、经济障碍、文化障碍、语言障碍、风俗习惯障碍、立场障碍、信仰障碍、观念障碍、心理障碍、性格障碍、性别障碍、年龄障碍、传播时机障碍、组织机构、组织体制和组织形式障碍等。上述种种障碍,在当前的条件下,有的是当前或短时间内无法排除的,有的则是通过主观努力,创造条件,可以将它排除掉。

分析公共关系实施过程中各种障碍的目的,正是为了认识它、把握它、消除它。那么,怎样消除传播过程中的沟通障碍呢?这里有几点建议:一要从实际出发,针对不同的公众类型和特点,选择相应的、能为他们所接受和乐于接受的传播媒体;二要根据形势的发展变化,有目的、有计划地、灵活地运用合适传播媒体,尽量缩小传播媒体与公众之间的距离;三要坚持目标导向和整体协调的原则,在组织实施公共关系计划时,选择恰当的传播媒体,坚持不偏离既定公共关系目标和使各方面处于和谐、互补、配合、协调的状态,切不可因发生某种障碍而任意偏离目标和打乱原定计划或彻底放弃原定计划;四要坚持连续不断地开展公共关系传播,做到每次公共关系传播都有新创意、新内容、新形式、新特点、新举措,努力在"新、奇、准、好"上下功夫,激发公众的热情和兴趣,这样才能排除传播沟通过程中的障碍,取得预期的效果,确保公共关系目标的实现。

突发事件的干扰指的是公共关系计划实施过程中由于不可抗力的自然原因或人为因素给组织带来的不确定性影响。突发事件降临时,组织不得不去面对,并根据危机预案及时、有效地加以解决,尽可能减少或消除突发事件对公共关系计划实施的消极影响,保证公关计划实施的顺利进行和公关目标的顺利实现。

第四节 公共关系评估

公共关系评估是公共关系“四步工作法”中的最后一个阶段或步骤，也是公共关系工作一个必要的程序。公关评估渗透于公共关系工作的各个环节，它不仅涉及对已完成的公共关系工作的总结，涉及对经过公共关系工作努力后的组织形象的评价，而且还涉及调查分析的某些内容，涉及今后公共关系计划的制订，涉及向组织管理层的汇报、对组织员工的鼓励、对外部公众的宣传问题。对公共关系效果进行评估和总结，不仅是对上一阶段的公共关系工作提供总结，而且也是对下一阶段的公共关系状态的调查。可以说，公共关系效果评估和总结起到了承上启下的重要作用。

一、公共关系评估的目的和意义

所谓公共关系评估就是对公共关系工作做全面深入的研究，然后根据特定的标准，对公关计划、实施及效果进行检查、评价，以判断其优劣的过程。如果说公关调查、公关策划、公关实施这三个阶段是解决公共关系工作“做什么”“怎么做”的问题，那么，公关评估所要解决的则是公共关系工作“到底做得怎么样”的问题，它在公共关系实践活动中起着不可低估的作用。公共关系评估的作用主要表现在以下几个方面：它是公共关系工作程序中一个必不可少的基本环节，也是改进、深化和提高公共关系活动的重要环节；它为开展新的公共关系工作提供可靠的依据，是开展后续公共关系工作的必要前提；它可以使内部员工看清组织的利益目标和实现的途径，成为鼓舞士气、激励内部员工工作热情和工作积极性的重要形式；它还可以使组织的领导人、决策者看到开展公共关系工作的明显效果，从而使他们能更自觉地重视公共关系工作。公共关系评估涉及公共关系全过程的所有内容，其复杂程度和难度比较大，需要在研究的深度和科学的严密性上花较大的气力。要取得公共关系评估工作的成功，应该把握以下重点：评估的内容、评估的程序，评估的方法和评估总结报告的撰写。

二、公共关系评估标准

(一)公共关系工作准备过程的评估标准

(1)背景材料的准备是否充分；

(2)信息内容是否准确可靠;
(3)信息的表现形式是否恰当;
(4)信息的整理加工是否科学、有效。

(二)公共关系工作实施过程的评估标准

公关评估不仅仅是对公关工作效果的评估,更主要的是它在公关活动的实施过程中发挥其适时监控和反馈的作用。例如,通过评估发现哪些决策是正确的、哪些是错误的,哪些决策有弊端或漏洞,哪些决策不利于公众产生对组织的信任,以及及时发现决策实施过程中出现的偏差等。在这个阶段中分为 4 个不同层次的评估标准:

(1)发送信息的数量;
(2)信息被传播媒介所采用的数量;
(3)接收到信息的目标公众数量;
(4)注意到该信息的公众数量,调查传播信息的实际效果。

(三)公共关系工作实施效果的评估标准

实施效果的评估是一种总结性的评估。这一阶段的评估标准有以下 5 点:
(1)了解信息内容的公众数量;
(2)改变观点、态度的公众数量;
(3)发生期望行为和重复期望行为的公众数量;
(4)达到的目标和解决的问题;
(5)对社会和文化的发展产生影响。

三、公共关系评估的程序

(1)设立统一的评估目标;
(2)取得组织最高管理者的认可并将评估过程纳入公关计划之中;
(3)在公关部门内部取得对评估研究意见的一致;
(4)从可观察与测量的角度将目标具体化、明确化与准确化;
(5)选择适度的评估标准;
(6)确定搜集证据的最佳途径;
(7)保持完整的计划实施记录;
(8)评估结果的使用;
(9)将评估结果向组织管理者报告。

四、公共关系评估的方法

公关评估本身是一项研究工作,需要采用各种各样的研究方法。

(一)直接观察法

由公共关系计划实施者或参加评估的人员直接参加公共关系计划的组织实施过程,参与公关实施考察,记录和整理公关各个环节的实施情况。这是一种最常用、最便捷的方法,它通过相关公关人员耳闻目睹、亲身经历,掌握第一手资料,直观地对组织公共关系工作做出评价。这种方法的主观性较强,因此,应与其他公关评估方法配合使用,才能得出客观、公正的评估结论。

(二)专家意见法

专家意见法又称"德尔菲(Delphi)"法,是一种综合专家意见,就专门问题进行定性预测的方法,稍做修改即可用于不易量化的公共关系效果的评估。其步骤是:

(1)由负责人拟订调查评估项目,如公众舆论的变动状况,并给出评价标准,如呈明显好转、略好转,原状略恶化、严重恶化等标准;

(2)邀请专家若干名;

(3)请专家们匿名、独立地就拟定项目发表意见,若意见分散,则将上一轮意见汇集整理,反馈给每一位专家,请他们重新发表意见,直至他们的意见趋于一致;

(4)经处理,得出能代表大多数专家意见的结论,作为专家集体对公共关系活动的评判。

(三)民意测验法

民意测验法,英文名称为 Public opinion poll。这种方法在公共关系评估中运用较为普遍。这种方法的基本做法是:按抽查法的要求,在选定的公众群体中,选择一定数量的测验对象,采用个别交谈、公众代表座谈会、电话询问、问卷或表格求答、抽样调查等方式,征求他们对指定问题的意见、态度、倾向,然后将公众意见汇集、整理,形成综合意见,借以表示公共关系活动的效果。

(四)目标管理法

以公共关系计划所确定的具体、明确而又可以度量的目标作为评估公共关系工作实际效果的标准和判断其优劣的依据。采用这种方法的前提是,在制订公共关系计划时确立的公共关系目标必须明确、具体而且可量化。

(五)组织活动记录法

在组织实施公共关系活动前后,坚持在组织的日常活动中,记录有关标志和指标的变化。全面、准确的活动记录是重要的效果评估资料。例如,学校的报考人数与招收人数、企业的产品生产与销售、宾馆的入住人数、机关的出勤率都属于组织活动记录的范围。进行公关评估,要根据组织记录的资料,进行整理和分析,并选择一定的标准进行比较,以较全面、确切地反映公共关系工作的绩效、问题和差距等,最后得出评估结论。

(六)传播审计法

这种方法是通过大众传播媒介发布的本组织的统计分析,评估组织公共关系信息传播情况。通过以下指标和方法,我们可以概略地了解公共关系信息传播的效果。

1. 定量分析

(1)沟通有效率。它是指沟通有效数与沟通信息总数之比。可用公式表示:

$$\text{沟通有效率}=\frac{(\text{沟通信息总数}-\text{无效数})}{\text{沟通信息总数}}\times 100\%$$

(2)公共关系信息传播速度。传播速度指标是单位时间内传播的信息量,或一定的信息量传递需要的时间。单位时间内传播的信息越多,或一定信息量传递所需要的时间越短,说明传播速度越快。其公式如下:

$$R=\frac{\text{传播的信息量}}{\text{传播的时间}}$$

式中:R 值越大,传播速度就越快,传播效率就越高。传播速度是评价传播效果的一个重要指标。

(3)视听率。这是通过测定大众传播媒介传播的公共关系信息来评估公共关系工作效果的方法。

视听率就是实际视听人数与某一调查总人数的比例。用公式表示:

$$\text{视听率}=\frac{\text{实际视听人数}}{\text{调查总人数}}\times 100\%$$

(4)知晓率。知晓率是指掌握公共关系信息的人数与某一被调查总人数之比。用公式表示:

$$知晓率=\frac{掌握公共关系信息的人数}{被调查人数}\times 100\%$$

2. 定性分析

新闻媒介报道迅速，感觉灵敏且有很大的影响。经常进行新闻分析，就可以从新闻媒介关于本组织的报道中评估公共关系活动的效果。新闻分析的主要内容有：

(1)报道的篇幅和时数。篇幅越大，出现频率越高，时数越多，引起注意和兴趣的程度就越高。这是从"量"上判断。

(2)报道的内容。报道中，对组织的成就、发展情况报道越多，效果就越好，在公众中树立起组织的良好形象的可能性也越大。这是从"质"上分析。

(3)新闻媒介的层次和重要性。所谓层次高、重要的媒介是指那些发生量大、覆盖面广、具有权威性、影响力强的新闻媒介。这些媒介发表对组织有利的报道，往往比其他媒介更利于提高组织的知名度和美誉度。

(4)新闻资料的使用方法。对新闻资料的正面报道还是反面报道，是全面报道还是摘要报道，是重点报道还是一般报道，是醒目的版面还是次要的版面，这些差别均会使报道效果不同。

(5)报道的时机。报道的时机是否及时、适时，是否能恰好配合组织的实际发展，迟发的新闻报道有时对组织形象的建树不仅无益反而有害。

(6)记者、编辑的反应。记者、编辑们对于所提供的资料是否感兴趣，是否满意，如资料是否及时，是否需要较大的改动，是否适合报刊的性质等，直接关系到信息资料的编发。

五、公共关系评估报告

公关评估报告是评估工作的最终成果。评估是公关工作程度的最后一步，也是下一轮策划的开始，其意义、作用、方法与调查相仿，只是内容与针对性略有不同。所以，评估报告与调研报告在撰写等许多方面是相仿的。

(一)评估报告的功能

它应当精确地描述整个公关活动过程，简洁地概括活动所取得的主要结果及其存在的不足，科学地预测尚未解决的一些问题在今后的发展趋势，并提出相应的解决办法，为决策者把评估分析用于组织战略决策提供充分的信息根据。

(二)评估报告的内容

(1)我们是如何做的?

(2)我们做得怎么样?别人做得怎么样?

(3)我们争取到公众的支持了吗?

(4)活动项目的短期目标、长期目标实现了吗?

(5)活动经费是否超出了预算?经费使用是否合理?

(6)其他特定内容,如组织品牌、无形资产、人员素质等相对静态项目评估和公关专题活动、广告效果、销售额等动态项目的评估。

总之,公关目标越具体,对它的结果进行评测就越容易,评估的结论也越客观、准确。通过公关评估不仅是为了向有关方面证实公关工作的成绩,更重要的是总结经验、发现问题,为后续的公关工作奠定坚实的基础。公共关系部门自己的工作总结不仅要看到已取得的成绩,分析取得成绩的原因,总结成功的经验,还应该总结公关工作中的失误和教训,分析公关工作中的不足和缺陷。另外,公共关系部门还应通过公关评估与总结,分析挖掘工作潜力的可能性,制订出挖掘工作潜力的具体途径和方式,以便为制订新的公共关系计划提供可靠依据,不断改善和提高组织形象。

本章小结

任何形式的公共关系实务工作,都存在着一个从开始到结束的过程。在这一过程中,公共关系人员一般都遵循着一定的工作程序,即公关“四步曲”:调查研究,完成策划,实施计划并评估效果。必须强调的是,任何公共关系工作都是一个连续的动态过程。

在进行公共关系活动前,必须着手公共关系的调查研究工作。公共关系调查研究的根本目的在于,在采集各方面信息的基础上确定问题、确定公众,也就是为了确定公共关系目标。调查研究工作是公共关系工作的第一步,同时又是贯穿公共关系工作的整个过程。本节重点了解和掌握公关调查的含义、目的、原则、方法和技巧等。

经过调查研究,弄清了组织面临的公共关系问题和形象差距,公共关系人员就应着手制订公共关系计划。制订公共关系计划要以调查研究的事实为依据,结合组织的发展总目标确定公共关系目标,再经过缜密的思考和充分的讨论选择达到公共关系目标的最佳方案。本节重点了解和掌握公关策划的作用、原则和基本步骤。

在公共关系活动的计划制订出来并采纳后，公共关系实务进入第三步即实施计划。公共关系计划的实施决定了计划能否实现以及实现的程度和范围。成功的实施，可以圆满地完成计划中确定的任务，实现计划目标，甚至还可以由实施人员创造性的努力来弥补计划的不足。这种实施计划的成功之处在于实施人员能够把握公关实施的特点，选择最有效的实施手段和途径，采取多种方法和技巧，克服公关实施的各种障碍因素，在公众中树立本组织的良好形象。

通过公共关系计划的落实或实施过程，公共关系工作就产生出一定的效果，这就需要对公共关系工作的效果进行评估和总结。这一评估和总结工作是某一阶段公共关系实务工作的最后一步。本节重点了解和掌握公共关系评估的意义、内容和方法，写出评估报告，为以后的公共关系工作提供借鉴。

案例分析

佳洁士防蛀牙膏公关策划案例

美国宝洁公司是全球最大的日用消费品公司之一，始创于 1837 年，迄今已经有了 160 多年的历史。宝洁公司在全球 70 多个国家和地区设有工厂和分公司，所经营的 300 多个品牌的产品畅销 140 多个国家和地区，其中包括纸品、护肤及护发用品、药品、化妆品、洗涤用品、食品等。

"不断创新以满足消费者的最新需求"是佳洁士品牌自 1955 年在美国创立之日起就一直奉行的宗旨。进入中国之后更是坚定不移地贯彻执行这一宗旨，针对消费者的不同需求佳洁士品牌在中国成功推出了具有氟泰配方的佳洁士防蛀牙膏、佳洁士双效洁白牙膏、含中草药的佳洁士多合一牙膏、舒敏灵牙膏等，以及佳洁士牙刷系列。这些产品已获得了全国牙防组、中华医学会和中华口腔医学会的验证、认可，成为口腔保健产品领域里的著名品牌。

佳洁士近期提出的"根部防蛀，全面保护"理念，就是针对目前存在的防蛀观念的误区，提高消费者对于牙根防蛀的重视，实现"从根到冠"的全面护齿。受宝洁公司委托，经销商在 2003 年初针对这个最新理念，配合佳洁士的宣传，深化消费者对于佳洁士品牌的认知度和美誉度，强化消费者对根部蛀牙的认识和对佳洁士最新防蛀产品的感知。

项目策划

作为国际领导品牌宝洁的第一牙膏品牌，佳洁士一直不断地向公众倡导一个又一个全新的护齿概念。用这些倾注了专家和员工的心血的概念，让消费者体会到这个著名品牌厚重的人文气息。根据企业广告、公关、展示、促销、售后、企业内部运营、行为规范的整合计划，“正商”公关充分领会整合营销传播（IMC）的精髓，与佳洁士共同制定了长期的品牌传播作战方案。

公关目标

（1）传播宝洁公司奉行的“牙根防蛀，全面保护”的宗旨，宣传宝洁一贯关注牙齿健康，尽心尽力，不断创新，为人们提供高质量产品的承诺。

（2）准确传播新产品——佳洁士防蛀牙膏给消费者带来的福音——佳洁士防蛀牙膏能够有效预防牙龈萎缩引起的牙根蛀牙，有效率高达67%。

（3）取得广泛的媒介覆盖率，包括电视、广播、报纸和杂志。

公关策略

传播名称：“预防成人根部蛀牙”活动

主题口号：根部防蛀，全面保护

主要内容：佳洁士独特的氟泰配方具有卓越的高效防蛀功能，对于防止根部蛀牙就非常有效，它采用的氟泰系统不仅能帮助防止牙齿表面蛀牙，更能降低根部蛀牙发生率，降幅高达67%。

项目实施方案

通过深入理解佳洁士“根部蛀牙，全面保护”的理念，我们意识到这一崭新概念的提出端正了相当部分消费者的护齿观念，提出了新的保健生活方式。在这一理念的基础上，我们将预防成人根部蛀牙这一论点作为重点传播，因为大多数人尚未意识到牙龈萎缩的现象在我国82%的成年人中普遍存在，而牙龈萎缩会导致牙齿根面暴露在外，牙根的硬度和抗酸能力比较差，所以即使没有看到牙冠上有蛀洞，牙根也已经有蛀牙的可能了。与儿童常见的牙冠蛀牙相比，成年人的牙根蛀牙因为难以及时发现、不易修复而更具杀伤力，最严重的后果就是导致掉牙。鉴于成人蛀牙的严重性和紧迫性，这一论点的提出成功地占据了众多新闻媒体的主要相关版面。

项目经费预算（略）

项目评估

（1）到活动截止日期为止，共有上百家媒体发布了相关消息。

（2）新闻报道涵盖了综合、商业、消费、健康在内的多家平面媒体。

（3）报道时机把握得恰到好处，系列报道的方式符合消费者的接受习惯。

（4）正确的形象代理：专家小组在媒体面前很好地体现了品牌的内涵，表达了所有重要信息，为佳洁士建立了一个良好的形象：健康护齿的专业形象。

“成人防蛀”篇在各家强势媒体陆续推出后，极大地提升了佳洁士的市场地位和品牌美誉度。各地总经销商频传捷报，销售业绩得以大幅度提高。随着后续的深入报道的推出，世界领导品牌——佳洁士的这一凝聚了大量现代科技水准和人文关怀的最新防蛀牙膏，一定会在其后的市场上势如破竹，再创销售奇迹，同时进一步稳固其王者地位。

问题：

1. 结合“佳洁士防蛀牙膏公关策划案例”分析公共关系策划的基本步骤有哪些？

2. 结合“佳洁士防蛀牙膏公关策划案例”谈谈一个良好的公共关系计划具有哪些基本特征。

思考题

1. 结合案例“第一份民意测验报告”，谈谈如何进行公共关系调查。
2. 公共关系调查研究的原则有哪些？
3. 公共关系实施过程中有哪些主要障碍？怎样有效克服？
4. 公共关系评估方法有哪几种？

第八章

公共关系专题活动

导入案例

截至2018年4月，漫威电影宇宙已走过十年，产出逾18部大片，为了感谢“漫威粉”对他们十年来的支持和喜爱并为即将上映的《复仇者联盟3：无限战争》造势，漫威影业在4月19日于华特迪士尼大剧院举办了漫威电影十周年庆典，印有Infinity War海报的邀请函中的门票内容包括《复仇者联盟3：无限战争》30分钟片段预览、主创与特别嘉宾登台见面以及漫威电影十周年庆典。但是大家一定从新闻中了解到，由于官方宣发的不到位导致很多真爱粉临时决定于4月18日夜排，场面一度接近失控。

如何策划一项完美的庆典活动？让我们带着问题开始本章的学习。

公共关系专题活动是一种企事业常见的公关活动。它是根据社会组织的目标，通过精选主题、明确目的、周密筹备、策动宣传、灵活驾驭，使社会组织的社会经济效益最大化，从而达到使社会组织可持续发展的有效传播与沟通手段。

现代社会不管是政府部门还是大型企业、中小型企业的社会组织，在建立和发展的过程中都离不开举办一些专题活动来宣传自己、协调关系、塑造形象、争取公众、危机公关。公共关系专题活动是一个有计划地进行准备、实施和总结的过程。一项成功的专题活动，要求公关人员不仅要有广博的知识，而且还要熟练掌握策划和实施专题活动的技能。新颖和富有纪念意义的专题活动，能使参与者在融洽和谐的气氛中感受到活动组织者的各种意图，接受各种信息，增强对组织者的亲善感，达到提高组织知名度和美誉度的目的。本章提供赞助活动、社会公益活动、展览会、记者招待会、庆典活动等几种专题活动供参考学习。

第一节 赞助活动

赞助活动是社会组织通过资助一定的实物或者承担全部或部分费用，赞助兴办文化、体育、社会福利事业和市政建设等向社会表示其承担的责任和义务，以扩大组织影响，提高知名度和美誉度的公共关系活动形式。

一、赞助活动的意义和作用

赞助活动就是企业或组织为某一项事业无偿提供资金或物质支持，以获得一定形象传播效益的公共关系活动。举办赞助活动是企业或组织承担的社会责任与义务，是融洽社会公众关系的一种有效手段。

赞助活动由于其独特的效果被越来越多的社会组织所认可并广泛应用，其主要作用介绍如下。

1.树立道德形象，赢得社会效应

社会组织在发展过程中，除了盈利及其他目标外，还必须自觉履行一定的社会责任和社会义务，以表明自己是社会的细胞，要为社会贡献一分力量。同时，也可以借此得到政府和社区的支持，获得生存和发展的可靠保障，从而有效地树立社会组织关心社会公益慈善事业的良好形象，赢得社会良好效应。例如，社会组织赞助有关部门共同修建一所敬老院，照顾孤寡老人，并派员工定期看望他们，节假日组织慰问活动，那么公众就容易被社会组织热心公益事业的行为所打动，从而扩大社会组织在公众中的影响。

2.建立情感效应，扩大市场份额

社会组织举办主题内容与目标公众密切相关的赞助活动，能够有效地培养社会组织同目标公众的情感，增进彼此之间的友谊，加强双方的联系，使公众在内心深处认同社会组织，自觉地成为社会组织的忠诚顾客，赢得知名度、美誉度、认可度，自然扩大市场占有率。例如，2013 年 10 月伴随着湖南卫视亲子互动节目《爸爸去哪儿》的火热播出，与节目全程相伴的明星家庭唯一官方座驾——英菲尼迪，作为赞助商也逐渐成为家喻户晓的豪车品牌。这次公关活动被认为是该品牌“进入中国市场最成功的一次商业赞助”，并获得了各界的广泛好评。一系列市场推广活动也被誉为年度情感营销的标杆案例，实现了知名度的迅速提升并直接在终端市场上有所体现，数据显示，2013 年 8—11 月，节目中明星家庭座驾商务舱级豪华七座 SUV 英菲尼迪 JX 累计销量是之前前七个月销量总和的两倍，成为市场上最热销的豪华七座 SUV 之一，这个诞生于北美地区的豪车品牌终于在中国市场上迎来了大爆发。

3. 展示企业实力，吸引合作伙伴

社会组织在赞助中，往往需要投资大笔经费，尤其是一些重大社会事业，动辄上百万千万，这对显示社会组织的雄厚资金、展示社会组织的实力形象是极其有益的。

通过赞助活动来做公关广告，一方面可以通过赞助活动作为广告宣传的载体，在公众获益的过程中产生对组织的好感和心理倾向；另一方面可以通过赞助所获得的“冠名权”和优先宣传提高广告的效果。

二、开展赞助的基本原则

社会组织的公益赞助活动，作为一种投资行为和宣传方式，具有较强的政策性与技巧性，在实际操作中必须遵循以下基本原则。

1. 相关与合法原则

一般地说，社会组织赞助的活动对象应当与公众生活或社会组织的经营内容相关联，以获得直接的公共关系宣传效果。

合法原则是开展赞助活动的基本要求。主要有两方面含义：①赞助的对象要合法，即遵守法律道德要求，符合社会利益和公众利益。否则，就会给公众以“助纣为虐”之感，不仅不利于实现赞助活动的目的，反而会损害组织形象。②赞助的方式要合法，即严格遵守政策法规。违背政策法规，利用赞助搞不正之风，也会破坏社会组织的形象。

2. 实力与广告原则

社会组织开展赞助活动应当量力而行，根据社会组织的经济实力和利润额，支出合理的赞助经费。赞助经费的数额，必须在社会组织能够承受的范围之内。

广告原则是开展社会赞助的技能。首先，赞助活动比起商业广告具有隐蔽性，赞助成功会自然提升企事业的知名度、信誉度。其次，社会赞助具有间接的宣传力度，有财有物，实力证明，比起商业广告具有实证性。

3. 效益与形象原则

社会组织开展赞助活动的目的是树立道德人格服务形象，表明社会组织积极承担社会责任和义务。因此，开展赞助活动必须着眼于社会效益，以获得公众的普遍好感。一般地说，社会组织要优先赞助社会慈善事业、福利事业、公共市政建设以及文化教育活动。

效益包括两个方面，一是社会效益，二是经济效益。任何社会组织都要本着这一原则去搞赞助活动就能成功地塑造社会良好形象，赢得忠诚的顾客，扩大市场占有率。

三、公益赞助的类型

1.赞助公益建设与慈善事业

社会组织出资参加市政公共建设，如修建马路、天桥、公园、候车棚、路标等，一方面可以为政府减轻建设压力，赢得政府公众的信赖；另一方面又能为广大市民公众带来方便，赢得市民公众的称赞。

为各种需要社会照料与温暖的人如孤寡老人、残疾病人、福利院儿童等提供物质、经费帮助，开展服务活动，既是社会组织向社会表明履行社会义务的重要手段，也是社会组织改善社区公众关系、政府公众关系的重要途径。

2.赞助体育运动与文化生活

由于体育比赛活动拥有众多的观众，而且往往是新闻媒介热衷报道的对象，对公众的吸引力大，因此，社会组织常常赞助体育运动，以增强对公众施加影响的广度和深度。赞助体育运动常见的形式有赞助体育训练经费或物品、赞助体育竞赛活动、设立体育竞赛奖励项目等。文化生活是公众社会生活的主要内容之一。社会组织积极赞助文化生活、丰富公众的生活内容，不仅可以增进社会组织与公众的深厚感情，而且可以提高社会组织的文化品位和知名度。赞助文化生活的方式主要有赞助拍摄与社会组织有关的影视片、资助文艺演出队伍、赞助文化演出活动等。

3.赞助教育事业与学术活动

教育是立国之本，发展文化教育事业是一个国家的基本战略方针。社会组织自觉地赞助文化教育事业，如捐资建立图书馆与实验室、设立某项奖学金制度、资助贫困学生、捐资希望工程、设立某项奖教金制度等，既可以促进学校教育事业的发展，又可以为社会组织树立一种关心社会教育事业的良好形象。社会组织赞助学术理论活动，如提供开会地点、资助会议的经费、设立学术研究基金等，既可以利用学术理论活动在公众中的影响提高社会组织的知名度，又能直接得到理论工作者的科学诊断和积极建议，从而改进社会组织的生产与管理工作。

4.赞助节日庆典活动与建立职业性奖励基金

社会组织利用自己的产品或服务项目赞助公共节日庆典活动，增加节日气氛，让公众在心情舒畅的气氛中享受社会组织的祝贺与便利，也能收到良好的公共关系效果。

有经济实力的企业组织，可资助或者设立某种职业奖励基金，通过冠名或者参与能获得很好的社会效益。如国内一些地区有一些名目不同的奖励基金，如某某教育基金等，用于奖励在相应领域中有成绩者。

此外，还有公共宣传用品的制作、社会竞赛活动的开展等，公关人员都应认真研究，不断开发，以增强赞助活动的效果。

四、赞助活动的工作步骤

赞助活动是一种技术性很强的公共关系专题活动，一次完整的、成功的赞助活动，需要做好以下工作。

1.成立赞助委员会，进行赞助研究

组织要开展赞助活动，成立赞助委员会进行赞助研究是非常重要的一步。组织应从经营活动政策入手，分析组织公共关系目标，确定赞助目的，并据此考核需要赞助的项目是否对社会、对公众有益，是否能对本组织产生有利影响，还应进行成本核算和效益分析，保证社会和组织都能获益。

2.制订赞助计划，做到有的放矢

组织要在赞助研究基础上制订赞助计划。赞助计划的内容应该具体、翔实，对赞助的目的、对象、形式、费用预算、具体实施方案等都有所计划，并控制范围，防止赞助规模超过组织的承受能力，节制浪费现象，做到有的放矢。

3.审核评定赞助项目，进行可行性研究

根据系统性原则，组织每进行一次具体赞助活动，都应由组织的高层领导或赞助委员会对其提案和计划进行全方位思考、系统性的逐项的审核评定，确定其可行性、具体赞助方式、款额、时机、未来结果预估。

4.依据目标计划，实施赞助方案

组织要派出专门的公共关系人员，依据组织目标计划，去实施赞助方案。在实施过程中，公关人员的形象要与组织形象一体化、谋求公众的好感，充分利用有效的公共关系技巧，尽可能扩大赞助活动的社会影响；同时，应采用广告和新闻传播等手段，辅助赞助活动，使赞助活动达到利益最大化，争取社会效益最佳峰值。

5. 评估赞助效果，以励再创辉煌

赞助活动结束后，组织应该对照计划，测定实际效果。检测过程包括检查、收集各个方面（如公众、新闻媒介、受赞助组织）对此次赞助的看法、评论，看是否达到预定目的，还有哪些差距，原因是什么，并写成总结报告，归档储存，为以后的赞助活动提供决策依据，再创辉煌。

第二节 社会公益活动

公益从字面的意思来看是为了公众的利益，它的实质应该说是社会财富的再次分配。公益活动是从长远着手，出人、出物或出钱支持某项社会公益事业的公共关系实务活动。公益活动的宣传是目前社会组织特别是一些经济效益比较好的企业，用来扩大影响，提高美誉度的重要手段。社会公益活动的内容包括社区服务、环境保护、知识传播、公共福利、帮助他人、社会援助、社会治安、紧急援助、青年服务、慈善、社团活动、专业服务、文化艺术活动、国际合作等。

一、社会公益活动的目的

组织开展社会公益活动的目的有两方面：一方面，显示爱心，为组织树立起关心社会公益事业、具有高度社会责任感的良好形象；另一方面，社会公益活动的宣传效果比商业广告更具说服力，有利于提高组织的知名度和美誉度。因此，开展公益活动得到了有经济实力组织的普遍重视。

二、社会公益活动的策划要求

组织要使开展的社会公益活动取得成功，必须认真地搞好策划工作，具体步骤如下：

1. 制订活动政策

根据组织的公众关系现状、目标、政策和经济能力，决定年度公益活动支持金额，制订切实可行的政策。

2.传播活动信息

公共关系人员应该把组织的政策，通过适当的传播渠道和传播方式，传递给可能向本组织提出赞助要求的单位。

3.确定活动对象

首先，掌握活动对象情况，包括对象业务内容、社会信誉、公众关系、面临问题等，以便有选择地进行支持和赞助。其次，了解项目情况，包括项目提出的背景，对公众的影响力，项目所需花费的财力、人力与物力情况，以及操作实施过程中可能出现的困难和问题等。再次，进行成本效益分析，即进行活动成本（组织付出的全部财力、人力、物力）与综合效益（活动可能获得的经济效益与社会效益）进行分析比较。最后，认真确定活动对象。社会组织的公益活动应纳入科学管理的轨道，即以本组织的公共关系目标、本组织面对的社会环境为出发点，按照有利于组织综合效益提高的原则，充分考虑多方面利益，协调平衡，确定活动对象，防止盲目支持或因个人主观感情色彩而影响对象的选取。

4.沟通活动对象

已经批准确定的支持对象，要及时通知对方，做好实施准备。对不能满足或者不能全部满足要求的对象，应该坦率相告，诚恳解释原因，争取互相理解。

5.实施活动计划

组织应安排专门的公共关系人员或组织专门的工作班子，负责社会公益活动的具体实施。首先，分工负责落实，对整个社会公益活动中的各个项目或环节，应分派具体人负责落实，各负其责，密切配合。其次，运用公关技巧，在实施过程中，公共关系人员应充分运用各种公共关系技巧与方法，以求最佳效果。再次，扩大组织影响，公益活动本身就是为了扩大社会组织的影响，因此在活动中，应尽量利用多种传播方式、途径，帮助主要活动的开展，扩大其影响。如利用大众传播媒介广泛宣传报道，利用广告传播烘托气氛，强化效果。

6.进行效果评估

社会公益活动完成后，应进行效果评估，要总结经验，吸取教训。主要围绕以下几项进行：评估公众评价与反响；评估计划完成情况；制作公益活动的声像资料；写活动总结；做好新闻报道剪报资料的存档工作。

第三节 展览会

展览会是一种常见的公共关系专题活动形式，是社会组织通过实物的展示和文字、图表等的示范表演来配合宣传组织形象和推广产品的专题活动。它以边展边销、以展促销为主要表现形式，是一种典型的营销公关活动。展览会所运用的实物、图表、动人的解说、优美的音乐和造型艺术相结合的方式，比一般的文字和口头宣传更有效，更引人入胜，更能产生吸引力，不仅能加深公众的印象，而且能提高组织和产品在公众心目中的可信度。

一、展览会的特点

作为社会组织在特定的环境条件下开展的一种专题活动，展览会具有以下几个特点。

1.直观性与复合性

展览会一般以展出实物为主，并以专人讲演和示范产品的使用方法等方式进行现场的示范表演，这种形象记忆能起到强化效果的作用。如雕塑作品展览会上，艺术家当场雕刻作品，民间艺人现捏泥塑品等。展览会这种直观形象、声情并茂的传播方式，能吸引大批公众前来参观，使参观者对展品留下较深刻的印象。

展览会通常要同时使用多种媒介进行交叉混合传播，包括：①实物媒介，如展品、模型、实物演示、展台及展厅布置。②文字媒介，如印刷宣传材料、组织或产品介绍材料、展品的文字注释等。③声音媒介，如讲解、交换、广播录音或现场广播。④图像媒介，如各种幻灯、照片、录像等。⑤人体媒介，如主持展览的各种服务人员，礼仪人员等。

2.新闻性与集中性

展览会是一种大型活动，往往成为新闻媒介追踪的对象，是新闻报道的好题材。展览会一般都预先做广告、搞宣传，开幕时还要请政府官员、知名人士前来庆贺。参展单位可以利用展览会制造新闻，扩大影响，并利用这一机会搞好与新闻界的关系。

展览会可以集中许多行业的不同展品，也可以集中全国甚至全世界各种品牌的同类产品，这就为参观者提供了更多的方便和选择余地，节省了时间和费用，提高了选购效率,使采购人员不会错过与自己业务有关的展览会,同时也给新企业和新产品提供了一个脱颖而出的好机会,许多参展者也正是通过展览会而建立了自己的良好形象并打开了销路。

3. 双向性与针对性

展览会为组织与公众提供了直接接触、相互交流的机会,通过听取意见、相互交流、深入讨论,参展单位让公众了解自己的同时,也了解公众对展品、组织形象的意见反应,并根据公众反馈的信息及时改进工作。这种直接双向沟通的交流性、针对性强,收效较大。

二、展览会的类型

根据划分依据的不同,展览会可划分出几种不同的类型。

1. 按展览的性质可分为贸易展览会与宣传展览会

贸易展览会的特点是“展”且“销”,展出实物产品,目的是打开产品的营销局面,提高产品的市场占有率,促进商品的销售,如“迎春节吃穿用商品大展销”。宣传展览会是只展不销,目的是宣传一种观念、思想、成就等,通常通过展出照片、资料、图表和有关实物达到宣传的效果,如北京的中国国际展览中心举办的国际图书博览会。

2. 按展览的内容范围可分为综合性展览会和专题性展览会

综合性的展览会全面介绍一个国家、一个地区或一个组织的情况,要求纵览全局,内容全面,有一定的整体性和概括性,既要突出重点,又要照顾一般,力求给观众以完整的印象,如每年春秋两季在广州举行的“广交会”等。专题性展览会是围绕某一专题、某一专业或某类产品举办的展览会,要求主题突出,内容集中,有一定的深度,如“摩托车展览会”“科技图书展览会”等。

3. 按展览举办场地可分为室内展览会和露天展览会

大多数展览会在室内举行,显得较为隆重且不受天气影响,举办时间较灵活,长短皆宜。但室内展览会的设计布置较为复杂,花费较大,宜安排高档次展品展览。露天展览会的最大特点是布置工作较为简单,所花费用较少,但受天气条件影响大,因此,宜安排大型机械展览,农副产品展览和花卉展览。

4. 按展览的规模可分为大型展览会、小型展览会及袖珍展览会

大型展览会一般由专门的单位举办,规模大,参展项目多,需要较复杂的程序和较高的布展技巧。如"世界博览会""全国糖业烟酒订货会"。小型展览会规模较小,多由组织独家举办,展出自己的商品,展览会的地点常常选择在各类建筑的门厅、图书馆、旅馆房间、候车室或专辟陈列室、样品室等。袖珍展览主要指橱窗里展览和流动展览。橱窗展览是通过创意和艺术设计,对商店橱窗里展示的商品或模型进行组合设计来吸引消费者注意,促进商品销售、塑造商店形象。流动展览是发挥人们的创造才能,利用各种交通运输车辆来进行的展览。

5.按展览的时间可分为长期固定展览、定期更换内容的展览和一次性展览

长期固定展览,如北京的故宫博物院、自然博物馆等;定期更换内容的展览会,如北京的工业展览馆、农业展览馆等;一次性展览会,如食品展销会、服装展示会等。

此外,还有巡回展出,如"自贡灯会""盆景展览"等;特殊展品,在现场展示样品,让人反复试用证明其性能,如在铁路站台及机场铺设地毯,以便证明经受了成千上万旅客的踩踏,引起顾客的兴趣及有价值的询问;名城街,指具有重点历史文物价值的历史城街,是重要的旅游地点,也是开放的城街博览,如北京的"大观园",天津的"食品街"等。

三、展览会的工作步骤

展览会为组织开展公关活动提供了一个良好的机会,组织应该充分利用这个机会展示自己的产品,传递必要的信息,加强与社会公众的直接沟通,从而给公众留下深刻的印象。为使展览会办得卓有成效,组织应认真做好以下工作:

1.成立管理机构,确定展览会的主题

举办任何一个展览,都必须首先明确这一展览的主题和目的,必须弄清楚是要宣传产品的质量、品种,还是要宣传组织形象;是要提高组织的知名度,还是要消除公众的误解。并在此指导下去精心确定内容,制作展览的实物、图表、照片、文字等,使之更具有针对性。如果把参展物品、图表、照片、数字比作散乱的珍珠,那么,主题便是串联这些珍珠的锦线,用这条锦线串联起来的珍珠,才能形成一条美丽的项链。主题鲜明的展览,能给观众留下明确、清晰的印象,从而达到为组织传播信息,在公众中提高企业知名度和美誉度的目标。主题要围绕展览的目的而定,并写进展览计划,成为日后评价展览效果的依据。主题可用各种形式反映出来,如主题性口号、主题歌曲、徽标、纪念品等。

2.明确召开的时间和地点

展览会时间依据内容和规模来确定。有些展览还要顾及季节性,如花卉展览、服装展览等。地点的选择要考虑3个因素：一是交通是否便利，考虑的是方便参观者因素，如交通要方便，客流量大等；二是周围环境是否有利，考虑展览会地点周围环境是否与展览主题相得益彰；三是要考虑辅助设施是否容易配备和安置等，辅助系统如灯光系统、音响系统、安全系统、卫生系统等是否健全。组织展览会，宜选在交通方便、环境适宜、设施齐全的地方。

3.选取并确定参展单位及类型

如果不是本组织独自举办展览，那么，应采用广告或发邀请等形式吸引参展单位。广告和邀请信应写清楚展览会的宗旨、参展时间、地点、项目、类型、收费标准要求和举办条件等情况。

4.培训工作人员并责任到人

展览会工作人员的素质、展览技能和公关技能的掌握，对整个展览效果有着重要的影响。因此，必须对展览会的工作人员进行展览会相关内容，如接待、介绍、服务、礼仪等公关技能进行专门培训，使他们具有现代公共关系意识，表现出对工作、对观众的极大热情，尤其是讲解员应该有知识、有修养、有口才，在讲解时应仪态大方、充满表情、发音清晰、语速适当。

5.宣传报道

宣传报道工作人员应安排策划各种产品及展览会的宣传内容及形式，确定新闻发布的内容、时机、范围和形式。展览会中会产生很多具有新闻价值的信息，需要展览会负责公共关系事务的人员挖掘，写成新闻稿发表，扩大展览会的影响范围和效果。所以，在筹划展览会时可以考虑成立专门对外发布新闻的机构，负责制订新闻发布的计划和组织实施计划，负责和新闻媒介进行联系的一切事宜。

6.印制并准备各种辅助宣传资料

展览会辅助宣传资料是必不可少的。从主办方和承办方来看，应准备展览会所需的各种书面宣传材料，主要有展览会背景资料、前言及结束语、参展品名目录、展览会平面图、展览会组织机构、日程安排和其他要求等。主办单位应提前做好准备。可以设计制作展览会的会徽、会标及纪念品，招贴画、说明书、宣传小册子、幻灯片、录音录像带等图片或音像资料。注意精心设计，做到相互呼应，突出主题，加深印象。

7.编制费用预算

具体列出展览会各项费用，加以核算，有计划地分配展览所需的各项资金，防止超支和浪费。展览会的费用通常包括：场地和设备租金、设计布置费、材料费、劳务费、联络及交际费用、广告费、宣传资料制作费、运输费用、通信费、保险费等，要对这些费用进行预算，要根据展览所要达到的效果来考虑这些费用的标准。在做这些经费预算时，一般应留出5%～10%作为准备金，以作调剂之用。

8.合理安排配套活动及其他辅助工作

为了使展览会办得生动活泼、新颖别致，别具一格，还需要适当采用一些公关技巧，如邀请有关知名人士出席，并为消费者签名。或举行别开生面的开幕式，邀请有关文艺团队助兴等，以活跃展览会的气氛，吸引更多公众前往参观。展览厅最好的位置一般在一楼的入口附近，展览位置不好的组织应设法以一些新奇事物来吸引客人。

准备展览会的辅助设施和相关服务。如交通运输、食宿、门票、接待、信息反馈、安全保卫、停车场等。

9.评估展览会的效果

为了组织有更好的发展，每举办一次活动都应做事后效果评估工作，了解公众对产品的反映，以及对组织形象的认识和对整个展览会兴办形式的看法等，检测是否达到展览的预期效果。

评估方法主要有：①开展问卷调查。展览会结束之后，组织可根据签到簿上掌握的公众名单邮寄出问卷调查表，或登门访问使其填写问卷调查表，以了解展览的实际效果。②举办有奖测验活动。组织可根据展览内容，有重点、有选择地确定试题，答题方式以填空、选择、判断为主，当场解答，当场发奖。不仅能活跃展览会气氛，而且能为测定展览效果提供统计的依据。③设置公众留言簿。组织在展览厅的出口处可设置公众留言簿，主动征求公众的意见，将其作为日后测定效果的依据。④召开公众座谈会。组织随机地找一些公众进行座谈，了解他们对展览会的观后感，讨论一些主要问题，并提出自己的看法。⑤借助记者采访。在展览会期间，组织可邀请一些新闻记者参加，让他们对公众进行采访，并做好录音或记录，以备组织测定效果之用。

第四节 记者招待会

记者招待会又称新闻发布会，是指特定的社会组织或个人把有关新闻单位的记者邀请到一起，宣布有关消息或介绍情况，让记者就此提问，由专人回答问题的一种特殊会议形式。它是传播信息、谋求新闻界对某一事件客观报道的行之有效的手段，也是社会组织搞好与新闻界关系的最重要方式之一。

一、记者招待会的特点

记者招待会是组织与新闻界保持联系的一种重要的活动方式，也是组织向公众广泛传播各类信息的重要工具之一。一个组织在发展过程中难免会遇到许多错综复杂的问题，会发生许多重大的事件，如受到了公众的批评，同其他社会组织发生了不可澄清的法律纠纷，组织做出了一项重要决策等。这就需要通过新闻发布会来与公众沟通信息，以取得公众的谅解与支持。

一般说来，记者招待会的主体可以是任何社会组织或个人；记者招待会的客体，主要是代表公众舆论的报纸、杂志、电台、电视台、通信社等新闻媒介和代表公众采访新闻的记者们，不排除也可以就某种特殊原因聘请一些对公众具有重要影响力的民意领袖或舆论先导；传播形式是利用新闻发布会使新闻记者了解组织信息，并产生兴趣，通过新闻媒介，以新闻报道、新闻特写等形式将这些重要信息传播出去。

举行记者招待会必须有恰当的新闻缘由，即该信息是否具有专门召集记者前来予以报道的新闻价值，并选择好举行新闻发布会的最佳时机。重要人物的来访，发生重大事件，新发明、新产品试制成功，新的重大发展规划，新工厂建成投产，企业开张、合并转产，出现先进典型人物，重大庆祝日或纪念日等，都可能是促成新闻记者进行报道的恰当由来。举办新闻发布会的目的是迅速及时地把组织重要信息传播给社会公众，因而，新闻发布会具有以下特点：

(1)宣传性。新闻发布会是组织的一项重要信息传播和宣传活动。

(2)正式性。采用新闻发布会来传递信息，形式正规、隆重，而且能增加信息传递的深度和广度。

(3)耗费较高。召开新闻发布会要占用记者和组织者较多的时间，需要动用一定的人、财、物，有较高的成本。

二、记者招待会的计划要求

社会组织是否能通过新闻发布会将组织的有关信息成功地传递出去，并借此树立自己的形象，提高自身的知名度、美誉度，关键在于新闻发布会的计划。新闻发布会的计划应立足于规范性，重点在于活动的严密、紧凑、主题突出，并在规范性的基础上体现其独特性。具体来讲，新闻发布会的计划要求见如下3条。

(一)确保记者招待会的必要性

举行记者招待会必须有充分的理由和明确的目的。也就是说,在记者招待会举行前,社会组织必须对所发布的消息是否重要、是否具有广泛传播的新闻价值以及新闻发布的紧迫性和最佳时机进行研究和分析。只有在确认举办记者招待会的必要性和可能性后,方可决定举办新闻发布会。具有举办记者招待会价值的事件一般有:组织遇到紧急事件如起火、爆炸等严重事故;组织受到公众和新闻界的公开批评;对社会产生重大影响的新技术、新产品的开发和投产;组织对社会所做的重大益事;组织的重大庆祝日或纪念日等。

(二)活动要严密、规范、富有新意

记者招待会的举办涉及组织者、公众,尤其是媒体等多方面的人士,因而活动的计划要严密、规范,并富有新意。既要有规可循,又要不拘于以往的形式,在活动的设计安排上要适当创意,以增强活动的效果。

(三)把握时机,提高组织形象

举办记者招待会是组织向社会公众展示自身实力、提高组织形象的最佳时机,会议的工作人员要注重个体形象,充分利用自己的人格力量增强信息的可信度,支配公众的顺向心理,使公众对组织产生较好的整体印象。

三、新闻发布会的举办步骤

(一)会前的筹备

1.确定记者招待会的主题

主题是新闻发布会的中心议题。组织要从新闻媒介和社会公众的角度出发,确定会议的主题和信息发布的最佳时机。再进一步考虑这个主题是否非常重要,是否具有新闻价值,能否对公众产生重大影响,此时召开新闻发布会是否适宜等。

2.选择会议地点和举办时间

举办记者招待会,在地点选择上主要考虑给记者创造各种方便采访的条件。可安排在某一饭店或会议室、公关俱乐部机构等,会场要具备必要的照明设备、视听设备和通信设备等,并且要安静,不受电话干扰,交通要方便,要有舒适的座椅以

便记录就座。会议的时间要尽量避免节假日、重大社会活动和其他重大新闻发布的日子，以免记者不能参加。会议时间一般宜控制在1小时以内，对无关或过长的提问应有礼貌地予以制止，会议应有正式结尾。

3.选择会议主持人和发言人

由于记者的职业习惯，提问大都尖锐深刻，有时甚至很棘手，这对主持人和发言人提出了很高的要求。主持人和发言人必须对提问头脑清醒，反应机敏，有较高的文化修养和口头表达能力。在组织中，会议的主持人一般由有较高专业技巧的公关人员担任，会议的发言人由组织或部门的高级领导担任，因为他们清楚组织的整体情况、方针、政策和计划等问题，又具有权威性。

4.准备发言稿和报道提纲

公关人员在会议召开前，应在组织内部统一口径，组织专门小组负责起草发言稿，全面认真收集有关资料，写出准确、生动的发言稿。并写出新闻报道提纲，在会上发给记者作为采访报道的参考。

5.准备宣传辅助材料

宣传辅助材料要围绕主题准备，尽量做到全面、详细、具体和形象。形式应多样，有口头的、文字的、实物的、照片和模型等。这些材料的准备要根据会议主题和内容的具体要求而定，在会议举行时现场摆放或分发，以增强发言人的讲话效果。

6.择定邀请记者的范围

邀请的记者覆盖面要广，各方新闻机构都要照顾到，不仅要有报纸杂志记者，还要有电台、电视台的记者，不仅要有文字记者，还应有摄影记者。特别注意对记者要一视同仁，不能厚此薄彼。发邀请信时，认识的记者可以发给本人，不认识的可以发到新闻机构，并且在会议举行前要及时用电话联系落实记者出席情况。

7.组织参观和宴请的准备

发布会前后，可配合主题组织记者进行参观活动，请记者做进一步的深入来访，这样常常会导致具有重大价值的新闻报道。有关参观活动事宜应在会前就安排好，并派专人接待，介绍情况。会后，如有必要可邀请记者共进工作餐，利用非正式交谈，相互沟通，融洽与新闻界的关系，解决有关发布会没有解决的问题。

8.制作会议费用预算

应根据所举行新闻发布会的规格和规模制订费用预算，并留有余地，以备急用。费用项目一般有场租费、会议布置费、印刷品、邮电费、交通费、住宿费、音像器材、相片费、茶点或餐费、礼品、文具用品等。

9. 做好接待工作

组织人员要提前布置好会场、横标、发言人席、记者座位，周围环境要精心设计、安排，营造一种轻松、自然、和谐的会场气氛。培训接待人员和服务人员，要求他们穿戴整洁、适宜，精神饱满、愉快，体现出组织的风格；安排会议的记录、摄影、摄像工作，以备将来的宣传和纪念之用。

(二)会议流程

举办记者招待会，会议程序要安排得详细、紧凑，避免出现冷场和混乱局面。一般来说，新闻发布会应包括以下程序。

1. 签到

应安排足够的工作人员，设立签到处，并派专人引导记者前往会场。参加会议的人要在签到簿上签上自己的姓名、单位、职业、联系电话等。

2. 发资料

会议工作人员应将写有姓名和新闻机构名称的标牌发给与会记者，并将会前准备的资料，有礼貌地发给到会的每一位。

3. 介绍会议内容

会议开始时要由会议主持人说明举办新闻发布会的原因，所要公布的信息或事件发生的简单经过。

4. 主持人讲话

主持人要充分发挥主持和组织作用，以庄重的言谈和感染力，活跃整个会场气氛，并引导记者踊跃提问。当记者的提问离会议主题太远时，要善于巧妙地将话题引向主题。会议出现紧张空气时，能够及时调节缓和，不要随便延长预定会议时间。

5. 回答记者提问

要准确、流利自如地回答记者提出的各种问题，不要随便打断记者的提问，也不要以各种动作、表情和语言对记者表示不满。对于保密的东西或不好回答的东西不要回避，而要婉转、幽默地进行反问或回答，以确保所发布的消息必须准确无误。

6. 参观和其他安排

会议结束后还应由专人陪同记者参观考察，给记者创造实地采访、摄影、录像等机会，增加记者对会议主题的感性认识。如果有条件，社会组织还可举行茶会和酒会，以便个别记者能够单独提问，并能融洽和新闻界的关系。

（三）会议效果检测

记者招待会结束后，社会组织要检验会议的效果是否达到了预期目的。要求做好以下工作：尽快整理出新闻发布会的记录材料，对会议的组织、布置、主持和回答问题等方面的工作做一总结，从中认真汲取经验和不足，并将总结材料归档备查。搜集到会记者在报刊、电台上的报道，进行归类分析，检查是否达到了会议的预定目标，是否有由于失误而造成的谬误。对检查出的问题，要分析原因，设法弥补失误。对照会议签到簿，看与会记者是否都发了稿件，并对记者所发稿件的内容及倾向做一分析，以此作为以后举办新闻发布会邀请记者范围的参考依据。收集与会记者以及其他与会代表对招待会的反应，检查招待会接待、安排、提供方便等方面的工作是否有欠妥之处，以便改进今后工作。若出现不利于本企业的报道，应做出良好的应对策略。若是不正确或歪曲事实的报道，应立即采取行动，说明真相，向报道机构提出更正要求；若报道的虽然是正确事实，但不利于本企业，这种情况完全是企业内部错误造成的，对此应通过该报道机构表示虚心接受并致歉意，以挽回企业声誉。

第五节 庆典活动

一、庆典活动的意义和类型

（一）组织庆典活动的意义

庆典活动，是社会组织围绕重要节日或自身重大事件举行庆祝的一种公共关系专题活动。组织自成立后，就进入了运行发展的过程，每逢重大节日或重要事件，或是组织的纪念日，某项工程的开业或竣工，都要举行隆重的活动。并借这些活动对内营造和谐氛围，增强员工凝聚力，对外协调关系，扩大宣传，塑造形象。

组织庆典活动总的要求是喜庆的气氛、隆重的场面、热烈的情绪、灵活的形式，需要较高的规范性和礼宾要求。喜庆的气氛，是由庆典活动的内容决定的。组织庆典活动体现着吉祥、和美、欢乐之意，要求组织者应突出欢喜吉庆的基调。隆重的场面要求活动的组织者在开展活动的环境和规格上多动脑筋，通过环境布置来体现隆重和喜庆,以增加场面的隆重和新闻界及社会公众的注意,扩大组织的社会影响。如深圳赛格集团开业典礼由深圳市市长主持剪彩的计划,修正为国务院总理出席并主持剪彩,由本地区的新闻消息升格到国家级新闻媒介争相报道的消息,扩大了受众面,提高了宣传效应。

(二)庆典活动类型

庆典活动在形式上,一般有开幕庆典、闭幕庆典、周年庆典、特别庆典和节庆活动5种。

1.开幕庆典

开幕庆典,即开幕式,是指第一次与公众见面的、展现组织新风貌的各种庆典活动。包括各种博览会、展览会、运动会和各种文化节日的开幕典礼,组织或企业的开业典礼,重要工程的开工典礼或奠基典礼,重要设备及工程首次运行或运转的庆祝活动(如通邮、通车、通航等典礼活动),等等。

2.闭幕庆典

闭幕庆典是组织重要活动的闭幕式或者活动结束时的庆祝仪式。包括各种博览会、运动会和文化节日的闭幕典礼、重要工程的竣工或落成典礼、学校学生的毕业典礼,组织重要活动或系列活动的总结表彰或者为圆满结束举行的各种庆祝活动等。闭幕庆典是重要活动的尾声,重视的程度和隆重的程度较开幕式而言较弱,多强调活动的有始有终,圆满结束。但有的活动从不同的角度来看,虽然可以作为闭幕式处理,但又可以看作开幕式,例如,公路的修成也就预示着开始通车,多举行通车典礼。如何开展活动,这就要根据其内涵和意义来选择。当然,并非所有的活动结束或者开始都要举行庆典,这需要根据组织的公关实务目标和财务条件来决定。

3.周年庆典

周年庆典是指组织在发展过程中各种内容的周年纪念活动,包括组织“生日”纪念,如工厂的厂庆,商店的店庆,宾馆的馆庆,学校的校庆以及大众媒介机构的刊庆或台庆等,还包括某项技术发明或某种产品问世的周年纪念、组织或企业之间友好关系的周年纪念等。通常是逢五、逢十进行的,即在本单位成立五周年、十周年以及它们的倍数时进行。周年庆典的内涵需体现总结过去、继往开来,体现组织发展过程中的里程碑。一般要求全体员工统一着装,如工厂厂服或店服,戴厂徽或店徽。庆典仪式上升厂旗,奏厂歌或店歌,为配合周年庆典纪念活动,可组织其他的系列主题活动,起到欢庆和教育的双重作用,当然,组织周年庆典活动并非总是一样的模式，应围绕组织周年纪念中心内容进行创意，以增强活动独特性和对公众的吸引力。

4.特别庆典

特别庆典是指组织为了提高其知名度和美誉度，利用某些具有特殊纪念意义的事件或者为了某种特定目的，策划组织的庆典活动。例如，当本组织荣获了某项荣誉称号、产品在国内外重大展评中获得大奖或者取得重大业绩时，往往都会庆祝一番。一般来说，根据不同的组织目的，特别庆典可采取不同的方式；有的庆典以制造新闻，吸引外界为主要目的；有的庆典以强化观念，引起注意为主要目的；有的庆典以关心组织员工，增进内部团结为主要目的；有的庆典以关心社会，宣传自己为主要目的。组织应注意根据不同目的，策划具有独特创意的特别庆典活动，为实现组织的公关目标服务。

5.节庆活动

节庆活动是指组织在社会公众重要节日时举行或参与的庆祝活动。例如，劳动节庆祝活动、国庆节庆祝活动等。这里的重要节日可以是我国传统的节日，也可以是源自西方的节日。

节庆活动一般可分为两种，一种是组织利用节日为社会公众举办的各种娱乐、联谊活动、免费或优惠服务，目的在于联络感情，协调关系；另一种是积极参与当地社区组办的集体庆祝或联欢活动，如准备锣鼓队、花灯、彩车、高跷、龙灯、旱船等节目，参加聚会或演出，目的在于塑造一个积极参与社会活动的形象，保持沟通，宣传自己。

二、庆典活动的准备工作

庆典活动是一种表演色彩较浓的公共关系专题活动。为了使这一活动开展得有声有色，圆满成功，公共关系人员一定要精心策划，周密实施。最好的办法，是庆典一经决定举行，立即成立对此全权负责的筹备组。筹备组成员通常应当由各方面的有关人士组成，在庆典的筹备组之内，应根据具体的需要，下设若干专项小组，在公关、礼宾、财务、会务等各方面“分兵把守”，各管一段。具体地说，要办好一次庆典活动，应认真做好以下的一些工作：

1.确定庆典活动主题

首先要确定庆典活动主题，以便围绕主题进行精心策划，提炼宣传口号，写出活动方案。庆典活动的主题是连接所有项目、统率整个活动的思想纽带和思想核心。确定公共关系活动的主题，是庆典活动中一个极其重要的环节，它好比确定一部大型交响乐曲的主旋律。美国福特汽车公司经过几年精心筹备，在世界范围举办厂庆活动，就是要在世界范围内提醒人们回顾福特公司的光荣历史及对社会的贡献，展示公司的实力，树立富于开拓进取的、为社会尽心尽力的公司形象；大亚湾核电站的公关活动，则是为了澄清人们的偏见和误解，以改变在社区公众心目中的不良形象为目标的。

2.确定关键仪式人员

剪彩、揭牌、挂牌等人员一般应由本组织负责人和来宾中地位最高、有较高声望的知名人士共同承担。

3.拟定邀请出席庆典仪式的宾客名单

精心确定庆典出席人员名单。确定庆典的出席者名单时，始终应当以庆典的宗旨为指导思想。一般来说，庆典的出席者应包括如下人士：政府领导、行政上级、知名人士、新闻记者、社区公众代表、同行组织代表和组织内部员工。以上人员的具体名单一旦确定，就应尽早发出邀请或通知，以便被邀请者安排时间，按时出席。特别是重要来宾应由组织主要负责人亲自邀请。鉴于庆典的出席人员多，牵涉面广，所以不到万不得已，均不许将庆典取消、改期或延期。

4.拟定庆典活动程序

精心拟定庆典活动的具体程序。庆典活动程序主要包括：签到、主持人宣布活动开始、介绍重要来宾、组织领导和重要来宾致辞或讲话，有些活动还需要有剪彩和参观的安排、交流的机会（或座谈、宴请，或安排喜庆、余兴的节目，席间进行交流）、重要来宾的留言、题字（该项活动，也可安排在活动开始前）。

一次庆典举行的成功与否，与其具体的程序有着密切关系。拟定庆典的程序时，必须坚持的原则：①时间宜短不宜长。为了尊重来宾，更为了确保其效果良好，应以1小时为其极限；②程序宜少不宜多。程序过多，不仅会加长时间，而且还会分散出席者的注意力，并给人以庆典内容过于凌乱之感。

5.安排好活动接待工作

庆典接待小组，原则上应由年轻精干、形象较好、口头表达能力和应变能力强的男女青年组成。活动开始前所有相关人员应各就各位，做好一切接待准备工作。重要来宾的接待，应由组织的首脑亲自完成。与一般商务交往来宾的接待相比，庆典仪式来宾的接待，具有礼仪性更强的特点。应热心细致地照顾好全体来宾，通过主办方的接待工作，使来宾感受到主人的尊重与热情。可根据情况安排专门的接待室或会议室，以便在正式活动开始前，让来宾休息或与组织的领导交谈。入场、签到、剪彩、留言等活动，都要有专人指示和领位。

接待小组成员的具体工作有以下几项：①来宾的迎送。即在举行庆祝仪式的现场迎接或送别来宾。②来宾的引导。即由专人负责为来宾带路，将其送到既定的地点。③来宾的陪同。对于某些年事已高或非常重要的来宾，应安排专人陪同始终，以便关心与照顾。④来宾的招待。即指派专人为来宾送饮料、上点心以及提供其他方面的关照。

6.精心布置庆典现场

庆典活动的地点安排、场地布置是否恰如其分，直接影响着庆典留给出席人员印象的好坏。在布置举行庆典的现场时，必须要考虑的主要问题有：①地点。地点的选择应结合庆典的规模、影响力以及本单位的实际情况来决定。可考虑本单位的广场、礼堂、会议厅或外借的大厅等。注意在室外举行庆典时还要考虑是否噪声太大，是否妨碍交通或治安等。②场地的大小。场地并非越大越好，应同出席者人数的多少相适宜。人多地方小，拥挤不堪，会使人心烦意乱。人少地方大，则会让来宾对本单位产生"门前冷落车马稀"的感觉。③美化庆典场地的环境。为了烘托出热烈、隆重、喜庆的气氛，可在现场张灯结彩，悬挂彩灯、彩带，张贴一些宣传标语或横幅，还可以请乐队、锣鼓队来助兴。但也要适度，不要喧宾夺主。④音响方面。在举行庆典之前，务必把音响准备好。尤其是供来宾们讲话时使用的麦克风和传声设备，如若出现问题，往往会令主持人手忙脚乱，非常难堪。同时还要考虑在庆典举行前后，播放一些欢快、喜庆的乐曲。但是对于播放的乐曲，应事先进行审查，不允许让工作人员现场自由选择，随意播放。

7.其他物质准备和后勤服务

为活动助兴，可以安排一些短小精彩的文艺节目，这些节目可以组织内部人员表演，也可以邀请有关文艺团队或人员表演，节目力争要有特色。庆典活动的现场，需要剪彩的，要有彩绸带。鞭炮、锣鼓等在特殊场合，也要有所准备，燃放鞭炮，一定要有保安措施。宣传品、条幅和赠予来宾的礼品，也应事前准备好，赠送的礼品要与活动有关或带有企业标志。

三、庆典的操作程序

宾客来到后，有专人请他们签到。如果此时组织有关于产品经营项目及公司全方位说明的资料，均可发给到场的宾客，以扩大组织的知名度，并将预先准备好的新闻参考资料或报道提纲，提供给前来的新闻记者，以便作为新闻素材。注意宾客签名后，应由接待人员请来宾就座，并备有茶水、饮料，让他们稍事休息并相互认识。依照常规，庆典大致上应包括以下程序：

(1)主持人宣布庆典正式开始，宣读重要来宾名单。

(2)剪彩。如果有剪彩，剪彩者穿着端庄整齐的服饰，并保持稳重的姿态，走向彩带，步履稳健，全神贯注，不和别人打招呼。拿剪刀时应面带微笑向服务人员、礼仪小姐表示谢意，剪彩时，要向手拉绸带或托彩花的礼仪小姐微笑点头，然后神态庄严地一刀剪断彩带。剪彩完毕，转身向四周观礼者鼓掌致意。

(3)本单位主要负责人致辞。致辞要言简意赅、热烈庄重，切忌长篇大论。其内容是，对来宾表示感谢，介绍此次庆典的缘由等。其重点应是报捷或庆典的可“庆”之处。

(4)邀请嘉宾讲话。大体上讲，出席此次庆典的上级主要领导、协作单位及社区关系单位的主要领导，均应有代表讲话或致贺词。不过应当提前约定好，不要当场当众推来推去。

(5)礼成，安排余兴节目。典礼完毕，为活动助兴，可以在庆典过程中安排一些短小精彩的文艺节目，如敲锣打鼓、鞭炮礼花、舞狮耍龙、乐队伴奏、民间舞蹈、歌舞节目等。在允许燃放鞭炮的地区，还可燃放鞭炮、礼花、礼炮等。另外还可以邀请来宾为本组织题词，以便留下永久纪念。

(6)参观。庆典结束后，可组织来宾参观，如参观本组织有纪念性的馆室、店堂或标志性建筑设施、商品或荣誉陈列室等，增加宣传组织、传播信息的机会。

(7)通过座谈和留言等形式广泛征求意见，并尽快将意见和建议综合整理出来，以总结评估活动的效果。

(8)可根据情况安排宴请。在宴请过程中，要注意桌次、座位等诸多礼仪规范和讲究，以便为此次活动画上一个圆满的结局。

庆典的形式不十分复杂，所用时间也不多，但要办得热烈隆重，丰富多彩，给人留下强烈而又深刻的印象并不是容易的事。这就要求活动的组织人员既要有热情的举止，又要有冷静的头脑；既要善于鼓动，又要指挥有序。

本章小结

公共关系工作的内容十分丰富，工作也极其复杂。除了注重内部管理、产品和服务质量之外，公共关系专题活动是卓有成效的传播与沟通的方法与技巧。组织各种专题活动，安排、实施公共关系专题活动，是使社会组织在客体心目中建树良好形象、吸引顾客、占领市场的重要手段。

赞助活动是企业或组织为某一项事业无偿提供资金或物质支持,以获得一定形象传播效益的公共关系活动,是融洽社会公众关系的一种有效手段。公益活动是从长远着手,出人、出物或出钱支持某项社会公益事业的公共关系实务活动。公益活动的宣传是目前社会组织特别是一些经济效益比较好的企业,用来扩大影响,提高美誉度的重要手段。社会公益活动的内容包括社区服务、环境保护、知识传播、公共福利、帮助他人、社会援助、社会治安、紧急援助、青年服务、慈善、社团活动,专业服务,文化艺术活动,国际合作等。展览会是一种常见的公共关系专题活动形式,是社会组织通过实物的展示和文字、图表等的示范表演来配合宣传组织形象和推广产品的专题活动。它以边展边销、以展促销为主要表现形式,是一种典型的营销公关活动。记者招待会又称新闻发布会,是指特定的社会组织或个人把有关新闻单位的记者邀请到一起,宣布有关消息或介绍情况,让记者就此提问,由专人回答问题的一种特殊会议形式。庆典活动,是社会组织围绕重要节日或自身重大事件举行庆祝的一种公共关系专题活动。

这些专题活动都需要公共关系人员精心准备,认真策划,才能达到预期的公共关系目标与效果。

案例分析

案例一 今日头条地铁营销:"发财中国年"红包地铁

在2018年春节期间,今日头条在长沙、沈阳均打造了一趟发财红包专列,该专列一共设计了6个主题车厢和30组创意插画,整个地铁营造了浓厚的过节氛围。值得一提的是,今日头条的专列打造了"518我要发"财运车厢、"521我爱你"爱情车厢、"1799一起久久"友情车厢、"818抱一抱"亲情车厢、"837不生气"佛系车厢、"666溜溜溜"给力车厢……

这些车厢均结合不同数字的组合内涵,从爱情、友情、亲情等话题角度切入,融入了对来年的美好祝愿。此外,今日头条还在车厢内设计了与"发"字财神的互动区,大大调动地铁族拍照兴趣,通过拍照分享形成话题#春节上头条#二次传播。整体看来,今日头条的发财车厢迎合了受众新年渴望发财的情感需求,营造了春节发财运的仪式感。

案例二 跨界合作 眼界大开——带你回顾华为手机新品发布会

2018年4月12日,华为在上海体育中心举办以"眼界大开"为主题的2018春季新品发布会，正式向国内用户推出年度旗舰 HUAWEI P20 系列手机。著名导演、艺术家王潮歌亲临现场，携手华为带来一场科技与艺术完美结合的感官盛宴，充满想象力的舞台表达，让人眼界大开。

颠覆传统　王潮歌巨幅纱幕打造沉浸式体验

曾开创中国实景演出先河，指导过奥运会开幕式的王潮歌，向来以大胆创新和非凡的艺术表现力为人称道，"每一次都是新的"是王潮歌作品的鲜明特点。作为 HUAWEI P20 发布会的艺术指导，王潮歌呈现的跨界作品依旧不负期待。此次发布会颠覆性地将宽 113 米，高 20 米的巨幅纱幕作为重要元素，横跨上海东方体育中心的整个横截面，极大地延展了主体 LED 屏幕的视觉空间，结合先进的投影技术和其亦反光亦透光的属性，营造出了美轮美奂的全息舞台效果。虚实结合的演绎手法，将科技与艺术完美融合，打造了如梦似幻的沉浸式视觉盛宴。

谈及沉浸式舞台的设计理念，王潮歌表示"我希望参加这个发布会的任何一个人，一个记者、未来的用户，都应该是剧情的一部分、演员的一部分、都应该是体验者。就好像设计手机，手机制作出来的时候还不算完成，只有将其交到消费者手中使用以后，整个设计过程才算完成。我的戏也一样，我希望这次发布会是和所有观众在一起完成的。"

探知自我和世界的好奇心　成为华为与王潮歌牵手的催化剂

在发布会现场，作为艺术家的导演王潮歌表示对创新的共同追求是其牵手华为的原因，"是好奇心支持人类能够繁衍生息，是好奇心支持每一个普通人从平凡走向美好，支撑华为把一个一个难关攻克下去，最终诞生了这款为每个人量身定制的手机。"

因为对艺术探知的好奇心，所以王潮歌希望自己的每个作品都要呈现出大家难以想象的精彩，而华为也因为在科技领域的好奇心，通过不断地探索和创新，打造出了一款又一款让人惊喜的科技产品。通过先进的纳米真空光学镀膜工艺，在华为 P20 系列极光色背面创造出了迷人的渐变色"极光带"，宛如一道极光藏于其中，流光溢彩。王潮歌认为"充盈的内心让我看到绚丽的世界"，HUAWEI P20 系列不只是智慧手机，更是艺术品，它是艺术与科技的完美结合。

此次华为与王潮歌携手打造的 HUAWEI P20 系列发布会通过科技与艺术的碰撞，为我们完美呈现了一次眼界大开的视觉盛宴。王潮歌在采访中曾如此表示"科技的进步对于艺术的延展，拓宽它的疆域有着极其至关重要的作用"。此次 HUAWEI P20 系列发布会正是王潮歌尝试新的科技手段，不断超越自我，创造新的艺术表达形式的最好证明。

问题：

1.结合案例二试分析办好一次新品发布庆典活动，应做好哪些方面的工作？

2.结合案例一“红包地铁”分析该专题活动是如何引起公众兴趣和关注度的。

思考题

1.结合实践谈谈如何运用专题活动提高社会组织形象。

2.结合所学知识，谈谈赞助活动需要注意哪些问题。

3.如果你举办展览会，需要做哪些准备工作？

4.试述举办记者招待会的流程及注意事项。

5.某公司需要在最短的时间里提高知名度，请为该公司策划一项公共关系专题活动。

第九章

公共关系危机管理

导入案例

红星新闻2月24日消息:2月23日,内蒙古锡林郭勒盟西乌旗银漫矿业公司井下运送工人的车辆发生事故。据央视报道,2月24日凌晨5点,当地召开新闻发布会。目前,事故已造成21人死亡,29人受伤。

红星新闻记者发现,西乌珠穆沁旗银漫矿业有限责任公司为上市公司兴业矿业的全资子公司。2017年,银漫矿业实现的净利润约占兴业矿业净利润的82.65%。

分析以上的事故危机对上市公司的影响。

我们生活在一个危机四伏的年代,不管对于企业来说,还是对于政府来说,目前都可能面临不同的公共关系危机。面对危机,有的组织茫然不知所措,被动应付,乏善可陈,有的从容应对化危为机。一个组织有着完善的公共关系危机管理的体制机制对于化解危机具有重要作用。

第一节 公共关系危机与危机管理

一、公共关系危机概述

(一)相关定义

危机时常发生在我们身边,由危机延展出来的与公共关系相关的词汇便无时无刻环绕着公共关系行业和公共关系从业人员。“危机”“危机管理”“公共关系危机”“危机公共关系”也是我们公共关系人员必须要分清的基本概念。

1.危机的定义

在现代汉语中，危机一词有两种解释：一是危险的祸根，如危机四伏；二是严重困难或生死存亡的紧要关头，如经济危机。人们一直试图全面而确切地对危机下个定义，但是实际上危机事件的发生却有着千变万化的现实场景，很难一言以蔽之。

危机，有时也指一个不稳定的时期。当危机来临时，如果能够及时采取有效措施，渡过这个不稳定的时期，就是一个新局面的开始。所以，也可以说，危机是一个转折点。它是一个极富有思辨色彩的词语，“有危险才有机会”。正如有人所说，只有中国的汉字能圆满地表达出危机的内涵，即“危险与机遇”，是组织命运“转机与恶化的分水岭”。

我们认为，所谓“危机”(crisis)是指可能危及组织或个人的形象、利益甚至生存和发展的突发性或灾难性的事件。它指一件事，或一种状态，将可能迅速导致严重的负面结果，对其控制和管理都很困难。这种突发事件在很短时间内可能会波及很广的社会层面，对企业或品牌会产生恶劣影响。而且这种突发的紧急事件由于其不确定的前景造成高度的紧张和压力，为使组织在危机中生存，并将危机所造成的损害降至最低限度，决策者必须在有限的时间内，做出关键性决策和具体的危机应对措施。

(1)危机与紧急事件、突发事件的比较：紧急事件强调对事件处理的时间紧迫，而突发事件强调事件发生的不可预测性，这两者都不能等同于危机。保夏特(Pauchant)和米德罗夫(Mitroff)举了一个很形象的例子来说明二者之间的区别：一个工厂里的水龙头坏了，如果仅仅导致会议时间被拖延，那就是事故；但如果由此造成工厂停产，甚至引起倒闭，那就成了危机。也就是说，事故影响较小，是对企业的局部破坏；而危机则影响较大，会对组织造成根本性的毁坏。

(2)危机与风险的比较：所谓风险(risk)，是指发生对组织不利事件的可能性。对风险防范不善，造成的危害达到较大的程度时，危机就会发生。也就是说，风险的存在是导致危机发生的前提。对风险进行有效的评估和管理，可以防范危机的发生。组织如果对各种风险熟视无睹，或者对于已经认识到的各种风险不采取有效的措施，今天的风险就会演变成明天的危机。因此，危机与风险的区别可以概述为两点：①风险是危机的诱因；②并非所有的风险都会引发危机，只有当风险所造成的危害达到一定的程度时，才会演变为危机。

2.公共关系危机与危机公共关系

公共关系危机是危机中的一种，这种危机的处理主要依靠公共关系管理来完成，即危机公共关系是公共关系危机的核心管理方法。

公共关系危机是指社会组织由于突发事件或重大事故的出现，导致其面临强大的公众舆论压力和危机的社会关系环境，使组织形象遭受损害，组织的公共关系处于危机的状态。所谓突发事件是指意想不到的突然发生的事件或问题。它有广义和狭义之分。从广义上讲，突发事件有良性与恶性两类。良性的突发事件是指突然发生的对社会组织有利的事件；而恶性突发事件是指突然发生的对社会组织不利的事件。从狭义上讲，突发事件是专指突然发生的恶性事件。公共关系所说的突发事件是指狭义的突发事件，可分为一般突发事件和重大突发事件。前者如组织内部的纠纷，后者如重大工伤事故灾难等。

由于组织的管理不善、同行竞争甚至遭遇恶意破坏或者是外界特殊事件的影响，而给组织自身或形象带来危机，组织针对危机所采取的一系列自救行动，包括消除影响、恢复形象等，就是危机公共关系。危机公共关系属于危机管理系统的危机处理部分。

（二）公共关系危机的特点

1.突发性与未知性

危机一般是一种突发性事件。危机爆发的具体时间、实际规模、具体态势和影响深度，是始料未及的。很多危机事件是突发性的，多数是在人们毫无察觉和毫无准备的情况下发生的，让人们感到意外、吃惊，甚至会感到恐惧、害怕，同时，它也会给组织带来一定程度的混乱。

企业内部因素所造成的危机，因为人们习以为常、人为疏忽，对某些问题视而不见，因此危机的爆发经常出于人们的意料之外。1987 年 11 月 8 日晚上 7:30，英国伦敦地铁站出口的电梯着火。但人们都不相信会有火灾发生，都只是敷衍了事。一位经理级的雇员察看了一下火源，却未能启动灭火系统。而在场的乘客也表现得很无所谓，没有人大喊着火，更没有人奔跑逃命。7:50 左右火势开始蔓延。直至 0:42，大火才被扑灭。官方统计确认有 30 人丧命，20 人严重受伤。随后展开的调查表明，这次大火的火源是地铁站使用很久的木质结构的电梯。在过去的 45 年里，这种电梯已引发了 18 起火灾。而这不能不说是严重的失误，这种失误必须避免，否则危机还会发生。这次火灾后，有关部门提出了 157 条改善意见。如在电梯上安装热监测器，装置自动灭火器，拆除木质结构的电梯、让员工参加应急管理课程培训等。

而企业外部因素所造成的危机，如 2003 年初的 SARS 和 2004 年初的禽流感，以及地震、洪水等自然灾害，另外如反倾销、经济制裁或国家政策调整等社会性因素所带来的损失，是人们无法控制的，具有很大的突发性和不可控性。

2.聚焦性和轰动性

危机常常成为社会舆论关注的“热点”和“焦点”，它更是新闻媒体报道的最佳“新闻素材”与报道线索，有时甚至牵动整个社会各界公众的“神经”，演变成一场危机风波。可谓“好事不出门，坏事传千里”，一个负面消息的传播足以抵消千百万篇正面的报道和千百万次广告。如 1986 年苏联的切尔诺贝利核电站的核泄漏事故，在非常短的时间内就成为国内外大小媒体关注和报道的焦点。同时作为危机的利益相关者，公众与媒体不仅仅关注危机本身的发展，而更关注企业对危机的处理态度和所采取的行动。

对一个政府或企业而言，从一定程度上讲，危机的处理就是对政府形象或企业形象的考验，危机情境被媒体曝光后会引起社会各方面的广泛关注，并产生轰动效应。在 2003 年春天前几乎无人知晓什么叫 SARS，甚至连我国最高的权威性机构——国家卫生部发布的传染病病例中也找不到 SARS 的字样。但这场可怕的疫情自 2 月以来在广东暴发流行，在短短的 3 个月内迅速蔓延到全国 20 多个省(市、自治区)，在大都市里的交叉性感染尤为严重。根据后来医学专家的解释，如果 SARS 病毒在一个毫无防备措施的都市里，20 天内就可传染 90%的市民。北京从 2003 年 4 月 20 日到 5 月 10 日这 20 天的高峰期内，每日以三位数的速度增长，这 3 周时间后来被人称为“魔鬼周”。值得庆幸的是，在始料未及的灾难降临时，中国政府当机立断，采取了许多应急性措施，号召全国人民团结一心，众志成城，抗击“非典”。而这些做法都是在法制、道德及舆论的监督高度透明的情况下实施的“阳光工程”，公众时时都在关注，深得民心。政府的工作从被动转为主动，疫情得到了有效的控制，SARS 终于退缩了，政府的公信力重新回到人们的心里。

社会公众有关危机的信息来源是各种形式的媒体，而媒体对危机报道的内容和对危机报道的态度影响着公众对危机的看法和态度。有些企业在危机爆发后，由于不善于与媒体沟通，导致危机不断升级。如清华紫光笔记本电脑“换芯”事件，事件缘于一位上海的顾客使用紫光笔记本频繁出现死机现象，而后发现其使用的是台式机的 CPU，与紫光数次交涉仍然得不到满意的解决。极度失望之下，致函相关媒体，称清华紫光恶意欺诈消费者。此事经媒体炒作，对清华紫光的声誉产生了极坏的影响。清华紫光产品的形象在顾客心目中一落千丈，面临严重的信誉危机。清华紫光在随后的说明中向媒体解释，使用台式 CPU 是笔记本制造技术的发展趋势。如果清华紫光及早取得消费者协会的谅解，预先与 INTEL 公司协调，强调笔记本电脑使用台式 CPU 是技术发展的未来方向，就不会在面对消费者的指责时疲于应付，面对恶意欺骗指责时处于被动地位。

3.危害性与破坏性

由于危机常具有“出其不意,攻其不备”的特点,不论什么性质和规模的危机,都必然不同程度地给组织造成破坏,造成混乱和恐慌,而由于决策的时间以及信息有限,往往会导致决策失误,从而带来无可估量的损失。而且危机往往具有连带效应,引发一系列的冲击,从而扩大事态。直接表现在给组织、企业和个人带来巨大的损失,这种损失可能是有形的,也可能是无形的。比如,空难、海难事故引发的危机,往往在危害企业的同时,还危害当事人及其亲属的心理和生理健康。许多人因失去亲人而久久不能节哀,对公众、当事人、家属及社会等都很不利。

有形的损失包括机器设备、房屋建筑以及其他生产资料和原材料的丧失,企业资金的流失,甚至包括人员的伤亡等。20世纪80年代,美国碳化物联合公司在印度博帕尔工厂的泄毒事故,疾风电火导致2 000人死亡,10万多人受伤;又如美国“9·11”事件后的废墟、韩国大邱地铁火灾中人们绝望的哭喊、新疆地震噩梦般的轰鸣和人们面对SARS病毒的恐慌,使我们一次次目睹了突发性危机的巨大破坏。

无形损失不是实际的费用支出,常常难以统计和估量,并且对企业的影响深远,因而也是一种不可低估的损失,主要体现在企业的形象受损、企业的美誉度降低,使企业产品的品牌失去市场。所以,企业绝不可以轻视突发性危机所造成的无形破坏,有时,这种无形破坏比有形破坏更可怕。危机不仅会破坏正常的经营秩序,更严重的是会破坏企业持续发展的基础,威胁企业的未来发展。很多企业在危机中垮台、破产,例如巨人集团、郑州亚细亚、爱多公司等。

4.迅速性和紧迫性

对企业来说,危机一旦爆发,其破坏性的能量就会被迅速释放,并呈快速蔓延之势,如果不能及时控制,危机会急剧恶化,使企业遭受更大损失。

危机爆发时往往来势突然,而且发展态势迅猛,如果不能及时采取有力措施加以控制和制止,则损失巨大,后果将不堪设想。对于一个企业来说,危机的紧迫性又包含两层含义:①指危机爆发之初就呈现出不可遏制之势。企业由于受到外部环境的变化影响或者内部不良因素长期积累到一定程度,由量变发展为质变,突然爆发而形成危机;②指突发性危机一旦发生后,它是不会保持其原状一成不变的,而是在短时间内就会迅速发生演变,甚至在人们还没有来得及采取措施时它已经变得面目全非了,并进一步扩大和泛滥,而且由于危机的连锁反应以及新闻的快速传播,如果给公众留下反应迟缓,漠视公众利益的形象,势必会失去公众的同情、理解和支持,损害品牌的美誉度和忠诚度。因此对于危机处理,可供作出正确决策的时间是极其有限的,对企业的危机应对机制提出严峻的考验,而这也正是对决策者最严峻的考验。

2001 年初，世界上著名的菲利浦公司的芯片生产车间突然失火，此次火灾使菲利浦的芯片生产受到极大破坏，而芯片又是生产手机的主要元件。菲利浦在此情况下，一面组织人员积极抢修争取早日恢复生产，一面派人通知其两大客户——手机生产商摩托罗拉和爱立信公司：公司在生产中遇到暂时的常规性的技术困难，交货日期需推迟。爱立信对菲利浦的说法深信不疑，一心一意等待着菲利浦的芯片。而摩托罗拉对此却将信将疑，他们马上着手调查，当彻底地掌握了菲利浦的真实情况后，摩托罗拉立即向其他芯片生产商订货，使自己有着充足的芯片货源——即使菲利浦不能及时交货，摩托罗拉手机照样大批量地生产。大概 1 个月过后，菲利浦公司不得不通知摩托罗拉和爱立信：公司在短期内无法恢复芯片的生产。得知这一消息，爱立信犹如晴天霹雳，公司处于回天乏术的尴尬境地，无奈之下只好将自己的部分市场拱手让给别人，从而失去了世界手机三巨头之一的显赫地位；而摩托罗拉则没有为此遭受多大的影响，相反，它还得到了因爱立信的退出而空出的那部分市场份额，可谓因祸得福了。我们看到，同是面对突发性的危机，由于爱立信的轻敌和摩托罗拉的慎重使两个原本处在同一起跑线上的企业有了不同的命运，一悲一喜，天壤之别。由此反映出只有把握住突发性危机的紧迫性特点，选择正确的方法快速化解危机，才能在市场运营中抢占先机，重拳出击，赢得最后的胜利。

5.复杂性和普遍性

危机的发生一般都具有复杂性的特点。一是造成危机的原因是很复杂的，既有内因，又有外因。二是在危机处理过程中，遇到的情况十分复杂，既有主观上的原因，又有客观上的原因。

例如，香港的百富勤，本来是一个知名度很高、业绩辉煌、硕果累累、人才济济的十分成功的企业。创办时仅有 3 亿港元注册资金，10 年增加了 80 倍，到 1997 年亚洲金融风暴前夕，百富勤已成为除日本之外的亚洲最大、实力最雄厚的投资商，并跻身于世界 500 强之列。但是由于 1997 年它向印度尼西亚橡胶公司发放 2.65 亿美元半年期贷款，而印度尼西亚橡胶公司在亚洲金融风暴中屡屡失败，不能偿还百富勤的短期贷款，致使百富勤资金周转不灵，最终导致其在 1998 年 1 月宣布破产。百富勤危机既有内部决策失误，又受东南亚金融风暴的影响等原因，情况十分复杂。

就危机的普遍性来说，大到一个国家，小到一个企业，都可能遭到危机的威胁。国内外一些大中小企业发生的危机就足以说明，企业危机具有普遍性。

(三)公共关系危机的类型

根据国内外危机管理的经验,准确地识别、判断危机的类型,是成功地处理危机事件的一个必不可少的环节,有助于公共关系人员制定相应对策。引起组织危机的类型很多,按照不同的标准可以进行不同的分类。

1.根据危机的外显形态来划分——显性危机与隐性危机

显性危机是指已经发生的危机或危机趋势非常明显,爆发只是一个时间问题。例如,巨人集团由于扩张速度过快,管理混乱,决策制度不健全,兴建巨人大厦的方案开始是12层,为办公楼,需要资金2亿元。之后设计方案一再改变,最后增加到70层,为商品楼,所需资金由2亿元增加到12亿元。后来由于资金没有落实,别人欠巨人集团的钱追不回来,而巨人集团也欠别人的钱,一时间讨债的人汇集巨人集团总部门前,有的举着标语"巨人欠巨款,何时归还?",这使危机的趋势非常明显,叫作显性危机。

隐性危机亦称潜伏性危机,是在缓慢渐变中形成的危机,起初症状不明显,甚至没有症状,不易察觉,很容易忽视,后来日积月累逐渐严重,一旦爆发,危害性很大,往往是无法挽回的。

2.根据危机同组织的关系程度及归咎对象的不同而划分——内部危机和外部危机

内部危机——发生在企业内部,危机波及的范围相对较小,危机发生的原因主要是由组织成员直接造成的。因此,责任归咎的对象主要是本组织的部分人员,相对来说容易处理,如形象危机、经营危机、管理危机、法律危机、素质危机等。

外部危机——发生在组织外部,本组织只是受害者之一。它波及的范围相对较广,受害者大多数是社会公众,责任不在发生危机的某一具体单位及其成员身上,因此,这种危机的不可控因素比较多,较难处理,需要有关方面密切配合,共同行动,如竞争危机、自然灾害危机(天灾)、媒介危机、社会环境危机、政治危机、经济危机等。

3.根据危机给企业所造成损失的表现形态来划分——有形危机和无形危机

有形危机——给企业带来的损失是有形的,即凭肉眼可观察到这些危机所造成的损失。如房屋的倒塌、爆炸、洪涝灾害、地震、火灾、空难、海难等所造成的损失。

有形危机的发生与造成的损失大多是同步的;危机造成的损失明显,易于评估;但这种损失难以挽回,只能采取一些补救措施。另外,这种有形危机的发生常常是伴随着无形危机出现的。

无形危机——这是一种给企业带来的损失表现不太明显，但影响却十分深远的危机。这种危机在始发阶段，损失不明显，很容易被人忽视；危机发生后，如任其发展，损失会越来越大；这种危机所造成的损失是慢性的，但它的影响却不能低估，有时会导致企业破产。

4.根据危机产生的主客观原因的不同而划分——人为危机和非人为危机

人为危机——主要是由人的某种行为所引起的危机。包括生产工艺的设计欠科学、配方不合理或比例不当、原材料质量欠佳、有关人员的失职和渎职等所造成的危机。人为危机具有可预见性和可控性，如果平时采取相应的措施，大部分危机可以避免或减轻损失，例外的情况仅是少数。

非人为危机——这些危机不是由人的行为直接造成的，而是由一些不可抗拒的力量，如各种自然灾害等所造成的危机。非人为危机大部分无法预见，具有不可控性；这类危机所造成的损失通常是有形的，容易得到各类公众的理解、同情和支持。

5.依据所发生危机的性质不同来划分——经营管理危机和非经营管理危机

经营管理危机——主要是由于经营者素质不高、经营不当、决策失误等所造成的危机。主要表现为企业战略失误、管理混乱、制度不健全或有章法不遵守以及内耗严重、浪费现象屡禁不止等。经营危机又往往是与人事危机相连的。

非经营管理危机——主要表现为制度环境危机、政策危机和突变性危机等。对企业来讲，经营是企业内向性活动与外向性活动的统一，以营利为目的，以智力、经验、财产手段进行的行为。企业经营环境包括两个层次：微观经济环境和宏观经济环境。微观经济环境包括产品定价、产品受益、生产成本、企业雇员等因素。这些微观因素影响着单个企业在市场上的经营活动。宏观环境不仅包括社会条件、社会总供求矛盾运动，还包括政府宏观财政、货币、产业、区域政策的制定和实施，同时，国内和国际政治、法律、文化因素也是宏观环境的重要构成部分。

社会环境、自然环境的恶化往往会造成企业经营无能为力的局面。例如，黑社会敲诈、遭遇造假、媒体对产品的不客观报道等。有时某些政策的改变，行业和主管部门标准的不一致等也会引发企业的危机。在现代社会，政治、经济、文化、社会环境都发生了前所未有的变化，企业经营时刻面临着危机。企业经营必须适应微观环境与宏观环境的双重变化，才能在激烈的市场竞争中化解危机，立于不败之地。

(四)公共关系危机的发展过程

“冰冻三尺，非一日之寒”，很多危机的发生，都是组织多年积弊的总体现，事前都是有征兆的,它的发展是一个非常态的过程。危机是一种不稳定的变化过程和状态。全过程从酝酿到解决大体要经历4个不同的阶段。

1.危机前兆期

这指的是危机孕育的时期。这个阶段的特征是:危机有时有些预兆和端倪,当然更多的是难以察觉,这个阶段如果察觉的话,可以扑灭。

危机的酝酿是一个长期的过程,在实践中,危机的爆发瞬间而已,其隐患却可能在很长时期酿成,比如,在员工无礼对待消费者的案例中,可能是思想教育的问题和管理的问题,在一个产品的瑕疵案例中,可以从开发、采购、质量控制、生产、运输等各个环节中找到源头。从传播的角度来讲,危机传播信息源正在形成。

企业危机的出现大多都是有预兆的,但是大多企业由于没有对自身问题的正确认识,所以,往往是危机出现的时候才手忙脚乱。凡事预则立,不预则废。作为一个有一定规模的企业,可以说它的危机是时刻存在的:大到企业内正常的人事变动、新政策的推行、新技术的运用,小到开除一个不称职的职员等都可能潜伏着意外危机或者将根深蒂固的危机引发。

南京冠生园的企业理念是:人兴园,业求生,品争冠。但是在1993年企业合资改制的时候引起的机制变化已经给后来的危机埋下了伏笔,这个管理理念的冲突在2001年初就已经激化了,而且这个时候制造"黑心月饼"的大企业正受到媒体的普遍关注。但是,冠生园的公共关系部却没有嗅到这个味道。

2.危机爆发期

这指的是危机的产生时期。危机发生的这个阶段的特征是:危机已经浮出海面,细心敏锐的人肯定可以察觉,而忽视和迟钝则会熟视无睹。危机已经暴露,可以逆转,也可以转化。

从传播的角度来讲,这是危机信息传播的原始起源。

3.危机扩散、蔓延期(处理期)

这指危机发生后,通过媒介、人员、组织的传播,危机不断扩散,受众知晓率爆炸式增长。

这个时期的特征是:危机事态正在发展,本质原因却不一定能明确,现象则在传播中不断复制。

从传播的角度来说,信息的内容呈复杂化,有准确的、有不准确的、有目击的、也有猜测的;信息传播渠道也呈多样化,有现场的,也有非现场的。现场的地点、人物、媒体自身、企业自身、相关的组织,因为事态的进一步发展,都有可能成为信息传播源。

另外，人们的好奇心急需要满足，而原因又在进一步的调查中，有大量的信息“真空”，媒体、公众将从各种渠道来填补。

4.危机的减弱、消失期

通过事态的发展，事件的处理，原因的调查，事情有了结果，当事人各得其所，公众、媒介的关注逐渐减弱、消失。

从传播的角度来讲，信息“真空”已经被填补，受众的关注兴趣下降和消失，或转到其他兴趣，它的注意力也在转移。

需要指出的是，并非所有的危机都是要经历上述 4 个阶段发展，有的危机可能在没有爆发或没有扩散前就得以发现和解决了。

分析危机传播的阶段和特征是处理危机管理的前提，目的是为了找出每一个阶段的问题和所要采取的应对策略。在危机爆发的早期，要通过对环境的分析和判断尽早地找出危机发生的根源，将危机扼杀在萌芽中。在危机爆发时迅速做出反应，善于调动内部力量平稳事态，同时借用外力搞好危机公共关系，控制危机的蔓延，最终平息危机。

二、危机管理的内涵

最初为企业提供危机管理服务的是一位公共关系专家，此人叫艾维·李，是 20 世纪初美国公共关系活动的杰出代表，被后人推崇为公共关系之父。1903 年他创办了一家公共关系事务所，为企业提供咨询、服务。当时美国的石油大王洛克菲勒遇到了信誉危机，在美国的揭丑运动中，洛克菲勒被誉为“强盗大王”，形象受到严重损坏，为此他求救于艾维·李，要求帮助他改变这种“强盗大王”的名声。他帮助洛克菲勒渡过了信誉危机。1905 年，艾维·李发表了《原则宣言》，提出了企业必须增加透明度、“公众必须被告知”的原则，他所坚持的信条是“凡是有益于公众的事业，最终必将有益于企业和组织”，这对危机管理有着重要的现实意义。

危机管理的实践，推进了人们对危机的认识。1915 年，莱特纳在《企业危机论》中正式提出了“危机管理”的概念。1921 年，马歇尔在《企业管理》中也发表了危机负担管理的意见和危机处理的方法。1952 年，卡特利普和森特在《有效公共关系》一书中提出：“公共关系只有当它与危机处理联系在一起时，才显得格外重要”。进一步强调了运用公共关系方法与技能处理企业危机的重要性。

目前，发达国家愈来愈重视危机管理的研究与应用。据统计，美国各类公司共雇佣了 3 000 多名专业的危机管理人员，美国、加拿大还有 50 多家独立的危机管理咨询公司，专门进行危机管理咨询服务。同时，危机管理教育也受到重视并得到了一定的发展,很多大学都开设了与危机管理有关的管理课程,并把危机管理贯穿于各门经济类的课程当中。

可以预见,以危机的预防和处理为研究对象的危机管理理论将会得到企业界的普遍重视并产生深远的影响。

(一)危机管理的定义

危机管理包括危机处理及危机预防,它有广义和狭义之分。广义的危机管理是指企业领导和危机管理人员在危机管理理论与原理的指导下,依据危机管理计划对危机事件进行预测、监督、控制和处理的整个过程。

"危机管理"(crisis management),针对组织自身情况和外部环境,分析预测可能发生的危机,然后制定出针对性的措施,一旦发生危机,就能有条不紊地将危机化解,重新恢复信誉和市场的一套机制。简言之,就是对危机事件或状态进行管理。

狭义的危机管理是指组织领导与危机管理人员运用危机管理的策略、措施与技巧来改变已经发生的危机事件所造成的被动局面的过程,也就是通常所讲的危机处理过程。

危机管理有时也称为公共关系危机,即公共关系的原理、原则、方法和技巧在危机中的开发和应用。或者说是处理危机过程中的公共关系,它并非是指公共关系职业本身所发生的危机。

经典的危机管理理论不仅仅是指在事件中对"危机情景"的响应处理,还包括了危机发生前的预防和预警,也包含事件中和事件后的"危机冲击"的管理和恢复。它是组织在自身运作中对发生的具有重大破坏性影响,造成组织形象受到损伤的意外事件进行全面处理,并使其转危为安的一整套工作过程。

(二)提高危机意识,加强危机预防

1.危机意识的建立

危机意识是一种随时会辨别和捕捉危机前兆的意识。危机意识的本质就是公众利益至上的意识。比尔·盖茨的"微软离破产永远只有18个月",张瑞敏的"我每天的心情都是如履薄冰,如临深渊",任正非的"华为总会有冬天,准备好棉衣,比不准备好"及所有国内优秀企业领袖的危机观点,都是各自成功企业危机意识的精髓。没有危机意识,单纯的"硬性危机预防体系"是无力的,超前的、无形的、全面的危机意识才是企业危机防范中最坚固的防线。

危机是任何组织都不希望看到的局面,都会竭力避免,但是危机又无所不在,残酷的现实告诫我们:没有危机意识的个人,等待他的将是灾难。危机的法则是:

一切事情都会发生。没有危机意识的组织，最终面临的一定是灭亡；危机管理应该成为组织尤其是企业的必修课。

2.健全危机预警机制，监测和预控危机

危机是每个组织都不愿面对的事，然而，当危机不幸来临时，组织不可怨天尤人，而要主动承担起管理的责任，勇于探索，从容面对，主动出击，积极创造有利的条件，促使危机向有利的方向转化。组织对危机的处理能力也往往体现了组织的综合实力。一个组织的生命力不仅表现在效率上，更重要的是表现在对突发性危机的处理以及危机管理水平上。

危机管理重在预防。危机预防是更具战略性、主动性的危机公共关系实务，是把危机公共关系由“消极防卫型”转变为“预先行动型”的关键，提倡组织把危机管理工作的重点从危机处理转到危机预防上来。

任何事物都不是空穴来风，绝大多数的突发性危机爆发前都有一定的预兆。古人云：“有备无患”。企业要随时做好应对危机的心理准备，发现危机的初始，应考虑到最坏的可能，并及时有条不紊地采取行动，向最好的方向努力，争取尽早化解危机。

一方面，建立危机预警系统。目前，很多组织正在运用高科技手段，通过信息化管理系统来加强、提高突发性危机的应对水平。在这一过程中，组织应根据自身状况，设置预警点，建立危机预警指标，通过系统的自动报警来提示管理者及时采取应对措施。这里要说明的是，组织对预警指标的分析和掌控，只是提供组织在突发性危机爆发前的警示，真正的预警系统要建立在组织对危机的预控层面。

另一方面，建立组织危机预控系统。隐患险于明火，防范胜于救灾。组织危机管理成功与否关键在于预先的控制。只有事先做好相关的工作，才能从容不迫地应变。

3.制定危机管理预警方案

一份完整规范的危机管理预警方案应包括以下内容：在引言中明确组织高层领导对危机管理的重视程度；危机调查和预测书面报告，详列组织的特点、存在的危机隐患和可能发生的危机；针对特定危机情况的重点防范措施；常规的防范措施；明确建立危机公共关系管理小组及其任务；确定危机发生时共同遵守的准则；明确工作步骤和责任要求；预演计划；监督执行情况。

（三）危机管理“6C”原则

如同在战场上没有常胜将军一样，在现代商场中也没有永远一帆风顺的企业，任何一个企业都有遭遇挫折和危机的可能性。从某种程度上来讲,企业在经营与发展过程中遇到挫折和危机是正常和难免的,危机是企业生存和发展中的一种普遍现象。那么如何建立一个有效的危机管理体系,从而能够成功地预防危机、处理危机,甚至反败为胜,在危机中恢复并得到发展呢?我国著名的危机公共关系专家游昌乔先生提出了危机管理 6C 原则。

1.全面(Comprehensive)

危机管理的目标不仅仅是"使公司免遭损失",而是"能在危机中发展"。

很多企业将危机管理与业务发展看成是一对相互对立的矛盾,认为危机管理必然阻碍业务发展,业务发展必定排斥危机管理。从而导致危机管理与业务发展被割裂开来,形成"两张皮"。危机管理机构在制定规章制度时往往不考虑其对业务发展的可能影响;而业务部门在开拓业务时则是盲目地扩张,根本不顾及危机问题。

全面化可归纳为三个"确保",即首先应确保企业危机管理目标与业务发展目标相一致;二是确保企业危机管理能够涵盖所有业务和所有环节中的一切危机,即所有危机都有专门的、对应的岗位来负责;三是应确保危机管理能够识别企业面临的一切危机。

2.价值观的一致性(Consistent values)

危机管理有道亦有术。危机管理的"道"是根植于企业的价值观与社会责任感,是企业得到社会尊重的根基。危机管理的"术"是危机管理的操作技术与方法,是需要通过学习和训练来掌握的。危机管理之"道"是企业危机之"术"的纲。

从根本上讲,危机就其本质而言,是无法预知的。在泰诺中毒事件发生后,当有人问及当时强生公司的总裁博克是如何应对危机时,他是这样回答的:我不认为危机是可以准备的。如何处理危机根植在企业的价值体系中。1982 年,在泰诺中毒事件发生之后,博克很明确,只有公司的文化,最核心的公司价值和理念才能使公司走出这一危机。当时危机出现之后,博克每天都与危机处理小组会面,而每个小组成员都有一份公司的信条在他的案边。强生公司的信条第一款是:"我们首先要对医务人员、病人、母亲和其他所有我们产品和服务的用户负责。"而正是这个信条带领强生公司走过了艰难境地。

3.关联(Correlative)

有效的危机管理体系是一个由不同的子系统组成的有机体系,如信息系统、沟通系统、决策系统、指挥系统、后勤保障系统、财物支持系统等。因而,企业危机管理的有效与否,除了取决于危机管理体系本身,在很大程度上还取决于它所包含的各个子系统是否健全和有效运作。任何一个子系统的失灵都有可能导致整个危机管理体系的失效。如果一个公司的总裁是在吃早餐时看新闻知道危机来临的话，可能丰盛的午餐已经痛苦地丢失了。同样，没有强有力的财力支持的话，强生能够投入上亿美元来回收药品，战胜“泰诺”中毒危机吗？

4.集权化(Centralized)

集权化的实质就是要在企业内部建立起一个职责清晰、权责明确的危机管理机构。因为清晰的职责划分是确保危机管理体系有效运作的前提。同时，企业应确保危机管理机构具有高度权威性，并尽可能不受外部因素的干扰，以保持其客观性和公正性。

危机的集权管理有利于从整体上把握企业面临的全部危机，从而将危机策略与经营策略统一起来。危机发生的时候，人们需要有人站出来领导，人们需要的是指示和命令。告诉我发生了什么，告诉我应该怎么做。

值得注意的是，为了提高危机管理的效率和水平，不同领域的危机应由不同的部门来负责，即危机的分散管理。危机的分散管理有利于各相关部门集中力量将各类危机控制好。但不同的危机管理部门最终都应直接向高层的首席风险官负责，即实现危机的集中管理。

在2003年的SARS危机中，各自为政的管理体制，无法及时进行协调统一的行动，使北京失去了应对SARS危机的最佳时刻。针对这一问题，采取的措施也就是建立中央和地方两级协调机制。在中央高层的支持下，中央和北京都建立了党政军高度集权的行政协调机制，协调在京国家机关、军队和北京各个系统的行政和卫生单位，集中配置防治SARS的人力资源、财政资源和医疗物资，才使得SARS防治走出各自为政的困境，顺利稳定了局面，终于在6月初迎来了SARS零发病日，让人们看到了胜利的曙光。

5.互通(Communicating)

从某种意义上讲，危机战略的出台在很大程度上依赖于其所能获得的信息是否充分。而危机战略能否被正确执行则受制于企业内部是否有一个充分的信息沟通渠道。如果信息传达渠道不畅通，执行部门很可能会曲解上面的意图，进而做出与危机战略背道而驰的行为。

有效的信息沟通可以确保所有的工作人员都能充分理解其工作职责与责任，并保证相关信息能够传递给适当的工作人员，从而使危机管理的各个环节正常运行。企业内部信息的顺畅流通在很大程度上取决于企业信息系统是否完善，因此企业应加强危机管理的信息化建设。以任何理由瞒报、迟报，甚至不报的行为都是致命的。可口可乐在危机发生时几小时内就可以联络到总裁，不管他正在进行高级谈判，还是在加勒比海度假，这是可口可乐严密高效的组织协作的体现。

6. 创新(Creative)

危机管理既要充分借鉴成功的经验，也要根据危机的实际情况，尤其要借助新技术、新信息和新思维，进行大胆创新，切不可墨守成规，故步自封。

(四)危机管理的意义

任何社会组织都是社会有机体的一个细胞，都必然会有坎坷、有挫折、有胜利，也有危机。对于组织出现的危机，公共关系人员应该镇定自若，转危为安，创造出“柳暗花明又一村”的局面。当突发事件使组织形象受损时，要调动公共关系学范围内的一切手段，采取转危为安的有效步骤，恢复和巩固社会公众的信任，这是危机管理的意义所在。

(1)危机管理可以帮助组织防微杜渐，降低危机爆发的可能性。危机不发生是危机管理的最高境界。为此，一是制订的危机管理计划要符合实际情况，措施要有力，要能用科学的方法诊断和预测危机，并且加强对危机的预警；二是通过教育宣传，使全体员工提高危机管理意识，了解和熟悉危机管理，防患于未然。

如果把组织的管理机制比喻为人的心脏，那么危机管理就是人体的肝脏，组织的各个部门就相当于人的骨骼。危机管理的作用则是要消灭病毒，给躯体各环节提供新鲜血液，保证各机体环节具有充足的能量，使肌体充满活力。正是由于危机管理的工作渗透到了组织的各个层面，所以组织总体管理系统中的任何一个环节出现问题都逃不过危机管理的火眼金睛。

(2)危机管理可以帮助组织减少危机损失。企业或社会组织尽管对危机的预防采取了很多有效措施，但是由于还有很多无法控制的因素在发生作用，致使危机的发生还是有可能的。为此，危机管理的作用，就是在危机发生时，尽可能做到减少危机所造成的损失。有了切合实际的危机管理计划，平时通过培训，有所防范，一旦危机来临，由于早有准备，能够应对自如，及时采取措施。另外，有了危机管理，加强了平时的监督、控制措施，即使危机不可避免，也能在最短的时间内做出反应，尽可能减少损失。

(3)危机管理可以帮助组织增强内部团结。无论是什么社会组织，老公司还是新公司，国企还是民企，都要加强危机管理工作。危机预防就是要通过经常不断的危机诊断，认清组织现状，发现病根，从危机发生的源头上，铲除引发组织危机的病毒。能够及时发现问题、矛盾，有机会缓和和解决问题、矛盾，能够自己主动采取有效措施，达到预防危机、确保组织健康和谐发展的目的。这个也是组织强化内功、增强内部凝聚力的过程。

(4)危机管理可以帮助组织维护声誉,抓住机遇谋求发展。危机管理有维护声誉、抓住机遇、重返市场、重塑形象的作用。

第二节 公共关系危机处理原则

危机处理是指当危机已经发生,组织启动危机处理程序去应对危机,采取的一系列自救行动,与相关公众协调沟通,修正组织形象,改善组织的公共关系状态。为使组织在危机中得以重生,并将危机所造成的损害降至最低限度,决策者必须在相当有限的时间约束下选择关键性决策和制定具体的危机应对措施来挽救危局。如果突发性危机处理得好,组织不仅能够化险为夷,而且还能从此跨越上一个崭新的高度;而处理不好,组织则可能就此一蹶不振,企业甚至垮掉,退出竞争的舞台。

公众利益至上原则是危机处理的总原则。组织良好形象的树立离不开公众的支持,公众之所以对组织不满,甚至给组织"制造"出危机事件,最基本也是最重要的原因就是公众感到在利益上受到了一定程度的侵犯及损害,他们要运用新闻舆论和法律武器,保护自己的合法权益。因此,利益是公众关心的焦点问题,在突发性的危机事件中,危机处理小组成员如果能以公众利益代言人的身份出现,给公众这样一种感觉——危机处理人员是公众利益的守护神、捍卫者、争取者,是在为公众的利益摇旗呐喊,那么,公众就会积极配合危机处理小组的行动,就对整个危机事件的顺利处理奠定良好的基础。

公众的批评一般来说是真实的,或者有误会也是由于企业失败的传播工作所造成。要了解可能对企业提出批评的人是谁,并与他们进行对话,使受到危机影响的公众站到企业一边,帮助企业解决有关问题,尽早结束危机。

在处理危机事件时,既要考虑内部公众的利益,又要考虑外部公众的利益。既要注意对公众现在的影响,又要考虑到对公众未来或潜在的影响。要公平而正确地对待受害公众;要排除主观、情感等因素,绝不能站在公众的对立面,要始终把公众的利益放在第一位。在维护和确保公众利益的同时再考虑本组织的利益。有时为了维护公众的利益,不惜暂时牺牲本组织的利益。

按照公众利益至上原则,英国危机公共关系专家里杰斯特曾提出著名的危机沟通"三T"原则:第一,以我为主提供情况(take your own tale);第二,提供全部情况(take it all);第三,尽快提供情况(take it fast)。为什么要实行"三T"?新闻传播学揭示过一个规律:没有你的声音,就会有别人的声音。以你为主提供情况,你成为信息主渠道,公众就会把你作为主要的信息来源,别人的声音就无足轻重了;

你提供了全部情况，即使有人想造谣也会找不到素材；你在第一时间很快提供了情况，你就能先声夺人，而不会在不利信息满天飞的时候再被动地“辟谣”。公共关系学强调，信息沟通是危机处理的核心。

但是，实行“三T”原则无疑也有很多难处。首先，危机是一种“家丑”，按中国人的传统观念，外扬“家丑”，可能会影响自己的形象；其次，从政府层面看，大的“家丑”宣扬出去还可能造成一定的社会恐慌。问题是，从根本上讲，“家丑”是无法封锁的，隐藏“家丑”或者暴露“家丑”，前者的代价要远远大于后者，聪明者应该两害相权取其轻。

具体在危机处理中，我国著名危机公共关系专家游昌乔先生通过十多年积累，创导出危机公共关系“5S”原则，既填补了我国危机管理理论研究的空白，同时成功帮助众多企业从容应对危机，化“危”为“机”。

一、主动承担责任原则(Shoulder the matter)

危机发生后，公众会关心两方面的问题：一方面是利益的问题，利益是公众关注的焦点，因此无论谁是谁非，企业应该承担责任。即使受害者在事故发生中有一定责任，企业也不应首先追究其责任，否则会各执己见，加深矛盾，引起公众的反感，不利于问题的解决。另一方面是感情问题，公众很在意企业是否在意自己的感受，因此，企业应该站在受害者的立场上表示同情和安慰，并通过新闻媒介向公众致歉，解决深层次的心理、情感关系问题，从而赢得公众的理解和信任。

实际上，公众和媒体往往在心目中已经有了一杆秤，对企业有了心理上的预期，即企业应该怎样处理我才会感到满意。因此，企业绝对不能选择对抗，态度至关重要。

在处理突发性危机时，不论危机的性质有多么恶劣，不管危机的责任应归于何方，突发性危机的主体——组织都应主动出击，承担责任，妥善处理危机。即使受害者在事故发生中有一定责任，组织也不应首先追究其责任，否则会各执己见，激化矛盾，不利于问题的解决。在情况尚未查明，而公众反应强烈时，企业可采取高姿态，大度地宣布：如果责任在己，一定负责赔偿，以尽快消除影响。

二、真诚沟通原则(Sincerity)

企业处于危机漩涡中时，是公众和媒介的焦点。你的一举一动都将接受质疑，因此，千万不要有侥幸心理，企图蒙混过关。而应该主动与新闻媒介联系，尽快与公众沟通，说明事实真相，促使双方互相理解，消除疑虑与不安。

真诚沟通是处理危机的基本原则之一。这里的真诚指“三诚”，即诚意、诚恳、诚实。如果做到了这“三诚”，则一切问题都可迎刃而解。

(1)诚意。在事件发生后的第一时间，公司的高层应向公众说明情况，并致以歉意，从而体现企业勇于承担责任、对消费者负责的企业文化，赢得消费者的同情和理解。

在危机中，公众除了利益抗争外，还存在强烈的心理仇恨，因此，在危机事件处理过程中，危机处理人员不仅要解决直接的、表面上的利益问题，而且要根据公众的心理活动特点，采用恰当的情谊联络策略，解决深层次的心理、情感关系问题，体现企业解决问题的诚意，以有助于问题的顺利解决。

(2)诚恳。一切以消费者的利益为重，不回避问题和错误，及时与媒体和公众沟通，向消费者说明消费者的进展情况，重拾消费者的信任和尊重。

危机给公众和社会造成的损失是惨重的，危机处理人员在与公众的接触中，要态度诚恳，设身处地地站在受害者的立场上考虑问题，对他们表示发自内心的同情和安慰，避免出现为企业辩解的言辞，防止公众产生不信任感。由于事故给社会带来损失和影响，企业应通过新闻媒介表示愿意承担责任。在听取意见时，让公众倾吐不满，宣泄情绪。在与公众接触中，应当表示自己很能理解公众的心情，尤其是公众生气、发怒时，更应当为公众着想。这种与公众心理的沟通，可以化敌对为合作，从只顾自己转向共同探索有利双方的措施和办法。

(3)诚实。诚实是危机处理最关键也最有效的解决办法。我们会原谅一个人的错误，但不会原谅一个人说谎。真实性是危机管理的核心原则。当企业发生危机时，必须向公众如实反映事件发生的原因，已经和可能造成的后果，正在采取的措施或将要采取哪些补救措施，绝不能隐瞒事实真相，更不能嫁祸于人，推卸责任。即使有些情况暂时还搞不清楚，也要如实相告。

1973 年 8 月，英国的《新国际主义者》发布一份报告称，“据统计资料表明，只有2%的母亲由于生理原因不能哺育和不到 6%的母亲因为不在家而不能哺育。这些食品公司为了商业利益而片面宣传其产品的母乳的替代作用，发展中国家由于相信了这些宣传，每年有 1 000 万婴儿因非母乳喂养而带来营养不良、疾病或死亡”。

由此引发抵制雀巢产品的世界性运动，这场抵制运动以“维护母乳喂养”为主旨，反对以雀巢公司为代表的世界食品工业企业不负责任地在发展中国家大量倾销婴儿食品和婴儿牛奶。

雀巢公司的决策者采取了对抗的方式，将该文作者告上法庭。结果被告因没有足够的证据支撑其“雀巢公司是婴儿杀手”的观点而败诉。但是令雀巢始料不及的是，虽然赢得了官司，却失去了媒体和公众的信任，引起了抵制运动的全面爆发。美国新闻记者米尔顿·莫斯科维兹甚至称“抵制雀巢产品”运动是“有史以来人们向大型跨国公司发起的一场最为激烈和最动感情的战斗”。这场长达十年的抵制运动让雀巢付出了沉重的代价，仅婴儿乳制品一项直接损失就达4 000万美元之巨。

直到1980年末，雀巢公司才意识到具有对抗性的法律手段并不能解决所有的问题，于是重金聘请世界著名的公共关系专家帕根为公共关系顾问。帕根把工作重点放在抵制情绪最严重的美国，专心听取社会批评，开展游说活动，还成立了权威性的听政委员会，审查雀巢的经销行为，并调整产品推广方案，在广告上加入了母乳喂养的好处等营养学常识，在华盛顿还成立了雀巢营养学协调中心，要求各地经销商注意平衡市场推广和营养常识普及的宣传力度。这一系列的举措逐步挽回了雀巢的信誉。

三、速度第一原则(Speed)

兵贵神速。危机事件的突发性特点，决定了它会很快由各种渠道传播到社会上去，而且会引起新闻媒介和公众的极大关注。好事不出门，坏事传千里。在危机出现的最初12～24小时，消息会像病毒一样，以裂变方式高速传播。而这时候，可靠的消息往往不多，充斥着谣言和猜测。公司的一举一动将是外界评判公司如何处理这次危机的主要根据。媒体、公众及政府都密切注视公司发出的第一份声明。对于公司在处理危机方面的做法和立场，舆论赞成与否往往都会立刻见于传媒报道。尽管发生危机的企业面临很大的压力，但仍要保持清醒的头脑，必须抛弃常态下实施决策程序的方案，迅速研究对策，做出反应，果断行动，与媒体和公众进行沟通，从而迅速控制事态，使公众了解危机真相和企业采取的各项措施，争取公众的同情，减少危机的损失。否则会扩大危机的范围，甚至可能失去对全局的控制。危机发生后，能否首先控制住事态，使其不扩大、不升级、不蔓延，是处理危机的关键。

对于危机工作来说，“赢得了时间，也就是赢得了形象”。高效率和日夜工作是做到快速反应不可缺少的条件。

1993年7月，美国百事可乐公司突然陷入一场灾难。美国的各个角落都在传说，在罐装百事可乐内接连出现了注射器和针头。甚至有人活灵活现地描述针头如何刺破了消费者的嘴唇。在艾滋病蔓延的美国，人们立刻把此事与传染艾滋病联系起来。一时间，许多超级市场把百事可乐纷纷从货架上撤走。

百事可乐公司及时、迅速、果断地推出了一系列措施，一方面，通过新闻界向投诉的消费者道歉，并感谢她对百事可乐的信任，还给予其一笔可观的奖金以示安慰，并邀请其到生产线上参观，使其确信百事可乐质量可靠。另一方面，百事可乐公司不惜代价买下美国所有电视、广播公司的黄金时间和非黄金时间反复进行辟谣宣传，并播放百事可乐罐装生产线和生产流程录像，使人们看到饮料注入之前，空罐个个口朝下、经过高温蒸汽和热水冲击消毒后便立即注入百事可乐饮料，随之封口，整个过程在数秒钟之内完成，使消费者看到任何雇员要在数秒钟之内将注射器和针头置于罐中都是不可能的。随后，百事可乐公司通过与美国食品与药物管理局密切合作，由该局出面揭穿这是件诈骗案，政府部门主管官员和公司领导人共同出现在电视荧屏上，事实得以澄清。

由于百事可乐公司及时地把真相告知公众，其声誉很快地得到恢复，公众对其产品也就更加信赖，百事可乐不仅没有在危机中毁灭，相反，在危机中更得到了提升。

四、系统运行原则(System)

在进行危机管理时必须系统运作，绝不可顾此失彼。在逃避一种危险时，不要忽视另一种危险。只有这样才能透过表面现象看本质，创造性地解决问题，化害为利。

危机的系统运作主要是做好以下几点：

(1)以冷对热、以静制动。危机会使人处于焦躁或恐惧之中。所以企业高层应以“冷”对“热”、以“静”制“动”，镇定自若，以减轻企业员工的心理压力。

(2)统一观点，稳住阵脚。在企业内部迅速统一观点，对危机有清醒认识，从而稳住阵脚，万众一心，同仇敌忾。

(3)组建班子，专项负责。一般情况下，危机公共关系小组的组成由企业的公共关系部成员和企业涉及危机的高层领导直接组成。这样，一方面是高效率的保证；另一方面是对外口径一致的保证，使公众对企业处理危机的诚意感到可以信赖。

(4)果断决策，迅速实施。由于危机瞬息万变，在危机决策时效性要求和信息匮乏条件下，任何模糊的决策都会产生严重的后果。所以必须最大限度地集中决策使用资源，迅速做出决策，系统部署，付诸实施。

(5)合纵连横，借助外力。当危机来临，应充分和政府部门、行业协会、同行企业及新闻媒体充分配合，联手对付危机，在众人拾柴火焰高的同时，增强公信力、影响力。

(6)循序渐进，标本兼治。要真正彻底地消除危机，需要在控制事态后，及时准确地找到危机的症结，对症下药，谋求治“本”。如果仅仅停留在治标阶段，就会前功尽弃，甚至引发新的危机。

五、权威证实原则(Standard)

自己称赞自己是没用的,没有权威的认可只会徒留笑柄。在危机发生后,企业不要自己整天拿着高音喇叭叫冤,而要曲线救国,请重量级的第三者在前台说话,使消费者解除对自己的警戒心理,重获他们的信任。

1983 年,英国利维兄弟公司推出“宝莹”牌新型超浓缩加酶全自动洗衣粉,并迅速取得成功,一度市场占有率上升到了 50%。但不久报纸和电视纷纷报道这种新型洗衣粉会导致皮肤病,结果,该洗衣粉的市场份额骤降。

在危机发生后,利维兄弟公司没有自己去辩解,而是采取了两方面的措施:

(1)由消费者实话实说。于是公司开展了一个公共关系活动,在电视、报纸以及宣传单上,由不同的家庭妇女担任广告的主角,对产品大加赞誉,称“已有 500 万家庭妇女认为新型的‘宝莹’牌全自动洗衣粉是当今最好的洗衣粉”。

(2)由权威专家实话实说。公司安排皮肤病专家进行独立实验,结果表明,“0.01%的皮肤病患者可能与使用新型‘宝莹’牌全自动洗衣粉有关,与其他同类产品相比,它的这种百分比要小得多”。

通过消费者的肯定和权威专家的鉴定,宝莹洗衣粉很快收复了失地。

维护声誉是危机管理的出发点与归属。在危机处理的过程中,组织的工作人员及危机管理专家都要努力减少危机对企业信誉带来的损失,争取公众的谅解和信任。这也是一个根本原则,也是目的之一。

总之,组织危机处理的目标是:真实传播,挽回影响,减少损失,维护声誉。

第三节 公共关系危机处理基本程序

依据危机处理的原则,根据危机产生的原因、过程,公共关系人员在处理危机时可以采取以下具体步骤来处理危机。

一、成立组织,规范管理

由于以网络技术为代表的信息社会的到来,使得危机造成的负面影响在极短的时间内传遍世界,造成极为严重的局面。因此,危机公共关系最大的一个特点就是反应要迅速,成立专门的危机处理小组,并视情况设置危机控制中心。接到危机爆发的最早信息，相关组织要迅速启动危机应急计划，“危机处理小组”尽快投入，以遏制危机的扩散。

危机发生时，要以最快的速度设立“战时”办公室或危机控制中心，调配训练有素的专业人员，以便实施危机控制和管理计划；设立专用热线电话，指派训练有素的人员来负责处理热线电话；了解企业内外公众的意见，倾听他们的呼声；设法使受到危机影响的公众站到企业的立场上，协助企业解决有关问题。

规范管理是高效率处理突发性危机的有力保证，它要求企业指派能够掌握处理危机的科学程序和方法、了解企业情况的人员，组成专门的危机管理小组去处理危机。企业最好能避免临时随意指派人员或者中途更换人员，因为新更换的危机处理人员需要花费大量时间重新了解事件真相，在处理问题的态度与方法上可能与原来制定的对策不一致，从而引发公众对企业更大的不信任感，对企业处理突发性危机的诚意及能力产生怀疑。

二、深入现场，了解事实

深入现场，掌握第一手情况。了解公众的情绪和舆论的反应，要尽可能多地、全面地掌握有关信息。

危机发生后，不管是组织应对危机的常设机构，还是临时成立的危机处理小组，均应当迅速进入状态，各司其职，尽快搜索一切与危机有关的信息并及时告知社会公众。如举办新闻发布会或记者招待会，让公众了解真相和正在进行的工作以及采取的补救措施，处理好同新闻媒介的关系以使其及时准确报道，以此去影响公众、引导舆论，使不正确的、消极的公众反映和社会舆论转化为正确的、积极的公众反映和社会舆论，并使观望怀疑者消除疑虑，成为企业的忠实支持者。

这里需要注意的是，收集事实材料一定要全面准确，详尽具体，客观公正，实事求是，决不能一味站在企业的立场上说话，为自己的过错寻找借口，推脱责任，那样只会徒增公众的义愤，加重公众的误会，激化与公众之间的矛盾。

三、分析情况，确立对策

在掌握危机第一手资料的情况下，了解公众和舆论的反应基础上，深入研究和确定应采取的对策和措施。这是危机管理的一大关键。对策不仅要考虑危机本身的处理，还要考虑如何处理危机涉及的各方面关系，如组织和员工、受害者、受害者家属、新闻媒介、消费者、客户、政府主管部门等关系。

四、安抚受众，缓和对抗

危机事件发生后，企业要迅速启动危机处理系统，组织内部公众齐心协力、同舟共济，共同渡过"非常时期"；同时与外界公众及时交流信息，沟通感情，求得公众的帮助、理解和支持，迅速排除危机，最大限度地保护公众及企业的利益。

若一个组织在发生危机事件时，不能与公众进行沟通，不能很好地告诉公众他的态度、他正在尽力做什么。这无疑会给组织的信誉带来致命的打击，甚至有可能导致组织消亡。中国有一句古话，叫"人非圣贤，孰能无过"，人们对于过错者还是愿意给予改错机会的。在事件发生后，一个组织如果有诚意，对或错就变得不再那么重要，对人们而言，有时是感觉胜于事实。而有的组织在危机公共关系中，不但没有认错的意识，相反充斥着横蛮与指责，与消费者大打口水战，在这种情况下，产品问题反倒成了一个次要问题，而态度则成了主要问题。

果断采取行动，缓和对抗，合法转嫁和分散危机。对危机若不能迅速及时地处理，不良效果会迅速扩张，使不明真相的公众陷入恐慌，这就需要"危机处理小组"当机立断，对症下药，力求在危害彰显前控制危机，从而为化解危机争取足够的时间和空间。

分散及转嫁危机的途径有以下两条：①在企业内部，可以根据危机发展的趋势，独立承担某种危机损失，如关闭亏损的分厂、部门，停止生产滞销产品，及时从某一投资项目撤出；或者由合作者、股东等来共担危机。②在企业外部，可以采取的转嫁或分担措施包括：通过资本运营将危机的承受主体由一个变成多个，如合作、合资、发股、资产重组等；向下游企业转嫁风险，如合法提高产品价格，及时向投保的保险公司索赔等。

1999年可口可乐公司出现的一次突发性危机，由于有完善的危机管理机构和危机公共关系预案，可口可乐公司成功地化解危机，把损失降到了很低的程度。

1999年6月中旬，正值饮料消费高峰期，比利时、法国的消费者却在饮用可口可乐后出现不适症状，随即引起欧洲大陆公众的极度心理恐慌。比利时、法国、荷兰政府宣布禁售可口可乐。可口可乐股票直线下跌，销售损失以千万计。

突发性危机发生后，可口可乐公司的危机处理机构迅速启动，在很短的时间内将其预定危机处理方案做了相应调整。按照方案，公司所有高层管理者亲赴比利时、法国处理饮料污染事件，向受害者道歉；委托比利时一家独立的卫生检测机构调查处理事故原因并将调查结果公之于众；宣布污染事件是发生在局部领域的偶然事件，在中国更是借商检部门检查之际，反复向媒体说明污染的欧洲可口可乐并没有输入中国境内。可口可乐反应迅速、勇于承担责任并富有人情味的危机处理方式,获得了消费者的同情和重新认可,市场得以很快恢复。

五、协调沟通,维护形象

这是危机处理的中心环节,公众和舆论不仅要看企业的宣言,更要看企业的行动。

危机发生后,其产生的轰动效应常常引起新闻界、法律界、政府部门及社会各界的广泛关注,有的甚至会引起地方、全国乃至全世界的关注,给组织外部形象造成极大的损害。在传播沟通工作中,要始终掌握对外报道的主动权,以企业为第一消息发布源,因为此刻如果公众听不到组织的声音,别的声音就会乘虚而入,造成人心的慌乱。组织应尽快对外宣布发生了什么危机,组织正采取什么补救措施,等等;要善于利用媒介与公众进行传播沟通,以此控制危机的不良后果,要联络媒体,主导舆论。多方沟通,迅速化解危机,争取主动。

组织必须以维护公众的利益为出发点,加强与公众的沟通,保持与新闻界的密切联系,争取舆论的同情和支持,防止不利于企业的报道再度出现,从而在公众中树立起一个效率高、实力强、富有同情心和责任感的人性化的企业形象。

对于导致社会公众利益受损的事件,企业必须承担起责任,给予公众一定的精神补偿和物质补偿,只要顾客或社会公众是由于使用了本企业的产品而受到了伤害,企业就应该在第一时间向社会公众公开道歉以示诚意,并且给受害者相应的物质补偿。对于那些确实存在问题的产品应该不惜代价迅速收回,立即改进企业的产品或服务,以表明企业解决危机的决心。如果处理得当,完全可以化危为机。

六、总结检查,公布于众

这是危机管理结束阶段必不可少的工作。有些重大事故也可采取谢罪广告的形式在报上刊登,表明企业敢于承担责任,一切从公众利益出发,认真做好善后处理工作。当危机处理完毕后,应吸取教训并以此教育其他同行。我们承认,危机过后,会给企业留下难以医治的“后遗症”,有的企业甚至在一次重创之后需要一年或更多的时间疗伤,这就要求危机处理者要进行坚持不懈的工作,从物质、精神、心理、身体等方面,积极采取措施,妥善安排,尽可能消除危机所造成的消极后果。同时,从处理危机的过程中总结经验、吸取教训,反思成败得失,理性地提出以后杜绝危机重演的有效可行对策。

一定要对自己在危机中的行动及对策进行评价和总结,“前事不忘,后事之师”，组织如果能够在危机过后及时进行反省与总结评估，对危机处理过程中的材料加以精心整理，以备后用，效果会更好。

本章小结

我们生活在一个危机四伏的年代，任何组织在其生存和发展过程中，都可能面临不同的公共关系危机。公共关系危机是指社会组织由于突发事件或重大事故的出现，导致其面临强大的公众舆论压力和危机的社会关系环境，使组织形象遭受损害，组织的公共关系处于危机的状态。

危机具有突发性与未知性、聚焦性和轰动性、危害性与破坏性、迅速性和紧迫性、复杂性和普遍性等特点。公共关系危机的类型按照不同的标准可以分为显性危机与隐性危机、内部危机和外部危机、有形危机和无形危机、人为危机和非人为危机、经营管理危机和非经营管理危机等。危机的发展是有一个过程的。具体有危机前兆期、危机爆发期、危机扩散与蔓延期(也是危机的处理期)、危机的减弱与消失期四个时期。

危机管理包括危机处理及危机预防。提高危机意识，加强危机预防。危机意识的本质就是公众利益至上的意识。公众利益至上原则是危机处理的总原则。组织危机处理的目标是：真实传播，挽回影响，减少损失，维护声誉。危机管理要坚持“6C”原则，危机处理要坚持“5S”原则，危机处理基本程序一般有六个步骤。

案例分析

穿越大半个中国来抓你？三问鸿茅药酒事件

一问：凉城县警方有权跨省抓捕广东医生吗？

事件开始于2017年12月。

2017年12月19日，谭秦东在广州市用手机APP“美篇”发布题为《中国神酒“鸿毛药酒”，来自天堂的毒药》(注：原文将“鸿茅”写作了“鸿毛”)的文章。文章称，患有高血压、糖尿病的老人并不适合饮酒，“鸿毛药酒”通过电视广告“夸大疗效”，幕后推广公司有巨大商业利润。

几天之后，内蒙古鸿茅国药股份有限公司到凉城县公安局报案，称互联网上有人对“鸿茅药酒”进行恶意抹黑，鸿茅药酒作为国药准字号非处方药，却被称为“毒药”,其不实言论和虚假信息侵犯了商品声誉,致多家经销商退货退款,给鸿茅国药股份有限公司造成重大损失。

2018年1月2日,凉城县公安局对此进行立案侦查。凉城县公安局认为,谭秦东损害商业信誉、商品声誉的犯罪事实清楚,证据确实充分,于1月10日对其采取刑事拘留强制措施。1月25日,经凉城县检察机关批准,对其逮捕,并依法移送检察机关审查起诉。

凉城县人民检察院相关司法文书显示,该案于2018年1月、3月两次被退回补充侦查。4月17日,内蒙古自治区人民检察院研究认为,该案件事实不清、证据不足,指令凉城县人民检察院将该案退回公安机关补充侦查,并变更强制措施。

该事件在网上引发广泛关注。

那么,凉城县警方有权穿越大半个中国,去广东抓捕医生吗?

凉城县公安局表示,鸿茅国药的生产中心位于凉城县,退货退款造成的损失都发生在当地,属于犯罪结果发生地,当地警方有管辖权。

部分法律界人士则认为,跨省抓捕本身不是问题,但这样做难以避免地方保护主义的嫌疑,事实上应该由广州警方来立案侦查更为适宜。

清华大学法学院教授张建伟表示,根据刑事诉讼法相关规定,管辖是犯罪地为主、居住地为辅。谭秦东在广州上网发文,居住地也在广州,即便要行使刑事追诉权,也应该由广州公安机关启动立案侦查更为适宜。

北京市同创律师事务所合伙人律师王殿明认为,警方虽然具有跨省抓人的权力,但刑事拘留权是法律授予的重器,凉城县警方在整个事件中行动如此迅速,是否有滥用权力的嫌疑,还值得商榷。

二问:十年来违法广告为何屡禁不止?

鸿茅药酒,到底是酒还是药?

2003年11月25日,原国家食品药品监督管理总局公布鸿茅药酒为甲类非处方药。鸿茅药酒的商品包装上,标有“祛风除湿、补气通络、舒筋活血、健脾温肾,用于风寒湿痹、筋骨疼痛、脾胃虚寒、肾亏腰酸、妇女气虚血亏”的字样。

国家药品监督管理局2018年4月16日晚就鸿茅药酒有关情况表示,非处方药要严格按照药品说明书的规定使用,不能随便增加剂量或用药次数,不能擅自延长用药疗程,更不能擅自改变用药方法或用药途径。

记者调查发现,从2008年起,江苏、浙江、海南等多省的食品药品监督管理局数次发布公示,要求停止鸿茅药酒的销售和广告发布。如浙江省食品药品监管局连续多年都将鸿茅药酒广告列为违法药品广告予以通告,认为鸿茅药酒广告“夸大产品适应征、功能主治或含有不科学地表示功效的断言、保证;含有其他严重欺骗和误导消费者的内容”,及“利用医药科研单位、学术机构、专家、学者、医生、患者等名义和形象作证明”。

然而,内蒙古自治区食品药品监督管理局给鸿茅药酒的广告批文并未间断。2018年3月8日,内蒙古自治区食品药品监督管理局发布公告,称“鸿茅药酒广告符合《广告法》《药品广告审查办法》《药品广告审查发布标准》的有关规定”。

对此,王殿明认为,“鸿茅药酒注册公司所在地的相关监管部门并未对其经营行为进行有力的监管”。

“药品广告屡禁不止,还在于广告管理流程存在漏洞。”广东国信信扬律师事务所律师罗爱萍认为,“监管部门不能因为企业之前的广告违规,就拒绝对企业新的广告进行审查。鸿茅药酒正是利用了这一点,即便广告不断受到查处,仍通过修改此前的广告继续不断申请新广告。”

三问:医生吐槽鸿茅药酒值得动用警方吗?

关于谭秦东发文“吐槽”鸿茅药酒的动机,内蒙古警方和律师意见相左。

凉城县公安局办案民警介绍,谭秦东在接受讯问时表示,他发表文章是受朋友鼓动,想吸引读者眼球,为的是“能出名”,所写内容大部分来自互联网。

然而,广东舜华律师事务所律师胡定锋提供的谭秦东的申诉书上写的却是,自己的原始动机是“对‘鸿茅药酒’虚假广告宣传心存反感”。

谭秦东发文“吐槽”鸿茅药酒真的是在损害企业的商业信誉吗?

“损害商业信誉、商品声誉罪的构成要件,得是捏造事实,诋毁别人的商品信誉。”华南理工大学法学院教授徐松林认为,谭秦东身为医师,提出患有高血压、糖尿病的中老年人对药酒应当有所禁忌的观点,并没有捏造事实。另外,损害商业信誉、商品声誉罪,针对的不是一般的批评者,而是企业的竞争对手。

张建伟认为,专业人员乃至社会公众指出某一产品具有内在缺陷,关系到人民群众的生命健康,通过意见表达,是在行使监督权。以“损害商业信誉、商品声誉罪”来打压医生,会压缩社会监督的空间,损害公众知情权。

中国人民大学刑事法律科学研究中心执行主任刘明祥认为,谭秦东的言论即便有不对的地方,也至多是构成民事纠纷。当地警方不应干预民事纠纷,不应成为地方保护主义的工具,要避免“民事纠纷刑事化”。警察是代表国家在执法,行使警权必须慎之又慎。

2018年4月16日,中国医师协会法律事务部发布关于鸿茅药酒事件的声明,称中国医师协会认真阅读了谭秦东发布的《中国神酒“鸿茅药酒”,来自天堂的毒药》以及凉城县公安局2018年4月15日的官方微博认为，执行刑法应当谦抑，愿意为谭秦东提供法律援助。

中国医师协会法律事务部在声明中呼吁：各医药企业应严格遵守《医疗广告管理办法》，依法依规发布广告；对于涉及药品的不同观点，应慎重对待，以示对生命负责；公权力机关应慎重对待不同学术观点和言论，防止将民事纠纷刑事化。

问题：

1. 分析鸿茅国药股份有限公司在应对公共关系危机中的失误之处。
2. 分析舆论在公共关系危机管理中的积极和消极作用。

思考题

1. 危机有哪些类型？
2. 危机是不可避免的吗？
3. 什么是危机管理？危机意识为什么是危机管理的核心？
4. 危机处理的程序是怎样的？
5. 如何理解危机处理的原则？

第十章

公共关系演讲与谈判

导入案例

“朋友们，盟友们！只要波斯仍然掌握着制海权，我就看不出我们怎么能够安全地进军埃及。提尔现在态度暧昧，如果把它留在我们背后，同时埃及和塞浦路斯又仍在波斯手中，特别是由于希腊当前的局势，我们在这种情况下去追击大流士显然很不妥当。恐怕当我们率领全军进逼巴比伦和追赶大流士的时候，波斯部队很可能再把沿海地区占领，然后还要用更大的兵力把战争推向希腊。而在希腊，眼下拉斯地蒙人正与我作战；雅典目前虽然还算安分，但也只是因为惧怕我方而不是亲近我方。不过，一旦我战胜提尔，就能占有整个腓尼基；而且波斯海军中最强大、最精锐的腓尼基这部分就有很大可能转到我方。因为就腓尼基的橹工和水兵来说，当他们的城镇已入我手之时，就不可能有勇气再为别人出海冒险。再进一步，塞浦路斯或者主动投降我方，或者我以海军袭击轻易地把它占领。到那时，如果我方以马其顿舰队加上腓尼基海军控制海面，而且塞浦路斯又已在掌中，我方将稳操制海权。在这种情况下，我军再远征埃及将如探囊取物。得到埃及之后，即不必再担心希腊和我本国。到那时，国内既已安定，又有我们日益增长的威望，整个大海又和波斯以及幼发拉底河此岸广大地区完全隔绝，我们远征巴比伦即可毫无后顾之忧矣。”

分析亚历山大在提尔之战前演讲对获胜的重要性。

公共关系的传播沟通主要依靠语言的运用，而演讲是阐述组织公共关系理念的重要渠道，如何将组织的形象传播出去，与组织的公共关系人员语言传播有着很大关系；谈判是组织与公共关系客体进行沟通的重要渠道，如何通过谈判与公众进行有效沟通、获得公众的谅解和合作是公共关系活动的重要内容。

第一节 公共关系的语言艺术

公共关系活动中，最重要的传播与沟通媒介就是语言。古语有“一言可以兴邦，一言也可误国”之说，有“一人之辩重于九鼎之宝，三寸之舌强于百万之师”之论。在公共关系实务活动中，语言能力的高低、语言艺术的优劣直接关系到公共关系效果。因此，只有不断优化语言，提高语言艺术水平，才能引起公众愉悦性的互动，形成相互理解、相互协调、相互合作、相互支持的友好气氛，产生最佳的社会效应。

一、公共关系语言艺术的含义和功能

公共关系语言是指在公共关系活动中所使用的各种口语和书面语的总称，是以实现某种公共关系目的而进行的交际行为。公共关系传播活动中经常应用的公共关系语言形式主要包括有声语言（会话语言、独白语言），书面语言（公文语言、新闻语言），体态语言（动态体语、静态体语），辅助语言（语音要素、功能声音），标识语言（标志语言、标点符号）等。公共关系语言艺术是指在公共关系实践活动中，活动主体在公共关系基本原则和语言理论的指导下，创造性地使用语言而表现出来的给人以美好感受并能取得良好效果的各种方法和技巧。公共关系语言艺术主要借助公共关系传播中的语言符号，树立组织良好的社会形象。公共关系语言艺术的功能和作用具体表现在：

1.丰富语言的情感，增强语言的感召力

作为一种语言艺术，公共关系语言具有情感丰富、言辞激励的特征。巧妙地运用公共关系语言艺术，能给人以美的享受，激发公众情感的共鸣。“感人心者，莫先乎于情”，公共关系语言艺术中的“礼貌语”是最明显的情感性语言，如“您好”“再见”“请”“对不起”“谢谢”等。在公共关系传播中不仅表示它们的理性意义，同时也负载着情感成分，是维系良好人际关系的公共关系用语。在公共关系语言艺术中，还常常利用语调的高低、语速的快慢、语音的轻重、音量的大小等来加强有声语言的效果，表露自己的喜怒哀乐等各种不同的情绪。这在演讲、广告等公共关系传播活动中是经常用到的。同时，还可利用体语，如一个真诚的微笑，一个热情的握手，

都可以增强语言的情感。

2. 充分而巧妙地表达语意，提高语言的沟通能力

语言最基本的功能在于表达思想，沟通思想。只有正确地运用公共关系语言艺术，才能有效地、完整而巧妙地表达思想，提高语言的沟通能力，取得良好的公共关系效果。例如，一位黑人演讲者面对他的白人听众的第一句话是："女士们、先生们，我来到这里，与其说是发表讲话，还不如说是给这一场合增添了一点颜色"（听众大笑）。从听众笑声这一反馈的信息来看，这一幽默的开头话语起到了扫除种族、文化方面造成的传播障碍，协调了听众心理，缩短了与听众的距离，更重要的是表面上的轻松一笑，实际上为自己演讲的观点争取到了更多的支持者，这就是语言艺术的沟通功效。

3. 恰当运用语言，增加表达的实际效果

由于公共关系语言的对象是公众，公众千差万别，存在着风俗习惯、民族心理、宗教信仰、知识水准、年龄结构、职业行当等差异。因此在公共传播中，语言艺术应根据不同的公众，对语言材料和表达方式等进行有意识的选择，以期达到最佳的效果。具体讲存在着对语体、修辞、方式方法的选择。在不同的公共环境，应当采用不同的语体。对繁复或简单，朴实或华美的表达方式，对幽默、委婉、模糊等表达方法的运用都要根据公众的不同、公共事务性质的不同而有所不同，而一般的演讲则要求朴实精炼。林肯著名的葛斯堡演讲就只有 10 个句子，它短小精悍，感情浓厚，思想集中，措辞精炼，成为英语演讲中的最高典范。

在公共关系工作中，只有掌握了公共关系语言艺术，才能正确恰当地运用好各种形式的公共语言及其表达的方式方法，增强语言表达的实际效果，取得良好的公共关系成效。

二、公共关系语言艺术的原则

无论是企业的整体公共关系还是个人的公共关系艺术方面，语言的表达和运用都是至关重要的，是关系到公共关系成败的重要因素。因此，欲在公共关系实践中有所成就，首先应当掌握公共关系语言艺术在实际运用中的基本原则。公共关系语言艺术是一种言语活动、言语行为，其根本任务在于运用自然语言并借助体态语言向特定的内部公众或社会公众传达信息，从而实现与公众之间的双向交流。公共关系语言艺术的目标是追求理想的表达效果。要实现这个目标，公共关系语言运用应当遵从以下基本原则：

(一)真诚原则

在公共关系的活动当中,无论是向人表达歉意或是赞美,还是探讨具体的事项,首先必须做到内容真实、态度诚恳、尽可能减少华丽的语言以避免人们的回避与猜疑。

真诚原则是一切公共关系活动中极为重要的原则,是公共关系能否存在的基础。因为公共关系是以传播的方式来使组织和公众在相互理解的基础上联系、沟通,如果不讲真话,没有真诚原则,就不会有真正的理解和沟通。美国公共关系专家露易·布朗指出:“……歪曲、耍花招和掩盖事实,则是公共关系三大敌人。”真诚原则要求公共关系人员在实际的运作当中传播真实的信息,讲真话;要求诚恳忠诚的态度。这两方面中,信息的真实性是第一位的,是决定性的。因为任何社会组织和个人都不可能用最坦诚的、最诚恳的态度去告诉公众一个虚假的信息。任何接收到虚假信息的公众,感到受骗上当的公众,都决不会承认传播者是真诚和坦荡的。只有真诚的、坦荡的态度才能传播真实的信息。正如《庄子·渔父》中所说,“不精不诚,不能动人”“真在内者,神动于外,是所以贵真也”。

商业社会的一个最为重要的道德规范即是诚信问题。民众是这一道德的土壤和最为直接的监督者,一个企业的行为举止如果缺乏必要的诚信,就必定得不到民众的支持,没有消费者的认可,企业也就死路一条。1982 年,美国的芝加哥市有 7 个人在服用约翰逊公司生产的止疼药丸——泰勒诺尔之后,中毒死亡。此药本来是一种广谱止痛药,不经医生处方就可随处购到。由于疗效好,在市场上有较好的信誉,产品也有较高的市场占有率。现在发生了 7 个人死亡的药物中毒大案,公司信誉一落千丈。公司深知自己的产品不含毒素,不会致人死命。但是,流言的传播与误导使得事态朝着负面方向发展,公司面临空前的困境。怎样才能把事实真相告诉公众而又为公众接受呢?公司聘请了专业的公共关系公司,客观地调查分析,讲出真相,为企业讨回了公道,挽回了信誉。在此事件中,公共关系公司首先调查事故,查明药丸中确有配方以外的有毒成分,说明有毒成分是后来被人掺进去的,是有人故意放毒,是别有用心的人的犯罪行为。在此基础上,通过新闻媒介,把公共关系公司和药检部门的调查结果公布于众,向广大公众说明事实真相:药丸是如何被掺入毒物的,市场上哪些药丸是被人放了毒的。对此,公司果断收回市场上 3 200 万瓶药丸,把这些价值 1 亿美元的药丸公开销毁,并制作录像带,向社会广为发布。并且公司吸取了此次教训,改进药品包装,确保新包装不能拆装,并告之公众识别是否被拆开过的办法。整个过程通过记者招待会、电话热线、电视转播等媒介,反复向公众讲明事实真相。“诚之所至,金石为开”,在不到一年的时间内,公司又恢复了信誉，还扩大了市场占有率。可见，在公共关系实务中，只有讲真话、说真情，才能赢得理解、谅解，并获得支持和信任。

除了诚信外，真诚原则还体现在语言的平实无华方面。公共关系语言是实用性的语言，它以准确简明地传递公众信息、赢得社会公众的信赖为己任。因此，语言艺术讲究平实无华。平实就是平白如实，不加雕饰，不事渲染，尽量少用比拟、夸张等形容描绘类的修辞方式，给人以自然亲切、朴实无华之感。“信言不美，美言不信”这句话也告诉我们在公共关系实务中，要少讲漂亮话，少用夸张修饰语。公共关系活动往往就是公共关系宣传，其实也是对公众的一种承诺。面对公众的宣传应当尽可能地理性行事，因为过于感性的夸张造势，很容易为人们所看穿，这样既不容易出现良好的公共关系效果，也对自身形象极为不利。朴实的语言有助于准确表达，因此在公共关系实务中，老老实实地用平实的语言准确地把信息表达出来，更能使人觉得稳重可靠。懂得公共关系语言艺术的人，常常通过使用朴实的语言给人一种老实人的面孔，以赢得公众的信赖。例如，1990 年有这样一则为招聘北极探险队员而写的广告：“我拟建立一支北极探险队，需招聘一批队员……我队收入微薄，行进途中酷寒沁人，漫长的黑暗一日继一日，且险情丛生，朝不保夕，很可能会难以生还……不过一旦探险成功，你也会得到无上的荣誉作为补偿。”真诚的态度、朴实无华的语言，刻画出环境的险恶，装备、供应的不足，途中丛生的危险等，但这并没有吓跑一个真正的探险家，反而让公众透过平实无华的语言，增加了真实感和信赖感。相反，有些公共关系广告文过饰非，故意夸大其词，诸如“誉满全球”“世界第一”“领导世界新潮流”“经久不衰”“药到病除”等用语，只能使公众产生逆反心理，达不到传递信息的目的。这一原则对于个人来说也是如此，在公共关系活动当中真实感是极为重要的，给人以真诚才可以取得他人的信任，才能达到公共关系的目的。

(二)与语境相适应原则

与语境相适应原则是指公共关系语言运用必须与特定的语境一致、合拍。只有如此，公共关系交际才可能正常进行并取得预期的良好效果。对于语言环境而言，通常应包括狭义、广义两方面的内容；狭义的语境通常是指语言交流过程中前后连贯的语言片段，语言在这样的环境中会表现独特的意义；而广义上的语境则指公共关系人员与对象之间双方的身份、经历、职业、思想等内在与外在的各种客观情况，以及交流所在的时间、地点场合等各方面的因素。交际话语的上下文对话语的结构和含义的影响是直接的，但其影响范围是有限的；交际场合是一定时空条件下的交际话题和交际双方的角色关系所构成的交际氛围的场景化，而交际背景则是时代背景和文化背景的总称，它们对交际的影响虽然不是体现在语言和文字上，但实际上对言语表达和理解的制约范围更广，对话语含义的解释更深刻。

语言环境是客观的，公共关系人员在进行公共关系交际过程中必须遵循这种客观实在性，一方面，要尽可能地避免和克服与语言环境不相切合而造成的障碍；另一方面，也应自觉而灵活地根据语言环境来挖掘出潜在的表达功能，从而达到良好的公共关系效果。例如，曾经有一位北方客人到上海的一家绣品商店买绣花被面，有一条一对白头鸟的被面吸引了他，但他还有点犹豫：这鸟的姿态很美，就是嘴太尖了，看起来像是在吵架。售货小姐察觉到他的心思，就微笑着对他说："这鸟的头发白，表明以后夫妻白头到老；它们的嘴伸得长，是在说悄悄话，表明夫妻相亲相爱。"售货小姐察言观色，准确地把握了顾客的心思，在特定的语境下把"鸟的尖嘴"解释为"伸长嘴说悄悄话"，说得顾客满心高兴，于是买下了被面。

除去公共关系语言在表达上应当根据情况灵活运用之外，还应当注意与客观的实际环境相适应的原则。公共关系人员在与他人交往时应当注意自身的地位和交际对象的特点。在公共关系事务中，应当根据自身和交际对象的特点来选择恰当的语言表达方式。在现实生活中，每个人都处在多维、多层次的关系之中。这种关系和地位直接制约着交际双方对语言的使用。因此，很难想象一位公司经理把对内部职工的讲话照搬到谈判桌上，或者把企业的一句公共关系广告词用于对上司的报告中。诸如此类不分时间、场合并且不辨双方关系特征的语言运用，是不可能取得满意的效果的。弄清楚交际双方的地位、特点，不仅应知道哪些话该说，哪些话不该说，而且还要选用最恰当的表达方式，获得最佳的交际效果。例如，曾有一位营业员向外国顾客介绍商品时，因为不了解外国顾客的情况，而按照对中国顾客的方式来接待，结果就把顾客赶跑了。事情是这样的，有一位英国客人在商店里表示出对一件工艺品感兴趣时，该营业员取出该工艺品，然后对客人说："先生，这件不错，又比较便宜。"顾客听了她的话后，丢下商品，转身而去。为什么这些话会把这位顾客赶跑呢？原来是"便宜"二字，因为在英国人心目中，买便宜货有失身份，所以这桩买卖没有做成。

注意语言交际的时空环境。语境中的时空因素对公共关系语言运用的制约性主要表现在两个方面：一是公共关系的语言受特定时代、特定氛围的限制和要求，不可能具有超越时代性，必须遵循当前的事实原则。在谈话的气氛、格调及语言材料和表达手段的选择上都必须适应时代的特色。二是语言交际的具体时空因素制约着语言表达手段的具体选择和话语总体规模的确定。

（三）有效沟通原则

有效沟通原则指在公共关系交际中不失时机地充分利用信息，以求最大限度地减少和消除沟通交流中可能产生的冗余信息，最大限度地增大沟通信息总量，从而提高沟通的效率，达到最佳的传播效果。这是公共关系活动中必须遵循的原则之一，也是公共关系活动的一大目的。

要有效沟通，就要敢于说话，善于说话。真正的语言沟通当然是从口语的交流开始，所以对于公共关系人员来说，口语的锻炼是至关重要的。锻炼口语必须从开口说话开始，一直沉默寡言的人，怎么也练不出好的口才。敢于说话而不善于说话，不行；善于说话而不敢说话，也不行。只有既敢于说话又善于说话，才可能产生实际的良好交际沟通效果。所谓"会说话"，亦即善于说话，意指说话者能够准确自如、恰到好处地表达出自己的思想、感情、意图等；能够把道理讲得条理清楚、形象生动；能够轻松自然、简洁明了地使他人听清和理解自己的话语。同时，善于说话者能够从与他人的交谈之中，测定他人说话的意图，得到有效的启迪；而且还能够通过谈话，增加自己对他人的了解，跟他人建立浓厚的友情。由此可见，是否善于说话与是否敢于说话，二者均举足轻重，不可偏废。

敢说又善言，对公共关系人员来说起着至关重要的作用。在生活中，敢于说话又善于说话的人，处处都受人喜爱和欢迎。它能使许多本不相识的陌路人走到一起，携手共进；能使许多志趣各异、性格有别的人互相了解，互相感觉彼此的需要；能够排难解忧，消除人与人之间的误会与隔阂；能使愁苦烦闷、郁郁寡欢者得到安慰，使悲观厌世、不思进取者得到鼓励；能够让周围的人变得更快乐、思维更活跃。敢于说话又善于说话的人，可以充分利用自己的语言交际能力来说服他人，使工作顺利进行，左右逢源。可以说，说话的自信心与说话的魅力，是一个事业出色的成功人士的必备条件。

要能有效沟通，就要消除恐惧感。在现实生活中，有的人一站到讲台上，脸就会涨得通红，两腿微微颤抖，说话的声音变调，呼吸也显得急促起来。唯一能感觉到的是心跳加快，脑子里一片空白，早已背熟的词句全都飞得无影无踪。这是一种由自卑和消极心态引起的胆怯病。胆怯病大体有两种情况，一种是精神失常的病态，另一种是个性上的自卑心理。对大多数人来说，不是生理上有什么毛病，更多的是心理上的作用。恐惧心理和紧张情绪必然会刺激感觉神经系统，使之开始分泌出过多的肾上腺素，使机体处于警觉和紧急状态。于是，人体内就发生了异常的变化，而一系列的生理变化都会在人的面部和身体表现出来。一般来说，这是心理素质问题，并不是天生如此。对一般人而言，与他人谈话交流和沟通的过程中，最好的态度是不要高估自己，不要在乎别人，尽可能地放松自己，消除紧张、恐惧的不健康心理，大胆地表达自己。

要能有效沟通，就要锻炼胆量。良好的心理素质是训练语言表达能力的前提。说得具体一点，就是要求说话者既不能盲目自信，也不能妄自菲薄。而应不骄不躁，不卑不亢。生活中，像哑巴一样不能用嘴说话的人毕竟寥寥无几、屈指可数，所以对绝大多数的人来说，并非对谈话之事一窍不通。但是，我们一般的人也不能说是很会说话、很会驾驭语言的人，尽管大家或多或少有些长处，懂得些谈话的常识与方式，但很少有人去郑重其事地、科学地分析它、研究它。所以对我们绝大多数人来说，都或多或少在某些场合具有不敢说话的毛病。

三、公共关系语言艺术的主要方法

公共关系活动的频繁使得公共关系人员所面临的场合不尽相同，面对的对象更是各种各样。所以在通常的语言运用上，不仅仅是有必要的语言程式，学会规范，还应当掌握灵活的语言应对技巧和高超的语言艺术，从而使公共关系活动在实际交际的实用基础上产生出含蓄隽永、耐人寻味的艺术效果，增强公共关系人员的个人魅力，从而为自己的公共关系活动提升更高一个层次。通常情况下，公共关系活动中的语言艺术运用包括有委婉法、幽默法、暗示法和模糊法。

（一）委婉法

委婉法是指在不便于直说的情境中所使用的一种曲折含蓄的表达方法。在日常交际中，总会有一些不便、不忍或不好直说的东西。说话的人并不直陈本意，而是说些与本意相近的事物加以烘托或暗示，让人思而得之，而且越揣摩，似乎含义越深。

从上面的定义可以看出，委婉的言语要求说话者态度和顺、谦虚，内容曲折、回环，表达含蓄，有余味。委婉法具有以下 4 个特征：

(1)烘托暗示。委婉的言语，常常是从侧面切入，暗中点明自己要说的最主要的意思。我国古代有很多委婉言语的佳话，如《触龙说赵太后》《捕蛇者说》都是运用烘托暗示委婉曲折地表达主旨的很好的范例。就如同要画一座高山，一张纸怎么也不能把山画得多么高，怎么表现出山高呢？可以画一些云雾环绕在半山腰间，再画几朵彩云在远处飘浮着，这座云雾缭绕的山就显得很高了。

(2)直意曲达。在某种语境中，不便直接说出的意思，可以曲折地表达，让对方在回味中理解你要说的意思。例如，美国前总统罗斯福当海军军官时，一次有一位好友向他问及有关美国新建潜艇基地的情况，罗斯福不好正面拒绝，就问他："你能保密吗？""能""那么，我也能。"罗斯福笑着说道。那位朋友愣了一下，接着很快回味出罗斯福的言外之意，只好也跟着笑了笑，不再追问了。罗斯福正是运用了委婉的方法，曲折含蓄地拒绝了朋友的要求。他巧妙地利用对方的答话，表达出了自己不便直说的意思。

(3)隐约闪烁。为了某种需要，讲话人的言语有时故意表达得不甚清楚明了，只是微微露出一点想法来。但这委婉隐而不诲，巧而不滑，颇具外交色彩。1972年美国总统尼克松访华时，周总理在一次酒会上说："由于众所周知的原因，中美两国隔绝了20多年……"一句"众所周知的原因"，隐含了大量的信息，这样既避开了敏感问题，缓和了气氛，又表明了原则立场。又如，球王贝利在创造进球满1 000的纪录时，记者问他："您哪个球踢得最好"，贝利笑了笑，意味深长地说："下一个"。他的回答含蓄委婉，却耐人寻味，启人深思。

(4)意趣柔美。委婉的言语，往往情正意浓，颇有趣味，令人回味。

(二)幽默法

幽默法是借助多种修辞手法，运用幽默的一种艺术表达方法。幽默(humour)一词源自英语，最初是作为生理学的用语出现在医学界，后来才被用来专门称谓以滑稽可笑的形式表现真理、智慧和美的艺术品种。中国的幽默一词虽系音译，但它作为一种美学范畴，修辞手段，在我国早已有之。

为什么只要卓别林一露脸，一张口，一举手，一投足，立即就能把人们的心弦拨动，使千万人为之捧腹，为之倾倒，其奥妙之一就在于他的一言一行、一举一动都充满了启人心智、令人愉悦的幽默。幽默是思想、学识、智慧和灵感在语言运用中的结晶。它一般具有以下几个特征：①机敏诙谐。幽默作为一种语言表达艺术的方法，它体现出人的机智、敏捷、乐观向上，充满活力，富有情趣、风趣诙谐的特点。②巧用修辞。幽默常常借助一些修辞手法，如比喻、夸张、寓意、双关、谐音、反诘等来加强表现力和感染力。③温和亲切感人的特征。具有宽厚的情感色彩，温和自然的语调和亲切感人的特征。但其内在的意义是相当丰富和深刻的。即使它有时也含有讽刺，但尖锐而不刻薄，俏皮而不冷峻，它往往蕴含着说话人温厚的气度和高超的言语才能。④含蓄深刻。幽默的言语圆巧，又不浮薄。它能诱发人们会心的微笑，又能令人回味思考，它在轻松之中饱含着深沉。

幽默是一种艺术手段，同时也是一种修辞手段。它的力量，绝不仅仅在于博人一笑，它内含有深刻的哲理，丰富的思想精髓。它能润滑人际关系，祛除烦闷忧愁，提高生活涵养，针砭社会弊端。使人在笑声中联想和推断，领会其中的深刻含义。

具体说来,幽默的作用有四:①从语言方面给人以美的享受;②嘲弄和打击敌人,提高教育效果;③巧妙地表达说话者的意旨;④活跃交际气氛,缓和交际中的紧张情境。例如,一位顾客在某饭店吃饭,米饭中砂子很多,他不得不把它们吐在桌上。服务员见此情景很是不安,抱歉地说:“尽是砂子吧!”顾客摇摇头微笑地说:“不,也有米饭”。顿时,两个人都笑了。“砂子”和“米饭”本是两个互相对立的事物,而顾客却巧妙地避开“砂子”而谈“米饭”,使本来十分尴尬的场面顿时轻松起来,他用奇在意外、巧在理中的回答,消除了服务员尴尬和不安心理,让人透过影子,觉察到必须纠正的问题。因此,有人称幽默是公共关系语言中的高级艺术。

(三)暗示法

暗示法是指有意或无意地以含蓄、间接的方式向他人发出某种信息,由此影响他人的心理和行为的方法。暗示是公共关系语言艺术中常用的方法。

暗示是用含蓄、间接的方法对他们的心理和行为施加影响的过程。因此,暗示法具有3个明显的特征:一是方式的间接性。即运用暗示法作用于人的方式多是含蓄的、间接的。它不是通过事物本身直接传递信息、影响他人,而是通过一定的中间媒介间接传递信息,使受暗示者产生有关事物本身的信息。例如,商品摊位前兴致勃勃的抢购情景,就会使人产生“质优价廉”的心理暗示,尽管受暗示者并没有直接获得关于商品质量与价格的信息。二是影响的不自觉性。心理学研究表明,人类具有普遍的可暗示性。因此,人或环境有意无意地都会使人产生某种暗示,而且人也会不自觉地接受某种暗示。三是影响效果的直接性。由于暗示效应直接作用于人的心理和行为,因此,暗示的效果往往是迅速的、直接的、深刻的。

根据暗示的媒介,可将暗示法分为3种:

(1)言语暗示法。即利用口头或书面的语言进行的暗示。例如,拒绝他人求助时,虽勉强答应,却说了很多困难的条件,这些困难的条件自然给求助者“无希望”的暗示。

(2)形体暗示法。即利用表情语、体态姿势等进行的暗示。例如,慈爱的眼神、热情的态度、会意的微笑,都给人以“安全、亲切”的暗示。

(3)环境暗示法。即利用环境、气氛等进行的暗示。这在电影、文学作品中经常用到。如火红的朝阳暗示“革命的成功”,大雪纷飞或夕阳如血暗示“悲剧的到来”。在公共关系中,环境暗示主要体现为时空语言的运用艺术。

(四)模糊法

模糊法是运用不确定的或不精确的语言进行交际的方法。模糊语言是人们运用语言要素中若干模糊特征，准确表达思想、情感并进行交流的一种有效方式。它能增加语言的表达力，提高交际的水平。具体要求有：

(1)表意的非确切性。这既是语言本身的特征之一，也是人们有意使用这一特征造成的。非确切性，就是不做明确的特指，或推诿，或估计，或猜测，或希望，或暗示，以使语言表达符合特定的需要。

(2)表达的非单一性。模糊语言具有丰富的情感特征。情感越是单一，表达越是简单，越容易明确；情感越是复杂，表达起来也就困难，不宜一下子说清楚。利用模糊语言，往往能较充分，有效地表达出错综复杂的情感。

(3)特定语境的灵活性。模糊语言是一种具有高度灵活性的语言。它可以充分显示出说话人驾驭语言的主观能动性，可以较恰当地表现客观事物在各种状态的不确定性。

(4)特定情形下的适应性。模糊语言，因其容量较大，所以理解时往往比较灵活，从而在特定的情形下具有很强的适应性。这种适应性，最主要的是对当时的情境，特别是当时的环境气氛的适应。

总之，公共关系语言艺术为我们提供了口若悬河的技巧、落笔生花的奥妙、左右逢源的诀窍、公共关系成功的依靠，合理、准确地运用语言艺术对我们的工作、学习和生活有意想不到的帮助。

第二节 公共关系演讲

在公共关系事务中，常常会碰到当众讲话的场合，如讨论会、总结会、欢迎会或欢送会、庆贺会、新闻发布会以及就某项专题组织的演讲会等，场合或大或小，时间可长可短，而演讲的话题也无穷无尽。演讲有它的基本技巧和特殊方式，这些均可通过有意识地培养与训练而获得。正如西方谚语讲的："诗人是天生的，而演讲家是后天的。"

一、演讲概述

(一)演讲的概念

演讲是演讲者在特定的时境中，借助有声语言和态势语言的艺术手段，针对社会的现实和未来，面对广大听众发表意见、抒发情感，从而达到感召听众并促使其行动的一种现实的信息交流活动。演讲作为人类一种社会实践活动，它必须具备以下四个条件：演讲者、听众、沟通二者的媒介以及时间、环境。离开其中任何一个条件都构成不了演讲。演讲的传达手段包括：有声语言、态势语言和主体形象。

有声语言是演讲活动最主要的表达手段。它由语言和声音两种要素构成，以流动的声音运载思想和情感，直接诉诸听众的听觉器官。它要求吐字清楚、准确、声音清亮、圆润、甜美，语气、语调、声音、节奏富于变化。

态势语言，又称体姿语言，就是演讲者的姿态、动作、手势和表情，是流动着的形体动作辅助有声语言运载着思想和感情，直接诉诸听众的视觉器官。它要求准确、鲜明、自然、协调。

主体形象是指演讲者的体形、容貌、衣冠、发型、举止神态等。主体形象的美与丑，好与差，直接影响着演讲者思想感情的表达。它要求演讲者在符合演讲思想感情的前提下，注重装饰朴素、得体，举止、神态、风度的潇洒、优雅、大方，给听众一个美的外部形象。

1.演讲不同于朗诵

(1)演讲与朗诵的范畴不同。演讲属精神实用艺术，侧重于宣传鼓动。朗诵属表演艺术，侧重于欣赏。

(2)演讲的选题有很强的现实性、时代性。朗诵的材料有很大的超越性。

(3)演讲讲究激情，其语言有特殊性。有生活化的舞台语言，有舞台化了的生活语言，演讲一定要有激情点(高潮)。朗诵追求意境，其语言属舞台表演语言。

2.演讲不同于一般的报告

内容上，报告注重政策性、权威性、指导性；演讲注重典型性、鲜明性。语言上，报告要求朴实，感情表达不要求大起大落，基调平稳。演讲必须要有起伏。演讲不是表演，是表现，要注重控制情绪，最好的演讲员是他的眼泪在眼眶里，而听众的眼泪在脸上。

3.演讲不同于一般的交谈

演讲是“演”“讲”的结合。如果只有“讲”没有“演”，只作用于听众的听觉器官而不作用于听众的视觉器官，虽注重演讲的实用性但忽略了演讲的艺术性，使演讲不伦不类、干巴枯燥，会削弱演讲的效果；如果只有“演”而没有“讲”，追求相声、评书、朗诵、故事等其他艺术表演技巧，冲淡了演讲的现实性、实用性和严肃性，显得滑稽、夹生，起不到演讲应有的作用。所以，二者缺一不可，相辅相成。但是，“演”与“讲”的和谐必须是以“讲”为主，以“演”为辅，“演”必须建立在“讲”的基础上，否则便失去了演讲的意义。

(二)演讲的特点

1.现实性

这是因为演讲属于现实活动范畴,不属于艺术活动范畴,它是演讲家通过对社会现实的判断和评价,直接向广大听众公开陈述自己主张和看法的现实活动。

2.艺术性

这里的艺术性是现实活动的艺术。它的艺术性在于它具有统一的整体感和协调感,即演讲中的各种因素(语言、声音、表演、形象、时间、环境)形成一种相互依存、相互协调的美感。同时,演讲不单纯是现实活动,它还具备着戏剧、曲艺、舞蹈、雕塑等艺术门类的某些特点,并将其与演讲融为一体,形成具有独立特征的演讲活动。

3.鼓动性

没有鼓动性,就不成为演讲,政治演讲也好,学术演讲也好,都必须具备强烈的鼓动性。这是因为:①一切正直的人们都有追求真善美的渴望,演讲者传播了真善美,自然会引起共鸣,激励和鼓舞听众;②演讲者以自己炽烈的感情去引发听众的感情之火,容易达到影响听众的目的;③演讲者的形象、语言、情感、态势以及演讲词的结构、节奏、情节等均能抓住听众;④演讲的直观性使其与听众直接交流,极易感染和打动听众。可以说,鼓动性是演讲成功与否的一个标志。任何演讲离不开谈理论、讲观点。但谈理论讲观点决不可以盲目进行。在注意观点正确的同时必须高度重视听众的可接受性。听众接受、形成共鸣,才能成功。演讲的观点阐述必须考虑听众所处的时代、场合,必须根据不同的对象、不同层次的听众选择不同的观点和语言表达方式,最终实现演讲者与听众心理相容、观点共鸣。成功演讲者常常把句句言辞说在听众的心坎上,或让听众点头称是,或让听众激动不已,甚至让听众爆发出阵阵笑声和掌声。这就使演讲者与听众融于一体,形成共鸣。这种共鸣源于演讲者善于抓住听众的所思、所想、所言的困惑,并且能加以突破。成功演讲者注重演讲选题,使之具有时代性;注重观点选择,使之符合科学、符合实际、符合听众且富有新意。老生常谈不行,不顾对象瞎说不行,不分场合乱说不行。相反,应老生新论、因人而说、因地而讲、因事而谈,实现演讲者言语、感悟、举动与听众达成最佳的交流,形成最强烈的共鸣。

4.工具性

演讲是一门科学,更是一个工具,是人们交流思想的工具。任何思想、任何学识、任何发明和创造,都可以借助演讲这个工具来传播。可以说,演讲是最经济、最实用、最方便的传播工具,任何人都可以利用它。

二、演讲词的写作要求与技巧

(一)演讲词的写作要求

演讲词是演讲人进行现场演讲的主要根据，是对演讲内容和形式的规范和提示，具有备忘、规范、条理、限时的作用。演讲词质量的高低决定着演讲的效果和成败。在拟写演讲词时要注意有针对性，观点要鲜明，议论与抒情相结合而且要求语言生动、通俗。

1.针对性要强

(1)选择公众关心的题目。成功的演讲是以听众为中心，而不是以演讲者为中心。每一个演讲者都希望自己的演讲具有很强的说服力与感染力。如果演讲者能站在听众的角度思考问题、分析问题，那么这样的演讲往往更能以情感人、以理服人。演讲的目的是说服听众改变态度并按照演讲者的意图去行动。这就要求演讲者了解听众的心理、要求和希望及对你所讲观点的态度，这样你才能有的放矢地做好演讲，才能唤起听众的热情，引起听众的共鸣。如果听众对演讲内容有极大兴趣，便会采取积极、热情的合作态度；反之，则会采取冷漠甚至敌视的态度，演讲就不会成功，因此，演讲者必须在了解听众的基础上力求触发听众的兴奋点和创造欲，才能实现最终目的。

(2)考虑听众的状况。听众的思想、职业、文化水平等状况。如果面对的群体是一批农民，演讲者却大谈宇宙黑洞知识，结局是不会太好的。

(3)考虑演讲的环境。这里既指演讲的现场环境，也指演讲的时代环境。在广场上面对成千上万的人发表演讲与在小屋里对几十人演讲，要求是不完全相同的；“文革”时关于生产的演讲与现在关于生产的演讲，不仅在内容上，恐怕连具体的语言都会带有各自时代的特征。只有注意了针对性，才有演讲获得成功的希望。

2.观点要鲜明

演讲的目的是为了说服人，因此演讲者态度要鲜明，语气要肯定，而不能隐晦曲折、吞吞吐吐，否则会失去听众的信任，引起听众的反感。当然，态度鲜明、果断并不等于武断、蛮横，并不等于在演讲中咄咄逼人，唯我独尊。而是要求演讲者鲜明地表明自己的态度之后，把公众置于平等的地位，以诚恳的态度，平和、亲切的语调，以理服人，使听众自觉自愿地接受你的观点。

3. 议论与抒情相结合

演讲词具有议论文的特征，因此，演讲词要有鲜明的论点，要有充足的典型事例作论据，并进行严密的论证。这需要靠逻辑推理去说服听众。但在说理的同时，还要靠充沛的感情去感染人、打动人，这就需要把演讲者的感情结合进去，进行有感情的议论。议论与抒情的结合，使演讲词具有强大说服力和感染力。

4. 语言生动、通俗、口语化

演讲是讲给听众的，它要求让人听得懂，让人爱听。要让人听得懂，就要讲究语言的通俗、口语化，避免使用高深难懂的术语。要让人爱听，就要注意语言的生动，具有吸引力，形象感强，哲理性强。为了使语言生动、活泼，演讲词中可借用一些比喻、对偶、排比、设问、借代等修辞手法。毛泽东在延安的一次演讲中，形容主观主义时运用了一个对偶句，“墙上芦苇，头重脚轻根底浅；山间竹笋，嘴尖皮厚腹中空。”这个对偶句，生动形象地刻画出主观主义者华而不实的形态，给听众留下深刻的印象。

(二)演讲词的写作技巧

演讲词一般由开头、主体、结尾三部分组成，并遵循着“起要美丽(凤头)，中要浩荡(猪肚)，结要响亮(豹尾)”的原则。

1. 开头

“起要美丽”是指开头要引人入胜。演讲的开头是演讲者奉献给听众的第一束鲜花，是架设的与听众沟通的第一座桥梁，也是与听众取得密切联系的第一条纽带。开头给听众的第一印象，影响着听众对整个演讲的总体评价。好的演讲词开头应该能一下子抓住听众，引起他们的注意和兴趣，并为演讲全篇定下自己的风格，能顺畅地引起下问。因此，一开头就应该用最简明的语言、最经济的时间，讲出全部讲话的要领，把听众的注意力和兴奋点吸引住，使听众的思路跟随演讲者思路而展开，这样才能达到出奇制胜的效果。演讲词的开头，不拘一格，可根据公共关系目的和思想内容精心设计。常见的开头方法主要有以下几种：

(1)开门见山，点明主题。这种开头言简意赅，旗帜鲜明，能抓住听众并引起共鸣。如毛泽东在《改造我们的学习》开篇直接提出“我主张将我们全党的学习方法和学习制度改造一下”这一主题。

(2)引用名言，借题发挥。这种开头耐人寻味，易于沟通与听众的感情。如这样的开头：同学们，有一首诗这样写道：“多少人爱你青春欢畅的时候，爱慕你的美丽，也许假意或真心。只有我爱你那朝圣者的灵魂，爱你衰老了的脸上痛苦的皱纹。”诗中倾诉的是深沉真挚的爱，正如别林斯基所说的：“爱是理解的别名。”知之愈深，才能爱之愈切，今天，带着这种爱，我要讲一讲我们的祖国，讲一讲生我的这块土地。

(3)问题入题法。以问题开头，制造悬念，引人思考，吸引听众的注意。如这样的开篇：“有这样一个问题常在我脑海里萦回：是什么力量使爱因斯坦名扬天下之后仍在攀登科学高峰呢？是什么力量使张海迪在死神缠绕之时仍锐意奋进呢？这大概是当代青年，特别是我们大学生讨论最多的问题之一，也是我今天演讲的题目。”

(4)幽默入题法。陈毅《在全国话剧、歌剧、儿童剧创作座谈会上的讲话》是这样的开头：同学们，昨天我在科学家会议上讲了话，强迫一个不懂科学的人讲科学，今天又强迫我这个不懂唱戏的人来唱戏，这是个麻烦。

2.主体

主体论辩要入情入理。主体是演讲的重点部分，要紧扣演讲主题，逻辑要严密，感情充沛，层层展开，逐步把演讲推向高潮，给听众以深刻印象。特别是公共关系演讲，在于说服听众，要求语言通俗，富有哲理，做到以情动人，以理服人，论辩论理要精辟。在引用事例、典故、哲言时要注意精选，不可太多太滥。

主体部分的结构安排，除注意一般议论文结构要点外，还需注意两点：一是如何使用提示性的语言，让听众听懂并了解演讲的层次，这需要在层次变化时运用一些提示性、总结性的语言；二是如何形成演讲的高潮和安排高潮的位置。一篇演讲无论长短，必须有一次或数次高潮，没有高潮，就如一杯白开水引不起听众的兴趣。所谓高潮，就是演讲中最扣人心扉，感人肺腑的地方。高潮是逐步形成的，在主体论述中要进行一层一层的铺垫。说理时要通过反复的、有步骤的分析议论，推出深刻的哲理令人折服；感人时要通过真挚热烈的语言、声情并茂的形象一浪高过一浪地把听众的感情推向高峰，令听众情不自禁，激动不已。

高潮一般具有3个特征：一是哲理丰富。用画龙点睛式的名言警句的简短议论，给听众以深刻的启迪，使听众大彻大悟，心悦诚服。二是感情浓烈。慷慨激昂，有如大浪排空，惊飙掠地，极其强烈地震撼听众的心灵。三是回味无穷。犹如喝了一杯醇酒，人虽醉倒了，但口中香味绵长。高潮处要含蓄，并不一定全说白说透，要留给听众回味的余地。

3.结尾

结尾要含蓄深刻。结尾是对演讲词主题的深化、概括或补充。它是对前文内容的锦上添花，是走向成功的最后一步。好的结尾，要明快利落，言尽文止，既是对前文主题的概括，又能给听众以启发，文止而意不止。正确的结束演讲的方法是多种多样的,没有一种适合于任何特殊情况的通用方法。演讲者可根据自己演讲的具体时间、地点、主题、听者及自己个性等因素,选择适合于自己结束演讲的方法,使之有效地为自己演讲的思想和目的服务。常见的结尾方法有:

(1)利用概括总结结束演讲。在演讲结束时简洁、扼要地对自己已阐述的思想进行总结,帮助听者加深印象。

(2)利用赞颂的话结束演讲。人一般都喜欢听赞颂,因而成了人们交往的最好手段。通过这些赞颂的话,会场的活跃气氛可达到一个新高潮,讲者和听者的关系就更融洽了,给听者留下一个满意的印象。但要注意,讲者在说赞颂的话时,不能有过分的夸张和庸俗的捧场,否则听者就会有溢美或哗众取宠的感觉。同时,讲者说话的表情要自然,态度要严肃,口气要诚恳。

(3)利用名人的话或轶事结束演讲。权威崇拜是一种普遍存在的社会心理,恰当地运用权威和名人的话或者轶事结束演讲,可以把演讲推向一个新高潮,给讲者的思想提供最有力的证明。讲者可借助像“最后,我想引用×××的话(或者关于×××的一个轶事)来结束我的演讲……”但要注意,讲者引用名人的话或轶事要有针对性,要能丰富和深化自己演讲的主题。

(4)利用诗歌结束演讲。这可使演讲显得典雅而富有魅力,听者听了也会产生清新和优美的感觉。引用诗句同用名人的话或轶事一样,要有目的,要为演讲的主题服务。同时,引用的诗歌一定要短,最好四句,最多八句,而且演讲者一定要谙熟地背诵所引用的诗句,否则弄巧成拙,反而影响演讲效果。

(5)利用幽默结束演讲。除了某些较为庄重的演讲场合外,利用幽默结束演讲可为演讲添加欢声笑语,使演讲更富有趣味,并给听者留下一个愉快的印象。要求做到自然、真实,使幽默的动作或语言符合演讲的内容和自己的个性,绝不要矫揉造作、装腔作势,否则只会引起听者反感。

(6)利用呼吁结束演讲。这方法对一些“使人信”(相信)和“使人动”(行动)的演讲来说,效果尤为显著。讲者通过对与听者有共同思想、共同愿望、共同利益和共同语言的某问题的阐述,使演讲达到一定高潮。然后,讲者利用一些感情激昂、动人心弦的讲演词对听者的理智和情感进行呼吁,并借助“为实现我们预定的目的而奋斗”之类语言,向听者指明行动的具体步骤,这样,讲者实现了激励和感召听者的目的,听者马上就会明了讲者的意图和自己行动的具体方案。

(7)利用动作结束演讲。在演讲中,讲者的动作(无声语言)是与听者交流思想的重要媒介,利用动作结束演讲,是一种具有独特风格的方法。例如,有位演讲者在结束自己的演讲时,他穿上外套,戴好帽子,拿起手套,而后诙谐地对听者说:“我已结束了自己的演讲,你们呢?”他的出人意料之外的绝技立刻博得了全场听者的掌声。

三、演讲的技巧

(一)建立信心和良好心态

我们经常可以看到有些人演讲稿写得惊天地泣鬼神,但在演讲中却结结巴巴、惶恐不安,这是演讲者缺乏自信,存在怯场心理的表现。要克服怯场心理,可让自己自然地熟悉大厅、演讲台、话筒、组织者、员工和其他人。问候尽可能多的听众,走来走去,和新面孔进行简短地介绍,对陌生人微笑,轻松地开玩笑,让自己振奋起来。在等着被叫到的时候,坐在椅子上让自己身心放松。深呼吸,进行简短、安静的沉思,在脑海中想想你最喜欢的旋律,想象你的朋友在向你欢呼,或者看到你过去的成功。然后集中注意看会议进行得如何。在台上注意抬高下巴,眼光平视。当你的名字被叫到时,慢慢站起来,以正常步幅(不要太悠闲或显得懒散)走上演讲台,自信地走上去,看看周围的人,微笑,然后开始你的演讲。进行平稳的较长的问候,慢慢开始。过一会儿,你就会进入状态,然后再全力地进行演讲。

(二)态势语言的运用技巧

语言除了有声语言表达外,还有辅助语言,就是态势语。态势语的研究是从20世纪60年代开始的,有人研究认为:有一条信息如果传播出去,所有的效果中间只有38%是有声的,7%是语言(词),55%的信号是无声的;每个人每天平均说的话只有10～11分钟,且平均每句话只占2.5秒,也就是说,我们的有声是低于30%的,60%的信号是通过无声的信息发出去的。这个对无声信息的研究,给我们一个提示,除了要注重有声语言的表达,还要更多地注重无声语言的表达,就像我们看见别人的表情常会说“我看见你就知道你要说什么”,这就是“别人”在用无声语言(态势语)传播信息。所以,态势语是通过人体器官的动作,或者某一个部分形态的变化来进行思想和情感交流的一种方式。凡是通过手势、身姿、眼色和面部表情来进行信息传递、思想沟通、感情交流的活动方式,统统称为体态表达或态势表达。

1.手势语言

(1)手指语言。“大拇指”动作一般表夸奖、很好,但有时表高傲的情绪;“十指交叉”一般表自信、敌对情绪、感兴趣;“抓指式”一般表控制全场之势;“背手”可给自己壮胆,镇静,也表自信但对有的人是种狂妄表现;“手啄式”表示不礼貌的动作,本身就有一种挑衅、针对和强制性。以上的手势语言都要结合具体环境来运用。

(2)手掌语言。“向上”表示诚恳、谦虚;“向下”表示提醒、命令;“紧握伸食指”带有一种镇压性;“搓掌”表示期待,快搓表示增加可信度,慢搓表示有疑虑;“手掌向前”表示拒绝、回避;“手掌由内向外推”表示安慰、把所有的问题概括起来;“劈掌”表示果断、决心。

(3)手臂语言。“手臂交叉”表示防御;“交叉握拳”表示敌对;“交叉放掌”表示有点紧张并在努力控制情绪;“一手握另一只手上臂,另外一只手下垂”表示缺乏自信。

2.眼睛语言

眼睛是心灵的窗户,嘴巴可以说话,眼睛不能说话,眼睛的奥妙,在于它是真实的。可以编出一千句、一万句谎言,却不能遮挡眼睛的真实性。眼睛注视用得多的有3种:

(1)凝视。集中目光看对方,如果是公事,目光限制于前额到双眼,使人感觉你很诚恳认真;如果是社交,就看双眼到嘴三角区;如果是关系非常亲密的朋友,就看双眼到胸。

(2)环视。眼睛向前然后有目的地扫一下,好处是使所有听你讲话的人都注意了你,觉得你在和他(个人)交流,能较全面地了解听众的心理反应。而且可根据你的环视随时调整说话的节奏、内容、语调,把握住说话的主动控制权。

(3)虚视。就是似视非视,演讲就需要这种虚与实的目光交替,“实”看某一部分人,“非”看大家,演讲要做到“目中无人,心中有人”。

3.表情语言

每个人都有面部表情,脸上的每个细胞、每个皱纹、每个神经都表达某种意愿、某种感情、某种倾向。面部表情是最准确的、最微妙的人的“晴雨表”。人的面部表情贵在四个字:自然、真挚。面部是思想的“荧光屏”,演讲的面部表情一般要带微笑。演讲时的脸部表情无论好坏都会带给听众极其深刻的印象。紧张、疲劳、喜悦、焦虑等情绪无不清楚地表露在脸上,这是很难靠本人的意志来加以控制的。演讲的内容即使再精彩,如果表情总觉缺乏自信,老是畏畏缩缩,演讲就很容易变得欠缺说服力。

控制脸部的方法,首先,不可垂头。人一旦“垂头”就会予人“丧气”之感。其次,若视线不能与听众接触,就难以吸引听众的注意。另一个方法是“缓慢说话”。说话速度一旦缓慢,情绪即可稳定,脸部表情也得以放松。再者,全身上下也能够为之泰然自若起来。

(三)演讲的声调技巧

声音是语言的物质外壳,是传递信息的一种物质载体,而使演讲艺术有效的根本形式就是有声语言。没有声音，演讲自然也就不复存在了。有声语言比书面语言更为丰富，因为它表达的不仅仅是思想，而且还表达思想所产生的情绪与感情。

1. 发音

演讲在这方面的要求是字正腔圆，悦耳动听。所谓字正腔圆，是就读音和音质而言的。字正，是演讲语言的基本要求，它要求咬字准确，吐字清晰，读音响亮，发音有力，使听众明白易懂。所谓腔圆，就是要求演讲的声音清亮圆滑，婉转甜美，流利自然，富有音乐美。

2. 语调

在这方面的要求是起伏有致，灵活多变。我们说话时，除了每个字要说对、说好外，每句话、每段话都要说好，在音节连续由静至动的语流中，演讲者要使听众听得美、听得清、听得乐。贯穿在句子里的抑扬顿挫的调子，是与句子意思和说话人的感情有直接联系的，这是我们所说的语调。语调起着润色演讲的作用，具有积极促进演讲，沟通思想的功能，使演讲的内容清晰明确。

3. 节奏

演讲时抑扬顿挫、轻重缓急的声音，形成了回复往返，构成了语言的节奏。它是演讲中的一切要素的有秩序、有节拍的变化。离开变化，节奏便无从谈起，离开了内容，节奏就毫无意义，所以节奏不是速度。有位意大利的音乐家，他上台不是唱歌，他把数字有节奏地、有变化地从 1 数到 100，结果倾倒了所有的观众，有的甚至感动得流下了眼泪，可见节奏在生活中是多么重要。演讲中节奏的因素包括：结构的疏与密、起与伏，情感的浓与淡，激与缓，速度的快与慢、行与止。

音质和腔调乃是与生俱来的，不可能一朝一夕之间有所改善。不过音质与措辞对于整个演说影响颇巨，这倒是事实。某项研究报告指出，声音低沉的男性比声音高亢的男性受信赖度高，因为声音低沉会让人有种威严沉着的感觉。尽管如此，各位还是不可能马上就改变自己的声音。总之，重要的是让自己的声音清楚地传达给听众。即使是音质不好的人，如果能够秉持自己的主张与信念的话，依旧可以吸引听众的热切关注。

说话的速度也是演讲的要素。为了营造沉着的气氛，说话稍微慢点是很重要的。标准大致为 5 分钟三张左右的 A4 原稿，不过，值得注意的是，倘若从头至尾一直以相同的速度来进行，听众会睡觉的。

（四）语气的控制技巧

语气包含 5 个含义：一是“式”，指语法形式；二是“调”，指语音的调；三是“理”，指逻辑的推理；四是“采”，指修辞的文采；五是“色”，指发声的气色，由这 5 个方面综合包括在一个“情”字，要恰到好处表达感情必须要在这 5 个方面下功夫。

(1)语气的感情色彩。是指语句内在的具体感情的积极运动的显露，它表现在声音气息的变化上。一般说，表达“爱”气徐声柔，表“憎恨”气足生硬，表“急”气短声促，表“喜”气满声高，表“怒”气粗声重，表“悲”气沉声缓，表“惧”气提声滞，表“疑”气细声黏。

(2)语调的基本类型。一般分四类：平直调，上扬，曲折，下降。用不同的语调所表达的意思就完全不一样。平直调多用于陈述、说明的语句；表述庄重、严肃、回忆、思索的情形，表现平静、闲适、忍耐、犹豫等感情或心理。下降调多用于感叹和有些陈述句，常表示祈求、命令、祝愿、感叹等方面内容，表现坚决、自信、肯定、夸奖、悲痛、沉重等。上扬调多用于疑问句、反问句，或某些感叹句、陈述句，适用于提问、称呼、鼓动、号召、训令等场合，表达激昂、亢奋、惊异、愤怒等情绪。曲折调多用于语意双关、言外之意、幽默含蓄、意外惊奇、有意夸张等地方，表示惊讶、怀疑、嘲讽、轻蔑等心绪。在实际应用中四个语调不是孤立的，语调变化不以句子为单位体现，而表现在语流中的千差万别的变化。

第三节 公共关系谈判

谈判是人们现代生活和社会交往中不可缺少的一项活动，更是公共关系人员经常涉及的日常工作方式。因此，谈判是公共关系人员的必修课。

一、谈判概述

(一)谈判的含义和特点

谈判是指人们为了改善相互关系而交换意见，为求得一致而相互磋商的一种行为。从公共关系角度看，谈判是运用人际传播手段，相互交流信息，谋取各自需求，力求达成协议的活动过程。谈判涉及面很广，既有国际的，又有国内的，既有政治谈判，也有经济、科技、文化谈判，而且每个成人生活中，实际上也经历着谈判活动。

谈判的种类也是多种多样：政治谈判、领土谈判、战争、法律、技术、意向、宏观、微观、金融市场、进出口贸易谈判等。

谈判是一种心理战斗，也是一场知识、信息、修养、口才、风度的较量。为此，既要充分准备，又要把目标定得合适才行。谈判，特别是公共关系性质的谈判，都具有以下特点：

(1)谈判的共同基础是需要的满足。谈判的前提是双方都需要得到某些东西。而双方需要的满足，是要通过相互付出才能实现的。双方从各自的利益出发，必然要争取最大的满足，最少的付出。这时谈判往往就成为一种辩论活动。

(2)谈判的目的是为了达成协议。谈判不同于一般辩论，要辩出是非好坏优劣，而是要在辩论基础上，双方对所辩论的问题达成协议。因此，只有达成某项协议，谈判双方才能得到自己想要得到的东西，才算成功谈判。在谈判中争辩的目的是为了使双方达成比较满意的协议。

(3)成功的谈判，双方都是胜利者。谈判的目的是达成协议，谋求一致，是双方都感到自己有所得或双方利益在一定程度上实现了平衡，即使其中一方不得不做出重大牺牲，整个格局也应该是双方各有所得。

(二)谈判的一般程序

一次谈判总是由几个具体阶段组成。不同的视角对阶段的划分也有不同，有分6个阶段的，有分4个阶段的，但不管段怎么分，实质内容是一致的。下面就谈判的准备阶段、导入阶段、概说阶段、明示阶段以及交换意见、妥协、协议阶段作一介绍。

1.准备阶段

在进行谈判前，首先应当对谈判的内容和形式做一些必要的准备工作：充分收集谈判双方的背景资料，包括参加谈判人员的兴趣、爱好、性格等；确定自己的谈判立场与方针，以及要获得什么样的成果，达成什么样的协议；确定谈判的中心议题，避免谈判中偏离主题或节外生枝；分配好谈判过程中各阶段和各项议题的时间、做到有条不紊、节奏清晰明确；预先估计谈判过程中可能出现的各种困难，以及如何克服困难的办法；尽量探明对方的基本的策略和调整方案；做好必要的心理和物质准备。

2.导入阶段

这一阶段要有一个好的开场白，努力创造一个融洽、和谐的谈判气氛和良好的谈判环境。为了创造一个良好的谈判气氛，应注意以下几点：要以友好的态度出现在对方面前、服装仪表要符合身份、说话要轻松活泼、留心自己的非言语动作。这就要求谈判一开始，就要找出对方可能有兴趣的话题，以主题之外的寒暄或者共同感兴趣的事物来创造和谐、亲切的交谈气氛。双方的爱好，相同的经历等，可以谈一些社会趣闻等轻松愉快的话题，制造一个和谐的环境，使双方感到亲切，产生一见如故的亲密情感，为双方交谈架起桥梁。

3. 概说阶段

双方概略地说明自己的目的、意图、基本设想和条件。内容要简明扼要，表达诚意。这一阶段的关键是创造一种信任和和谐的气氛，同时也是认识对方的"第一印象"，需谨慎行事，要保留一些不想让对方知道的资料。

4. 明示阶段

这也叫介绍阶段，详细介绍自己的方案并了解对方方案，应尽量用适用对方的术语表达自己的方案。依次在每点上消除对方的疑点、误解，逐步让对方和自己走到一起；谈判双方往往包含有3种主要问题：双方各自所求、彼此相互之求、外表看不出的内蕴要求。为了达成协议，双方应该心平气和地讨论下去。为了实现自己的要求，适当满足对方要求也就是关键所在。

5. 交换意见阶段

也称作交锋阶段，这一阶段既可能是心平气和的也可能是激烈的交锋。此时应尽量挖掘问题，寻找澄清问题的方法，请对方更彻底解释他们的观点，并详细地论证自己的观点。这一段可使双方的意图更加明确，并推动谈判向前发展。这阶段谈判者也应做好心理准备，回答对方的质询，列举事实，说服对方，接受自己的意见。双方的交锋不是一方压倒一方，而是利用给与取，施与受的原理，迟早让对方了解自己人所能做出的最大让步，要求对方做出的最低限度的让步，找出双方妥协的范围。所以，交锋也可以说是对等摸底，发现对方真实需要，协商妥协限度的阶段。

6. 妥协阶段

妥协阶段。交锋的结束便是寻求妥协的时刻。这需要双方做出必要妥协、让步，力求先在小争议问题上取得一致，循序渐进，在大争议上达成谅解，实现平稳。一味让步，得不到补偿，谈判不会成功。

7. 协议阶段

经过交锋、妥协，双方认为已基本达到自己的目标，满足了双方的共同利益要求后，便可草签协议。再通过对条文的具体拟定、审查、补充、修正，并由双方代表签字确认彼此的权利与义务，谈判就算成功了。当然在协议中还应加上监督条款和处罚条文。

二、公共关系谈判策略

(一)出其不意

如果谈判双方在谈判实力上相当而又互不相让,任何一方指望通过争辩来取得更多的利益几乎都不可能的,在此情况下,可以借助出其不意的策略,改变谈判手法、观点或提案,使对方感到意外,而一时阵脚大乱,不知所措,以造成谈判气氛急剧的富有戏剧性的变化。凭着这种人为制造的压力,可以从中谋求更多的利益。出其不意的策略一般表现为以下几种情况:

(1)对即将可以定案的提案突然抛出新的方案。这是利用双方有心达成协议的心理状态,趁机提出自己新的要求。如果把这些要求解释得相当合情合理,而对方又急于达成协议,那么这种计谋就很有可能获得成功。

(2)态度突然变得非常强硬,甚至于情绪异常激动。这只是一种假象,目的是为了表示自己承担了很大的牺牲,做了很大的让步,实际上只是摆出这个样子,而让对方可能被其态度、情绪所蒙骗,而做出不必要的让步。

(3)突然宣布退席或建议取消谈判。这种策略是把握了对方的"死线",即对谈判成功寄予相当大的希望的弱点,经假动作来迫使对方就范。

(4)提出许多惊奇的问题。这样做是为了分散对方的注意力,使对方处于被动应付的境地。

对于出其不意策略的攻击,明智的做法应保持头脑冷静,以免惊恐或急躁而造成心理失衡,给对方以可乘之机;多听少说,争取尽可能多的思考时间,必要时可以叫暂停,使对方出其不意策略失效。

在使用出其不意策略时要谨慎,因为这样做常常会带来不信任、不友好的气氛,使用不当,它很可能会阻塞双方意见的交流,并会使对方陷入难堪的境地而有损双方良好的人际关系。因此,使用此策略要有理、有利、有节。

(二)分而治之

所谓"分而治之",就是一部分一部分地把对方的利益分割过来,这种策略特别适用于贸易谈判中的买方。西方又把这种策略称为"切香肠策略",意思就是像刀切香肠一样,一部分一部分分割对方利益,每人都切一些,而对方谈的时间越长,就懒得讨价还价,也易于让步。

分而治之的策略,除了通常的准备工作以外,还要做一些特殊的准备工作,比如，摸清对方签约成交的急切程度，对方如果越急对我方越有利；另外，还要将对方谈判的代表情况：姓名、爱好、经济情况、所具有的权力制成表格，分发给所有参与谈判的各个部门负责人，让大家心中有底。其具体操作如下：将参与谈判的人员按负责的内容不同而分开，如负责质量的技术人员，负责价格问题的财会人员，负责提货的运输部门，负责签约和进出口业务的部门等。每个部门只负责部门的工作与对方洽谈，决不考虑其他的问题。比如，负责价格问题的会计师只关心价格，他可以拒绝考虑对方提出的因质量高于原价格上的补贴的要求，坚持以偏低于市场上同类产品的其他厂家的报价成交。而负责产品质量的技术人员仅对对方产品的技术数据感兴趣，他可以一味向对方较高的技术要求，以满足自己的需要。其他部门都遵循这一原则，这样买方就相当于各部分的最优组合。而卖方却受到其各最优部分的组合而导致成本提高、价格却偏低。这种你切一片、我切一片、逐步杀价的策略在西方贸易中很常见。我国公共关系人员应视其具体情况慎用。

(三)休会

休会就是暂时中止谈判。谈判过程是一个艰苦的协商以至辩论的过程，要使谈判取得双方较为满意的协议，常常要采用休会的策略维持谈判局面。一般出现以下情况时可以采用休会的办法解决：

(1)双方谈判人员因长时间的谈判而筋疲力尽时，为了让谈判人员在以后的谈判中有足够的精力，这时可以安排休会。

(2)当一方在某一问题上占据主动时，或一方突然提出一个新提案时，为了调整和制定新的对应策略，这时可以建议休会。

(3)当谈判处于低潮，面临破裂的可能时，为缓和气氛，使双方重新思考并制定出既能谋得利益而同时又使双方得到满意的成交策略。

谈判人员应充分有效地利用休会的空当思考以下问题：分析自己的指导方针是否切实可行，是否需要做某些变动；现在谈判的问题哪些取得了进展，还有哪些地方需要补充或深谈的；怎样解脱被对方抓住的弱点，对方又暴露了哪些问题可以成为己方的攻势；在谈判的总体方面，对方态度有什么变化，己方是否应调整一下对策；复会以后谈什么，怎么谈，己方是否应抛出新提议，等等。休会既是给双方以喘息机会，又是给双方调整谈判策略的时机，任何参谈人员都应珍惜这一可贵的时间，互通信息，统一意见，以利再战。

(四)规定最后期限

谈判中，选择有利时机，对于贸易谈判，特别是对于双方争执不下的谈判，可利用最后期限的策略来迫使对方做出非此即彼的选择。这往往使谈判免于纠纷，促成有利于自身的谈判成果。根据心理学原理和生活实践表明，当某一最后期限到来时，人们迫于这种期限的压力，会迫不得已地改变自己原先的主张，以尽快使问题得以解决。

在谈判开始时，提出最后期限，对方往往不十分注意，但随着这个期限的逐渐迫近，对方内心的焦虑就会与日俱增，并会急躁不安，到了最后期限，这种不安和焦虑就会达到最高峰。针对这种心理，对于在谈判中一时难以达成协议的棘手问题，不要操之过急地强求解决，而是运用"休会"和"疲劳战术"等，对棘手问题可按兵不动，到最后期限，可借助这一无形压力，向对方展开心理攻势，必要时做一些小的让步作为配合，给对方造成"只有最后一次机会"的感觉，以使对方在整个合同签约或其他协议等问题上做出让步。

（五）让步策略

让步是保证谈判成功的原则和策略，是合作精神的具体体现。美国前国务卿基辛格曾说："任何成功的谈判都必须建立在一种相互均衡却是一个复杂的过程。作出让步的先后顺序是关系重大的，如果在对方相应的让步明朗化之前，自己一方坚持一步不让，而不是把每一让步作为全局的部分来看，那么谈判就有可能失败。"因为让步策略实际上是以退为进，转守为攻的策略。退只是一种表面形式，进才是最终目标。由于在形式上采取了退让，使对方不断地从退让中得到心理满足，因此，不但思想上会放松戒备，而作为回报，他也会满足己方的某些要求，而此要求正是己方的真实目的。

谈判中的妥协、让步是一件很不容易的事，要使谈判圆满成功，巧妙的让步就成为一项很有意义的事。一般情况下应坚持下述让步的原则：①不做无谓的让步，每次让步都是为了换取对方在其他方面的相应让步或优惠。②让步要让得恰到好处，无论是让步的内容还是时机都要选择最佳，使己方较小的让步，让对方感受到比较大的满足。③每次让步的幅度不宜过大，节奏不宜过快，应做到步步为营。因为让步太大，会使人觉得我方这一举动是处于软弱地位的表现，会建立起对方的自信心，并使对方在以后的谈判中掌握主动；让步节奏也不能太快，因为轻而易举地获得你的让步不但不会让对方在心理上得到满足，反而会怀疑让步其中有诈，而慢慢让步不但能使对手心理上得到满足，而且会更加珍惜它，因为对方感到让步是不容易的。④让对方尽可能多发言，使之暴露过多，造成回旋余地小，处于被动状态，而己方少发言，回旋空间宽广，自然就会处于主动地位，利于与对方周旋。⑤不要承诺作同等幅度的让步。比如，对方在某一条款或项目上让我方 60%，并要求己方在另一项目上也做出同等幅度的让步。己方完全可以委婉地拒绝,告诉对方,我方只能让步40%。要知道每一让步中都实实在在地意味着己方的损失和付出。任何谈判总希望付出与获得相当才行。

(六)假设条件策略

这是指先假设某种情况存在,以探视对方的反映。例如,我方提出"如果扩大订货,你方打算在价格上做出什么让步",提出假设条件可以从两方面考虑:一是在我方认为不太重要的问题上提出假设条件,如果对方对此反应敏感,则说明他对这一问题比较重视。二是在我方认为比较重要的问题上提出假设条件,如果对方也很看重这一问题,说明要获得对方的让步会很困难,必须有所准备。

三、公共关系谈判技巧

谈判是一种斗智斗勇的心理过程。谈判人员应该掌握叙述、倾听、提问、回答、辩论和说服技巧。

(1)叙述。叙述是指表达自己对各种问题的看法和意见,阐述有关事实和信息。叙述应态度诚恳、观点明确、语言生动、层次清楚。叙述时的语言要求是:准确易懂——对于某些专业术语应尽量用通俗的语言加以解释;条理清晰——避免信口开河、主次不分;真实可信——不可夸大其词、信口雌黄;紧扣主题——不要漫无边际,夸夸其谈。

(2)倾听。上帝赐给人类两只耳朵、一张嘴巴,是希望人们多听少说。有效倾听的要求是"五要""五不要"。"五要"的具体内容是:要专心致志、要做笔记、要抓住要点、要避免先入为主、要注意谈判环境。"五不要"的具体内容是:不要急于反驳、不要打断他人、不要急于下结论、不要争吵、不要逃避交流。

(3)提问。提问有助于摸清对方的信息,掌握对方的底牌。提问的要诀是:要事先准备好问题,问题的句子应尽量简洁;要态度诚恳,发问后立即闭口,等待对方回答,不要强行追问,不要审问对方。

(4)回答。回答问题是一个证明、解释和推销己方观点的过程。为了有效回答好每一个问题,谈判前可先假设一些难题来思考,也可以进行谈判模拟和演练。回答问题应遵循以下一些原则:回答问题前,要留有思考时间;琢磨提问者的真实意图;不必回答每一个问题;难以回答的问题,可以转移话题,答非所问;不懂的问题不必作答。

(5)辩论。辩论是有效谈判的关键技能。在辩论时应注意以下几方面:观点明确，论据充分；头脑冷静，选择性强；把握原则，切中要害；勿穷追不舍、得理不让人；态度客观，切忌侮辱诽谤；注意举止和礼仪。

(6)说服。说服的目的是让对方接受我方的意见和提议。说服他人的主要原则是：①设身处地为他人着想，不要只顾大谈自己。②消除他人戒心，让对方说“是”。让对方说“是”的主要诀窍有：尽量以简明的方式说明自己的要求；注意对方的情绪；以充满信心的态度说服对方；找出对方感兴趣的话题，让对方感觉到你非常感谢他的合作；坦率地说出自己的希望；切忌以高压的手段强迫对方；态度要亲切；引发对方的好奇心；让对方了解你是在“给予”；让对方自由发表意见；要让对方明白“赞同”是最好的决策。③注意语言的运用。④寻找双方的共同点，如共同的兴趣、经历、理想等。

本章小结

公共关系语言艺术是指在公共关系实践活动中，活动主体在公共关系基本原则和语言理论的指导下，创造性地使用语言而表现出来的给人以美好感受并能取得良好效果的各种方法和技巧。具有增强语言的感召力、提高语言的沟通能力和增加表达的实际效果的功效。公共关系语言运用应当遵从真诚原则、与语境相适应原则和有效沟通原则等基本原则。公共关系语言艺术运用包括有委婉法、幽默法、暗示法和模糊法。

演讲是演讲者在特定的时境中，借助有声语言和态势语言的艺术手段，针对社会的现实和未来，面对广大听众发表意见，抒发情感，从而达到感召听众并促使其行动的一种现实的信息交流活动。演讲技巧主要包括演讲词的写作技巧和演讲呈现技巧。谈判是指人们为了改善相互关系而交换意见，为求得一致而相互磋商的一种行为。谈判一般包括准备、导入、概说、明示、交换意见、妥协、协议 7 个阶段。公共关系谈判策略主要包括出其不意、分而治之、休会、最后期限、让步和假设条件等。公共关系谈判技巧包括叙述、倾听、提问、回答、辩论和说服技巧等方面。

案例分析

国家主席习近平二〇一九年新年贺词

大家好！“岁月不居，时节如流。”2019 年马上就要到了，我在北京向大家致以新年的美好祝福！

2018年,我们过得很充实、走得很坚定。这一年,我们战胜各种风险挑战,推动经济高质量发展,加快新旧动能转换,保持经济运行在合理区间。蓝天、碧水、净土保卫战顺利推进,各项民生事业加快发展,人民生活持续改善。京津冀协同发展、长江经济带发展、粤港澳大湾区建设等国家战略稳步实施。我在各地考察时欣喜地看到:长江两岸绿意盎然,建三江万亩大地号稻浪滚滚,深圳前海生机勃勃,上海张江活力四射,港珠澳大桥飞架三地……这些成就是全国各族人民撸起袖子干出来的,是新时代奋斗者挥洒汗水拼出来的。

这一年,中国制造、中国创造、中国建造共同发力,继续改变着中国的面貌。嫦娥四号探测器成功发射,第二艘航母出海试航,国产大型水陆两栖飞机水上首飞,北斗导航向全球组网迈出坚实一步。在此,我要向每一位科学家、每一位工程师、每一位“大国工匠”、每一位建设者和参与者致敬!

这一年,脱贫攻坚传来很多好消息。全国又有125个贫困县通过验收脱贫,1 000万农村贫困人口摆脱贫困。17种抗癌药降价并纳入医保目录,因病致贫问题正在进一步得到解决。我时常牵挂着奋战在脱贫一线的同志们,280多万驻村干部、第一书记,工作很投入、很给力,一定要保重身体。

我始终惦记着困难群众。在四川凉山三河村,我看望了彝族村民吉好也求、节列俄阿木两家人。在山东济南三涧溪村,我和赵顺利一家围坐一起拉家常。在辽宁抚顺东华园社区,我到陈玉芳家里了解避险搬迁安置情况。在广东清远连樟村,我和贫困户陆奕和交谈脱贫之计。他们真诚朴实的面容至今浮现在我的脑海。新年之际,祝乡亲们的生活蒸蒸日上,越过越红火。

这一年,我们隆重庆祝改革开放40周年,对党和国家机构进行了系统性、整体性、重构性的改革,推出100多项重要改革举措,举办首届中国国际进口博览会,启动建设海南自由贸易试验区。世界看到了改革开放的中国加速度,看到了将改革开放进行到底的中国决心。我们改革的脚步不会停滞,开放的大门只会越开越大。

我注意到,今年,恢复高考后的第一批大学生大多已经退休,大批“00后”进入高校校园。1亿多非户籍人口在城市落户的行动正在继续,1 300万人在城镇找到了工作,解决棚户区问题的住房开工了580万套,新市民有了温暖的家。很多港澳台居民拿到了居住证,香港进入了全国高铁网。一个流动的中国,充满了繁荣发展的活力。我们都在努力奔跑,我们都是追梦人。

此时此刻,我特别要提到一些闪亮的名字。今年,天上多了颗“南仁东星”,全军英模挂像里多了林俊德和张超两位同志。我们要记住守岛卫国32年的王继才同志,为保护试验平台挺身而出、壮烈牺牲的黄群、宋月才、姜开斌同志,以及其他为国为民捐躯的英雄们。他们是新时代最可爱的人，永远值得我们怀念和学习。

这一年，又有很多新老朋友来到中国。我们举办了博鳌亚洲论坛年会、上海合作组织青岛峰会、中非合作论坛北京峰会等主场外交活动，提出了中国主张，发出了中国声音。我和同事们出访五大洲，参加了许多重要外交活动，同各国领导人进行了广泛交流，巩固了友谊，增进了信任，扩大了我们的朋友圈。

2019 年，我们将隆重庆祝中华人民共和国 70 周年华诞。70 年披荆斩棘，70 年风雨兼程。人民是共和国的坚实根基，人民是我们执政的最大底气。一路走来，中国人民自力更生、艰苦奋斗，创造了举世瞩目的中国奇迹。新征程上，不管乱云飞渡、风吹浪打，我们都要紧紧依靠人民，坚持自力更生、艰苦奋斗，以坚如磐石的信心、只争朝夕的劲头、坚韧不拔的毅力，一步一个脚印把前无古人的伟大事业推向前进。

2019 年，有机遇也有挑战，大家还要一起拼搏、一起奋斗。减税降费政策措施要落地生根，让企业轻装上阵。要真诚尊重各种人才，充分激发他们创新创造活力。要倾听基层干部心声，让敢担当有作为的干部有干劲、有奔头。农村 1 000 多万贫困人口的脱贫任务要如期完成，还得咬定目标使劲干。要关爱退役军人，他们为保家卫国做出了贡献。这个时候，快递小哥、环卫工人、出租车司机以及千千万万的劳动者，还在辛勤工作，我们要感谢这些美好生活的创造者、守护者。大家辛苦了。

放眼全球，我们正面临百年未有之大变局。无论国际风云如何变幻，中国维护国家主权和安全的信心和决心不会变，中国维护世界和平、促进共同发展的诚意和善意不会变。我们将积极推动共建"一带一路"，继续推动构建人类命运共同体，为建设一个更加繁荣美好的世界而不懈努力。

新年的钟声即将敲响，让我们满怀信心和期待，一同迎接 2019 年的到来。

祝福中国！祝福世界！

谢谢大家！

问题：

分析习近平新年贺词的公共关系语言艺术。

思考题

1. 什么是公共关系语言艺术？公共关系语言艺术具有哪些功能？

2. 公共关系语言艺术常用的方法有哪些？

3.什么是公共关系演讲？公共关系演讲有哪些特点？

4.公共关系演讲应注意哪些技巧？

5.谈判的过程有哪几个阶段？

6.谈判的策略有哪些？

7.谈判技巧包括哪些方面？

第十一章

公共关系文书写作

导入案例

记者从自治区发改委了解到，为贯彻落实《中共中央国务院关于推进价格机制改革的若干意见》（中发〔2015〕28号）文件精神，自治区发改委结合自治区实际，研究起草了《内蒙古自治区城镇供热价格管理暂行办法》。社会各界人士可以在2019年3月20日前，登录内蒙古自治区发展改革委门户网站首页“通知公告”专栏，进入“《内蒙古自治区城镇供热价格管理暂行办法》（征求意见稿）公开征求意见”栏目，提出有依据且具有执行力的意见建议。

记者了解到，该办法共六章、48条，内容包括定价调价依据、供热价格的制定与调整、供热价格的执行等。其中提到，输热、配热等环节中的合理热损失可以计入成本；无依据计收热费的新建建筑应实行供热计量计价收费，按照产权性质执行居民和非居民供热价格，既有建筑尽快完成节能改造的实行供热计量价格收费；达到国家节能标准的建筑按照两部制热价计算公式执行供热计量价格收费。

该办法中明确，在不增加热用户负担、保障低收入群体生活、不影响社会稳定的前提下，热力企业（单位）与用户可以协商确定热价，上限可参考政府定价、下浮不限。

分析新闻稿对政府出台政策的宣传作用。

公共关系活动的开展是以传播沟通作为手段的，而文字是传播的重要渠道。各种公共关系公文、计划、策划、新闻稿、调研评估等都离不开规范的写作。

第一节 公共关系文书的种类

一、公共关系文书含义及其重要性

(一)公共关系文书的含义及功能

1.公共关系文书的含义

公共关系文书是指公共关系人员在公共关系工作中,用来进行组织内外沟通与联系的各种文字媒介的总称。

首先,公共关系文书是公共关系人员在公共关系工作中应用的文书。因而,它与一般的文书有所不同。公共关系文书的目的在于通过各种文字媒介,树立社会组织的良好形象,力求“使人爱”,而一般文书的目的则在于借助各种文字媒介,传递与交流信息,力求“使人知”。此外,公共关系文书的对象是目标公众,而一般文书的对象较广泛。

其次,公共关系文书是用来加强组织与公众之间的沟通与联系的文书。作为现代组织必须要保证信息的畅通,需要通过面向组织内部公众的文书,旨在加强组织与内部公众的联络沟通,以充分调动组织内部成员的积极性与创造性;通过面向组织外部公众,用于组织与外部公众联络沟通的文书,以加强公众对组织的了解信任,提高组织的知名度与美誉度。

最后,公共关系文书是与公共关系相关的各种文字媒介的总称。当今世界,文字媒介是多种多样、五彩缤纷的,公共关系文书是其中的特殊组成部分,其用途主要用于公共关系活动,为组织树立良好的公众形象服务。

2.公共关系文书的功能

由于公共关系文书在组织管理中具有特殊的地位和作用,因而其又表现出独有的功能:

(1)信息集纳的载体。组织公共关系工作的内容之一,就是信息的采集与传输。一方面,要采集本组织的信息,传输给公众;另一方面,要采集来自公众的信息,反馈给自己的组织。而信息的采集和传输,通常要借助于作为信息载体的文稿、出版物和电脑文字处理系统。而当信息输入载体时，又要经过整理和加工，这就是公共关系写作。

(2)传播沟通的工具。组织与公众之间的沟通，当然可以借助于探访、谈心、开会、联谊活动等人际交往的方式。但借助于传播媒介进行沟通，则是现代组织更为常用的手段。电视、广播、报刊、书籍、传真、电脑网络则被视为最有力的传媒。其长处是覆盖面广，不受时间或空间限制。而要利用这些媒介，就得写作。如果说传媒是传播沟通的工具，那么写作就是工具的工具。

(3)社会交往的信使。现代组织的生存和发展，离不开正当而必要的社会交往，这就是我们平时所说的广结良缘。在这种交往中，文字常常起到别的形式所不能替代的作用。一份经过作者精心构思、撰写的邀请书、意向书，一本经过巧妙编排、装帧而且文章又很优美的公共关系小册子，往往可以成为社会交往中不辱使命的信使。

(4)协调咨询的桥梁。协调咨询是公共关系的重要职能。一个组织要发展横向经济联合，吸收外来投资，协调比邻关系，理顺内部各个职能部门之间以及领导与职工之间的关系，回答股东、经销商、消费者的问题，处理好内外部的是非纠葛等都需要准备或提供有关的文件、资料。这些文件、资料在协调咨询中可以起到桥梁作用。它可以跨越时空，使协调咨询扩大到最大范围；可以使思维清晰化、条理化，迅速推进协商；它还可以把协商成果以文字符号的形式准确记录下来，便于有关方面执行和监督。

(5)教育引导的益友。从公共关系的角度来看，组织员工是内部公众，他们也是公共关系工作的重要对象。组织对内公共关系工作的总体目标是把员工的积极性、责任感和聪明才智充分调动起来，与领导集团同心同德，共同塑造和完善组织的良好形象。这需要鼓励——精神的、物质的鼓励；需要管理，建立和健全各种规章制度；更需要教育和引导，提高他们的素质。现代组织十分重视信息分享，分享原则具体体现在组织的信息库及内部刊物上。具有一定规模、人力、财力等条件许可的组织一般都拥有自己的内部报纸、简报、有线广播；大中型组织甚至还有自己的杂志、闭路电视、内线电话系统、电脑网络、职工培训中心等。在这里公共关系写作成了教育引导的益友。

(二)公共关系文书的重要性

从含义和功能可以看出公共关系文书对于组织的公共关系活动乃至组织整体的管理活动都有着非常重要的意义。

1.从组织生存发展的必要条件看公共关系写作的重要性

一个现代组织要想在激烈的竞争中生存发展,获得成功,最起码必须具备以下三个条件:建立良好的产品和组织信誉;不断增强组织内部与外部公众的凝聚力和支持力;保证获得较大的经济效益和社会效益。

建立良好的产品信誉和组织信誉,首先要求组织提供优质的产品和采取过硬的服务措施。但是,在市场经济的条件下,只是提供优质产品和服务的组织,要想在竞争中获胜,那是不可能的。因此,组织要建立良好的信誉,除了具备建立信誉的基础(优质产品和优质服务)之外,还必须善于利用舆论工具,通过宣传和信息交流,争取公众的信任,使本组织在竞争中求得生存和发展。利用舆论工具,进行宣传和信息交流,就宣传工具来说,可以是报纸、电台,也可以是电影、电视,也可以是商品的包装封皮、产品说明;就宣传内容来看,既要宣传产品的质量,又要宣传组织的形象,既要围绕信誉主题,又要围绕服务主题……而这一切又统统离不开写作。

加强组织内部公众凝聚力和外部公众的支持力,是组织求得生存发展的又一个重要保障。要加强内部凝聚力和外部支持力,当然首先要靠实际的经济效益、社会效益作保障,但是,从内部来说,经济效益、社会效益的创造很大程度上要靠各项规章、制度、方针、政策作保证,还要做好员工的思想政治工作,不断调动、激发员工的工作热情;从外部来讲,要让外部公众了解、理解组织的政策和行为,还要对外部的行为进行协调、引导。无论是起草制定管理章程、确立政策,还是内外的思想政治工作、信息的交流都离不开公共关系写作。

在当今社会,及时地从外界获得信息(诸如产品信息、销售信息、科技信息、管理工作信息、政策信息等),沟通组织之间、组织与社会、微观经济与宏观经济的联系,是一个组织增加经济效益和社会效益的重要保障。但是从监测收集各种信息开始到经营决策的最终落实更是离不开公共关系写作,源源不断的信息汇集起来之后必须及时写成简报,供决策机关参考;沟通本组织与外部世界的联系,需要撰写各种信函、起草各种电文、签订各种文字契据;制订经营决策时需要撰写周密严谨的计划方案和具体实施方案等,这一切都是公共关系写作的重要内容。

此外,当组织的利益受到损害,组织的形象遭到歪曲以及组织因损害公众利益而引起各种公共关系纠纷时,为了及时澄清事实、挽回影响,处理矛盾冲突也往往需要公共关系写作。若诉诸舆论需要撰写澄清事实的新闻、广播稿;诉诸法律,需要撰写各种诉状;解决矛盾、纠纷,需要起草调解书和谢罪广告等。

2.从公共关系活动的程序看公共关系写作的重要性

公共关系活动的一般程序包括四个阶段:公共关系调查阶段、公共关系策划阶段、公共关系实施阶段和公共关系评估阶段。

公共关系调查阶段，主要是收集各种公共关系活动的信息阶段，为制订切实可行的公共关系活动计划服务。调查研究的重点应放在收集组织及其环境、历史、政策、人员、公共关系、产品、声誉及面临问题的信息上，经过周密详尽的调查，再经过去粗取精，去伪存真、由此及彼、由表及里的细致工作，然后按问题的轻重缓急，或按问题的主次提出处理的办法，写成调查报告，提交组织的决策部门，供制定重大决策时做参考。这里调查研究是前提，写出调查报告是结果，而这其中的每一步都离不开公共关系写作。

公共关系策划阶段，主要是根据调查阶段所获得的信息和发现的问题制订公共关系活动计划。公共关系活动计划一般应包括如下内容：确立公共关系活动目标；确定公共关系活动的对象公众；明确公共关系活动的主题；拟定具体的行动方案。不用说，这一切公共关系活动计划的本身就是公共关系人员的一项重大的写作成果。况且计划中的任何一项内容又需要一系列的措施、规定、办法与之配套。比如，确立公共关系活动的目标必须与组织的整体目标相一致，也就是说，既要使公共关系活动有助于实现组织的整体目标，又要有助于树立组织的整体形象，同时还要符合社会公众的利益，这就需要用文字加以固定。又比如，在拟定的具体行动方案中，规定定期举行记者招待会，开办产品展览会，向新闻单位投寄新闻稿等，那么，在举行记者招待会前要写出招待会的发言稿；而向新闻单位投寄的新闻稿等也要认真撰写。这一切都离不开公共关系写作。

公共关系实施阶段，也就是将公共关系的计划和方案付诸实施，为组织塑造、推销良好的社会形象，影响公众舆论，优化组织环境。这就更加需要通过各种传播方式向周围各方进行信息传播，而文字的传播是最常用的手段之一，因此，公共关系写作显得尤为重要。

公共关系评估阶段，就是检测公共关系活动的效果，这就需要接收社会各方反馈来的信息，以便对本组织开展的各项活动的结果做出总结、评价，从而为修订原有计划、制定新决策服务。这就要求公共关系人员从广泛地收集信息、听取反应开始，到最后写成各种汇报、总结、报告材料。

总之，要开展公共关系工作就必须学习并掌握各类公共关系文书的写作。

二、公共关系文书的种类

如前所述，公共关系文书起初看起来眼花缭乱，通过分析和综合把某些相同点较多的文体或文种归类，这样就可使其眉目清楚。进行文体分类最重要的意义在于有利写作。即通过每一类文体特点、格式、写法的比较，学会其中某一个文种的写法，就可以触类旁通，举一反三，收到事半功倍的效果。一个人很难在很短的时间内将所有文体的各个文种的写法都掌握并运用自如，在实际工作中并不要求一个人在同一个时间内动笔写如此众多的文章。但有了文体分类，则可帮助公共关系人员大体了解几类文体的界限和区别，做到相互比较，加深印象。在此基础上，再通过反复练习，就会很快由“遵格合体”走上熟练运用的境地。

由于公共关系文书是一个包含多种文体和文种的复杂体，而文体、文种间有时在作用上、在写法上、在特点与格式上又呈现出犬牙交错的状况。因此在分类上必然存在着不同的标准。在这里我们主要按公共关系文书的特点和功能来进行划分。

(1)公共关系新闻类文书。是指关于最近发生的新鲜而重要的公共关系事实的报道或述评。这类文书要求报道必须绝对真实，不能弄虚作假、添枝加叶。它包括公共关系消息、公共关系通讯、公共关系特写、公共关系短讯、公共关系新闻评论、公共关系广播稿、公共关系电视新闻稿等。

(2)公共关系公文类文书。它是指组织在处理各种公共关系事务中形成的体式完整、内容系统的各种书面材料，又称公共关系文书材料或公共关系文件。一般划分为公共关系专用公文与公共关系通用公文两类。它主要包括：命令和指令、决议和决定、指示、通知、通报、报告和请示报告、批复、公函、会议记录、会议纪要、计划、总结、简报、条例、章程、规定、办法等。

(3)公共关系法律诉状类文书。是指组织所需要的保护自己、维护形象的法律文书，它包括诉状、上诉状、申诉状、答辩状、授权委托书、辩护词、保证书、申请执行书、公证书等。这一类文书最好由组织聘请专门律师书写。

(4)公共关系广告启事类文书。是指把组织的某种事或物，通过各种形式的媒介物，公开而广泛地公之于世，以达到树立组织良好形象目的的文书。它包括公共关系广告、公共关系海报、公共关系通告、公共关系布告、公共关系公告、公共关系捷报、公共关系喜报、公共关系启事等。

(5)公共关系礼仪类文书。是指在公共关系礼仪与交往中约定俗成的、常用的文书。它包括公共关系柬帖、公共关系祝词、公共关系题词、公共关系讣告、公共关系悼词、公共关系碑文、公共关系对联等。

(6)公共关系宣传鼓动类文书。是指组织针对目标公众的情况，运用其周围的事例，促使其采取某一行动的公文。一般短小精悍，号召力强。它包括黑板报、墙报、讲话稿、解说词、说明书、传单、标语与口号等。

(7)公共关系报告类文书。就是根据公共关系调查研究成果写出来的、反映客观事实的书面报告。它包括组织基本情况调查报告、组织公共关系现状调查报告、公众意见调查报告、社会环境调查报告等。

此外，公共关系文书根据组织性质可划分为经济组织公共关系文书、政治组织公共关系文书、文化组织公共关系文书、群众组织公共关系文书与宗教组织公共关系文书；根据组织的经济独立与否可划分为企业单位公共关系文书与事业单位公共关系文书；根据组织的目标不同可划分为政治组织公共关系文书、营利组织公共关系文书、公益组织公共关系文书与社会服务组织公共关系文书等。

第二节 公共关系文书的写作特点、原则和要求

一、公共关系文书的写作特点

公共关系文书作为应用写作的一种，除具有一般写作的普遍特点之外，还有其自身的、反映公共关系活动规律的特点。

1. 文体众多、规范不一

公共关系文书的对象纷繁复杂，适用于不同工作对象的文体也就必然众多。公共关系工作需要迎来送往，互通信息，相互酬答；公共关系需要宣传，说服各类公众；公共关系需要通过信息反馈来实施管理，以人际交往的方式实现沟通，求得理解和支持；公共关系需要制造新闻事件并发布各类新闻，公共关系需要科学预测，以实现其各时期决策的正确性；公共关系需要通过正式渠道上情下达，下情上传等。因此，适应各类公共关系活动的公共关系文书，其文体也就有如前所述的几十种之多。

公共关系文书的文体不仅众多，而且各具特色，体式差异较大。与一般的文章自由写作不同，公共关系写作有不成文但相当严格的操作程序规范，许多文体有固定的格式和特定的写法，比如请柬和聘书，其格式固定，往往只需在固定的格式中认真、具体地填写即可；但演讲稿和广告却非常特殊，它们没有固定而具体的格式，常常需要以奇巧和独特来取胜，写作的自由发挥余地很大。因此，按固定的、统一的格式去写演讲稿和广告词，几乎等于事先宣告写作的失败。各类公共关系文体都有着只适应于自己体式要求的规范，有的要求较为具体化、定型化，并有相对固定的趋向；而有的文体却较为自由，除了大体上的要求以外，留有个体独创的广阔领域，它要求灵活多变，要求有较强的吸引力，要求运用富于艺术魅力的语言，这就

需要我们在相互比较中认清各种文体的主要特点和规范，在写作实践中逐一掌握这些文体写作特点和具体写法，而不应有硬性划一的要求。

2.侧重实用，讲究礼节

公共关系文书写作属于应用写作的分支，它是公共关系人员在公共关系活动中的应用写作。因此，它的第二方面的特点，便是紧密联系公共关系活动的实际，为公共关系活动的顺利开展服务，具有很强的实际运用的价值，同时也必然具有通俗化和大众化的特色，非常讲究礼节、礼仪，这样才便于流通和实际运用。

公共关系是以组织为主体，向公众客体所开展的活动。它尊重各类公众，承认人的自身价值；它必须建立在平等和民主的基础之上来开展各项社会活动，进行各种人际交往。因此，公共关系格外关注公众各种心理需要的满足、被尊重的需要以及自我价值实现的需要等；格外注意公共关系写作中、信息交流过程中的礼仪和礼节。相关文体中的称谓、开头语和结束语等特别讲究对等、对称，礼貌、周到，热情、大度。无论公众有何表现，无论组织对公众及其个体有何看法，都需尽量用委婉、含蓄、客气的表述法来进行写作，特别讲究分寸感、适度性，借以保证公共关系写作传达的各类信息尽快、尽可能广泛地实现其社会沟通的效用。

同时，公共关系写作讲究礼尚往来，讲究对应性。古人云："有来无往非礼也"。无论何种组织，只要公众有来文，即应尽快复文，只要公众有反馈、反映，即应有明确的表态和答复。其间，以公共关系文体来做答复，不失为一种取信于公众的有效办法。

3.通达凝练，人情味浓

公共关系文书的语言表述应以通达为要，以满足信息的广泛交流和组织间、人际间的顺利交往为务。因此，用尽可能简洁凝练的语言表述较繁杂的信息；用尽可能简短的篇幅来表述尽可能多的信息，就容易使读者节省阅读时间，获得较明晰的信息，同时也易使信息流在单位时间内流量大、内涵多。公共关系文书的时效性较强，从某种意义上说，信息就是生命，就是财富，就是组织利益。因此，公共关系文书必须通达凝练，保证写作中和文章传递过程中的信息尽量少受阻、少内耗，准确而快速地向外传播，向内反馈，从而使组织和公众在信息交流中尽可能多地受益。

公共关系文书写作一般是代表组织来进行的。为了让写成的文章顺利地为公众接受，并在接受的过程中提高组织的知名度和美誉度，就要求写作者十分关注公众的归属感和爱的需要，考虑到行文的通俗和大众化。党政机关、行政机构应力求避免冷冰冰的官僚式和酷吏式用语；各类营利性企业应力求避免商人习语和轶事俗文；各事业单位应力求避免空洞的说教式、呆板和僵硬的宣传式以及过多的专业用语，尽量增加行文的人情味和感情色彩，以求公共关系语言在信息交流过程中能产生亲切感和亲近感，使组织信息的发表和传输少受阻，少消耗，最大限度、最高准确度地为公众所接受，并产生强烈而持久的吸引力和影响力。

正因为公共关系文书有如上 3 方面的特点，所以就要求在公共关系文书写作中把握并强化这些特点，使撰写出来的公共关系文书具有极强的文体感，在公共关系活动中发挥出最佳效应。

二、公共关系文书的写作原则

公共关系向人们提供了在激烈的社会竞争中求得生存发展的思想观念和方法，其中信誉第一、以诚为本、协调内外、尊重公众及利己利人、讲求效益等思想是公共关系文书写作应特别汲取的。具体到写作实践上应遵循以下原则：

1. 以诚为本原则

"以诚为本"是公共关系学处理内外关系的基本原则，是组织甚至个人在激烈的竞争中安身立命、谋求发展的基础。"诚"和"诈"是对立的，它要求社会组织在处理内外关系时，坚持实事求是的态度和作风，脚踏实地地工作、赚钱，老老实实地做人、待人，摒弃商家和衙门以"诈"求生的做法，消除组织和公众之间的隔膜，通过拆除"象牙塔"、搭建"玻璃屋"以增强透明度求得公众的理解与支持。表现在实用写作上，无论针对内外上下而撰写的文章，都应该说实话，讲事实真相，对好处、长处要敢讲、会讲，但绝不夸大，对缺点问题更要不掩饰，这是获得公众信任的基础。在这点上，人们有一种误解，认为谈好处、长处会为组织"贴金"以壮门面，而"家丑"一旦外扬会使自己陷入尴尬被动的境地。实际上，对于缺点的自我"曝光"，在公众看来，这种行为本身就显示了该组织雄厚的实力、宽广的胸怀、自信的气度、直面困难和问题的勇气，公众不仅因此而理解该组织的某些不足，而且觉得该组织更加可信。可以说，"在困难和问题的重压下求索前进"是整个社会的一种态度和精神，组织或个人的困难和问题不再"私有"而"社会化"是公众普遍意识到的，所以，把组织或个人纳入整个社会的发展和监控之中，充分开放，实话实说，这是公共关系文书写作遵循的大原则和大技巧。

2. 尊重公众原则

在买方市场已经形成的今天，消费者是上帝。这一观念反映了整个社会对满足人的需求的尊重，对绝大多数人权益的尊重，以诚为本在一定程度上已体现了尊重公众的思想，但尊重公众之所以特别提出是因为它在公共关系文书写作中占有非常重要的地位。把公众作为朋友和知己，写作中尊重和提升他们的人格和尊严，从而实现提升自己地位的目的，为组织或个人赢得公众的尊重和配合打下坚实基础。

3.利人利己原则

关系因为利益而维持，同时因为利益而难处。在人类社会还未完全进入按需分配的时代，利益分配总是困扰人们的一大难题。公共关系在激烈的竞争中提出利益共享原则，合理地解决了组织和公众之间的利益纷争，从而遏制了损人利己的经营观念。因此，无论是报告、总结、调查报告，还是广告或新闻报道，在写作前，都应对组织的各种行为所引发的利益做出科学评估：哪些是利于国家和社会的，哪些是利于组织自身的，哪些是长远的规划，哪些是“杀鸡取卵”的短期行为，即使是受益，又有哪些人受益，哪些人受到伤害，对于这些问题如不能从整体上认识和把握，那势必纠缠在组织眼前的、局部的一得一失，而通过公共关系文书写作欺瞒以至愚弄公众，这种做法虽有可能于己一时有利，但危害广大公众利益，组织自身的生存和发展就成了空中楼阁。从这点出发，公共关系文书不能急功近利、见利忘义，而应该从大处、远处着眼，使公共关系文书更好地为组织、为公众服务。

4.讲求时效原则

各类公共关系文书都是为了解决公共关系活动中已经出现，即将出现或可能出现的各种问题而写的。今日时代是信息时代，效率就是生命，时间就是金钱。公共关系文书写作不能推诿拖拉，慢慢腾腾，而是要做到写得及时，发得及时，办得及时。比如“公共关系简报”“公共关系信息”之类的公共关系文书，往往上午的情况，中午得到，就应立即编写，两三个小时之后，就能编印完毕，并及时分送到有关人员的手中。许多公共关系文书的写作，倘若慢慢来，必然会贻误时机，造成不可挽回的损失。诚然，紧迫的时效，也要讲求经济效益，更应注重社会效益，有些重要的公共关系文书的形成，是需要经过反复构思、再三酝酿，写出初稿后，还要多次推敲修改，再经过集体研究、讨论通过的。绝对不能只要速度，不管质量，而一定要在规定的有限时间内力争写出对社会有益、对组织有利、文质兼美的好文章。

三、公共关系文书的写作要求

公共关系文书种类不下数十种，而且牵涉的范围也很广。但在写作上，都有一个总体的要求，即都要求具有一定的马克思主义理论修养，高度的政策水平，强烈的公共关系意识，丰富的知识储备，良好的写作习惯，求实、进取的工作作风；都要求能够做到内容的真、意图的善、形式的美，并把三者紧密结合起来；都要求写出来的文章，生动而不轻浮，锐利而不偏激，形象而不浅薄，感人而不过度。但在正式执笔行文的时候，还有以下一些更为具体的要求。

1. 实事求是

实事求是，就是不弄虚作假，说真话，讲真事。“真诚”是交际场中的金子，“真实”是公共关系文书写作的生命。无论您写的内容是多还是少，涉及的问题是大还是小，反映的情况是内部的，还是公开的，提到的事情是发生在今天，还是昨天，交流的信息是上传下达，还是下情上呈，都应做到确凿无疑，绝对真实，是好就说好，是坏就说坏，有喜则报喜，有忧则报忧，既不夸大，也不缩小。总之，事实要真，态度要真，情感要真。

公共关系文书写作的一个远大目标，就是要促进社会上各种组织和各类公众的交流、谅解与合作，用真实、准确、公正、负责的态度为公众服务，让每一类公众对提供的每一个信息都确信无疑。

公共关系文书写作必须诚实可信，只有如此，才可保证公共关系工作最后获得胜利和成功，在公众心目中树立起崇高的信誉。那种故弄玄虚，张冠李戴的做法，加油添醋，笔下生花的手段，变稻草为黄金，把死人说成活人的伎俩，只能一害公众，二害国家，最终必将搬起石头砸自己的脚，在公众中信誉扫地，受到舆论的谴责，乃至法律的制裁。

公共关系文书写作在内容上的依据是组织在现实工作中的实际表现，而绝非作者的面壁虚造或合理想象。它应该是通过科学的信息传播，把组织的真实形象公之于众，让公众和社会舆论来判断优劣，决定弃取。

如果一个组织在工作中或生产经营中犯有错误或有违法行为时，绝不是依靠几个笔杆子就能搪塞、掩饰得了的，更不是摇唇鼓舌、诱惑他人就能减轻责任。正确的做法应该是借助各种传播媒介，实事求是，承认错误，分析得失，求得公众谅解，并且从根本上改弦更张，另寻生路。

当然，要实事求是也绝不是必须在一篇文章中囊括所有的事实，而不能有所选择，有所弃取。

2. 准确贴切

准确，首先除了观点、用词造句务必准确外，还应做到：

(1)问题要定得准。只有定准了一个有意义、有针对性的问题来写，写出来的东西才会收到好的效果。比如，任何一个组织都有特定的公众，写作前就应把握这些公众在不同阶段的思想脉络、心理特征、行为需要，然后运用有关文体，有的放矢地回答他们迫切需要解决的问题。又比如，公共关系活动成败的关键，是制定一个尽可能周密完整的总体计划及实施方案，由于这类活动往往涉及各种不同公众、不同传播媒介、不同地点的不同事件，因而，写作时就应该根据调查与分析、计划与对策、实施与传播、反馈与修正 4 个阶段中出现的不同问题，有针对性地写作。

(2)对象要看得准。公共关系文书的阅读对象，往往是特指的，如果弄错了或模糊不清，写作时就会缺乏针对性，印发出来，就会缺乏指导性，甚至搞得不好，还会给公众和组织造成误解和损失。

(3)材料要选得准。公共关系写作所涉及的各类文体，实用价值都较高，科学性都较强。因此，如果是写人，姓氏籍贯、脾气秉性、音容笑貌务必都要写准；如果叙事，时间、地点、人物、情节务必都要交代准；如果释义，概念的内涵、界限的划分、来源的考证务必都要解释准；如果是状物，物的形态、颜色、性能、特征、用途务必都要揭示准；史料、引语还应注明出处。即使有时看来，似乎无关大体的细节，也要慎重弃取，务必准确。

(4)文种、格式要用得准。办什么事，用哪一类文种，要选用准确；用哪一类文种，就用与这类文种相适应的格式。这样做，才能提高工作效率，才能保证公共关系文书的严肃性、完整性、科学性和有效性。

3.充足扎实

公共关系文书写作是一项实用性很强的工作。不实则虚。虚是公共关系的大敌，自然也是公共关系文书写作的大敌。与人交往，都愿结交真心的朋友，欲求对己实，先要对人实，写作之理亦然。实，即要求知之为知之，不知为不知；人家的就是人家的，自己的就是自己的；是什么样就是什么样。本色自然，踏踏实实，不哗众取宠，不虚张声势，不搞花架子，不图虚名声。

公共关系文书写作是一项艺术性、技巧性很强的工作。艺术性和技巧性建立在脚踏实地的工作基础之上，建立在充足、扎实的内容之上，只有实际、实在、充实的内容，用货真价实的东西与公众往来，艺术性、技巧性得到完善的体现，才能赢得广大公众的赞赏。

4.美观大方

公共关系文书，常常直接展现组织形象的“脸面”。组织的“脸面”，应该尽量做到美丽、美观、得体、大方，讨人喜欢，令人耐看。

首先，当然是要有美的内容。我们所写的各类公共关系文书，都应该毫无例外地保护消费者的利益，保护公众的利益，保护党和国家的利益。

其次，还要有美的语言。公共关系文书的语言不仅要求活泼、生动，而且还应该温柔、宜人。真正做到用词准确，情感充沛，易懂、好读、耐看、动听。

再次，还要有美的形式。公共关系文书的外表应该是高雅大方、尽善尽美，切不可粗制滥造，凑合应付。标题的设计，要求确切、简明、醒目、排列整齐，突出主要成分。多页文书，则应设计一个好的封面，扉页上可以列“目录表”。正文的构成，要有条有理，有头有尾，上下连贯，前后呼应。文字长的要分段表述，内容较复杂的，可按序码或列小标题分别叙写。称呼要合乎身份，用语要恰到好处，书写要端正清楚，打印要清晰美观。要正确使用标点符号，引文要注明出处。落款的安排也应讲究。

5.新颖活泼

新，即开拓创新、有新意，如新的观点、新的信息、新的发现、新的形式。新的反面是旧，缺乏创造性、裹足不前、人云亦云，是公共关系工作的大忌，也是公共关系文书写作的大忌。公共关系文书写作必须求新，公共关系新闻要新，自不待言；公共关系广告、公共关系计划、宣传小册子、内部刊物等都要新，包括新的内容、新的角度、新的装饰。因袭旧式产生不了最佳的社会效果，收不到最大的经济效益。

当然，我们要求公共关系文书写作要有不断地创新、突破，尤其在强烈的商品经济竞争中，没有一点立异的技巧、标新的绝招，那是很难取得成功的。但是，我们必须强调，无论怎么灵活、创新、突破，不能超越法律允许的范围，不能搞损人利己、害国害民、丧失职业道德的勾当。

第三节 常用公共关系文书的写作要求与技巧

公共关系文书的种类很多，在具体的实践中不要求我们对每一种文体都掌握其写作规律和方法，但对于一些常用的文体则需要了解熟悉，并且要不断地进行训练。

一、公共关系柬帖

在组织的日常交往中，当需要举行或参加某些礼仪性的活动，如纪念、喜庆、奠基等公共关系活动时，往往需要通过专门的特定形式的文书去告知主办者或受邀请者，这就是公共关系柬帖。

1.分类

公共关系工作中常使用的柬帖根据内容不同可以分为3类：

(1)庆祝柬帖。组织在获得某种奖励、荣誉或开张乔迁时，为扩大在公众中的影响而发送柬帖，以邀请部分公众参加庆祝活动。

(2)通知柬帖。组织因为某种原因发生变故或有较大活动，希望公众周知而发放柬帖，以提示公众。

(3)邀请柬帖。组织举办重大活动时，希望重要人物或对活动有重大贡献者参加，以增加活动的隆重性或影响力而发放柬帖。

2.格式

尽管公共关系柬帖种类不一，但都有 4 个显著特点，就是庄重、恭敬、典雅、简洁，格式也基本上是一致的。

(1)封面要设计精美图案，并注意“柬帖”等字样，文字最好用漂亮的美术体、手写体等。

(2)顶格写明被邀请者名字及恰当称谓。

(3)柬帖内容另起一行空两格，交代活动内容、时间、地点。

(4)结尾要具礼，即要写上“此致—敬礼”“顺致—崇高的敬意”等。

(5)注明邀请者(组织或组织领导者)的名称及发出请柬的时间。

3.公共关系柬帖制作要求

(1)公共关系柬帖封面设计要典雅别致、美观大方，无论在款式还是在装帧的设计上，都要注意其艺术性，使它不仅是一种实用公共关系文书，而且是一帧漂亮的美术画片。

(2)公共关系柬帖往往在比较重要的场合下使用，为显示庄重感，应使用细腻、光滑且较厚的纸张，在书写上要注意庄重大方、典雅优美。

(3)公共关系柬帖的措辞务必做到准确、谦恭，语气应婉转，带有协商、祈望、请求口吻，以表示主人的热情与诚意。柬文应先求其“达”，通顺明白，再求其“雅”，讲究文字美，根据具体场合、内容、对象，认真地措辞，要尽量使用白话文，偶尔用文言文也要弄懂原意，求得准确。

(4)公共关系柬帖的发放也要深思熟虑，如在何种场合发放柬帖，发放什么样的柬帖，柬帖发放哪些组织或个人等，都需要周密考虑，切忌胡发滥发。当受帖者是个人时，应事先核实其职务再写，以免发生误会。

二、公共关系公文

公共关系公文又称公共关系公务文书，是一种正式的公共关系文书，它是指组织在处理各种公务中形成的全面完整、内容系统、具有特定的体制格式的规范性文件。

1.特点

(1)具有法定的作者。即依法成立并能以自己的名义行使权力和承担义务的组织。党政机关、团体、企事业单位等,都是依法律、条例、章程、决定等建立的,都是法定的作者。公共关系公文就是这些法定作者的公共关系部制发的,公共关系公文一般以某一组织或组织某一部门,以及组织领导人的名义发布。

(2)具有法定的权威。作为组织的喉舌,公共关系公文可以代表组织发令,代表制发公文组织的法定权威,法律上保障其权利和尊严。

(3)具有现实的效用。由于公共关系公文是在现实工作中使用的,是为推动现实工作服务的,因此它的作用有时间的限制,往往因某项工作的完成而停止使用。只是各种公文的有效期不等,有的长些,如法律性的公共关系公文,有的短些。但是公文失效后依然具有参考价值,需立卷归档保存。

(4)具有广泛的作用。公共关系公文在组织管理中具有广泛的作用,主要有上传下达、互通情报的作用,工作依据和凭证的作用,宣传教育的作用,规定目的与规范行为等作用。

2.格式

公共关系公文都有一定的格式,这是公共关系公文具有权威性和约束力在形式上的具体表现。国务院办公厅2000年颁布的《国家行政机关公文处理办法》规定,公文一般由发文机关标识、秘密等级和保密期限、紧急程度、发文字号、签发人、标题、主送机关、正文、附件说明、印章、成文日期、附注、附件、主题词、抄送机关、印发机关和印发日期等部分组成。

3.写作要求

(1)要符合党和国家的方针、政策与法律,遵守上级组织的有关规定。

(2)要符合客观实际,遵循工作规律。因为公共关系公文是用来办事的文章,是据以解决问题的文章,必须实实在在。

(3)公文的撰写与修改务必及时、迅速,反对拖拉、积压。要健全制度、简化手续、争分夺秒、讲究效率,以免影响公文的效用。

(4)辞章要明确、严密、鲜明。这是衡量公共关系公文质量的一个重要因素。所谓辞章,包括公文的结构、逻辑、语法、修辞等。公共关系公文在结构上务必要做到层次分明、中心突出、开门见山;在逻辑上务必要做到条理清楚、论证严密、合乎事理;在语法上务必要做到文字精练、语句通畅、庄严郑重;在修辞上务必要做到文如其事、恰如其分、通俗易懂。此外,还要正确使用标点符号。

(5)公共关系公文中交代的时间、地点、原因、结果等因素,要清楚无误,以确保公文的正确贯彻执行。

(6)要符合保密制度的要求。拟制公共关系公文时,对于保密材料的使用务必谨慎。凡涉及保密内容的,一定要在公文上按规定标明保密等级。

三、公共关系简报

公共关系简报是公共关系业务活动的简要报道。它虽不能替代正式公文,但又不可或缺。其作用是用简明的词句及时把社会动态、本组织成就与经验、本组织重大事件等信息,传递给本组织领导与公众,旨在帮助组织领导掌握情况、熟悉内部环境,便利组织内部公众认清形势,产生凝聚力,也使外部公众了解组织的新情况、新变化,提高组织的知名度与美誉度。

1.分类

公共关系简报的种类很多,从其反映的内容上加以区别,大体上可分为:

(1)综合简报。指主要反映本组织、本部门的工作情况和问题的公共关系简报。这种简报并不是有问题必录,什么都反映,而是要抓住主要问题,写最值得反映的东西,既要有面上情况概述,给人以总的印象,又要有点上的具体分析,依一定的逻辑顺序,运用典型事例,给人以活生生的感性认识。

(2)专题简报。是指反映组织某一方面情况的简报。

此外,公共关系简报依出刊日期加以划分,有定期的,也有不定期的。按阅读范围加以划分,有的只供领导阅读,有的针对部分公众,有的范围相当广。

2.特点

公共关系简报与其他公共关系文书相比,主要有4大特点:简,简明扼要;快,速度迅捷;新,新鲜活泼;便,阅览便利。

3.格式

公共关系简报的格式与其他公共关系文书有所不同。公共关系简报的格式一般分报头、正文、报尾3部分:

(1)报头。项目包括简报名称、期数、编制者、编印日期等。公共关系综合简报应有目录。

(2)正文。这是简报的主体部分。在编写时,如果是综合性简报,要把情况按重要程度依次列出,以便阅读。公共关系简报的正文包括导语、主体、结尾3部分,写作上与新闻有类似之处,一般依据具体情况选用叙述法、概括法、归纳法等形式。

(3)报尾。报尾位于简报最后一页的下方,在横线下注明本期分发的组织或个人姓名，最后注明所印份数。

4. 写作要求

公共关系人员在编写公共关系简报的过程中务必要做到如下几点：

(1)简报务必简明扼要，短小精悍，重点突出，叙述清楚，分析精确，用语简练，文风朴实，切忌一切不能说明问题的废话、空话和套话。

(2)简报反映的情况务必迅速及时，具有时效性，主要反映新近情况，以便使组织领导及时掌握新情况，研究新问题，使公众及时了解组织的新变化，新动态。

(3)简报要提供最新信息，使人了解新发展、新趋势、新情况、新举措，给人以新意。

(4)对于某些重要的问题或值得提醒读者注意的地方，公共关系简报也可以加上编者按，阐明其意义，强调其重要性，以唤起读者注意，引起人们重视。

四、公共关系新闻稿

公共关系新闻稿是公共关系新闻的文字部分，是公共关系人员对组织具有新闻价值消息的最快速而真实的文字报道。

1. 分类

依所利用媒介，公共关系新闻稿可分为：①报刊新闻稿。主要指刊登在报纸和杂志上的新闻稿。②广播新闻稿。是指借助有线或无线广播媒介而传播的新闻稿。③电视新闻稿。是指为配合电视图像而撰写的新闻稿。

依写作特点，公共关系新闻稿可划分为：①动态新闻稿。是对眼前发生的或正处于运动状态的组织中具体事物的报道。其特点是短、快、多，有声有色，丰富多彩。②简讯稿。又称短讯或简明新闻，是一种比较简练的新闻体裁。它以很少的文字报道一件事，一般不交代事物发生的过程和背景。③经验新闻稿。是对本组织或组织某一部门的典型经验及成功做法的集中报道。④综合新闻稿。是就某一方面的问题，集中本组织或某部门带有全局性的情况动向或成就加以报道的文稿。其特点是面广，声势大。⑤人物新闻稿。是以消息形式宣传本组织新闻人物，突出反映人物的思想、事迹和精神的报道。⑥新闻述评稿。是公共关系人员针对本组织工作中的某种倾向或问题，采用夹叙夹议、边述边评的形式撰写的新闻稿。⑦新闻特写稿。这是公共关系新闻稿的特例。主要是由党和政府就国内外重大问题或事件发表的政治性新闻稿。其特点是：严正庄重，观点鲜明，用语严谨。

2. 特点

(1)时效性。公共关系新闻稿报道的事件必须是组织最新发生的，事件发生时间与报道时间之间的距离应尽可能缩短。重要的事件，一般要求当天见报、上广播或电视，特别是动态新闻更是如此。所以有人说："时间就是新闻的生命，也是新闻稿的生命。"

(2)重要性。是指公共关系新闻稿中反映的事件，必须是对国家政治、经济活动或社会生活产生一定影响的组织重大事件。

(3)独特性。新闻稿所反映的事件必须与众不同，能引起公众的关注与关心。

(4)接近性。一般离公众的空间距离越近、心理距离越近的事情，越能引起公众的兴趣与注意。公众新闻稿的内容与形式必须要注意与公众在地理上、职业上、性别上、年龄上接近。

(5)人情性。一般亲情、友情、爱情、人道主义的举动，悲欢离合的情节等，能引起人们的关注。公共关系新闻稿应十分注意这一点。

(6)事实性。这是公共关系新闻稿最基本的特征。它要求公共关系新闻稿反映的内容必须完全真实，写真人，叙真事，说真话，讲真理。只有如此，才能博得公众的赏识，赢得公众的信任，树立组织的良好形象，因为"吹牛撒谎是道义上的灭亡"。

3.格式

公共关系新闻稿尽管千差万别，但基本格式仍是相对固定的。一般来讲，一篇完整的公共关系新闻稿主要包括以下几个部分：

(1)标题。这是新闻稿的眼睛，要求鲜明生动，点明主题，揭示内容。新闻标题分引题(也叫肩题、眉题)、主题和副题(辅题)。主题是用来揭示新闻稿中主要内容的，是标题中不可缺少的部分。引题则对主题起一种引发、烘托、提挈的作用。副题是用来补充、解释主题的。标题常见的主要有四种形式：完全式、引主式、主副式、主题式。其中，只有完全式中，引题、主题与副题三者都有。

(2)导语。这是新闻稿的开头，要求用简洁的文字概括主要内容，揭示新闻主题，"立片言以居要"，引起公众的兴趣和注意。常见的导语主要有：叙述式、疑问式、结论式、评论式、描写式、对话式、摘要式等。无论哪一种导语，都要从内容出发，注意提炼，不拘一格，重在突出最主要的事实。

(3)主体。这是新闻稿的主要部分，它在导语的后面，是典型的有说服力的具体材料，对导语进行补充，体现主题，满足公众深入了解组织信息的要求，同时补充导语中未提的主题，使公共关系新闻稿内容完善。

公共关系新闻稿的主体形式分为按时间顺序和按逻辑顺序两种。按时间顺序，就是按事实发生时间展开，脉络清楚，易写易懂，但较平淡。按逻辑顺序，就是按事物内在发展规律展开，逻辑性强，吸引力大，能促使公众深入思考。许多新闻稿是把二者糅合在一起写的。无论哪种形式，都应材料具体、内容充实。

在公共关系新闻稿主体的写作中，公共关系人员还要善于使用背景材料，采用对比式、说明式或注释式，以更好地映衬、烘托、补充、说明新闻主题。

(4)结尾。又称结语，是公共关系新闻稿的结束语，使稿件结构完整、逻辑严密。一般分小结式、号召式、展望式、分析式、评论式、激发式、激励式等多种形式。

4.写作要求

(1)主题明确。写作前首先应根据公共关系活动总目标，深入挖掘主题，透过事实现象抓住本质，确立主题，以便较好地选择与组织素材。千万不要忘记主题直接决定稿件质量。

(2)内容完整。写作时务必要做到要素全面、内容完整。公共关系新闻稿一般包括“五 W”，即何人（Who）、何事（What）、何时（When）、何地（Where）、何故（Why），但在写作时未必全部列出。

(3)态度客观。当局者迷，旁观者清。公共关系人员在写作时可以旁观者的姿态出现和陈述事实，写真事，讲真话，一是一，二是二，丁是丁，卯是卯，让公众自己去分析评判，切莫强加于人。

(4)格式规范新颖。标题要新鲜有味，凝练贴切，生动形象，引人入胜；要准确地把握和点出主题，切忌题文不符；要有鲜明的个性，体现新闻最有特色之处。导语要突出醒目，开门见山，直接突出最主要的事实，不能把新闻中的许多具体材料不分主次地写到导语中去，切忌言之无物，面面俱到。主体要变换角度，紧扣主题，内容充实，材料准确，逻辑清晰，脉络分明，中心突出，富有创意，既不能千篇一律，也不能华而不实，喧宾夺主。结尾要简短有力，生动自然，首尾呼应，虎头豹尾，设置悬念，发人深省，留有余地，刻意升华。

(5)结构合理。公共关系人员在撰写公共关系新闻稿时一定要重视布局谋篇，认真设计篇章结构，以达到稿件所要达到的整体效果。这就要求公共关系人员要注意影响新闻结构的四因素，即新闻本身的形态、刊登的时间与空间、写作的技巧，慎重地选择新闻结构的形式。

一般地讲，公共关系新闻稿的结构形式主要有：倒金字塔结构、顺时结构和平行结构。

(6)文风讲究。公共关系新闻稿的文风有着自己的特点，公共关系人员在写作中务必要注意做到：

鲜明——赞成什么，反对什么，都以公众利益为标准，旗帜鲜明。

准确——行文表达要求准确、贴切，遣词造句与分析评价等也要尽可能准确有分寸，少用或不用形容词、副词，多用名词、量词来反映事实。

通俗——要用浅显易懂的文字表达深刻的道理，深入浅出，雅俗共赏，最好选用结构简单的句子，少用长句、专业名词。

朴实——要忠于事实，坚持真理，切勿不顾事实，矫揉造作，哗众取宠。

生动——稿件要生动活泼，追求文采，引人入胜，吸引公众，要使表达的内容跃然纸上，要善于运用形象的语言，讲究修辞。

简洁——只要事实表达明白无误，就应该把多余的无关的词语统统删掉。

五、公共关系调查报告

公共关系调查报告是公共关系人员在整理研究公共关系调查研究所得资料的基础上，用书面语言表达公共关系调查研究结果的一种文体。

1.分类

公共关系调查报告依不同标准可分为不同的类型。依据公共关系调查报告的功用与特点，大致可划分为：①综合调查报告。是指对某一组织或部门、公共关系环境和公众等多方面情况进行反映的调查报告。这种报告纵横结合、涉及面广、内容丰富但不具体，是公共关系人员开展工作时必备的材料，是制定公共关系活动计划的依据和参考，是公共关系调查报告的基本形式。②专题调查报告。又称典型调查报告，是指对某一组织或部门、公共关系环境和公众等存在的某一方面情况进行反映的调查报告。这种报告内容具体，针对性强，阐述深刻，较为细致。③考察报告。是指在考察活动的基础上而撰写的报告。因为考察活动包括调查研究与实地视察乃至实践，所以考察报告既包括宏观的整体印象，又包含具体的微观分析，既有调查研究而得的客观材料，又有亲身感受的主观认识，表面形式也相对自由灵活，有叙述有说明，可以夹叙夹议，也可有抒情成分。④文献调查报告。是指公共关系人员在分析研究与公共关系相关的文献资料的基础上撰写的调查报告。这是一种间接性的调查报告，是开展公共关系工作必不可少的辅助形式。

依公共关系调查的内容，公共关系调查报告可划分为：①组织基本情况调查报告。是指对组织目标、战略、方向、运营情况、员工状况进行反映的调查报告。②组织公共关系现状调查报告。是指对组织知名度、美誉度以及公众评价等进行反映的调查报告。③公众意见调查报告。是指对组织内外公众意见、公共关系专题活动效果以及公共关系媒介传播效果等进行反映的调查报告。④社会环境调查报告。是指对一切与组织有关的政策法规、社会问题、竞争对手或其他组织的情况等进行反映的调查报告。这种报告有时可关系到组织的发展与消亡，值得公共关系部门加以重视。

2. 特点

公共关系调查报告与其他公共关系文书相比，具有以下特点：①以事喻理，重在说明。报告通过具体材料、确凿数据和典型事例，来说明问题的历史和现状，事物的内涵和规律、原委和结果，将道理寄寓在事实的叙述和说明中。②材料翔实，刻意求真。调查报告的真正价值在于如实客观地将情况反映出来，用事实讲话，并且在运用中既不夸张或缩小，也不张冠李戴。只有这样的调查报告，才能起到其应有的作用。③语言朴素，力戒夸张。绝不允许使用夸张、虚构等手法。至于描写、抒情等表达方式一般也不大运用。那些铺排、渲染、想象等手段，在调查报告中更是不允许的。

3. 格式

公共关系调查报告的格式一般有 4 个部分：

(1)标题。有单标题与双标题之分。双标题即正标题与副标题。正标题往往揭示主题，副标题则标明调查的地点、内容和范围。一般要求是，题文相符，言简意赅，醒人之目，引人入胜，让公众或组织领导见了为之一震，产生强烈的阅读愿望。

(2)开头。即前言，有点类似新闻稿的导语，但又略微详细些。要求以精练简洁的文字概括介绍调查对象及全文的要点，点明主题，为整篇调查报告奠定基础。开头的好与坏作用很大：一是开头有定调子的作用，二是开头有助于抓住读者。公共关系人员在撰写调查报告开头时，既要开得精彩，又要注意朴实。

(3)正文。这是整篇报告的主体。质量如何，直接决定着调查报告质量的高低、作用的大小。在正文里一般可介绍时间、地点、对象、范围、过程、方式方法等调查的基本情况，对材料进行统计和分析，达到对调查对象本质及规律的认识；提出理论观点或调查结论。

正文应分多少层次，依具体内容而定，每一层次一般都由小标题、小观点、概括材料与具体事例几部分组成。正文应注意以中心观点统率小观点，以小观点说明中心观点，力求把中心观点说清、说透。

(4)结语。又称结尾，是报告的总结部分。好的结语往往是得出结论，提出建议，供领导者参阅或相关决策部门参考。结尾一般分两种：一种是只承上不启下，断得恰到好处；另一种承上启下，言有尽而意无穷，余音绕梁，发人深省。

此外，有的调查报告还有附录，一般提供调查资料出处、参考书目、注释、正文的旁证材料及需要说明的问题等。

4. 写作过程与要求

(1)掌握丰富的调查材料。这是撰写报告的基础。公共关系调查报告作为调查结果与理论观点的表现形式，要通过材料把理论观点体现出来，材料是调查报告的血肉。搜集与掌握丰富的能反映调查对象本质和规律的材料，是写好调查报告的基本环节。

(2)提炼与确立报告主题。主题是调查报告的灵魂。其材料的取舍、结构的确定、语言的选择与应用，都是依此而行的。在确立主题时，一要注意公共关系调查最初的目的，一般最初目的就是主题；二要考察调查研究中所得到的基本材料，依据材料反映的调查对象的状况、本质与规律提炼主题；三要根据调查中发现的急需解决的问题确定主题。

公共关系调查报告的主题一般要求做到：正确——必须反映调查对象的现象、本质和规律，对组织与社会应有积极的作用。鲜明——必须认真提炼，使之十分明确、清楚，让读者一目了然。新颖——必须善于发掘他人尚未深入研究过的东西，研究新问题，选择新角度，重视新突破。集中——内容要凝练，题目要小些，主题要单一，一以贯之。

(3)选择与运用调查材料。公共关系调查报告的特点是用大量的调查材料来说明观点，表现主题。因此，公共关系人员在写作时，必须选用那些能深刻反映事物本质，具有广泛代表性和巨大说服力的材料；选用真实、准确、严密、新颖的材料；选用数字统计材料；选用对比材料，注意现实材料与历史材料、面上材料与点上材料、正面材料与反面材料、典型材料与一般材料等的对比。总之，在运用中应详略得当，先后有序，紧扣主题，体现中心。

(4)拟定报告的写作提纲。这是报告写作的重要一环。要求围绕主题列出纲目。在拟定提纲时，一要考虑调查报告各部分在报告中的地位和作用；二要考虑各部分间的内在联系；三要考虑调查报告的结构内容、表达方式等因素。

(5)写成公共关系调查报告。拟定提纲后就可以进入写作阶段。一般要求有：注意阅读者(公众或组织领导)的特点，并依此确定、取舍内容与材料，选择表达方式；抓住特点写深、写透，注意报告的典型性与普遍性，做到逻辑严密、数据精确、用词简洁、文风质朴，还要注意其社会应用价值；随时注意检查判断文中所引用的材料是否精确，数据是否齐全，论证是否充分，结论是否恰当，发现问题及时修正，并进一步弄清先前研究中的疑问，使认识不断深化；注意写作的最佳时机。在时间上，一般选择一段相对完整的时间，以便集中精力，一气呵成；在空间上，一般选择一个较为幽静的环境，以免外界干扰；在精神状态上，一般选择在精力充沛、头脑清醒、休息充足的情况下写作；注意语言表达的技巧要准确、简明、朴实、生动。此外，还要注意语言色彩的一贯性，语言表达的逻辑性等。

(6)公共关系调查报告的修正补充。它包括变动观点、增删材料、调整结构、润色语言、修正错误等。这就要求公共关系人员在完稿后务必及时检查，一丝不苟；谦虚谨慎，求助他人；尊重原作，全面兼顾；大处着眼，小处着手；冷观细读，满意为止。

六、公共关系计划

公共关系计划是对未来一定时期内公共关系的全面工作或某个专项工作提出要求、指标、规定步骤和完成期限的一类文书。其实际意义在于提高工作的自觉性，避免盲目性；增强主动性，减少被动性。同时，还便于对执行情况进行检查和督促。

1. 特点

公共关系计划的种类很多，根据不同的标准，可有不同的划分。但不论哪种公共关系计划，都有以下特点：

(1)有科学的程序性。计划是经过科学的方法制定出来的，因此计划中各个阶段的工作既能相互衔接，又能符合事物发展的规律性，实施起来能做到有条不紊。

(2)有很强的预见性。定计划，犹如设计建筑蓝图，既要有实际经验，又要有科学远见。计划的难点就在于要求作者要有先见之明，计划的预见性越强，对工作的指导性就越强，工作中的失误就会相应减少。

(3)有明确的目的性。任何计划的制订，都是在工作或事情开始之前，因而要求其目的性要非常明确。要完成什么任务，达到什么目标，获得什么效益，产生哪种效果，都清楚明了，毫不含糊。

2. 格式

计划的基本格式和多数文书一样，包括标题、正文、结尾三个部分。标题由单位名称、时间期限、文种名称三部分构成；正文一般也由开头、主体、结语三个部分组成。结尾部分包括计划的落款、制订计划的日期以及必要的附件和报送情况。

3. 写作要求

(1)突出重点，切忌事无巨细，面面俱到。一般而言，计划的重点应有以下 3 点：一是本单位、部门的实际业务活动；二是上级机关下达到本部门的工作任务；三是影响全局的一些关键问题。

(2)结构合理，纲目清楚，语言准确。

本章小结

本章的主要内容是针对社会组织公共关系活动中常用的公共关系文书写作进

行阐述，分别就公共关系文书的含义、功能，在组织管理中的重要性，公共关系文书写作的特点、原则以及要求等从理论的角度进行分析。并在理论分析的基础上就实践中的主要公共关系文书文体的写作技巧进行了介绍。

案例分析

内蒙古各族各界隆重庆祝自治区成立70周年

新华社呼和浩特2017年8月8日电(记者杨维汉、荣启涵、刘懿德)　春华秋实七十载，守望相助谱新篇。8日下午，内蒙古自治区成立70周年庆祝大会在内蒙古少数民族群众文化体育运动中心隆重举行。中共中央、全国人大常委会、国务院、全国政协、中央军委发来贺电。中共中央政治局常委、全国政协主席、中央代表团团长俞正声出席庆祝大会并讲话。

今天的塞外青城呼和浩特花团锦簇、彩旗高扬，洋溢着喜庆的节日氛围。1.2万多名身着盛装的各族各界干部群众，从四面八方欢聚在文化体育运动中心，共同庆祝盛大的节日。开阔的会场内，“建设亮丽内蒙古　共圆伟大中国梦”的主题标语格外醒目，蒙汉两种文字书写的“紧密团结在以习近平同志为核心的党中央周围　以优异成绩迎接党的十九大胜利召开”横幅高悬，整个会场座无虚席。

下午4时许，内蒙古自治区党委副书记、自治区人民政府主席布小林宣布大会开始。在雄壮的国歌声中，鲜艳的五星红旗冉冉升起。

中共中央政治局委员、国务院副总理、中央代表团副团长兼秘书长刘延东宣读了中共中央、全国人大常委会、国务院、全国政协、中央军委关于庆祝内蒙古自治区成立70周年的贺电。

在热烈的掌声中，俞正声发表了热情洋溢的讲话。他说，我们中央代表团带着以习近平同志为核心的党中央的亲切关怀，带着全国各族人民的美好祝福来到这里，同内蒙古各族人民一道，隆重庆祝内蒙古自治区成立70周年。首先，我代表中共中央、全国人大常委会、国务院、全国政协、中央军委，向内蒙古各族干部群众和各界人士，向人民解放军驻内蒙古部队指战员、武警内蒙古部队官兵和政法干警，表示热烈的祝贺和亲切的问候；向所有关心和支持内蒙古发展进步的同志们、朋友们，表示崇高的敬意和衷心的感谢。

俞正声说，70年前，在中国共产党领导下，内蒙古自治区宣告成立。这是马克思主义基本原理同中国革命、中国民族实际相结合的伟大创举，开启了内蒙古发展的新纪元，创造了我国实行民族区域自治制度的成功范例，谱写了我国民族关系史的光辉篇章。70年来特别是改革开放以来，内蒙古各项事业跨越发展，取得了举世瞩目的辉煌成绩，经济实力显著增强，基础设施大幅改善，人民生活蒸蒸日上，民族文化繁荣发展，民族关系团结和谐，党的建设与时俱进。这是内蒙古发展史上的巨大跨越，是中国特色解决民族问题正确道路的成功实践，是中国特色社会主义的伟大胜利。

俞正声指出，内蒙古自治区70年来取得的辉煌成就，离不开以毛泽东、邓小平、江泽民同志为核心的党的三代中央领导集体和以胡锦涛同志为总书记的党中央在各个历史时期的关心关怀，离不开党的十八大以来以习近平同志为核心的党中央对内蒙古工作的悉心指导，离不开全国各族人民的真情帮助和自治区各族干部群众的不懈奋斗。事实证明，做好内蒙古各项工作，必须坚持中国共产党的领导，必须坚持和发展中国特色社会主义，必须坚持走中国特色解决民族问题的正确道路，必须坚持解放和发展生产力，必须坚持国家利益和中华民族利益高于一切。

俞正声强调，我国已进入全面建成小康社会决胜阶段，内蒙古也正处于发展的关键时期。党中央殷切希望，内蒙古各族干部群众全面贯彻党的十八大和十八届三中、四中、五中、六中全会精神，深入贯彻习近平总书记系列重要讲话精神和治国理政新理念新思想新战略，统筹推进“五位一体”总体布局和协调推进“四个全面”战略布局，牢固树立“四个意识”，不忘初心、守望相助、团结奋斗，坚定不移坚持和完善民族区域自治制度，确保同全国一道全面建成小康社会，着力保障和改善民生，大力促进民族团结、边疆巩固，努力把祖国北疆亮丽风景线打造得更加美好，为“建设亮丽内蒙古，共圆伟大中国梦”做出新的更大贡献。

俞正声最后说，70年的伟大实践和辉煌成就已经载入史册，更加美好的前景需要我们继续共同创造。让我们更加紧密地团结在以习近平同志为核心的党中央周围，高举中国特色社会主义伟大旗帜，坚持以邓小平理论、“三个代表”重要思想、科学发展观为指导，深入贯彻习近平总书记系列重要讲话精神和治国理政新理念新思想新战略，认真贯彻党中央关于内蒙古工作的大政方针，勠力同心，奋勇前进，以内蒙古各项事业发展的新成绩迎接党的十九大胜利召开，为决胜全面建成小康社会、为实现中华民族伟大复兴的中国梦而不懈奋斗。

内蒙古自治区党委书记李纪恒在大会上发言。他说，中央代表团带来了以习近平同志为核心的党中央的深情厚爱和全国人民的美好祝福。我们一定要紧密团结在以习近平同志为核心的党中央周围，进一步增强“四个意识”，坚定“四个自信”，深入学习贯彻习近平总书记系列重要讲话精神和治国理政新理念新思想新战略，全面贯彻落实党中央大政方针和决策部署，不忘初心、继续前进，为“建设亮丽内蒙古，共圆伟大中国梦”不断做出新贡献，把祖国北部边疆这道风景线打造得更加亮丽。

蒙古族群众代表斯钦巴图和汉族群众代表郭孝红也在会上发言。

随后,举行了盛大群众行进表演。表演分为“亮丽内蒙古”“草原交响曲”“共圆中国梦”三个篇章,共祝伟大祖国繁荣昌盛、内蒙古明天更加美好。

中央代表团副团长刘延东、孙春兰、张平、王正伟、张阳和中央代表团全体成员,以及内蒙古自治区有关负责同志出席了大会。

问题:

1. 结合案例分析公共关系新闻稿的写作要求。
2. 从新闻稿看政府公共关系宣传的重要性。

思考题

1. 简述公共关系文书的含义和功能。
2. 简述公共关系文书的重要性。
3. 分析公共关系文书的写作特点。
4. 简述公共关系文书的写作原则。
5. 分析公共关系文书的写作要求。

第十二章

公共关系礼仪

导入案例

战国时期的思想家、政治家和教育家孟子，是继孔子之后儒家学派的主要代表人物，被后世尊奉为仅次于孔子的"亚圣"。

孟子一生的成就，与他的母亲从小对他的教育是分不开的。孟母是一位集慈爱、严格、智慧于一身的伟大的母亲，早在孟子幼年时候，便为后人留下了"孟母三迁""孟母断织"等富有深刻教育意义的故事。孟子成年娶妻后，孟母仍不断利用处理家庭生活的琐事等去启发、教育他，帮助他从各方面进一步完善人格。

有一次，孟子的妻子在房间里休息，因为是独自一个人，便无所顾忌地将两腿叉开坐着。这时，孟子推门进来，一看见妻子这样坐着，非常生气。原来，古人称这种双腿向前叉开坐为箕踞，箕踞向人是非常不礼貌的。孟子一声不吭就走出去，看到孟母，便说："我要把妻子休回娘家去。"孟母问他："这是为什么？"孟子说："她既不懂礼貌，又没有仪态。"孟母又问："因为什么而认为她没礼貌呢？"，"她双腿叉开坐着，箕踞向人，"孟子回道："所以要休她。""那你又是如何知道的呢？"孟母问。孟子便把刚才的一幕说给孟母听，孟母听完后说："那么没礼貌的人应该是你，而不是你妻子。难道你忘了《礼记》上是怎么教人的？进屋前，要先问一下里面是谁；上厅堂时，要高声说话；为避免看见别人的隐私，进房后，眼睛应向下看。你想想，卧室是休息的地方，你不出声、不低头就闯了进去，已经先失了礼，怎么能责备别人没礼貌呢？没礼貌的人是你自己呀！"一席话说得孟子心服口服，再也没提什么休妻子回娘家的话了。

从孟子休妻事件中看礼仪的重要性。

"做人先学礼",礼仪教育是人一生的必修课程。礼仪不仅仅是一种形式,而且是一个人,一个集体乃至一个国家精神文明的象征,反映了一个国家、一个民族的文明程度,影响着她的发展进程。谦恭的态度、文明的语言、优雅得体的举止是公关人员必备的内在修养,具备基本的公关礼仪的基本知识和素养,是公关人员直接塑造自身形象和间接塑造社会组织形象的基本条件,也是公关人员获得自尊与自信,社会组织获得理解与支持的重要手段。

第一节 中国古代礼仪概述

中国是历史悠久的文明古国,素有"礼仪之邦"之称。礼仪文明作为中国传统文化的一个重要组成部分,其内容十分丰富,对中国社会历史发展起了广泛深远的影响。

一、礼仪的历史沿革

礼仪的历史是漫长而久远的。它随着人类社会的产生而产生,随着经济的发展、社会的进步而不断前进。

(一)礼仪的起源阶段

这一阶段约从原始社会到公元前21世纪的夏朝产生之前。这一时期我国的原始民族在游牧生活中已经形成了一些对后世颇具影响的礼仪规范。原始的政治礼仪、宗教礼仪、婚姻礼仪等在这一时期均有雏形。据考证,距今约50万年前的北京山顶洞人,就有了礼的观念和实践。山顶洞人缝制衣服以遮羞御寒,把贝壳串起来,挂在脖子上来满足审美的要求。

到了新石器时代晚期,人际交往礼仪已初成规模。人们在交往中已经注重尊卑有序、男女有别。家庭成员按照长幼席地而坐,老人坐上边,小辈坐下边;男人坐左边,女人在右边。炎黄时期,传统礼仪已渐至严密,且逐渐被纳入礼制的范畴。这一时期是我国原始社会后期,是私有制、阶级和国家逐渐形成的时期,因而反映在礼仪上,也是由氏族社会的交际礼仪向阶级社会的交际礼仪逐步过渡的时期。《商君书·画策》说:"神农之世,男耕而食,妇织而衣,刑政不用而治,甲兵不起而王。神农既没,以强胜弱,以众暴寡,故黄帝作为君臣上下之义,父子兄弟之礼,夫妇妃匹之合,内行刀锯,外用甲兵,故时变也。"足见当时社交礼仪之盛。

尧舜时代，国家已具雏形，同时，民间交际礼仪得到了进一步的发展。延续几千年的重要礼节如拜、揖、拱手等，此时已广泛地运用于社交活动之中了。据文献记载，尧舜时代的礼仪已经具有了系统性。《书经·虞书·舜典》说："慎徽五典，五典克从，纳于百揆"。即为官者必须五典完美。所谓"五典"，指父义、母慈、兄友、弟恭、子孝五常，或说父子有亲，君臣有义，夫妇有别，长幼有序，朋友有信。《通典》认为，"自伏羲以来，五礼始彰；尧舜之时，五礼咸备"。

（二）礼仪的形成阶段

这一阶段大约在公元前21世纪到公元前771年的夏商周三代时期。从夏朝建立起，中国社会进入了奴隶制社会。由于大规模地利用奴隶劳动，使生产力比原始社会有了更大的发展，与之相适应，社会文化也得到了较大的发展。在这一阶段，奴隶主阶级为了维护本阶级的利益，巩固自己的统治地位，修订了比较完整的国家礼仪和制度，提出了极为重要的礼仪概念，如"五礼"等，确定了崇古重礼的传统。

在西周，出现了中国历史上第一部记载"礼"的书籍，这就是《周礼》，人们通常认为，传世的《周礼》和《仪礼》是周公的遗典，它们与其释文《礼记》一起，统称"三礼"，是关于各种礼制的百科全书。其中，《周礼》偏重政治制度，《仪礼》偏重行为规范，《礼记》偏重对礼的各个分支做出符合统治阶级需要的理论说明。由这"三礼"所涉及的各种礼制的总和，涵盖了中国古代"礼"的主要内容。

（三）礼仪的发展、变革阶段

这一阶段在公元前771年到公元前221年的春秋战国时期。春秋战国时期是我国的奴隶社会向封建社会转型的时期。这一时期，王室衰微，诸侯纷起争霸，三代之礼在许多场合废而不行，出现了所谓"礼崩乐坏"的局面。以孔子、孟子、荀子为代表的思想家们系统地阐述了礼的起源、本质和功能等问题，第一次从理论上全面而深刻地阐述了社会等级秩序的划分及其意义，以及与之相适应的礼仪规范、义务，发展和革新了礼仪理论。

孔子站在奴隶主阶级的立场，将奴隶制开始崩溃、封建制开始兴起的春秋时代，看作是"礼坏乐崩""邪说暴行"不断发生的大乱局面。远在公元前400多年的周朝时，孔子就"制礼作乐"，他提出的六艺，包括礼（礼仪规范），乐（音乐），射（武功、射箭），御（武功、乘马），书（书法）和数（数学）。孔子把六艺作为六种科目，要求统治者的接班人，必须学习六艺，"养国之道，乃教之以六艺"。至此开始，礼就成为儒家学说中的重要内容，礼仪作为一种规范，由于它对社会生活的调节作用、对人际关系的调节作用,于是出现了“礼治”的主张和实践。中国几千年的文明历史中,礼治的主张日益得到统治者的赞同,也日益繁杂和完备。形成包容极其广泛的社会行为规范,中国社会也由此以具有数千年悠久文明传统的礼仪之邦而著称于世。

(四)礼仪的强化阶段

公元前221年,秦王嬴政最终吞并六国,统一中国,建立起中国历史上第一个中央集权的封建王朝,秦始皇在全国推行“书同文”“车同轨”“行同伦”。秦朝制定的集权制度,成为后来延续两千余年的封建体制的基础。

西汉初期,叔孙通协助汉高帝刘邦制定了朝礼之仪,突出发展了礼的仪式和礼节。而西汉思想家董仲舒把封建专制制度的理论系统化,提出“唯天子受命于天,天下受命于天子”的“天人感应”之说(《汉书·董仲舒传》),他把儒家礼仪具体概况为“三纲五常”。“三纲”即“君为臣纲,父为子纲,夫为妻纲”,“五常”即仁、义、礼、智、信。汉武帝刘彻采纳董仲舒“罢黜百家,独尊儒术”的建议,使儒家礼教成为定制。汉代时,孔门后学编撰的《礼记》问世。《礼记》共计49篇,包罗宏富。《礼记》堪称集上古礼仪之大成,是上承奴隶社会、下启封建社会的礼仪汇集,是封建时代礼仪的主要源泉。

盛唐时期,《礼记》由“记”上升为“经”,成为“礼经”三书之一。

宋代时,出现了以儒家思想为基础,兼容道学、佛学思想的理学,程颐兄弟和朱熹为其主要代表。二程认为,“父子君臣,天下之定理,无所逃于天地之间。”“礼即是理也。”朱熹进一步指出,“仁莫大于父子,义莫大于君臣,是谓三纲之要,五常之本。人伦天理之至,无所逃于天地间。”朱熹的论述使二程“天理”说更加严密、精致。

明代时,交友之礼更加完善,而忠、孝、节、义等礼仪日趋繁多。

(五)礼仪的衰落阶段

满族入关后,逐渐接受了汉族的礼制,并且使其复杂化,导致一些礼仪显得虚浮、繁琐。例如,清代的品官相见礼,当品级低者向品级高者行拜礼时,轻辄一跪三叩,重则三跪九叩。清代后期,清王朝政权腐败,民不聊生,古代礼仪盛极而衰。而伴随着西学东渐,一些西方礼仪传入中国,北洋新军时期的陆军便采用西方军队的举手礼等,以代替不合时宜的打千礼等。

1911年,辛亥革命在推翻了封建帝制的同时,也结束了封建礼制,他们用民权代替君权,用自由、平等取代宗法等级制;普及教育,废除祭孔读经;改易陋俗,剪辫子、禁缠足等,从而正式拉开现代礼仪的帷幕。

二、礼仪的起源

中华民族是人类文明的发祥地之一，礼仪作为中华民族文化的基础，也有着悠久的历史。礼仪究竟起于什么？自古以来，人们根据自己对礼仪的基本看法做过种种探讨，形成了各种观点纷呈的局面，归纳起来，大体有五种礼仪起源说。

(一)礼起源于“事神致福”

甲骨文中的“礼”的写法像用器具托着两串玉或贝，奉献给神；现在用的简化字“礼”，是一个人跪在神的面前进行祈祷的意思。东汉许慎在《说文解字》里指出“礼，履也，所以事神、致福也”。郭沫若说：“大概礼之起源于祀神，故其字后来从示，其后扩展为对人，更其后扩展为吉、凶、军、宾、嘉的各种仪制。”

在原始社会，由于生产力水平十分低下，科学落后，人类处于一种愚昧状态，因而对日月、星辰、风雨、雷电等许多自然现象无法解释，在许多自然灾害面前感到束手无策。于是，人们就把生活中的得失和成败归之于自然，看成是自然的恩赐和惩罚，这就使人们把“天”谓之世间的最高主宰力量，对之顶礼膜拜，进行祭祀，以求得精神上的安慰，从而产生了最早的也是最简单的以祭天、敬神(当时称图腾)为主要内容的“礼”。所以，有人认为人类最初的“礼仪”，主要是表示了对神秘不可知的自然界的敬畏和祈求。后来，随着人类社会生活的发展，人们表达敬畏、祭祀的活动日益纷繁，逐步形成种种固定模式的礼仪规范。

(二)礼起源于人的情感心理

这种观点认为“礼”是为了满足人的情感心理而产生的。一次孔子的学生宰予对孔子说：“服丧时间三年太长了，有一年时间就可以了。”孔子说：“才一年时间就吃米饭，穿锦衣，你心安吗?”宰予说：“安。”孔子说：“你心安，你就那样去做吧！君子服丧时吃美味不觉香甜，听音乐不觉快乐，住在家里不觉舒服，所以才不这样做。现在你既觉得心安，你就那样去做吧。”宰予出去后，孔子说：“宰予真是不仁啊！孩子生下来三年后才能脱离父母的怀抱，服丧三年是天下通行的丧礼呀。宰予对他的父母是不是也有三年的爱呢?”在孔子看来，礼仪这些外在的形式是源于人的情感心理，因为孩子三年才能脱离父母怀抱，所以父母去世后，出于报答父母的情感，孩子自然也会服丧三年。所以礼是来源于人性，是建立在情感心理基础上的。

(三)礼起源于治乱

这种观点的代表人物是荀子。荀子说:“古者圣王以人之性恶,以为偏险而不正,悖乱而不治,是以为之起礼仪,制法度,以矫饰人之性情而导之也,使皆出于治,合于道也。”荀子是以其“性恶论”来解释礼仪的起源的,“从人之性,顺人之情,必出于争夺,合于犯分乱理而归于暴。故必将有师法之仪,礼之道,然后出于辞让,合于文理而归于治。”而司马迁根据抽象的人性或人的自然本性即“欲”来推究礼仪的起源,他说“礼由人起。人生有欲,欲而不得则不能无忿,忿而无度量则争,争则乱,先王恶其乱,故制礼仪以养人之欲,给人之求,使欲不穷于物,物不屈于欲,二者相待而长,是礼之所起也。”

(四)礼起源于满足人类的生活欲望和需求

这种观点的代表人物是汉代的刘安,他认为礼是为了满足人类的基本生物需求和基本情绪而产生的。“民有好色之性”,就有了“大婚之礼”;“民有饮食之性”,就有了“大飨之谊”,祭祀祖先的仪式是为了满足人类的“饮食之性”;“民有悲哀之性”,就有了“衰经哭踊之节”,哀丧的礼仪是满足人类“悲哀之性”而产生的。

(五)礼起源于习俗

《管子·枢言》中说:“法出于礼,礼出于俗”,《礼记·曲礼》中也强调:“君子行礼,不求变俗”。对此做了比较系统论述的是魏晋时期的王弼,他竭力推崇老子的无为之术,主张一切要顺其自然,他认为礼是以俗为基础制定出来的,而乐又是以礼为根据发展起来的。总之,礼要合于自然,自然是本,礼仪是末。

三、古代礼仪规范

在长期的历史发展中,礼学在各方面形成了一套严密完备的礼仪规范,千百年来,这些礼仪规范有效地影响和控制着人们的行为,使我们这个民族在实际生活中较早地脱离了散漫行动的阶段,进入了一个重礼教、守礼俗、行礼规的礼治社会。我国古代思想家、教育家们十分重视“礼”的教育,孔子曰:“不学礼,无以立”,《仪礼》《周礼》《礼记》是专门论述和记载古代礼仪的儒家经典,对人们的日常行为进行了严格的规范,至今仍有很大的教育意义,《三字经》被联合国教科文组织选作儿童道德教育丛书。因为篇幅有限,对古代的礼仪规范只做简单的介绍。

(一)称呼礼仪

称呼是人际交往的开始,通过称呼反映人们之间的相互关系及一个人的修养。中国古代在相互称呼时非常讲究,大体可分为两种:敬称和谦称。

敬称是用于称呼对方及对方的亲属,常用的敬称词主要有“君”“公”“子”“长者”“先生”等,像孔子、孟子、庄子等都是对他们的敬称。在称呼对方亲属时,通常是在称谓前加上“令”“尊”“贤”三个字,加“令”字不受辈分、年龄的限制,如“令尊”“令堂”等;加“尊”字则只适用于称对方的长辈,如称其祖父为“尊祖”,称其父为“尊父”;“贤”字只用于平辈或晚辈,如在称呼其兄弟姊妹前均可加上“贤”字,称对方的配偶时则“尊”“贤”可通用。在称呼对方的职务时,我国封建社会有严格的规范,如对帝王尊称君、人君、天子、君王、皇上、陛下等,对宰相称君侯、丞相、相公、中堂等,对将帅称主帅、主将等。

谦称自己常用的词有“愚”“鄙”“卑”“敝”“臣”“仆”“妾”“奴”“奴家”“不才”“晚生”“门生”“后学”“下官”“小民”等。称自己的亲属,如是比自己辈分高或是年长的,则在称谓前面冠一个“家”字,如“家父”“家母”“家兄”等;谦称比自己辈分低或年龄小的亲属则加一个“舍”字,如“舍弟”“舍妹”等;称子女则冠以“小”字,如“小女”“小儿”等;称呼去世的亲属,原冠“家”字的改冠“先”字,如“先父”“先母”等;原冠“舍”字的改冠“亡”字,如“亡弟”“亡妹”等。

(二)行止礼仪

在中国古代社会,礼仪渗透在社会生活的各个方面,就连最普通的行止坐卧,都有一套严格的准则。

1.坐的礼节

古人对坐的要求十分繁杂:①坐如尸,即坐的时候要端庄、视正、严肃。②坐不中席,即不能在席上居中而坐。古时席地而坐,一席坐四人,共坐时席端为尊,独坐时居席中。尊者一般独坐,故卑者不能居中。③“席不正不坐”,坐时要注意方向席位,如在南北屋宴客,桌子应东西向摆放,如在东西屋宴客,桌子应南北向摆放,坐席有尊卑高下之分,一般宴客都是在南北屋内,正宾面朝南坐于首席。④坐有先后次序,“长者立,幼勿坐,长者坐,命乃坐”。

2.站立的礼节

古人对立的要求是“正身垂手,双足齐整,不得欹斜,倚靠桌凳。立比平视,勿俯勿仰,勿左右顾,身勿偏向。侍于亲长,立必在旁,敬候意旨,不得匆忙。亲友聚谈，旁立听言，不得忘形，立于中间。”具体要求是：①立如齐，指站立时要向祭祀那样弯曲身体，以表示尊敬。②立不中门，即不要站在门的当中，因为那里是尊者要通过的地方。③立容辨，意思是站立的姿势要谦恭有礼，明辨尊卑上下，头颈要保持正直，不要倾侧。④立勿跛，即站立的时候要双脚并立，不能一脚偏跛，即用一条腿支撑身体斜靠在某物上，这是一种傲慢不敬的姿势。

3.行的礼节

古人对行的要求是“行路时，莫匆匆，徐徐步，缓缓行，勿跑跳，失仪容，勿轻狂，要老成”。“凡从长者行，步履顺安妥，行居路之右，住则必居左。”总之，走路时不能走在路的中间，而应走在两边，行走时要身正态徐，但在路上遇见尊者或拜见尊长者，则要快步向前去行礼问好，这叫作“趋礼”，否则会被视作失礼。

此外，《弟子规》详细规定了后生弟子对其父母长上在言行举止方面的礼仪规范。“或饮食，或坐走，长者先，幼者后”“晨必盥，兼漱口。便溺回，辄净手。冠必正，纽必结。袜与履，俱紧束。置冠服，有空位。勿乱顿，致污秽。衣贵洁，不贵华。上循分，下称家……步从容，立端正……缓揭帘，勿有声”“凡出言，信为先。许与妄，奚可焉。刻薄语，秽污词，市井气，切戒之……”“年方少，勿饮酒，饮酒醉，最为丑”等。这些礼仪规范对当代大学生提高自身礼仪修养仍有指导意义。

（三）致敬礼节

1.跪拜礼节

“跪拜礼”是中国古代最普通的一种致敬礼仪，也是使用年代最长、最频繁的一种基本礼节。我国在汉以前，还没有正式的凳椅。人们在进食、议事、看书时，只是在地上铺一条用芦苇、竹篾等编成的铺垫用具，即席子，人就坐在席子上，故称“席地而坐”。古代“坐”的姿势，和我们现代人的“坐”完全不一样。坐时要两膝着地，然后将臀部坐于后脚跟之上，脚掌向后向外。古人的“坐”，实际上就是我们现在的跪。在接待宾客中，每当“坐”着向客人致谢时，为了表示尊敬，往往伸直上半身，也就是“引身而起”，使坐变成了跪，然后俯身向下，就这样，逐渐形成了日常生活中的跪拜礼。

跪拜礼节按等级的不同可分好几种，有所谓的“九拜”，稽首、顿首、空首，称为“正拜”。行稽首礼时，拜者必须屈膝跪地，左手按右手，支撑在地上，然后，缓缓叩首到地，稽留多时，手在膝前，头在手后，这是“九拜”中最重的礼节。一般用于臣子拜见君王和祭祀先祖的礼仪。行顿首礼时，其他和稽首相同，不同者拜时必须急叩头，其额触地而拜。一般用于下对上的敬礼。行空首礼时，双膝着地，两手拱合，俯头到手，与心平而不到地，故称“空首”，又叫“拜手”。这是“九拜”中男子跪拜礼的一种。其他的还有如“振动”“吉拜”“凶拜”“奇拜”“褒拜”“膜拜”等格式，各种不同等级、不同身份的社会成员，以及在各种不同的场合，所规定使用的跪拜礼都是不同的，它起到了维护、巩固统治阶级内部等级关系、加强统治阶级对人民统治的作用。

2.趋礼

趋礼是古人日常生活中常用的一种传统礼节，指在一些特定场合，卑者、贱者、后辈、地主等，自觉遵照法律的规定或约定的习俗，用低头弯腰、小步快走的方式，向尊者、贵者、前辈、宾客等表示恭敬。

作为一种礼仪，趋在古代社会是屡见不鲜的。《论语·子罕》云：“子见齐衰者、冕衣裳者与瞽者，见之，岁少，必作；过之，必趋。”意思是说，孔子遇见穿丧服的人、穿戴礼帽礼服的人和盲人，尽管对方年轻，也一定要站起来。在这些人的面前走过时，要快走几步，表示敬意。后辈从前辈面前走过，当然更只能小步快走，决不能昂首阔步。

3.拱手礼

拱手礼，又叫作揖礼，在我国至少已有2 000多年的历史，是我国传统的礼节之一，常在人们相见时采用。具体做法是双手合抱举胸前，立而不俯，表示恭敬。其姿势是起身站立，上身挺直，两臂前伸，双手在胸前高举抱拳，通常为左手握空拳，右手抱左手，拱手齐眉，上下略摆动几下。拱手礼，是人们表示祝贺、祝愿的一种施礼方式。主要适用于向友人恭喜结婚、生子、晋升、乔迁，向亲朋好友表示无比感谢，以及与人初次见面时表示久仰之意。

(四)相见礼仪

古时人们相见遵循一条重要的礼仪准则：“无辞不相接，无礼不相见。”“士相见之礼必依于介绍，以言其不苟合者；必依于挚，以言其道可亲也；苟而合，唯小人无耻者能之。”也就是说，那时人们相见必须有人介绍，初次见面时要送上一份礼物，这不仅是对对方的尊重，也是使自己求见的行为符合礼仪的要求，同时还需注意不同身份地位的人要用不同的礼，这是马虎不得的。

相见时，如主人的地位、名望、年龄跟宾客相等或低于宾客，要在大门外迎接，主人比宾客尊贵年长，可在大门内迎接。迎接宾客入门，宾客从左边进入，主人从右边进入，都是主人先进。在进入大门之前、升阶之前及送宾客时，都要“揖让”。上阶时，主宾的地位、年龄、名望相当的，揖让后一起上下台阶，否则让尊者先行。一般来说，客人退，行揖礼，主人送至大门外，相揖而别，卑幼见尊长，尊长不送。

如是路途相遇，也有一套礼仪规定。如在清代，官员途中相见，同级分道而行，次等让道而行，再次等勒马俟上级先行，又次者下马而立。遇到钦使应回避。

总之，中国古代的礼仪规范渗透于日常生活的各个方面，虽然有些已成为历史的陈迹，但其中精华的部分我们今天应该继承和发扬。

第二节 现代公共关系礼仪

日本著名企业家松下幸之助从前不修边幅，他的企业也因此而进展缓慢。一次，在他理发时，理发师不客气地批评他不重视自己的仪表，“你是公司的代表，却这样不重视衣冠，别人会怎样去想，连人都这样邋遢，他的公司会好吗？”从此，松下幸之助改变了过去的旧习惯，开始注意自己在公众面前的仪表仪态，生意也随之兴旺起来。现在，松下电器以及松下的其他各类产品享誉天下，这与松下幸之助长期率先垂范，要求员工懂礼貌、讲礼节是分不开的。

现代公共关系需要广交朋友，广聚信息，但这一切是须臾离不开公共关系礼仪的。公共关系礼仪对于公共关系人员来说，起着进行社会交往、发展公共关系的“通行证”作用。懂得公共关系礼仪者出席各种正式、半正式的社交场合，会如鱼得水，游刃有余，他们会更加受到欢迎和尊重，获得更多的理解和支持，由他们所代表的组织形象也就会随之高大起来。

一、礼仪及其特点

现代礼仪泛指人们在社会交往活动过程中形成的应共同遵守的行为规范和准则。具体表现为礼节、礼貌、仪式、仪表等。

礼貌指人们在相互交往过程中表示敬重、友好的行为规范。仪式泛指在一定场合举行的具有专门程序、规范化的活动。《说文解字》说：“仪，度也。”本意指法度、准则、典范。后引申为礼节、仪式。仪表指人的外表，包括容貌、服饰、姿态、举止等方面。

礼仪是人们在长期的生活实践中形成的一种约定俗成的行为规范，这种行为规范具有以下基本特点：

(1)普遍性。古今中外，从个人到国家，礼仪无时不在，无处不在。凡是有人类生活的地方，就存在着各种各样的礼仪规范。远古时候，人类为了求生存要祭神以求保护，这种礼仪形式至今在一些偏僻地区依然存在。现代礼仪的内容已渗透到社会的方方面面，从政治、经济、文化领域，到人们的日常生活方面，礼仪活动普遍存在。大到一个国家的国庆庆典，小到一个企业公司的开张志喜，再到人们日常生活中的接待、见面谈话、宴请等，均需要讲究礼仪规范，遵守一定礼仪行为准则。

礼仪是人类在社会生活的基础上产生的行为规范，全体社会的成员均离不开一定的礼仪规范的制约。在生活中，许多礼仪是不以人的意志为转移的，它的存在本身具有很强的普遍性，无时无刻不约束着人们的行为规范，反映着人们对真、善、美的追求愿望。

(2)历史继承性。人类的礼仪文化发展源远流长，在礼仪发展的源流中，礼仪文化的发展是一个扬弃的过程，一个剔除糟粕、继承精华的过程。那些反映劳动人民精神风貌、代表劳动人民道德水平和气质修养的健康高尚的礼仪得到了肯定和发扬，而那些代表剥削阶级帝王将相封建迷信的繁文缛节得以根除。比如古代的磕头跪拜风早已被现代的握手敬礼所替代，至于古代朝见天子所需的三跪九叩，更早已被抛进历史的垃圾堆。而那些“温良恭俭让”“尊老爱幼”的行为规范则得到了弘扬。以往老人生日寿辰时，晚辈得行祝寿礼仪，置办寿辰酒宴以祝老人福寿无疆，万事如意，而如今的年轻人除了摆寿酒外，还在电台点歌、电视台点节目以祝老人生日快乐，寿长福远。这种变迁不仅反映了人类礼仪的一脉相承，也反映了礼仪在继承过程中得到了丰富发展，更突出了人类对那些代表礼仪本质东西的倾心向往。礼仪变化的继承性必将随着人类历史的不断进步而发展。

(3)民族性。“十里不同风，百里不同俗”，不同的民族由于文化背景、风俗习惯的不同，就会产生不同的礼仪文化，不同的地域文化决定着礼仪的内容和形式。我国疆土辽阔，是一个多民族大家庭，不同的民族，其风俗习惯、礼仪文化各有千秋。就说见面问候致意的形式就大不一样，有脱帽点头致意的，有拥抱的，有双手合十的，有手抚胸口的，有口碰脸颊的，更多的还是握手致意。这些礼仪形式的差异均是由不同地方风俗文化决定的，具有约定俗成的影响力。我国的祖先很早就注意到不同的风俗习惯对人们交往的障碍，所以《礼记》曰“入境问禁，入国问俗，入门问讳”，要求人们到不同的地方要遵循对方的风俗习惯。在现代社会中，国与国之间的交往日益频繁，在交往中更加要注意了解对方的风俗习惯，如有触犯，或稍有不恭，就会产生不必要的误会，甚至影响国与国之间的关系。

(4)符号性。礼仪是人们在日常生活中互相表示友好、尊重的符号系统。人们彼此之间交流思想感情总要通过一定的形式，或用口头语言，或用书面文字，或借助于动作和表情，这些语言、文字、动作和表情等就构成了形形色色的符号。礼仪作为一种符号是集体的创作，只要一定范围内的人们共同认为某种动作、表情或装饰具有某种意义，人们在交际时就应按照这种符号所代表的意义去行事，违反了这些规矩，就会在与他人的交往中发生冲突和误解，轻则使自己陷入尴尬的境地，重则会伤害他人的感情。

(5)时代发展性。礼仪作为一种文化范畴，必然具有浓厚的时代特色。任何时代的礼仪由于其时代的特性和内容，往往就决定了它的表现。礼仪文化总是一个时代的写照。如辛亥革命的爆发，猛烈地撞击了封建社会的上层建筑及其意识形态，也影响到了人们日常生活的方方面面，于是就造就了一代新风尚。据 1912 年 3 月 5 日时报记载："清朝灭，总统成，皇帝灭……新礼服兴，翎顶补服灭，剪发兴，辫子灭，爱国帽兴，瓜皮帽灭，放足鞋兴，菱鞋灭，鞠躬礼兴，跪拜礼灭，卡片兴，大名刺灭……"

时代总在不断地前进。礼仪文化也随着社会的进步而不断发展。一方面，礼仪文化随时代的不断进步而时刻地发生着变化。如现代人所拍发的礼仪电报、电视点歌祝寿贺喜等礼仪形式就是时代进步而产生的新生事物。另一方面，随着国家对外交往的不断扩大，各国的政治、经济、思想、文化等诸种因素的互相渗透，我国的传统礼仪自然也被赋予了许多新鲜的内容。礼仪规范更加国际化，礼仪变革向符合国际惯例的方面发展。随着时代的不断进步，人类的礼仪规范必将更为文明、优雅、实用。

二、礼仪的基本原则

在日常生活之中，学习、应用礼仪，有必要在宏观上掌握一些具有普遍性、共同性、指导性的礼仪规律。这些礼仪规律，即礼仪的原则。

(1)遵守的原则。礼仪规范是为了维护社会生活、规范社会秩序而形成和存在的，它反映了人们共同的利益要求，在交际应酬之中，每一位参与者都必须自觉、自愿地遵守礼仪，以礼仪去规范自己在交际活动中的一言一行，一举一动。对于礼仪，不仅要学习、了解，更重要的是学了就要用，要将其付诸个人社交实践。任何人，不论身份高低、职位大小、财富多寡，都有自觉遵守、应用礼仪的义务，否则，就会受到公众的指责，交际就难以成功，这就是遵守的原则。没有这一条，就谈不上礼仪的应用、推广。

(2)自律的原则。从总体上来看，礼仪规范由对待个人的要求与对待他人的做法这两大部分所构成。对待个人的要求，是礼仪的基础和出发点。学习礼仪、应用礼仪，最重要的就是要自我要求、自我约束、自我控制、自我对照、自我反省、自我检点，这就是所谓自律的原则。古语云："己所不欲，勿施于人"。在社会交往过程中，必须在心中树立起一种内心的道德信念和行为修养准则，以此来约束自己的行为，严于律己，实现自我教育，自我管理，若是没有对自己的首先要求，人前人后不一样，只求律人，不求律己，不讲慎独与克己，遵守礼仪就无从谈起。

（3）敬人的原则。孔子曾经对礼仪的核心思想有过一次高度的概括，他说："礼者，敬人也。"所谓敬人的原则，就是要求人们在交际活动中，与交往对象既要互谦互让，互尊互敬，友好相待，和睦共处，更要将对交往对象的重视、恭敬、友好放在第一位。在礼仪的两大构成部分中，有关对待他人的做法这一部分，比对待个人的要求更为重要，这一部分实际上是礼仪的重点与核心。而对待他人的诸多做法之中最要紧的一条，就是要敬人之心常存，处处不可失敬于人，不可伤害他人的个人尊严，更不能侮辱对方的人格。掌握了这一点，就等于掌握了礼仪的灵魂。在人际交往中，只要不失敬人之意，哪怕具体做法一时失当，也不能算是失礼。

（4）宽容的原则。《大英百科全书》对"宽容"下了这样一个定义："宽容即容许别人有行动和判断的自由，对不同于自己或传统观点的见解的耐心公正的容忍。"宽容原则的基本含义，是要求人们在交际活动中运用礼仪时，既要严于律己，更要宽以待人。要多容忍他人，多体谅他人，多理解他人，而千万不要求全责备，斤斤计较，过分苛求，咄咄逼人。在人际交往中，要容许其他有个人行动和独立进行自我判断的自由。对不同于己、不同于众的行为耐心容忍，不必要求其他人处处效法自身，与自己完全保持一致，实际上也是尊重对方的一个主要表现。

（5）平等的原则。在具体运用礼仪时，允许因人而异，根据不同的交往对象，采取不同的具体方法。但是，与此同时必须强调指出：在礼仪的核心点，即尊重交往对象、以礼相待这一点上，对任何交往对象都必须一视同仁，给予同等程度的礼遇。不允许因为交往对象彼此之间在年龄、性别、种族、文化、职业、身份、地位、财富以及与自己的关系亲疏远近等方面有所不同，就厚此薄彼，区别对待，给予不同待遇。这便是社交礼仪中平等原则的基本要求。

（6）从俗的原则。美国的一个礼仪学家曾说过："好的举止在他国也会是失礼的行为。"由于国情、民族、文化背景的不同，在人际交往中，实际上存在着"十里不同风，百里不同俗"的情况。在与他人的交往中必须坚持入乡随俗，与绝大多数人的习惯做法保持一致，切勿目中无人，自以为是，指手画脚，随意批评，否定其他人的习惯性做法。遵守从俗的原则的这些规定，会使对礼仪的应用更加得心应手，更加有助于人际交往。

（7）真诚的原则。苏格拉底曾言："不要靠馈赠来获得一个朋友，你需贡献你诚挚的爱，学习怎样用正当的方法来赢得一个人的心。"真诚是对人对事的一种实事求是的态度，是待人真心真意的友善表现，在人际交往中运用礼仪时，务必待人以诚，诚心诚意，诚实无欺，言行一致，表里如一。只有如此，自己在运用礼仪时所表达的对交往对象的尊敬与友好，才会更好地被对方所理解，所接受。与此相反，倘若仅把运用礼仪作为一种道具和伪装，对具体操作礼仪规范口是心非，言行不一，弄虚作假，投机取巧，则是有悖礼仪的基本宗旨的。将礼仪等同于“厚黑学”，肯定是行不通的。

(8)适度的原则。适度的原则是要求应用礼仪时，为了保证取得成效，必须注意技巧，合乎规范，特别要注意做到把握分寸，认真得体。这是因为凡事过犹不及，运用礼仪时，假如做得过了头，或者做得不到位，都不能正确地表达自己的自律、敬人之意。当然，运用礼仪要真正做到恰到好处，恰如其分，只有勤学多练，积极实践，此外别无他途。

三、现代公关礼仪简介

公关礼仪是公关人员的必修课，作为公共关系人员，必须了解有关的礼仪和礼节，并在工作中运用自如，表现其优雅的风度、潇洒的气质、良好的修养，才能取得公关的最佳效果。公关礼仪内容很多，这里主要选择一些日常的基本礼仪规范加以介绍。

(一)见面礼仪

公关人员在开展工作的过程中，每天要接触许多熟悉和陌生的公众，见面礼仪必不可少。称呼、握手、介绍等礼仪虽然看似简单，但如果运用不当，也会给工作带来许多不必要的麻烦。

1.称呼

称呼指的是人们在日常交往应酬之中，所采用的彼此之间的称谓语。在人际交往中，选择正确、适当的称呼，反映着自身的教养、对对方尊敬的程度，甚至还体现着双方关系发展所达到的程度和社会的风尚，因此，对它不能疏忽大意、随便乱用。

选择称呼要合乎常规，要照顾被称呼者的个人习惯，入乡随俗。在社交场合上，人们彼此之间的称呼是有其特殊性的。要庄重、正式、规范。通常有以下几种：

(1)职务性称呼：以交往对象的职务相称，以示身份有别、敬意有加，这是一种最常见的称呼。有三种情况：称职务、在职务前加上姓氏、在职务前加上姓名(适用于极其正式的场合)。

(2)职称性称呼：对于具有职称者，尤其是具有高级、中级职称者，在工作中直接以其职称相称。称职称时可以只称职称，可以在职称前加上姓氏，也可以在职称前加上姓名(适用于十分正式的场合)。

(3)行业性称呼:在工作中,有时可按行业进行称呼。对于从事某些特定行业的人,可直接称呼对方的职业,如老师、医生、会计、律师等,也可以在职业前加上姓氏、姓名。

(4)泛尊称:对男士称“先生”,对女士称“小姐”“女士”或“夫人”。可以在此称谓前加上姓氏或姓名等。

(5)姓名性称呼:在工作岗位上称呼姓名,一般限于同事、熟人之间。有3种情况:①直呼其名;②只呼其姓,要在姓前加上“老、大、小”等前缀;③只称其名,不呼其姓,通常限于同性之间,尤其是上司称呼下级、长辈称呼晚辈,在亲友、同学、邻里之间,也可使用这种称呼。

2.握手

握手,是公关社交场合最常用的一种礼节。初次见面,握手作为认识的开始;久别重逢,握手则是问候的标志;告别、慰问、祝贺、感谢等都要用握手表达自己的感情。美国著名作家海伦·凯勒曾写道:“我接触过的手,虽然无言,却极有表现力。有的人握手能拒人于千里之外,也有些人的手充满阳光。”海伦的感受是很有说服力的。它说明握手所传递的信息内容非常丰富,在公共关系社交活动中有不可替代的重要作用。学习握手礼,应掌握的重要问题有握手的场合、握手时伸手的先后次序、握手的方式、握手的禁忌等。

(1)握手的次序。遵循“尊者决定”原则,在公务场合,握手时伸手的先后次序主要取决于职位、身份。而在社交、休闲场合,它则主要取决于年纪、性别、婚否。一般来说,由年长的先向年轻的伸手,身份地位高的先向身份地位低的伸手,女士先向男士伸手,老师先向学生伸手。如果两对夫妻见面,先是女士互相致意,然后男士分别向对方的妻子致意,最后才是男士互相致意。拜访时,一般是主人先伸手,表示欢迎;告别时,应由客人先伸手,以表示感谢,并请主人留步。不应先伸手的就不要先伸手,见面时可先行问候致意,待对方伸手后再与之相握,否则是不礼貌的。

(2)握手的方式。握手的标准方式,是行礼时行至距握手对象的1米处,双腿立正,上身略向前倾,伸出右手,四指并拢,拇指张开与对方相握。握手时应用力适度,上下稍许晃动三四次,随后松开手来,恢复原状。掌心向下握住对方的手,显示着一个人强烈的支配欲,无声地告诉别人,他处于高人一等的地位。应尽量避免这种傲慢无礼的握手方式。相反,掌心向上握手显示一个人的谦卑与毕恭毕敬,如果伸出双手,更是谦恭备至了。平等而自然的握手姿态是两手的手掌都处于垂直状态,这是一种最普通也最稳妥的握手方式。

(3)握手应注意的问题。

①神态。与人握手时,理当神态专注,热情、友好、自然。在通常情况下,与人

握手时，应面带微笑，目视对方双眼，并且口头问候。在握手时，切勿显得自己三心二意，敷衍了事，漫不经心，傲慢冷淡。

②姿势。向他人行握手礼时，只要有可能，就应起身站立。除非是长辈或女士，坐着与人握手是不合适的。握手之时，双方彼此之间的最佳距离为 1 米左右，因此，握手时双方均应主动向对方靠拢。若双方距离过大，显得像是有意冷落对方。

③力度。握手之间，为了向交际对象表示热情友好，应当稍许用力。与亲朋故旧握手时，所用的力量可以稍大一些；而在与异性以及初次相识者握手时，则千万不可用力过猛。

④时间。在普通情况下，与他人握手的时间不宜过短或过长。大体来讲，握手的全部时间应控制在 3 秒钟以内，握一两下即可。

⑤握手禁忌。不要用左手与他人握手；不要在握手时争先恐后，要遵循先后次序；不要在握手时戴着手套、墨镜等；不要在握手时只递给对方一截冷冰冰的手指，或把对方的手拉过来、推过去或者上下左右抖个没完；不要以肮脏不洁或患有传染性疾病的手与他人相握；不要在与人握手后，立即揩拭自己的手掌；不要交叉握手；不要拒绝握手，即使有手疾、汗湿或弄脏了，也要和对方说一下"对不起，我的手现在不方便"，以免造成不必要的误会。

3.介绍

介绍，是人际交往中与他人进行沟通、增进了解、建立联系的一种最基本、最常规的方式。介绍一般分自我介绍和介绍别人两种。

(1)自我介绍。自我介绍要注意以下 3 个问题：①时机要恰当。进行自我介绍的适当时机，指的一是对方有兴趣时，二是对方有空闲时，三是对方情绪好时，四是对方干扰少时，五是对方有要求时。对方无兴趣、无要求、工作忙、干扰大、心情坏、休息用餐或正忙于私人交往之时，则不适合进行自我介绍。②介绍时间，以半分钟左右为佳，如无特殊情况最好不要长于 1 分钟。③介绍内容要简单完整，一般来说自我介绍有四个要素，即单位、部门、职务、姓名。介绍时要态度自然、友善、亲切、随和，既不要过于自卑，又不要虚张声势，矫揉造作。

(2)介绍他人。介绍他人，又称第三者介绍，它是经第三者为彼此不相识的双方引见、"搭桥"的一种介绍方式。公共关系人员在介绍他人时，要热情大方地承担介绍人的职责。

介绍他人的礼仪主要体现在以下 3 方面：①要注意介绍的先后。先将男子介绍给女子；先把地位低的人介绍给地位高的人；先把未婚女子介绍给已婚女子；先把年轻的介绍给年长的；先把主人介绍给客人；先把后来者介绍给先到者。②介绍时要注意称呼。在社交场合,"先生"是对男性成年人的尊称,"夫人"是对已婚妇女的尊称,"女士"是对一般妇女的尊称,"小姐"是对未婚女子的尊称,不可混淆。如果有官衔或职称(如局长、教授等)则称呼其官衔职称更显尊敬。③在介绍以后,被介绍的双方应该互相问候,并重复一遍对方姓名和称谓。如"您好,李教授","您好,周玉林先生",这样既合乎礼节,使人愉快,又可使自己加深印象。介绍后介绍人不要马上走开,要等双方谈得比较融洽后才可借故离去。

4.名片礼仪

名片,是当代社会私人交往和公务交往中一种最为经济实用的介绍性媒介。它作为一种自我的"介绍信"和社交的"联谊卡",在公共关系交往中可用以证明身份,广结良缘,联络老朋友,结交新朋友。然而,如何递送、接受名片,其中礼节大有讲究。

(1)名片的存放。名片是记载人的身份的"介绍卡",应该放入名片夹或名片盒里,不能随便放在衣兜里与手帕、钱币混在一起,这既是对名片之人的不尊重,也容易在递名片时与钱物同时掏出,有伤大雅。

(2)交换名片的时机。需要将自己的名片递交他人,或与对方交换名片的几种情况:希望认识对方;表示自己重视对方;被介绍给对方;对方提议交换名片;对方向自己索要名片;初次登门拜访对方;通知对方自己的变更情况;打算获得对方的名片。

(3)递名片的次序。一般来说,地位低的人要首先把名片递给地位高的人,男士先递给女士,晚辈先递给长辈,下级先递给上级,主人先递给客人。如果人比较多,则按照由近而远或按照顺时针方向传递。

(4)递名片的姿势。递名片给他人时,要起身站立,走上前去,使用双手或者右手,将名片正面面对对方,交于对方。切勿以左手递交名片,不要将名片背面面对对方或是颠倒着面对对方,要把文字最重要的那个部分对给别人,不要将名片举得高于胸部,不要以手指夹着名片给人。若对方是少数民族或外宾,则最好将名片上印有对方认识的文字的那一面面对对方。将名片递给他人时,口头应有所表示,可以说:"请多指教""多多关照"等。

(5)接受名片的礼仪。接受别人的名片要起身迎接,接过名片后要表示谢意,并要把名片仔细看一下,并小声重复名片上的名字和职务,以示重视;收到名片之后,要郑重地把名片放入名片夹内或名片包里,切忌看都不看就放在口袋里,或随意地放在办公桌上或者随便给别人;接受别人名片要回敬对方。

5.鞠躬礼

行鞠躬礼,应脱帽立正,双目凝视受礼者,然后上身弯腰前倾。男士双手应贴放于身体两侧裤线处，女士的双手则应下垂搭放在腹前。下弯的幅度越大，所表示的敬重程度就越大。目前，鞠躬礼在国内主要适用于向长者表示敬重、向他人表示感谢、领奖或讲演之后、演员谢幕、举行婚礼或参加追悼会等活动。鞠躬的次数，可视具体情况而定。唯有追悼活动才用三鞠躬，其他喜庆的场合，鞠躬次数不可为三。

6.点头礼

点头礼，也就是颔首礼。点头礼的做法是头部向下轻轻一点，同时面带笑容。注意不要反复点头不止，点头的幅度不宜过大。点头礼适用的范围很广，如路遇熟人，或与熟人、朋友在会场、剧院、歌厅、舞厅等不宜交谈之处见面，以及遇上多人而又无法一一问候之时，都可以点头致意。行点头礼时，最好摘下帽子，以示对对方的尊重。

7.举手礼

行举手礼的场合，与点头礼的场合大致相似，它最适合向距离较远的熟人打招呼。行举手礼的正确做法是右臂向前方伸直，右手掌心向着对方，其他四指并齐、拇指叉开，轻轻向左右摆动一下。不要将手上下摆动，也不要在手部摆动时用背朝向对方。

见面的礼节很多，要视具体的情况而定，不能生搬硬套。

(二)服饰礼仪

三国时期曹操曾经这样说过："君子整其衣冠，尊其瞻视，何必蓬头垢面然后为贤？"这句话的意思是说，即使是谦谦君子，也要使其衣冠整齐，使与瞻视有关的内容看上去令他人感到受尊敬。孔子说过："人，不可以不饰，不饰无貌，无貌不敬，不敬无礼，无礼不立。"他所谓的"饰"指的就是服饰。一个人的穿着打扮是他教养、品位、地位的最真实的写照。遵守服饰礼仪，实乃社交成功的一个前提。

1.服饰礼仪的基本要求

(1)符合身份。在日常工作和交往中，每个人都有自己特定的身份，首先，要注意男女之别，男女着装的要求是不一样的，如穿西装，男人的扣子是在右面的，而女人的扣子则是在左面的，这就是男女有别；其次，要注意长幼之别，人的年龄是有区别的，你即使显得年轻、心理年轻，但是你生命的年龄放在那儿；再次，要注意职业之别，教师、公务员、公司白领、军人、警察，大家各自属于不同的行业，不同行业有不同的行规；最后，注意职位有别，总经理要像总经理，董事长要像董事长，员工要像员工，干什么像什么。

(2)要扬长避短。人有高矮胖瘦之分，皮肤颜色也有深浅之分，着装既要因人而异，更应扬长避短。对公关人员来讲，扬长避短就是穿着打扮要注意和自己的形体特点、年龄特点相吻合。

(3)要区分场合。在不同的环境当中，公关人员需要穿不同的衣服，办公场合要庄重保守，是要穿正装、穿套装、套裙；社交场合着装的基本要求是时尚个性，就是要与众不同；休闲场合要舒适自然，尽可能穿休闲装。

2.西装的着装礼仪

西装是一种国际性服装。一套合体的西装，可以使穿着者显得潇洒、精神抖擞，风度翩翩。人们常说："西装七分在做，三分在穿。"怎样穿西装才能配套呢?

(1)要配好衬衫。在正式场合穿的衬衫，应为白衬衫，单色的，没有过多图案的，格子的、条纹之类尽量少穿，彩色的一般不要穿。衬衫的领头要挺括，衬衫的下摆要塞在裤子里，衬衫衣袖要长于西装上装的衣袖，以显示穿着层次。如果打领带，衬衫上面扣子要系上。不打领带，衬衫上面那个扣子可以不系。

(2)凡是正规场合，穿西装都应系领带。领带的色彩、图纹，可以根据西装的色彩配置，以达到相映生辉的效果。领带的长度，一般到皮带处为宜。穿羊毛衫时，领带应放在羊毛衫内，系领带时，领带夹一般夹在第四至第五个纽扣之间。

(3)穿着西装一定要穿皮鞋。不能穿旅游鞋、轻便鞋或布鞋，否则是会令人发笑的。皮鞋要上油擦亮，不要让它落满灰尘。

(4)西装在穿着时可以敞开，也可以扣第一粒纽扣(即"风度扣")，下面那粒扣子永远不系。两粒纽扣全部扣上是不合穿着规范的，西装的袖口和裤口都不能卷起。

(5)西装口袋里面放的东西越少越好。西装上衣，下面两侧口袋里面原则上是不装东西的，东西只装在内兜里。把两手随意揣在衣袋和裤子口袋里，也是有失风度的。

(6)穿西装要注意"三个三"原则。①三色原则。穿西装时全身衣服的颜色包括衣服的上衣、下衣、衬衫、领带、鞋子、袜子等在内不能超过3种；②三一定律。穿西装的时候，鞋子、腰带、公文包应是一个颜色，首选黑色；③穿西装时3个错误不能犯：一是袖子上的商标没拆；二是没穿西装打领带；三是袜子的颜色与西装不搭配。

3.着装禁忌

在着装方面，公关人员最需要注意的禁忌包括：①国际交往中，黑色皮裙不能穿，黑色皮裙在一些西方国家里是一种特殊身份的标志。②裙子、鞋子和袜子不搭配。着装，通常必须讲究配套化、系列化。比如穿裙子的时候，应该穿制式皮鞋，黑色的或者单色的，高跟的或者半高跟的皮鞋。穿西装，必须穿皮鞋，而不能穿布鞋。③重要场合不光腿。④不宜三截腿，即穿半截裙子时穿半截袜子，袜子和裙子中间露一段腿肚子。

(三)举止礼仪

自有礼仪以来,人们对于举止的重视一直就没有改变过,早在中华礼仪创始之初,孔子就提出过"非礼勿动"的严格要求。在英文里,举止与礼仪是同一个词。举止礼仪是指人们在社交活动中各种表情与姿态行为的规范,包括人的面部表情、手姿、站姿、坐姿和走姿。

1.站姿

站姿是人们在交际场所最基本的姿势,是其他姿势的基础。站立是一种静态美,是培养优美典雅仪态的起点。

站立的一般要求:头正、颈挺直、双肩展开放松,人体有向上的感觉;收腹、立腰、提臀;两腿并拢,膝盖挺直,小腿向后发力,人体的重心在前脚掌。无论男士还是女士站立时都要做到自然并保持面带笑容。这样就可以表现出饱满的精神状态,给人以良好的形象。

不良站立姿势及纠正:交际场合双手不可叉在腰间,也不可抱在胸前;不可驼着背,弓着腰,不可眼睛不断左右斜视;不可一肩高一肩低,不可双臂胡乱摆动,不可双腿不停地抖动。在站立时不宜将手插在裤袋里,更不要下意识地出现搓、剔动作,也不要随意摆弄打火机、香烟盒,玩弄皮带、发辫等。这样不但显得拘谨、有失庄重,还会给人以缺乏自信和没有经验的感觉。

2.坐姿

坐姿即人在就座之后所呈现出的姿势。坐要有坐相,古人要求"坐如钟",良好的坐姿是端正、舒适、自然、大方。入座时,动作要轻盈、和缓、平稳,从容自如,不要慌张和用力。穿裙子的女士,落座时用手把裙子稍稍向前拢一下,表现优雅的风度。入座后,坐的姿态要端庄,上身挺直,双膝并拢,两脚平行,做到两腿自然弯曲,小腿与地面基本垂直。双脚可正放或侧放,并拢或交叠。女子的双膝必须并拢,双手自然弯曲放在膝盖或大腿上。如坐在有扶手的沙发时,男士可将双手分别搭在扶手上,而女士最好只搭一边,倚在扶手上,以显示高雅;坐在椅子上时,一般只坐满椅子的 2/3,不要靠背,仅在休息时才可轻轻靠背;当然,坐姿还可以上体与腿同时转向一侧,面向对方,形成优美的"S"形坐姿,还可两腿膝部交叉,脚内收与前腿膝下交叉,两脚一前一后着地,双手稍微交叉于腿上。无论采取哪种坐的姿势,关键要做到自然、美观、大方,切不可以表现出僵死、生硬。

不良坐姿及纠正:与人交谈时,双腿不停地抖动,甚至鞋跟离开脚跟晃动;坐姿与环境要求不符,入座后二郎腿跷起,或前俯后仰;不能将双腿搭在椅子、沙发和桌子上；女士叠腿要慎重、规范，不可呈“4”字形，男士也不能出现这种不雅的坐姿；坐下后不可双腿拉开呈“八”字形，也不可将脚伸得很远。不规范的坐姿是不礼貌的，是缺乏教养的表现。对不雅的坐姿应在平时加以纠正，养成良好的就座姿态。

3.走姿

走姿是指人在行走的过程中所形成的姿势。走路姿势往往可以显示出一个人的身体状况、精神风貌和性格特征。有的人行路步伐矫健、敏捷，显得精明强干；有的人行路步伐轻盈、欢快，显得朝气蓬勃。优美的走路姿态会使身体各部分散发出迷人的魅力。而有的人走路时或摇头晃脑，左右摇摆，给人以轻浮的印象；或弯腰驼背、步履蹒跚，给人以压抑、疲惫的感觉；或迈着八字步，很不雅观。

走姿的要求：轻松、矫健、优美、匀速。良好的走路姿势应该是：抬头挺胸，两眼平视，精神饱满，步幅适度，步伐稳健，步履自然，富有节奏感；走路时要收腰，使用腰力，身体重心稍向前，两手前后自然协调地摆动，摆幅以30～50度为宜；双肩、双臂都不应过于僵硬；重心稍前倾；行走时左右脚重心反复地向前后交替，使身体向前移动；行走时，两只脚的内侧行走的线迹为一条直线，脚印应是正对前方；步幅要适当，走路时应有一定的节奏感，走出步韵来。

不良走姿及纠正：行走最忌讳内八字、外八字；不可弯腰驼背、摇头晃肩、扭腰摆臀；不可膝盖弯曲，或重心交替不协调，使得头先去而腰、臀后跟上来；不可走路时吸烟、双手插在裤兜；不可左顾右盼；不可无精打采，身体松垮；不可摆手过快，幅度过大或过小。

在交际场合应当注意克服不良的体态语，不可当众搔头皮、掏耳朵、抠鼻孔眼屎、搓泥垢、修指甲、揉衣角、用手指在桌上乱画、玩手中的笔或其他工具；切忌做手势，或对别人指指点点等。

4.表情礼仪

所谓表情通常是指一个人的面部表情。它主要是通过人的眼、眉、嘴、鼻等部位和面部肌肉的综合运动而表现出来的。在人的千变万化的面部表情中，眼神和微笑最具有礼仪功能。

(1)眼睛。“眼睛是心灵的窗口”，在体态语言中，眼神最能倾诉感情，沟通思想。公共关系人员在公共关系交际中应充分利用这种无声语言，并要注重正确的使用礼节。①注视的时间。与他人交谈时，不可长时间地凝视对方。一般情况下，眼睛有50％的时间注视对方，另外50％的时间注视对方脸部以外的5～10厘米处，自始至终地注视对方是不礼貌的。在社交场合，无意与别人的目光相遇不要马上移开，应自然对视1～2秒钟，然后慢慢离开。与异性目光对视时，不可超过2秒钟，否则将引起对方无端的猜测。必须根据所观看的对象和场合把握好注视的时间。②注视的位置。用目光注视对方，应自然、稳重、柔和，而不能死盯住对方某部位，或不停地在对方身上上下打量，这是极失礼的表现。注视对方什么位置，要依据传达什么信息、造成什么气氛而异；要依据不同场合、不同对象而选择具体目光所及之处和注视区间。

人们在普通的社交场合采用的注视区间是社交注视区间。这一区间的范围是以两眼上线，以下颌额为顶点所连接成的倒三角区域。由于注视这一区域最容易形成平等感，容易营造良好的社交氛围，人们常在茶话会、舞会、酒会、联欢会以及其他一般社交场合运用。注视谈话者这一区域，能让谈话者轻松、自然，能比较自由地把他们的观点、见解发表出来。

具有亲密关系的人在交谈时采用的注视区间为亲密注视区间，它主要是看着对方的眼睛、嘴部和胸部。恋人之间，至爱亲朋之间，注视这些区域能激发感情，表达爱意。

不同国家、不同民族、不同文化习俗对眼神的运用也有差异。另外，谈话中眼睛往上、往下、眯眼、斜视、闭眼、游离不定、目光涣散，漫不经心等，都是在交际中忌讳的眼神。

(2)微笑。微笑是人们对某种事物给予肯定以后的内在心理历程，是人们对美好事物表达愉悦情感的心灵外露和积极情绪的展现。微笑可以表现出对他人的理解、关心和爱，是礼貌与修养的外在表现和谦恭、友善、含蓄、自信的反映。人们的微笑是其心理健康的标志。微笑是一种“情绪语言”，它来自心理健康者。

微笑的美在于文雅、适度，亲切自然，符合礼貌规范。微笑要诚恳和发自内心，做到“诚于中而形于外”，切不可故作笑颜，假意奉承，做出“职业性的笑”。更不要狂笑、浪笑、奸笑、傻笑、冷笑。发自内心的笑像扑面春风，能温暖人心，化除冷漠，获得理解和支持。面部的表情如何绝不仅仅是天生的因素，后天的气质、风度也必然会反映在脸上，关键是内心的真诚，它与行为主体的道德修养、学识水平有着密切的关系。

(四)电话礼仪

电话被现代人公认为便利的通信工具，一位科学家曾经说：“一个不会正确地利用电话的人，难说他是一个符合现代社会需要的人。至少，他算不上是一个具有现代意识的人。”正确地利用电话完成公共关系任务，并不是每一个会打电话的人都能做到的，要正确地利用电话，不只是要熟练地掌握使用电话的技巧，更重要的是，在打电话、接电话以及使用移动通信工具时，自觉自愿地做到知礼、守礼、待人以礼,自觉维护自己的“电话形象”。

1.打电话的礼仪

(1)要注意时间的选择。必须留意打电话的时间:往对方家里打电话,应避开早晨8:00以前,晚上10:00以后。往单位打电话谈公事,最好避开临下班前10分钟。尤其是需要查询后,方可回复的电话,处理各种业务问题的电话,最好在早晨上班的时候打,此时人们头脑最清楚,办事效率最高。节假日时间一般不要打业务电话。

(2)要注意空间选择。私人电话在家里打,办公室电话在办公室打,在公共场所如影剧院、会议中心、体育比赛场所等则不能打电话。

(3)要注意通话的长度。通话时间是宜短不宜长,应该控制在3分钟之内,要养成重要电话列提纲的习惯。

(4)要注意通话的礼仪。电话接通后,要自报单位、部门和姓名;电话结束时应坚持地位高者先挂的原则。

2.接电话的礼仪

(1)铃响不过三声。电话响了之后,手先上去,等它响两声三声的时候再接。

(2)不要随便叫别人代接电话。如果你在现场,尤其打的是你的电话,不要找外人去代接,尤其不要让孩子、秘书去代听已经有约在先的电话,这是对通话对象的一种尊重。

(3)当领导或者同事不在,你替别人接电话时,首先告诉对方,他找的人不在,然后才能问他是谁,有什么事。

(4)遇到拨错的电话怎么办?德国一家公司有明确的规定,如果外人打电话给我公司,电话拨错了,第一句话要说明,先生你好,电话您拨错了,第二句话要把我们单位电话重复一下,让对方验证不是骗他,第三句话要问,您需要帮助吗?

3.移动电话的礼仪

使用移动电话时要注意公众场合要养成手机改成振动或者静音甚至关机的习惯,不要在大庭广众之下特别是在开会、比赛等重要场合手机频频地响起,更不要在人多之处接听电话;打接移动电话的礼仪与座机电话礼仪是一样的;在重要场合,手机一般不挂在脖子上或腰上,最好放在公文包里。

不管是接电话还是打电话,语气要热诚亲切,口音清晰,语言准确简洁,语速平缓,音调要适中,说话的态度要自然。不允许接电话时以“喂,喂”或者“你找谁呀”作为“见面礼”,更不要在通话途中对着话筒打哈欠或是吃东西,也不要同时与其他人闲聊。不要让对方由此而感到在受话人的心中无足轻重。总之,电话形象是您给对方的第一张“名片”，文明而礼貌地使用电话，会使你有效地沟通，会使你恰到好处地向别人表示尊重，会使你获得有益的信息。

(五)谈话礼仪

交谈是指两个或两个以上的人进行的一种平等和谐的对话方式。一切社交活动，无论是国际谈判、文化艺术交流、商业贸易洽谈还是公共关系活动，一刻也离不开交谈。公共关系活动交谈不同于人的日常社交活动中的闲聊，它有明确的公共关系目的，交谈需要遵守各种礼节以保证公共关系目标的实现。

1. 谈话要有礼貌

礼貌，是待人接物的风度，它反映出一个人有无良好的家庭教育、个体修养和文化素质。正如歌德所说：“一个人的礼貌，就是一面照出他肖像的镜子。”文明礼貌的交谈，总的来说，就是要做到“和气、文雅、谦逊”。还要学会运用日常生活的礼貌语言。

初次见面说“久仰”；久未联系说“久违”；等候客人说“恭候”；客人到来说“光临”；看望别人说“拜访”；欢迎购物说“光顾”；起身走时说“告辞”；中途先走说“失陪”；请人勿送说“留步”；陪伴朋友说“奉陪”；请人批评说“指教”；求人解答用“请问”；请人指点说“赐教”；请人指正说“雅正”；赠送作品说“斧正”；对方来信说“惠书”；向人祝贺说“恭喜”；赞人见解用“高见”；请人帮助说“劳驾”；托人办事用“拜托”。

不受欢迎、不讲礼节的谈吐要注意克服，如：说话颠三倒四，语无伦次；口头禅过多，令人生厌；说话嗓门大，口沫飞扬；牢骚怪话多，使人不快；爱争强好胜，强词夺理；爱冒充内行，表现自己；爱抢夺话头，包场到底；多节外生枝，毫无中心；爱挖苦讽刺，给人难堪；爱议论别人，揭人隐私。

2. 话题要恰当

交谈的话题是指交谈的中心内容。一般而论，交谈的话题多少可以不定，但在某一特定时刻宜少不宜多，最好只有一个。话题过多、过散，将会使交谈者无所适从。在交谈之中，以下 5 类话题都是适宜选择的：

(1)既定的话题。即交谈双方业已约定，或者其中一方先期准备好的话题。例如，求人帮助，征求意见，传递信息，讨论问题，研究工作一类的交谈，往往都属于话题既定的交谈。它适用正式交谈。

(2)高雅的话题。即内容文明、优雅，格调高尚、脱俗的话题。例如，文学、艺术、哲学、历史、地理、建筑等，都是高雅的话题。它适用于各类交谈，但要求面对知音，忌讳不懂装懂，班门弄斧。

(3)轻松的话题。即谈论起来令人轻松愉快，身心放松，饶有情趣，不觉劳累厌烦的话题。例如，演出、流行、时装、美容、美发；体育比赛、电影电视、休闲娱乐、旅游观光、名人轶事、烹饪小吃、天气状况等。它适用于非正式交谈，允许各抒己见，任意发挥。

(4)时尚的话题。即以此时此刻，此地正在流行的事物作为谈论的中心。如：1997 年，国内时尚交谈话题有香港回归，希望工程等；2001 年时尚话题有“北京申奥成功”等，它适合于各种交谈。

(5)擅长的主题。指交谈双方，尤其是交谈对象有研究、有兴趣，有可谈之处的话题。例如，与医生交谈，宜谈健康祛病；与学者交谈，宜谈治学之道；与作家交谈，宜谈文学创作等。它适用于各种交谈，但忌讳以己之长对人之短，“话不投机半句多”。

在各种交谈之中，有 5 类话题要忌谈：

(1)捉弄对方的话题。在交谈中，切不可对交谈对象尖酸刻薄，油腔滑调，乱开玩笑，口出无忌，要么挖苦对方所短，要么调侃取笑对方，成心要让对方出丑，或是下不了台。俗话说：“伤人之言，重于刀枪剑戟”，这定将损害双方关系。

(2)非议旁人的话题。有人喜欢在交谈中传播闲言碎语、制造是非、无中生有、造谣生事、非议其他不在场的人士。

(3)倾向错误的话题。例如，违背社会伦理道德、生活堕落、思想反动、政治错误、违法乱纪之类的话题，亦应避免。

(4)令人反感的话题。有时，在交谈中因为不慎，会谈及一些令交谈对象感到伤感、不快的话题，以及令对方不感兴趣的话题，这就是所谓令人反感的话题。这类话题，常见的有凶杀、惨案、灾祸、疾病、死亡、挫折等。

(5)个人隐私的话题。在谈话中，有关对方年龄、收入、婚恋、家庭、健康、经历一类涉及个人隐私的，切勿加以谈论。除非是很熟悉的亲友，或有特殊的工作需要，才可问对方一些隐私，但要注意委婉、礼貌。

3. 要尊重对方

在交谈中，务必要争取以对方为中心，处处礼让对方，尊重对方，尤其是要避免出现以下几种失礼于人的情况：

(1)不要一个人侃侃而谈。交谈讲究双向沟通，那么在交谈中就要目中有人，礼让他人，要多给对方发言的机会，让大家都有交流的机会，要少说多听。

(2)不要插嘴。出于对他人尊重，在他人讲话时，尽量不要在中途予以打断，打断别人是没有教养的标志。

(3)不要抬杠。抬杠,它是指喜爱与人争辩,喜爱固执己见,喜爱强词夺理。若以“杠头”自诩,自以为一贯正确,无理搅三分,得理不让人,是有悖交谈主旨的。

(4)不要否定。在交谈中,要善于聆听他人的意见,若对方所述无伤大雅,无关大是大非,一般不宜当面否定,让对方下不了台。

(六)座次礼仪

中国人一贯重视座次。《礼记》中讲“天地位焉”,意即天地万物各有其位,马虎不得。对于人来说,人与人之间上下前后左右的不同位置,反映了不同的身份、地位、级别,关系到某一社会、某个团体对一个人价值的肯定与否,是其个人价值的体现,也是社会对其个人地位的尊重。公关人员在组织会议、接送客人、上下楼梯、参加宴会等过程中,经常遇到的一个问题就是座位的排列问题,座次安排不妥当,轻则会惹得当事人不高兴,重则可能引起双方纠纷,了解相应的座次礼仪是公关人员必备的知识之一。

1.座次安排的基本规则

(1)座次安排应遵循的原则。公关人员在安排座次时要坚持 3 个原则:①内外有别。严格的座次安排,更多的适用于招呼客人和正式场合,如开会、谈判、正式宴请等场合。而一些比较随意、休闲的场合如工作餐、沙龙聚会或是对家庭成员、熟人和自己人之间则不必太过严格。②中外有别。在座次的安排上,中外之间的规则是不一样的,我国传统讲究左高右低,国外的传统是右高左低。所以,如果是国内政府会议及公务场合,座位安排要左高右低,而如果是一般商务场合及国际会议,则应坚持以右为尊。③遵循规则。十里不同风,百里不同俗,地方交往、社交活动,要按照约定俗成的做法。国际交往中,要按照国际惯例进行表达。如国内许多地方选举,通常以候选人姓氏笔画多少来进行排序,而国际会议则是按照拉丁字母顺序。如联合国大会上各国的发言顺序,就是按照各国国名字母排列。

(2)社交场合具体排列座次的技巧。①面门为上。在室内活动的话,面对房间正门的位置是上座,标准的报告厅、会场主席台都是面对正门的,因为它视野开阔,可以使坐在上座的人随时了解所发生的情况,因此,从一定的意义上讲它具有防范意义。②居中为上,就是中央高于两侧。③以右为上。以左为上是我国传统习俗,目前在我国主要是在政务礼仪中比较通行,但在一般的社交场合和商务交往乃至国际交往中,都在趋同遵守国际惯例,坚持以右为上。④前排为上。不论是大型会议,还是单位内部开会,也不管是在台下坐,还是在台上坐,第一排的人位置最高。⑤以远为上,就是距离房间正门越远位置越高,离房门越近,位置越低。主人、工作人员和秘书人员坐在离房门近的地方是为了更方便地为客人和领导服务。

2.会议座次礼仪

会议座次的一般安排是左为上,右为下。当领导同志人数为奇数时,1 号首长居中,2 号首长排在 1 号首长左边,3 号首长排右边,其他依次排列;当领导同志人数为偶数时,1 号首长、2 号首长同时居中,1 号首长排在居中座位的左边,2 号首长排在右边,其他依次排列。判断左右的标准是当事人自己之间的左和右;如果是主席团排座,国内目前排定主席团位次的基本规则有三:一是前排高于后排,二是中央高于两侧,三是左侧高于右侧。

3.会客座次排序礼仪

安排会客座次时一方面要遵守有关的惯例;另一方面,则必须讲究主随客便。从总体上讲,会客时通常应当恭请来宾就座于上座。会见时的座次安排,大致有如下 5 种主要方式。

(1)相对式。它的具体做法,是宾主双方面对面而坐。这种方式显得主次分明,往往易于使宾主双方公事公办,保持距离。它多适用于公务性会客。它通常又分为两种情况:①双方就座后一方对正门,另一方则背对正门。此时讲究“面门为上”,即面对正门之座为上座,应请客人就座;背对正门之座为下座,宜由主人就座。②双方就座于室内,并且面对面地就座。此时讲究进门后“以右为上”,即进门后右侧之座为上座,应请客人就座;左侧之座为下座,宜由主人就座。

(2)并列式。它的基本做法,是会宾主双方并排就座,以暗示双方“平起平坐”,地位相仿,关系密切。它具体分为两类情况:①双方一同面门而坐。此时讲究“以右为上”,即主人要请客人就坐在自己的右侧,若双方不止一人时,双方的其他人员可各自分别在主人或主宾的一侧按身份高低依次就座。②双方一同在室内的右侧或左侧就座。此时讲究“以远为上”,即距门较远之座为上座,应当让给客人;距门较近之座为下座,应留给主人。

(3)居中式。所谓居中式排位,实为并列式排位的一种特例。它是指当多人并排就座时,讲究“居中为上”,即应以居于中央的位置为上座,请客人就座;以其两侧的位置为下座,而由主方人员就座。

(4)主席式。它主要适用于在正式场合由主人一方同时会见两方或两方以上的客人。此时,一般应由主人面对正门而坐,其他各方来宾则应在其对面背门而坐。这种安排犹如主人正在主持会议,故称之为主席式。有时,主人亦可坐在长桌或椭圆桌的尽头,而请其各方客人就坐在它的两侧。

(5)自由式。它的做法,是会见时有关各方均不分主次,不讲位次,而是一律自由择座。进行多方会面时,此法常常采用。

4.行进位次排序

公关人员在接待客人的过程中经常要陪着客人上下楼梯，进入会客室或引导客人参观，因此，行进礼仪就显得尤为重要。一般来说，陪同人员在陪同客人时有一个通行的规则，即把墙让给客人，也就是说让客人走在内侧，陪同人员走在外侧。陪同引导的标准位置是陪同人员要在客人的左侧前方1～1.5米引导客人，如果客人认路，要把选择前进方向的权利让给客人，让客人走在前方。

具体来说，如果两人横向行进，坚持内侧高于外侧的原则；如果多人并排行进，则中央高于两侧；如果是纵向行走，则前方高于后方；出入房门时，一般客人或位高者先出入，表示对宾客的尊重，如有特殊情况时，如双方均为首次到一个陌生房间，陪同人员宜先入房门；出入电梯时，如果是平面式电梯，一定要遵守单行右站的规则；如果是无人操作升降电梯，陪同人员要先进后出，以便控制电梯。先进去可以把按钮摁住，让客人进去方便，不会有被夹的危险。同时可以更方便帮客人按楼层；如果是有人操作升降电梯，陪同人员后进后出。

5.乘车座次礼仪

公关人员在安排客人乘车时一般有以下4种情况：

(1)轿车的座次。在轿车之上，座次的常规一般是右座高于左座，后座高于前座。以一辆目前在国内公务接待中最为常用的双排五人座轿车为例，车上座次的尊卑自高而低依次应为：后排右座，后排左座，后排中座，前排副驾驶座。在公务活动中，轿车上的前排副驾驶座通常被称为“随员座”。按惯例，此座应由秘书、译员、警卫或助手就座，而不宜请客人在此就座。但如果是主人或熟识的朋友亲自驾驶汽车时，副驾位置则为上座位。如果要考虑乘坐者的安全性和隐私性，司机后方位置为汽车的上座位，通常也被称作VIP位置。

(2)商务面包车的座次：此类汽车上座位置的确定，一般考虑乘客的乘坐舒适性和上下车的便利性，上座位为车辆中前部靠近车门的位置。

(3)越野吉普车的座次：越野车功率大，底盘高，安全性也较高，但通常后排比较颠簸，而前排副驾位置的视野和舒适性最佳，因此前排副驾位置为上座位置。

(4)火车上座次的常规通常为：距离火车头愈近的车厢，其位次便愈高。距离车厢中部越近的包厢、铺位或座位，其位次便愈高。皆以面对火车行进方向的一侧为上位，而以背对火车行进方向的另一侧为下位。卧铺则以下铺高于中铺，中铺高于上铺。在同一排座位之中，以临窗者为上座，以临通道者为下座。在同一行座位之中，则以右座高于左座。

（七）涉外礼仪

随着社会的开放，对外交往日益频繁。公关人员在涉外交往中，应注意发扬我国礼仪之邦的优良传统，同时也应尊重各国、各民族的风俗习惯，做到不卑不亢，以礼相待。

1. 正确使用称呼

在国际交往中国家不同，民族不同，习惯不同，称呼就有所差异。比如，在国际交往中，我们对行政职务、社会地位比较高的人，可以用"阁下"这个称呼，如总统阁下、大使阁下。但有些国家如美国、德国、墨西哥这样的国家不喜欢讲"阁下"这个词。一般而论，在国际交往中，以下 3 种称呼最为通用：①行政职务。一般是在正式的官方交往中使用，"董事长先生""尊敬的经理先生""部长阁下"。②技术职称。见了专家学者，或者学术方面比较有造诣的人士，称学术职称。③泛尊称，在国际交往中，通常使用先生、小姐、夫人、女士这样的一些称呼。

2. 尊重他国风俗习惯

不同的国家、民族，有不同的历史背景、宗教信仰、风土人情，并形成了各自的风俗习惯，公关人员对这些都应有所了解。

比如西方人普遍忌讳"13"及"星期五"，尤其是 13 日与星期五相遇时更忌讳，这个时候，许多人宁愿待在家里不出门，在欧洲约会客人切记避免这两个数字。

在中国分别被认为吉祥、喜庆、长寿的大象、孔雀、仙鹤等动物图案在一些西方国家却被分别视为蠢笨（英国）、淫妇（英国、法国）和蠢汉（法国）的象征，在交际送礼时切忌送给客人带有以上图案的礼物。

不同的国家有不同的风俗，随着涉外交往的日益广泛，公关人员应把了解和掌握其他国家的习俗、禁忌作为一门必修课。

3. 女士优先原则

西方的社交场合遵从女士优先原则，这一原则几乎体现在每个有女士和男士的地方。男士与女士同行时，男士应让女士走在内侧，自己靠外侧一边；下车或上楼、进一道关闭的门、走进没人领路的餐馆或剧院等，男士应在前面开路；参加聚会，客人见到男女主人时，应先与女主人打招呼；女客人进入时，男士应站起来迎接；坐着的男士与站着的女士打招呼应站起来；如只有一个座位，应让给女士；在门口、窄楼梯、电梯口等处与女士相遇，不论认识与否，都应让女士先行等。

4. 多使用礼貌和客气语

"请""谢谢""对不起"这些礼貌与客气语言在与外国人打交道中被普遍使用。

"谢谢""对不起"在西方的使用频率是非常高的。如在人行道上,别人给你让路,应对他说"谢谢";在商店里买东西,要对售货员说"谢谢";不小心干扰别人了,要说"对不起",无意中碰撞人,甚至有时打个饱嗝、咳嗽一声,都要说"对不起"。但要注意,不论多大的事,一声就行了,不要没完没了,否则被认为过于谦卑,或是太虚伪。

5. 不要打探别人的隐私

中国人强调亲密无间,强调嘘寒问暖,但国际礼仪强调关心有度,不得打探或者涉及个人隐私问题。涉外交往要坚持五不问原则:第一不问收入问题,在现代社会,收入是一个人实力的标志,问个人收入,实际上是问对方的能力;第二不问年纪大小;第三不问健康状态,健康状况和年龄大小在现代社会都属于个人资本;第四不问婚姻家庭;第五不问个人经历。

6. 言行要彬彬有礼

接待外宾要谦虚有礼,朴实大方,不卑不亢,既不能过分拘谨,也不要自恃傲慢。要尊重外宾社会习惯,不要对外宾评头品足,更不能讥笑对方。

总之,公关礼仪是公共关系日常工作的基本素质和要求,公关人员要养成良好的礼仪习惯,提高公关礼仪修养,在工作中不断增添自己的形象魅力。

本章小结

中国是历史悠久的文明古国,素有"礼仪之邦"的美誉,中国礼仪的历史漫长而久远,经历了起源、形成、发展变革、强化和衰落 5 个阶段。

现代礼仪泛指人们在社会交往活动过程中形成的应共同遵守的行为规范和准则。具体表现为礼节、礼貌、仪式、仪表等,它具有普遍性、历史继承性、民族性、符号性和时代发展性的特点,公关人员在各种社交活动中,要遵循礼仪的基本原则,学习和掌握握手、介绍、名片、着装、行为举止等礼仪的基本规范,并在各种实际社交活动中自觉加以运用,不断增添自己的形象魅力。

案例分析

特朗普见英女王时 3 次违反礼仪

2018 年 7 月 12 日起,美国总统特朗普在一片抗议声中展开了访英之旅。在 13 日与英国女王伊丽莎白二世会面的过程中,这位美国总统被指 3 次违反英国王室的礼仪，让不少网友感到非常愤怒。一些人称特朗普傲慢自大，不懂礼仪，甚至有人直指他不遵守王室礼仪的做法是在“侮辱”女王。

英国《每日邮报》《每日快报》等媒体指出，特朗普和女王的会面从一开始就不大顺利。特朗普及其妻子的迟到导致 92 岁的英国女王在高温下等了 12～15 分钟。而在等待期间，伊丽莎白二世更是看了几次手表，表情严肃。

在特朗普夫妇乘车终于抵达温莎城堡时，他们随即第二次违反了礼仪：特朗普没有按照传统向女王鞠躬，而只是通过热情地握手来问候她。同样，第一夫人梅拉尼娅也选择了和女王握手，而不是行屈膝礼。事后，英国媒体评价称，鞠躬和屈膝礼虽然在会见王室成员时不是强制性的，却被认为是一种传统和礼貌的象征。遗憾的是，特朗普夫妇都没有做到这一点。

最具争议性的是发生在后面的一幕。在和英国女王准备一起检阅仪仗队时，特朗普背对着伊丽莎白二世向前走，而女王似乎在向“搞不清楚状况”的美国总统指示方向。但随后，特朗普又突然停住了，女王被迫绕着他走了半圈。

英媒介绍称，在王室礼仪中，任何人都不应该背对着女王，或是走在她的前面。英国首相特蕾莎·梅在每周会见女王后都要倒退离开房间，而历任英国首相也是如此。甚至是女王的丈夫，97 岁的菲利普亲王，在公共场合也要让女王走在前面。

特朗普这一连串举动惹怒了不少网友，并引发人们在社交媒体上批评美国总统“粗鲁而又失礼”。半岛电视台的体育节目主持人乔安娜发推文称：“我简直没眼看……没有鞠躬也没有屈膝礼，特朗普还走在女王前面。我觉得他是知道相关的礼仪，但是选择无视。”

网友麦格雷戈则表态称：“我不是一个支持君主政体的人，但是这对英国来说是一种侮辱。(特朗普)的行为毫无尊重可言。”伊恩·贝克补充道：“特朗普还背对女王，我一直认为这是对一位君主的‘致命冒犯’。”而一位名为鲁茨的女性则称，特朗普需要为在女王面前展现的行为举止感到羞愧。“他没有展现出对王室礼仪的尊重，甚至没有得体的礼貌。女王是一位年长的女士，而(特朗普)的表现傲慢自大，并且让人感到厌恶。”

问题：

请问，在对外交往中我们应该坚持什么样的礼仪？

思考题

1. 中国古代的礼仪规范对你的启示是什么？

2. 简述礼仪的特点和原则。

3. 简述握手、介绍、接递名片、使用电话的礼仪规范。

4. 公关人员应具备怎样的举止礼仪?

5. 公关人员在着装时应注意什么问题?

6. 简述会客的座次礼仪。

7. 结合案例谈谈在现实生活中应如何加强自身的礼仪修养。

第十三章

政府公共关系

导入案例

“复兴之路”基本陈列是全面展示中华民族复兴之路的宏大主题展览，2007 年在中国人民革命军事博物馆首展，2011 年在国家博物馆复展。2018 年“复兴之路”大型主题展览丰富充实工作完成，展览在保持国家博物馆原有“复兴之路”基本陈列基础上，浓缩“砥砺奋进的五年”大型成就展精华部分，以“不忘初心，砥砺奋进，不断开创新时代中国特色社会主义事业新局面”为主题，作为“复兴之路”基本陈列的新时代部分，面向公众开放展出。

展览以习近平新时代中国特色社会主义思想为指导，全面展示党的十八大以来，以习近平同志为核心的党中央团结带领全国各族人民，统筹推进“五位一体”总体布局，协调推进“四个全面”战略布局，党和国家各项事业取得的历史性成就、发生的历史性变革，集中展示我们党治国理政的高超智慧、卓越能力，突出展示全国各地认真学习宣传贯彻党的十九大精神的情况，使“复兴之路”基本陈列主题更突出、论述更完整、内容更丰富、表现手法更充分。国家博物馆举办“复兴之路”展览，规格如此之高，甚至连中央政治局常委都亲自集体参观，这充分体现了“复兴之路”展览的吸引力和国家对其的重视程度。国内民众通过“复兴之路”展览，对我国的发展历程有了深刻的了解，这能够有效提高我党带领全国人民奋进的光辉形象。

从案例分析政府公关工作的重要性。

政府公共关系是公共关系学的一般理论在政务活动中的具体运用。改革开放以来，我国政府公共关系有了很大发展，随着行政环境的不断变化，政府公共关系的搭建、运行和维护越来越重要。政府公共关系的目标是通过建立系统、合理、有效的政府公共关系体系及其运行机制，树立良好的政府形象和声誉，使政府的政策法令、制度程序与社会公众的利益相一致，从而达到政府机构与公众之间的理解、信任与合租，并通过完成政府的基本任务，维护发展国家、社会和公众的整体利益。政府公共关系的工作效果直接影响到行政效率和公信力，甚至是执政党地位的稳定，因此，政府公共关系具有重要的现实意义。

第一节 政府公共关系概述

一、政府公共关系的含义

政府与生俱来就处于公共关系之中，因为政府无时不在处理与公众之间的关系。加强政府与公众的沟通和联络十分重要，从某种程度上讲，政府与公众之间的关系决定着政府能否合法存在，只有公众认可并支持的政府，才可能是合法的政府。另一方面，政府也必须掌握、理解民众的需求和利益，犹如企业必须掌握目标消费群体的需求一样。可见，妥善处理与公众的关系既是政府施政的合法基础，又是施政的必要条件，而公共关系作为政府机构与社会公众之间沟通的媒介，在其中可以起到关键的作用。

美国政府很早就建立了政府公共关系的运作机制，1913年，美国总统伍德罗·威尔逊定期举办记者招待会；随后，美国总统胡佛设置了官方的新闻秘书，建立了政府与大众媒体之间的体制化沟通管道。公共关系学历史中的两位重要奠基人艾维·李和爱德华·伯内斯也都进行过政府公共关系的实践。

所谓政府公共关系，是指政府通过各种传播、沟通手段与社会公众进行的双向沟通，以赢得公众的理解与支持、信任与合作。

政府公共关系具有三层含义：它是一种传播、沟通手段，是沟通政府与社会公众之间关系的桥梁和纽带；它是一种社会活动，是促进政府与社会公众相互理解、支持及相互信任的活动；它是一种管理职能，是政府管理中的一项重要职能。

在这里，有必要厘清政府公共关系的主体和客体。在政府公共关系中，政府是公关的主体。政府有狭义和广义之分，政府公共关系中的政府是广义的政府。就狭义而言，政府仅指国家政权机构中的行政机关，从这个层面上看，当代中国政府包括国务院和地方各级人民政府；就广义而言，政府是指行使国家权力的全部机构，包括立法、行政、司法机关以及国家元首等，按照广义的理解，当代中国政府应包括全国人民代表大会和地方各级人民代表大会、中华人民共和国国家主席、国务院和地方各级人民政府、最高人民法院和地方各级人民法院、最高人民检察院和地方各级人民检察院、国家军事机关等。政府的职能是对国家各个方面的事务进行指导、管理、监督、协调、保卫和服务，而公共关系就是政府管理中的一项重要职能，在政府公共关系中，政府对公众的管理主要表现在以下几个方面：

(一)政府的公众信息管理

现代社会，政府组织与社会公众之间的信息流通量日益增大。一方面，各种社会信息对政府组织的决策和行为的影响作用越来越大；另一方面，政府组织对公众环境的信息输出量也越来越大。

(二)政府的公众舆论管理

任何政府组织都生存在特定的公众舆论环境之中，其政策和行为既受公众舆论的左右和影响，也影响和左右着公众舆论。政府公共关系可以被称为认知管理和观念向导。

(三)政府的公众关系管理

公众关系是政府组织赖以生存和发展的社会生态环境，制约着政府组织目标、政策和行政行为的成败。对公众关系的开发、疏通、建立、维持、协调、发展是政府公共关系管理的重要任务。

(四)政府的公众形象管理

政府公共关系通过对政府组织各种形象要素的设计、规划、控制和传播，对政府的社会认知度和社会信誉度进行创造、维护、调整和提升，科学地调控和管理政府组织的公众形象姿态，这是现代政府管理面对的一个新课题。

由此可见，政府公共关系的客体是公众或民众，具体包括内部民众（包括自然人、法人等），外国政府以及外国民众等。

二、政府公共关系的特点

公共关系处理的是一个组织与它的内外部公众及其他组织之间的关系。组织是公共关系的主体，政府也是一种社会组织，只不过是作为特殊的社会组织而存在。因此，政府公共关系属于一种特殊组织类型的公共关系，它除了具备公共关系的基本属性和基本特征外，还具有不同于其他组织类型公共关系的特点。这些特点主要表现在以下五个方面。

（一）主体的权威性

政府是从社会中独立分化出来的又超乎于其他社会组织之上的特殊社会权威管理组织。其区别于其他社会组织的突出特征就在于它拥有强大的权力，具有权威性。政府可以指定公共政策、颁布法令，并强制它所管辖范围内的人民群众和其他社会组织去执行它的决定，这是其他社会组织所不具备的。政府作为公共关系主体，有一个从中央到地方的完整组织架构体系，其规模之大、管理范围之广、管理的社会公共事务和机关内部事务之多，客观上需要一定的权威机制作为保障。只有加强权威机制建设才能充分体现政府主体的权威性，否则，政府就不能在纷繁复杂的事务处理中游刃自如。同时，政府还有唯一性。同一国家或同一地区政府只有一个，处于独一无二的地位。

（二）客体的复杂性

政府公共关系客体不仅数量庞大，而且还显现出极为复杂的结构特征。政府公共关系的客体，也即行政管理工作中沟通、传播和服务的对象，分为内部公众和外部公众两部分。政府公共关系的服务对象，既包括政府组织内部的工作人员，本级辖区内的组织和民众，又包括辖区外的组织和民众；既有各类普通社会群体，又有特殊类别群体，如少数民族、港澳台同胞、妇幼病残、灾民遗孤等；既有自然人，又包括法律意义上的“法人”。这些以一定的利益关系为基础而结合在一起的社会公众，既有共同关注的社会公共利益，又有各自不同的特殊利益诉求。因此，政府制定的有关政策和法规，不同的利益群体会有不同反应。不同群体的期望诉求不同，他们与政府的关系也相当复杂，这都体现了政府所面对的公众在利益结构上呈现出相当的复杂性。

（三）目标的独特性

目标具有明显的独特性。促进公众的认知是政府公共关系的首要目标。政府公共关系可以加强公众对政府的路线、方针、政策以及政府的机构设置、运作状况和政策过程的认知，提高政府行政的透明度，进而影响公众的态度和行为。提高政府的知名度和美誉度是政府公共关系的基本目标。对内而言，知名度越高，政府提高美誉度的压力就越大。因此面对国内公众，我国政府要从不断完善和提高自身的美誉度着手；而就对外而言，我国政府需要提高国际知名度，从而更好地吸引外资，推动国家经济的发展。提高社会效益是政府公共关系的最终目标。政府作为一种非营利性组织，是一种独特的社会公共组织，政府的价值追求表现为公共取向，而企业和其他许多社会组织一般都以本组织利益为取向。因此，政府机构开展公共关系工作的目的不是为了自身组织或社会局部利益的得失，而是为了国家、社会整体利益的充分实现，以追求社会发展的综合效益为目标。

(四)传播的优越性

首先，政府的组织传播严密有效。政府机构虽然庞大复杂，但组织严密，信息传输网络四通八达，其信息末梢延伸到社会的每一个角落，因此，无论纵向还是横向传播，无论上行还是下行传播，信息都能畅通无阻，准确及时到位。其次，政府掌握着大众传播媒介。媒介是政府公关传播的重要工具。一方面政府要通过媒介获取国情民意来调整各项方针、政策和行政行为，完善各项规章制度；另一方面，政府也需要通过媒介来进行宣传和社会动员，获得民众的理解与支持，推进政策的实施。政府在利用媒介进行信息传播的优越性就体现在，政府掌握了大量的大众传播工具，并且掌握着对广播、电视、报纸等媒体的所有权控制，政府可通过利用这些媒介传播信息，加强公众印象，提高公关传播的效果。最后，电子政务的推行。政府可通过互联网收集和传送信息，在电子空间中实现组织与公众间的双向沟通；通过网络介绍政府制定的有关方针政策、机构职能，公布官员的讲话和重要公告，使政府的公关传播效率大大提高。

(五)性质上的民主性

社会主义国家的政府是由社会主义民主政治制度所产生的民主政府，我国政府的公共关系作为一项行政传播管理职能，是以社会主义民主政治关系为根本依据的。因此，从某种程度上来说，政府公共关系是政治民主化发展到一定时期的产物。我国政府从诞生之日起就奉行群众路线的工作原则和作风，深入群众了解群众的疾苦与愿望，调动广大群众的积极性和创造性，参与公共事务管理，是我国政府义不容辞的使命。这一使命落实为民主化的行政管理：一方面是最大限度地吸引广大人民群众参与国家管理；另一方面是使行政管理中一切行政行为符合广大人民群众的意愿。政府公共关系为这两方面内容的实现创造了条件。

三、我国开展政府公共关系活动的意义

改革和发展是当今世界的主旋律，各个国家在政治、经济、文化和社会等多方面都相互联系、相互影响，任何一个政府都不可能超越于世界政治和经济之上而完全独行其是。政府的管理范围极其广泛，围绕政府建立起来的关系网络也十分复杂，政府的每一项行动都直接或间接地牵涉到某一部分公众。这就决定了政府机关开展公共关系具有其客观必要性。美国著名的公共关系专家卡特里普和森特认为：其一，政府有义务向它的人民报告自己的决策和行为；其二，有效的行政管理需要公众的参与、支持。因此，政府机关只有和各类社会公众形成功能齐全的双向沟通机制，才能建立相互了解和信任的关系，并最终取得公众的理解和支持。对于我国而言，政府职能转变、树立政府形象和民主政治都需要公共关系。

（一）有利于社会主义市场经济体制的建立

1. 政府职能转变需要政府公共关系

政府在不同社会经济发展时期所肩负的职能和使命是不一样的，一般都涉及政治、经济、社会、文化和生态等领域。政府职能转变是持续的过程，执政者应当寻求符合当前社会经济发展现状的政府职能。在市场经济条件下，政府要充分实现宏观调控的职能，促进经济的发展，必须建立起一套能够灵活、迅速地采取和输出千变万化的经济生产信息的系统。这一系统通过对经济环境的监视、分析与预测，能够保证宏观决策的正确制定及对企业的监督指导。同时，它又通过有效的信息传播为企业发展提供有价值的情报资料，加强企业之间、企业与政府之间的协调沟通，增进相互理解与协作。从这个意义上说，我国开展政府公共关系工作能够有力地促进社会主义市场经济的发展。

2. 政企分开需要政府公共关系

使市场经济体制得以确立的关键是实行政企分开，转变政府职能，要求政府相应强化公共关系的职能，以适应社会关系的转型。从政府公关的角度讲，企业已由政府的内部公众变为外部公众，其关系具有平等性。政企分开是要改变政府的管理模式，更需要加强联系以弥补政府权力撤退后留下的真空。政府公关应用各种公共关系技巧和多种信息传播渠道，将政府的经济政策、调控指令和各种经济技术情报信息传递给企业，作为一种新型的行政传播管理职能，发挥了政企分开后企业与政府之间联结的“桥梁”作用。政企之间关系的特殊平等性也使政府不得不以平

等的姿态去作公关引导、协调关系，化解政企之间可能产生的矛盾和误解。

(二)有利于加强社会主义民主政治建设

1.政社分开需要政府公共关系

政府与公民社会之间实行政社分开，把政府权力运作的“公共领域”与个人活动的“私人领域”界分开来，使人的基本权利得到根本上的保障。政府必须在有效履行公务的同时，架起与公民群众之间联系沟通的桥梁，建立起民主的信息交流关系。政府公共关系为政府实现这一目的打开了通道。

2.民主政治需要政府公共关系

加强政府公共关系是政府走向民主化的内在需要，政府公共关系的职能为政治民主化的实现创造了条件和可能。社会主义制度以公有制为基础，广大劳动人民是国家的主人，人民群众对国家行政管理事务有知情权。在社会主义政府管理中开展公共关系工作，如实向全体公民汇报政府各方面的工作，实质就是体现人民当家作主的原则，保证人民民主权利的实现。开展政府公共关系，成为社会公众直接参与政治生活的桥梁和渠道，可以保证政府时刻接受群众监督，保证下情上达和上情下达，使社会主义民主政治建设有了一条现实可行的渠道。

(三)有利于维护转型期社会秩序的稳定

1.社会转型期需要政府公共关系

随着社会的发展和科学技术的进步，现代社会生活和社会管理日益复杂，中国正处于社会转型期。在转型期错综复杂的社会关系中，政府始终应当处于核心地位，并建立其与各方面的立体化关联机制。社会主义市场经济条件下的社会利益是多元化的，各种不同利益主体在竞争中必然会产生一些矛盾和冲突。通过良好的政府公共关系工作可以获取不同利益主体的各种信息，并根据这些信息及时采取措施，合理地调节各种利益主体的矛盾冲突，促进各利益主体之间的沟通交流，加强个人、团体、社会三者之间的认同感，从而增强社会的稳定性。

2.提高政府能力需要公共关系

改革开放和经济结构转型为当前的中国社会带来了前所未有的深刻变化，无论社会生活还是社会生产都朝向更深层次发展。这就要求政府的组织、管理、指导、服务、协调、监督等职能都有与变化的社会环境相适应的发展；另外，各地政府亟待提高政府能力。建立以政府为支点的社会公共关系网络能够适应社会的这一变化。政府公共关系加速了政府与民众之间、政府各部门之间的信息交流，同时，政府也通过公共关系采集社会信息，增强了决策的科学性，这必将提高政府的行政效能。

(四)有利于提高政府的形象

1.树立政府形象需要政府公共关系

政府想要顺利地执行自己的职能，必须首先赢得广大社会公众的支持与信赖。政府做好公关工作，有利于提高政府在国内公众中的形象。政府的形象在现代社会越来越重要，塑造形象也是政府公共关系工作的最基本任务之一，因此，做好公关是提升政府形象不可或缺的重要方式。政府部门可以通过公共关系的传播渠道，把政府全心全意为人民服务和亲民的良好形象传递给广大社会公众，以取得社会公众对政府部门工作的大力支持，同时增强政府的号召力和凝聚力。

2.有利于提高政府的国际形象

政府的国际形象非常重要，积极构建政府公共关系有助于政府国际形象的塑造。在对外开放的格局中，国家要建立和发展同外部世界的联系和合作，要达到相互了解以至信任的目的，就必须发挥政府国际公关的职能作用。有效地开展政府国际公共关系，将有利于双向传播沟通，让中国了解世界，让世界了解中国，在相互了解的基础上建立友好的国际信任合作关系，从而树立起中国政府良好的国际形象。

第二节 政府公共关系的职能、任务和原则

一、政府公共关系的职能

(一)决策咨询职能

政府公共关系决策咨询，是指政府公关人员向政府领导者提供有关社会公众方面的可靠情况说明和意见，以辅助相关领导者对重要事情进行决策的过程。政府公关人员向决策层或管理部门提供的咨询主要有政府形象咨询、公众心理咨询、领导决策咨询等方面的内容。

(二)信息交流职能

政府公关作为一种双向的传播管理职能，其中一个重要的职责和功能就是管

理信息。政府公共关系的信息交流职能主要表现在组织信息和政策信息交流,政府形象、管理水平和效果的信息交流,领导者形象信息交流等方面。在政府公共关系中,组织由领导和广大公务员组成,领导的组织能力、运筹决策能力、协调能力和管理能力都属于信息交流的主要内容。

(三)舆论引导职能

行政管理中的一个明显事实是:公众舆论影响行政决策,而公共关系对舆论又可以通过有计划地传播沟通而加以引导和影响,以优化行政环境,推动、协助决策的实施。因此,舆论引导也成为政府公共关系又一项重要的职能,它有助于为政府营造一个良好的舆论氛围,提升政府的形象水平和对公众的影响力。

(四)协调沟通职能

政府公共关系的协调沟通是民主政治的需要,是增加政府透明度的需要,是增强政府职能的需要,主要包括内部协调沟通和外部协调沟通两大方面。内部协调沟通包括协调政府内部领导者与一般公职人员的关系,政府内部一般员工相互间的关系,以及政府内部各部门之间的关系。外部协调沟通主要包括协调政府辖区内的广大公众、社会组织及辖区外的公众和国际公众的关系。协调沟通的目的就是为了促进政府与公众之间的相互了解和信任,从而为政府公关创造更有利的环境和条件。

(五)形象塑造职能

树立良好的政府形象至关重要。政府公共关系主要不是靠为政府"美容"来为之树立良好形象,主要是靠完善政府形象的内涵,靠实际行动,靠理性说服、思想沟通和情感交流去提升、塑造政府形象。政府公共关系的形象内容大致包括三个方面:一是政府的价值观。政府的价值观是政府的行为准则和精神动力,渗透在政府的宗旨、发展目标及其行为等各方面。二是政府的行为。包括政府的管理水平、服务水平、办事效率、敬业及廉洁奉公等。三是政府的社会发展目标。政府只有主动向社会公众渗透、传播,才能形成一种认同和支持政府的社会心理环境,政府也才能获得公众的良好评价。

(六)公众服务职能

政府公共关系的服务职能主要表现在:一是在政府组织内部为各个业务和职能部门提供信息性、事务性的辅助和支持,使各个职能部门之间配合更加融洽,使整个组织机体运作更加协调，使组织的专业职能发挥出更好的效果；二是向外部提供社会服务，以良好的服务去树立政府信誉，争取民心。

二、政府公共关系的任务

（一）发挥政府公共关系的双向传播沟通职能，大力推进企业改革

发挥政府公关协调职能，与企业建立合作伙伴关系；发挥其信息交流职能，对企业进行信息输导和决策服务；发挥其双向沟通职能，建立有效的政企沟通渠道；把握政府公关的战略活动重心，为企业创设宽松的经营环境。

（二）发挥政府公共关系的疏导协调职能，缓解、化解社会矛盾，维护社会安定

必须开展政府公关，动员社会各界力量，关心下岗工人生活，搞好职业培训，拓宽就业门路，推进再就业工程；做好政策解释工作，争取广大社会公众的理解和支持，缓解下岗职工的不满情绪，在政府与企业、社会之间建立沟通协调机制、化解社会矛盾、维护国家的政治、经济和社会稳定。

（三）发挥政府公共关系的信息交流和形象评估及塑造职能，发扬民主、遏制腐败、以法治国，树立良好的政府形象

利用政府公关的传播优势，宣传法治，使民主法治思想深入人心；加强与新闻媒体的信息交流沟通，扩大新闻自由，打击邪恶，弘扬正气。要大力开展政府内部公关。政府内部公关是外部公关的基础和前提，要使政府外部公关卓有成效，须先从内部做起。

（四）发挥政府公共关系舆论引导职能和传播优势，在全社会形成共同理想和精神支柱

政府公关具有最优越的传播条件，掌握大量的大众传播工具，可以通过研究全面的传播计划，利用自身优势，交叉运用多种传播手段、传播渠道和信息载体，把握舆论方向，整合社会价值观和道德观，进行爱国主义、集体主义和民主法治教育，使人们树立科学的世界观、正确的人生观和价值观，在全社会形成共同理想和精神支柱，使中华民族万众一心，齐心协力建设一个高度民主、高度文明的中国。

(五)发挥政府国际公关职能,增进与国际社会的相互了解和合作,塑造开放中国的良好国际形象

自1978年改革开放后,经过40年的壮观增长,中国超过日本,成为仅次于美国的第二大经济体。在政治方面,我国致力于推动建立公正合理的国际政治经济新秩序。文化方面在加强与世界各国交流的同时,也致力于展示我国的文化建设成就,让中国文化走向全世界。中国在国际舞台扮演着越来越重要的角色和作用,同时也面临着更多错综复杂的国际问题和挑战。这些都需要政府运用新的传播技术和沟通手段,大力开展国际公关,维护和增进国家利益,推动社会进步。

三、政府公共关系原则

(一)公众利益至上原则

在政府工作人员与群众的关系上,政府公共关系坚持利益的一致性原则。政府公共关系要求政府工作人员首先要在思想上树立政府的一切公共关系活动都必须体现社会公众利益的思想,这是政府公关活动的出发点和归宿。

(二)真实公开原则

政府向公众传播信息的内容要真实,过程要公开。做到在收集、了解公众的意见要求和愿望时,获取的信息力求真实、准确和全面,并公开反馈意见,公开解决问题。在真实、公开中求效率、求形象。

(三)科学指导原则

随着政府管理的国家和社会事务日益广泛和复杂多变,政府所面临的公众关系越来越广泛复杂,要及时准确地了解社会环境变化,全面把握公众脉搏,正确选用大众传播媒介进行传播沟通,采用适当的公关模式,拟定切实可行的传播计划,都需要借助现代科学的理论和方法做指导。

(四)整体统一原则

政府所涉及的一切与社会公众的关系,在处理与具体公众的关系时,不能就事论事,而要从整个社会公众的整体关系和整体利益出发,把局部关系和利益放到全

局关系和利益的范围内加以考虑。政府公共关系需要政府内部各职能部门、政府的上下级部门、中央和地方部门之间的密切配合，有效发挥政府的整体系统效应，共同树立政府的整体形象。

第三节 政府公共关系实务

一、完善公众传播机制，推动社会主义民主政治建设

（一）了解民意，为制定政策提供依据

为了提高政府决策的科学性，有必要认真听取公众对各级政府及政府各部门工作人员的意见、要求和评价。政府有必要建立和健全各种收集公众信息的有效渠道，从而为自己制定更为科学的法律、法规和政策提供依据。了解和反馈民意的渠道多种多样，主要有以下几种类型：

1.信访渠道

信访，是指公民、法人或者其他组织采用书信、电子邮件、传真、电话、走访等形式。向县级以上各级人民政府工作部门反映情况，提出建议、意见或者投诉请求，并依法申请有关行政机关处理的活动。信访工作涉及社会生活各个层次、各个方面，是政府联系群众的重要渠道。建立和完善信访工作制度，是我国政府工作的重要环节之一，也是政府公共关系工作的一个重要内容。办理来信的工作程序主要是：及时拆封、详细阅读、认真登记、妥善处理、检查督促和认真复信。各级政府的信访部门都要热情地接待来访者，严肃认真地处理来信、来访，依照相关法律和政策处理各种问题。这些问题的妥善解决对安抚民心、改进政府工作起到良好的作用。

2.民意测验

民意测验是一种大规模地收集公众意见的形式，政府部门除了通过信访收集信息外，还可以根据当前的工作需要主动对公众进行调查，进行公众意见的收集。作为一种民主形式，民意测验是政府开展公共关系、与公众进行沟通的重要对话渠道。政府在进行民意测验前，首先必须明确调查的目的，设计出能够真实反映公众

利益和要求的问卷，以便科学地把握民意。民意测验能够将对民意的了解和分析的工作建立在更加科学的基础上，政府的每项事关民生的重大政策或措施出台之前，都应该通过民意测验了解公众的基本态度和意见，为决策提供更充实可靠的根据。政府的民意测验可以由政府的统计部门或调查机构进行，也可以聘请专业的独立调查公司、民意测验机构、传媒和舆论研究所等进行，这样可以使调查结果更具客观性和公正性。

3. 基层访问

政府的有关负责人或专门机构的工作人员，直接深入群众，深入社会基层，到民间察访，了解民情，倾听各类公众的倾诉。这一方式不仅能够及时了解公众的意见与建议，而且由于其形式亲切、富于人情味，也常为中央或地方政府的领导人所采用，体现人民政府与人民心连心。和民意测验比起来，基层访问所获得的信息更为真实、准确，也更有助于反映出基层社会公众的心声，它起到鼓舞人心、沟通情感的作用。

4. 典型调查

典型调查是我国政府长期以来形成的一种了解民意和工作情况的好方法，它本身也是一种公共关系活动。采用"下马观花"的方式，到某一地区或单位进行"蹲点调查"，通过研究典型来获取信息。由于典型调查所用时间较长，和公众的接触较多，使公众更容易敞开心扉，说出自己的真心话。在近些年的实践中，政府采用这种典型调查的方式取得了诸多成效。

(二)政务活动公开，提高行政的透明度

1. 建立政府新闻发布制度

政府发言人，即政府正式授权、代表政府向新闻界和公众发言的全权代表。关于一些重大且具有一定影响的事件消息，只有政府发言人提供的信息才是官方正式认可的消息。政府新闻发布制度的建立，一方面，使政府在公众场合能够以一个统一、协调的形象出现；另一方面，使与具体事件相关的政府官员能够更冷静、专注地思考和研究问题。在遇到重大问题或在必要时，政府的官员不能回避公众，要直接出面应对公众舆论、应对新闻界；但在这种场合中，仍然须有政府的新闻官员作为公关顾问随同左右作为参谋。

作为政府公关的主要手段，为了协助政府在公开亮相时以一个良好的形象和面貌现身，政府新闻发布工作主要包括以下内容：

(1)保持政府消息来源的畅通。政府的新闻工作机构首先要消息灵通,要与政府内部各机构,与新闻单位以及社会上各类企事业组织的公关部保持密切的联系,以便及时获取第一手的可靠消息。

(2)做好新闻的综合分析工作。对社会舆论的敏感问题,及时做好综合分析的工作,并与有关部门保持联络,随时加以核实、调整;涉及授权范围之外的重大消息,应及时报告主管的政府官员;常规性的信息也应及时通报各有关政府部门和新闻单位。

(3)随时回答来自新闻界的咨询。建立政府新闻发布制度后,政府的新闻工作机构就成了政府消息的权威来源,成为新闻界查询、咨询的焦点。在具体的工作过程中,必须保证这条权威渠道畅通无阻,随时能够为新闻界提供新闻资料、图片及有关消息的核实与查询,并接待好海内外来访的记者。

(4)例行的新闻发布。例行的新闻发布是定期的,由政府新闻工作处的官员负责实施,这种新闻发布以口头形式或书面公告形式进行,以"发布"和"告知"为主,不一定需要回答记者的问题,时间比记者招待会更短。

(5)专题的记者招待会。与例行的发布会不同,记者招待会一般都有专门的、集中的议题,这些议题一般都是社会普遍关注的热点,一般由较高层次的官员出面,不仅向记者发布消息和提供文字资料,而且安排较长时间的"答记者问",有比较充分的现场交流。

(6)安排专访。就重大的议题,邀请或安排有特别影响力的媒体作独家采访,对高层官员作深度访问。政府的新闻官员要为专访做好一切准备和安排。

2.政府办事公开,提高行政透明度

政府工作人员代表国家行使权力,他们的素质、效率、作风直接关系到政事的成败,也直接代表着政府的形象。因此,把政府工作人员的有关情况公开化是政府公共关系的一个环节,也是密切联系群众的一个有效措施。

行政组织的规模越大,结构越复杂,政府人员与公众之间的距离就越大,沟通就越困难,公众对政府的神秘感也就越强,了解也越少。这种距离感和神秘感在一定程度上又会导致误解、怨气、矛盾,甚至冲突。

为了加强公众对政府的了解,避免因为缺乏了解而造成的误解,政府各部门有必要实行办事公开,努力提高行政运作的透明度。政府的办事公开,包括公开办事制度、办事程序、办事结果和办事人员等方面。

为了方便公众到政府办事,应当在政府办公机构的入口悬挂醒目的指示牌或引导图，在上面标明各办事机构所在的位置，使公众少走冤枉路。同时将办事制度明示公众，使公众对自己要办理的公务需要经过什么样的手续做到心中有数。必要时还可以设立咨询平台，对来办事的公众进行指导，热心回答公众提出的各种问题。政府机构的工作人员应当挂牌上岗，使公众了解他的职务和权限，方便公众找到为自己解决问题的公务员。政府还可以建立首问责任制，由第一个接待公众的干部全权回答公众所要了解的全部信息。在条件允许的时候，政府机关也可以适度开放办公区域，邀请社会公众参观，使他们了解政府的工作程序和工作状况，消除他们对政府印象的神秘感，增加政府在他们心目中的亲和力，以提高向心力。

办事公开可以彻底改变政府机关"门难进、脸难看、话难听、事难办"的官衙形象，树立人民政府为人民的良好形象。

(三)拓宽社会沟通渠道，吸引公众参政议政

在复杂的社会现实中，由于各种原因，政府的工作计划或具体的工作方案，常常会出现与当时整个社会的政治经济环境不相吻合或与外界公众的需要相悖的情况，从而出现政府与公众、外界组织或外部环境不协调的现象。在政府公共关系活动中，为了协调沟通好政府内部和外部的各种关系，应充分发挥"双向互动"的功能，拓宽社会沟通的渠道，使各种潜在社会摩擦与冲突在"微调"的状态中得到释放和缓解，避免长期压抑或积聚而引起爆发式的冲突和震荡。这样的社会沟通机制一旦建立起来，起到了"安全阀"的作用，有利于形成一个生动活泼而又稳定和谐的政治局面与社会秩序。一方面，经常向政府领导者和各职能部门介绍和反映外部公众或外部组织的要求，使政府制订的计划、方案，既与国家的大政方针相适合，又与外界公众、外部组织的要求相适应；另一方面，经常向外界公众和组织宣传政府的有关动向，使广大公众和有关部门尽可能了解、信任政府，并支持政府的工作，从而协调好政府内外的各种关系。

1. 社会协商对话

社会主义的社会协商对话，是用来协商解决问题、排解和各利益集团纠纷的，它有助于推进我国民主化社会的建设进程。社会协商对话，除了要进一步发挥人民政协、各民主党派、各群众团体(工会、妇联、青年团等)等传统的协商对话渠道的作用，还要进一步拓宽其他社会沟通的渠道。因为在社会的发展中会不断出现一些新的利益阶层，比如广大的个体劳动者、外企员工、离退休人员、社会失业人员、私营企业主等，传统的社会团体不可能完全代表这些方面的意愿，所以协商对话是

吸引他们参政、议政的重要途径。除了继续运用特邀的会议对话形式之外，还可以适当开展形式更为自由的公众咨询对话活动，吸引更多的公众以主人翁的形态和角色参政议政。政府听证会就是协商对话的一种表现形式，只要有公民身份就可以报名参加。在进行与公众的协商对话时，政府一定要坚持民主、开放的原则，摆正政府既是管理者又是服务者的角色身份，不能不顾公众的意见和情绪，强行灌输政府的立场，更不应该强迫公众接受自己的观点。

2.会议和报告会

召开会议是政府公共关系活动常用的方式。根据会议的频次，有经常召开的例行会议，也有针对紧急事务的临时会议；根据会议内容，可有专题会议和综合事务会议；根据会议的空间距离，有面对面会议和电视电话远程会议。报告会的主题一般比较明确，所报告的内容具有较强的公开性和宣传性，甚至有一定的示范性和研讨性。政府利用报告会的形式进行政府公共关系活动，体现了政府对宣讲和报告内容的重视。这些都是政府传达信息和精神的方式，拓宽了沟通协调的渠道，有利于政府公共事务的开展。

3.公众投票公决

投票是公众表达个人意见的一种民主方式，由于这种方式的参与代价最低(选民所花的时间、精力少)，因此参与面最广。投票不仅仅用于选举代表，也可以用于表决重大的社会政治问题。

二、完善公共行政服务，树立政府良好形象

(一)确立公众至上意识，塑建公众为导向的政府服务文化

政府公共关系的工作对象是公众，这里的公众就是人民大众，毛泽东曾在战争的年代提出过“人民好比土地，我们好比种子”的精辟论断，这里的“土地”深刻指出了共产党、人民政府生存的环境，毛泽东主席正是指引中国共产党树立这种关系意识。实践证明，只有确立公众至上的意识和公众利益无小事的理念，才能赢得社会效益，赢得人民大众的爱戴，才能使政府有良好的形象和声誉。在进行公共关系工作时，政府要牢记公众利益至上的原则，注重塑建公众为导向的政府服务文化。确立公众至上意识，塑建公众为导向的政府服务文化，既是政府开展各项具体公关实务的一个重要前提，也是政府公关实务的重要内容。树立政府工作人员的“公众至上”意识，主要从三方面着手，树立“公众选择意识”“契约意识”和“政务公开意识”。

(二)多办实事,取信于民,把为人民服务的宗旨落实到具体工作中

知行合一,行胜于言。公共关系有一条普遍的经验,即组织形象主要是干出来的,而不是说出来的。政府公共关系要为政府树立良好形象,同样也要注重实干。社会主义政府是人民民主专政的政府,它的主要活动是为社会公众服务。政府本着“全心全意为人民服务”的宗旨,在具体的工作中时时处处为群众着想,关注广大社会公众的需求、意愿和偏好,为公众多办实事,只有这样,才能获得国内民众的认可,获得国外公众的赞誉。因此,树立良好政府形象主要靠政府的工作实绩,政府用自己的行为取信于民,即使有再大的困难,人民群众也乐于与政府同舟共济、共渡难关。首先,政府应该将公众最关切、意见最大、最迫切需要解决的问题作为办实事的重点,限期解决,取信于民;其次,完善各种便民措施,提高工作效率,改善服务态度,造福于人民、社会。

(三)言必信,行必果,讲求信誉

“言之所以为言者,信也。言而不信,何以为言?”政府能否说到做到很重要,它会直接影响着政府及其官员的声誉和形象。从政府公共关系的角度而言,提升美誉度是政府对内的重要目标。因而要树立起言必信、行必果的良好政风,提高政府公信力。

各级政府秉持着“为人民服务”的宗旨提供各种服务,是为了谋利于民,绝不是空喊口号、说漂亮话,更绝不允许仅仅写在纸上、挂在墙上。政府部门做任何事,都要体现言必信、行必果的责任担当,讲求信誉。

(四)加强廉政建设,纠正不正之风

政府是否廉政,往往是公众对政府形象关注的焦点,政府公共关系的首要任务就是利用各种公共关系手段来提高政府的美誉度,而政府要在民众心目中树立良好的形象,离不开一个清正廉洁的政府。政府公共关系是政府廉政建设的有力支撑。廉政建设侧重于制度、政纪、法规等硬性建设,而公共关系则侧重于思想、言谈和心理等柔性建设。所以把政府廉政建设作为公关活动的突破口,也就收获了刚柔并济的互助成效。

“公众必须被告知”作为公共关系的一个基本准则,是政府加强廉政建设的题中之意。它强调要注重运用大众媒介向社会进行公开传播,既实现了社会公众对政府的监督,同时也有效地促进国家机构的廉政建设。对于政府而言,“公众必须被告知”就是政府必须做到政务公开,接受社会公众对政府的监督。当前,党和政

府在反腐倡廉行动中更是重拳出击,任何人贪污腐败都会受到法律的严惩。党中央的行动得到了广大人民群众的大力支持,提升了执政党的公信力和形象,也无疑是最有效的政府公关活动。

三、完善多媒介手段,营造良好的社会氛围

(一)新媒体时代发挥新媒体力量,改变政民互动方式

互联网、电子信息技术等的发展,带来新媒体的出现,其深刻影响着政府公共关系。政府信息要想有效地输出,就要完善多种传播媒介手段,通过多元化、立体化的传播途径与方式,宣传自身形象,赢得公众的关注和好评。随着信息处理能力和技术手段的不断升级,政府不再满足于借助广播、电视、报纸、杂志等传统的大众传播方式发布公告,而是更多地借助于网络等新媒体,更多地采用公众喜闻乐见的方式来传递信息。

1.新媒体的特性

新媒体迅速渗透到社会、经济、政治、文化各个领域,发挥着越来越显著的作用,改变了政务机关的运行方式和管理特点。因此,需要全面了解新媒体时代的特点,把握新媒体时代的要求,开展好政务工作。所谓新媒体,是较传统媒体而言的,指运用数字技术、网络技术、移动技术,通过互联网、无线通信网、卫星等渠道,以及电脑、手机、数字电视机等终端,进行信息传播的平台。新媒体既是一种传播形态,同时又是一种媒介形态,作为媒介形态,主要有以下几种:互联网、手机媒体、数字电视、移动电视等。

新媒体有着不同于传统媒体的显著特性。

(1)媒体个性化突出。由于技术的原因,以往的媒体几乎都是大众化而新媒体却可以做到面对更加细分的大众,面向个人。也就是说,个人可以通过新媒体定制自己所需的信息,这与传统媒体受众只能被动地阅读或者观看毫无差别的内容有着很大不同。

(2)信息实时发布。新媒体实现了信息的及时发布和实时更新。它不像传统媒体那样有较长的报道周期,而是可以在事件发生的第一时间将相关情况告知公众,并随时通报事件的进展。而在人人都可及时上传信息的“自媒体”时代,所有人都可以借助微博等工具快速发布和分享信息。

(3)受众选择性增多。从技术层面讲,在新媒体那里,人人都可以接收信息,人人也都可以充当信息的发布者。它打破了只有新闻机构才能发布新闻的局限,充

分满足了信息消费者的需求,与传统媒体的“主导受众型”不同,新媒体是“受众主导型”,受众有更大选择,可以自由阅读。

(4)传播信息的独特功能。互联网和手机网络等的产生带来了人类传播方式的革命性飞跃,正在成为信息社会的基本工具。互联网和手机网络已经成为很多人的第一信息来源。尤其是互联网,因为具有开放度高、信息量大、互动性强等特点,打破了传统媒体的时空界限,它已然成为影响巨大、最具有潜力的大众传媒,是覆盖广泛、快捷高效的对内外宣传的重要渠道。毫无疑问,互联网已经具有大众传媒的传播效果。

(5)改变了政府传播模式。新媒体的产生,尤其是微信、微博等自媒体的出现,对政府公共关系传播模型产生了新的影响,其基本的传播模型发生了改变。政府不再是信息的掌控者和主导者,即使没有政府发起信息传播,信息本身也会引起公众的关注,并且依托新媒体的自主性、交互性和延展性可以广泛得到传播,整个传播过程中,信息的传播中心在不断地变化和拓展,不是以前的单一中心,且传播媒介不完全由政府管制。整个过程中,信息受众和传播者合二为一推动着信息的不断传播。

2.政务微博与网络问政

新媒体时代新媒体和信息技术的不断发展,推动了政府网络平台的建设和政府与公众在网上进行互动的行为。各地、各级政府微博的诞生就是一个显在的例子。进入新媒体时代,随着公众获取和利用信息方式的转变,政府也必须相应地提升自己的媒介素养,善于利用新媒体,在“知媒”“懂媒”和“用媒”上下功夫。2010年被称为“微博元年”,微博时代的来临推动着政务微博的发展,如今,政务微博已经被官方视为一种新的社会管理手段而受到各方的重视。政务微博有力推动了当前社会“公共协商”机制的形成,政府和官员通过微博主动回应和参与热点事件,形成有效的政民沟通平台。政府创建政务微博应主要包含四个方面的工作重点,即信息发布、政务服务、舆论引导和交往协商。政府官员或相应的政府工作人员应该学会多问、多听、多答、多做,并重视新媒体平台上的社会意见,在获取有价值的网络舆情上下功夫。

除了借助微博平台拓展政务活动,随着网络媒体影响力的提升和越来越多的官员开始“触网”,网络问政也逐渐成为一个由中央领导带头示范的常态化机制。网络问政指的是中国公民以网民的身份通过互联网行使知情权、参与权、表达权和监督权。网络问政的主要类型有:在线对话、留言板、电子信箱、网络发言人、综合性网络问政平台等。网络问政在改变政民互动方式的同时,也更加有效地促进了政民互动。

(二)凭借视觉传递途径,创建塑造政府形象新契机

构建和谐社会,共筑"中国梦",实现中华民族的伟大复兴是当前政府公共关系的大目标,这就要求政府在实现这一目标的过程中转变政府观念,营造适合政府公关职能发挥的良好环境,选择信息传播的有效途径,创造良好的社会舆论氛围。在新环境、新时代的背景下,除了信息的常规发布,政府应当学会主动宣传自身,弘扬正确的社会价值。

1.政府公益广告

政府公益广告是指政府和政府各部门以付费的方式对社会公开发布的广告。如法庭判决、交通管理、税务征收、环境保护等类型的广告。通过政府公益广告进行的政府公共关系活动形式首先体现了公共服务性,现代政府的角色定位于公共服务提供者,有别于强调人治和法治的管理者。与此相关,政府公益广告的内容是"公共服务商品",突出的是政府的公共服务职能。策划政府公益广告内容时,应以公共利益为导向,根据公民的要求及时传播相关信息,回应度要高,为公民提供参与管理的途径,强调政府的责任心,宣传以人为本的理念和政府问责制度,强调透明性,在内容和形式上要以公民满意为标准。

政府公益广告,这是一种向公民宣传政府的政策、方针以影响公民言行的大众传播形式。这类广告一般没有营利目的,但具有较浓的公共关系色彩。政府公益广告能够体现发布的权威性,主要在于政府公益广告的制定者和颁发者一般都是国家权力机关、管理机关,它们代表全体人民履行职责、管理社会。根本目的在于维护和促进整个社会经济文化的可持续发展。虽然目前我国已宣传制作大量公益广告来对相对重要的内容进行传播进而影响公众,但与商业广告的数量相比起来,这类广告还显得远远不够多。

2.电视讲话

电视讲话也是政府公共关系的方式。它指的是政府相关部门安排相关人员利用语言或非语言的符号,借助视觉性的媒介向社会受众公开讲话的公共关系方式。由政府特地安排的电视讲话所涉及的内容体现了一种庄重性、权威性和公开性。例如,在一些重要日子来临之际,国家或职能部门的主要领导都会借助电视讲话来总结成功的经验和应该吸取的教训,并布置将来的工作,以昭示美好的未来。习近平总书记每年一次的新年贺词,正是用电视讲话这种传播形式来提升老百姓的关注度和自身的美誉度。电视讲话这种政府公共关系活动影响的受众范围较广,节约了政府公关的成本,并能及时在民众间形成共识。

3.宣传片

电视、视频是公众喜闻乐见的传播媒介，具有老少皆宜的特点，也是公共关系最广泛的传播工具。政府通过制作纪录片、宣传片，借助电视、视频面向公众开放，既提高了广泛的公众认同，又有助于相关主体的形象塑造。中国国家形象宣传片在美首播，就是一次成功的国际公众沟通实例。当国家形象宣传片人物篇首次亮相纽约时报广场，向世界推介中国的时候，标志着中国国家公关时代的到来。在国内常见的政府宣传片，比如城市形象宣传片，包括对旅游景区风貌、地理资源、城市文化等的介绍。一部城市形象宣传片，成为一座城市向国内外公众展示形象的新名片。

此外，政府还可以制作一些具有鲜明的时代特征、丰富的理论内容、高超的艺术表现力的宣传片，在主要媒体和频道的黄金时间播出，为政府的政策、行动、成就进行宣传，产生良好的效果。

(三)通过举办展览、庆典活动，拓展信息传播途径

1.举办展览

展览是通过实物、文字、照片、图表、视频、解说等手段，综合表现成就的一种宣传形式。举办展览会既是信息、通信和娱乐的综合，也是在直接的面对面沟通中充分挖掘公众五官感觉的媒介形式。从公共关系的角度来看，展览是最直观地向大家传递信息的手段，它既实现了大众传播的广泛性，同时又具有人际传播的直观性。能够给公众带来较大的真实感，产生很大的冲击力。

2018 年 11 月 13 日，“伟大的变革——庆祝改革开放 40 周年大型展览”开幕，党中央高度重视，社会各界广泛关注，新闻媒体持续报道，干部群众踊跃参观，营造了庆祝改革开放 40 周年浓厚的社会氛围，取得了良好的社会效果。展览设计了关键抉择、壮美篇章、历史巨变、大国气象、面向未来等主题展区，运用历史图片、文字视频、实物场景、沙盘模型、互动体验等多种手段和元素，充分展示 40 年来中华民族从富起来到强起来的伟大飞跃。逼真的实物模型、翔实的图片图表、丰富的视频资料，让来自全国各地的观众们看得沉醉，看得热血沸腾，感受到祖国日益强盛，使得作为一名中国人的自豪感更加强烈。

2.组织庆典活动

政府在特殊日子经过周密安排组织的庆典活动，可以振奋群众的精神，传播一定的正能量，增强民众对政府的深入了解，并提升政府的形象。为纪念世界反法西斯战争暨抗日战争胜利 70 周年，2015 年 9 月 3 日，在天安门举行的阅兵仪式，充

分向世界人民表明我们必须珍惜和平的环境，反对侵略，反对战争，同时警醒国民勿忘被列强蹂躏的国耻。

四、妥善应对危机，维护社会生活的健康与社会秩序的稳定

当代各级政府承担着社会公共管理的职能，负责组织社会的经济生产和人民的物质文化生活。在社会政策运行的时候，难免会出现一些超乎人们预料的情况，如自然灾害、经济危机、社会动荡等，对人民群众的生产生活造成巨大的影响。这时政府就需要承担起危机处理的职能，迅速动员社会上的一切力量，阻止危机的蔓延，救助受到危机影响的群众，帮助他们恢复正常的生活。因此，政府公共关系危机是指在政府管理国家事务中，突然发生的如地震、流行病、经济波动、恐怖活动等对社会公共生活与社会秩序造成重大损失的事件。由此可见，政府公共关系危机的类型包括突发公共卫生事件、突发社会安全事件、突发灾难事件等，重大危机通常影响范围大、破坏能力强、造成大量人员伤亡和重大经济损失。在危机日益常态化的当今社会，政府危机公关已成为政府重要的日常工作之一，防控重大社会风险政府负有不可推卸的责任。

当一个地方突遇自然灾害或人为的重大事件时，政府反应的速度、采取处置的方式、信息公开的程度和真实性等，都会影响政府的形象。政府能否妥善应对、处理好公关危机，关系到政府的有效治理和整个社会未来的稳定繁荣。回顾我国政府应对公关危机的历史，不难发现，政府的危机公关处理经历一个从无到有的不断完善的过程。每次公关危机的爆发，都推动着政府公关工作的进步与发展。

在中国，政府危机公关意识的出现普遍被认为发生在 2003 年的非典时期。一场 SARS 让我国政府和民众都认识到了危机公关的重要。因为封锁 SARS 信息，政府形象受到严重影响，从那以后，政府开始全面推广新闻发言人制度，修改保密法，制定信息公开条例。在当下的中国，中央层面的危机公关意识已经相对成熟，真正的问题在基层。很多地方官员恐惧舆论，进而天然地觉得危机公关就是一种信息控制手段，把自己放在民众的对立面。这些官员并不知道所谓的捂盖子恰恰是与危机公关背道而驰的道路。

政府在危机处理过程中需要借助公共关系渡过难关。政府公共关系在整个危机处理过程中发挥着重要的传播沟通、公共信息发布等作用。

（一）信息应及时公开化、透明化

政府危机公关最重要的工作就是及时地将信息公开化、透明化。法国总理拉

法兰在 SARS 危机期间访问中国时指出："面对危机，政府唯一可行的选择就是要提高透明度。"时任国务院总理温家宝也明确指出："绝不允许缓报、瞒报和漏报。否则，要严肃追究有关地方、部门和领导人的责任。"

政府应该在第一时间查明事件真相，并通过各种信息传播媒介详细、透明地向公众公开。这是因为在信息时代，信息的传播途径比以往都要多，传播的速度比以往都要快，人们获取信息的能力比以往都要强。因此，掩沓敷衍或者是掩饰真相将会带来一系列负面影响。

我国政府体制曾经是报喜不报忧。一旦发生危机事件，政府主管想到的不是快速反应，立即将危机上报，而是想方设法将危机"化解"，不是化解危机本身，而是化解他们的政治危机。在官本位思想影响下，在重大社会风险面前，官员通常想的是怎样保住自己的"乌纱帽"，而对风险或事故本身遮遮掩掩，最好能够"捂住"，往往错失了危机处理的大好时机。当危机发生时民众都希望能及时地了解事件真实内容，正所谓"真相还没有穿上鞋子，谣言已经跑遍了全世界"，如果政府不能在第一时间透明地公开可信信息，那么很多非官方信息发布平台将"乘虚而入"，为吸引眼球而散布不实的虚假信息，从而引发民众的恐慌或反抗心理，反而增加了危机解决和社会稳定维持的难度。

(二)政府官员要深入群众，进行直接的人际传播，安抚人心，树立党和政府的亲民形象

在曾经的危机处理过程中，存在着严重的政府官员与公众公共沟通渠道不畅的问题。不少政府官员由于受着传统文化中的官本位和官智民愚思想的影响，不愿与公众和媒体交流；而公众由于对政府的依赖性较强，往往缺乏主动参政议政的意识和能力。这就造成政府官员与公众之间沟通渠道不畅的问题。

"在危机管理中，沟通是最重要的工具。如果身陷危机情境的人，与它有牵连的人和管理危机情境的人之间没有沟通的话，就无法评估危机及其影响。"由此可见，这其中人际传播的作用不可小视。人际传播具有双向性强、互动性好、反馈迅速等显著特征，人与人的直接交流更容易获得认同、打动对方。公共危机事件发生后，政府官员与百姓的零距离接触，面对面对话，对于消除公众疑虑、稳定公众情绪、引导公众恢复正常的生活秩序具有重要作用。

无论是通过新闻发布会还是深入现场进行调查，危机发生后，政府官员在直接接触与事件发生相关的公众时，一定要学会正确的人际传播策略，学会说人话，而不是放官腔。应该学会"不要直接决绝，不要仓促表态，不要无可奉告"。

(三)设立专门的政府危机公关机构来处理公共危机

美国“9·11”之后,为加强政府应对重大危机的能力,成立了国土安全部。而那时的我国遇到危机事件,通常的解决方式是成立临时工作小组,汇集相关部门联合行动。临时小组的缺点是很明显的,因为缺乏有效的危机处理计划,小组成员通常都是临时拼凑起来的,因而需要先花费时间和精力进行机构之间的协调和磨合,降低了工作效率。另外,临时工作小组的工作不具有连续性,每次都是临时成立,问题解决就解散,使得危机处理的经验都不能很好地保留,危机处理机制也难以制度化。

政府危机公共关系机构处于领导层与各职能部门之间,管理层与非管理层之间,在组织与外部公众之间起着桥梁和纽带作用,在危机发生后,不仅对内可以沟通信息,充当参谋,而且对外可以代表政府发布信息,协调关系。由于我国政府的公共关系人员和部门众多,所以在为公众和媒体提供信息时,难免出现不一致和不协调的情况,如果缺乏一个将政府各个相关部门组织起来共同行动、共同面对危机和解决危机的协调机构,一旦危机爆发,各个部门往往各行其是,各自为政。

由此,成立专门的政府危机公关机构很有必要,有利于用统一的新闻发布口径,协调一致对外发布信息。

(四)实现媒体的双向沟通,提高政府公关效率是危机公关的重要渠道

开展任何公关活动,都要研究公众,掌握充分的、明确的、相应的事实做基础。对每一信息都要完成传播—反馈两个环节的过程。如果任何一个环节中断,或者是任何一项信息的沟通过程不完善,就会造成整个信息链的中断而导致不良后果的产生。在政府进行公关危机处理的过程中,借助于双向沟通渠道来展开公关具有重要的意义。

对一次危机事件的处理成败是检验政府执行力的标志,是政府公关活动的重要实践内容。“危机”对于政府而言既是“危险”又是“机会”,关键在于政府是否善于实施危机公关。总之,政府在进行危机公关时,为了有效地对公关危机进行管理,政府应高度关注公共关系的开展,以依据为事实,客观真实地进行信息传递和互动交流,从而建立起与社会公众之间彼此信任的基础,协调政府与公众的关系,才能真正树立政府的良好信誉和形象。

本章小结

本章主要探讨了政府公共关系的含义、特征、意义、职能、任务、原则，并对如何加强政府公共关系做了具体阐述。政府公共关系是指政府通过各种传播、沟通手段与社会公众进行的双向沟通，以赢得公众的理解与支持、信任与合作。政府公共关系能提高政府管理的透明度，影响公众的看法和意见，为政府营造一个良好的公众环境，树立良好的政策形象。在建设中国特色社会主义的伟大事业中，政府公共关系成为协调内外关系的强有力手段，其必要性应当引起各级政府的高度重视。因此，如何加强政府公共关系就成为重中之重。政府应当建立起良好的公众沟通机制，与社会各阶层公众进行广泛而有效的双向沟通。政府应通过服务工作，来塑造和提升自身的形象。政府还要借助多种媒介和手段来达到营造一个良好社会环境的效果。现代政府应具备危机意识并掌握危机处理的策略，以维护社会生活的健康与社会秩序的稳定。

案例分析

"7·23"甬温线特别重大铁路交通事故新闻发布会

2011 年 7 月 23 日 20 时 30 分 05 秒，甬温线浙江省温州市境内，由北京南站开往福州站的 D301 次列车与杭州站开往福州南站的 D3115 次列车发生动车组列车追尾事故。

7 月 24 日 22 时 41 分，国家铁道部组织的"7·23"甬温线特别重大铁路交通事故新闻发布会开始。参加新闻发布会的铁道部负责人有：铁道部政治宣传部部长、新闻发言人王勇平；温州市卫生局副局长、上海铁路局党委宣传部部长。

新闻发布会现场发布了伤亡数字："7·23"甬温线特别重大铁路交通事故共造成 35 人死亡，192 人受伤。发生事故的两辆列车分别为 D301 次和 D3115 次。王勇平说，事故发生时，D301 上共有乘客 558 人，D3115 次列车旅客 1072 人。受伤人员分布 11 家医院救治。除部分轻微伤情人员自行出院外，目前还有 132 人住院治疗。目前铁道部已加开两趟列车运送滞留旅客。24 日 18 时 20 分，事故现场救援初步结束，因现场暴雨高架桥尚未开通。

铁道部负责人在发布会上公开道歉，并且铁道部党组决定，对发生"7·23"甬温线特别重大铁路交通事故的上海铁路局局长龙京、党委书记李嘉、分管工务电务的副局长何胜利予以免职，并进行调查。

接着进入到问答环节，以下是部分答记者问实录：

记者问：事故还在调查中，为什么要对领导进行处理？

答：高铁产生的安全问题，领导负起首页责任。对于上海铁路局局长龙京等 3 人免职，为了让老百姓放心。

记者问：高铁车票都是实名制，为什么截至今晚遇难者信息都没有公布？

答：发布会前才最终确立遇难人数 35 人。将在明天公布遇难者的相关信息。

记者问：记者看到车体首先进行了掩埋，为什么不对车体移除而是要掩埋？

答：车体没有掩埋。当时在现场抢险情况环境复杂，救援施展不便，而且还要处理车里，所以把车头埋在下面，便于抢险。

记者问：据说黑匣子已经找到，黑匣子调查结果有没有出来？

答：黑匣子已经找到。黑匣子是列车运行的监控系统，它用于分析事故，提供原始数据。目前对黑匣子的数据调查正在进行中。

记者问：您之前接受记者提问时说，死亡人数是 41 人，您刚刚说死亡人数 35 人，那么哪一个死亡人数才是确切数字？

答：死亡人数就是 35 个，不是 40 几个死亡人数。我在接受媒体采访时没有表达过死亡人数上升到 41 人的数据。35 人是已经证实死亡人数的数字，不包括失踪人员。

记者问：救援行动已经初步结束，现场指挥部多次证实现场已经没有生命体征，为什么最后还会发现那个幸存的小女孩。

答：这是一个奇迹(全场哗然)。

记者问：你们已经在肢解车体，证明已经完全没有生命体征的存在，为什么还会找到幸存女孩？你们之前承认的逐步停止施救的措施是不是不得当？

答：我无法回答。

记者问：高铁动车为什么有这么大的安全隐患？安全隐患到底出在哪个方面？

答：我不能保证所有高铁动车没有隐患。

记者问：铁道部下午证实 18 时前会抢通道路，但是截止到 18 时道路没有抢通，这是为什么？

答：事故艰难性复杂性想象不足，17 时已经具备开通条件。后来暴雨，天气恶化，从安全风险考虑，没有立即开通。现在已经具备开通条件。

记者问：我是记者，也是四号车厢的乘客，高铁出了事故，我们作为乘客第一时间找谁？该怎么避免？

答：我向你表示最大的歉意，你死里逃生，我很欣慰。同时我希望大家去医院看看，伤亡人数是确定的。至于行李问题，请大家给我们一点时间，我们尽快处理好行李认领问题。

记者问：雷击是事故发生的主要原因吗？

答：我现在无法回答事故发生的主要原因。

铁道部在23时17分宣布发布会结束，对于事故原因、安全隐患等重要问题未进行正面回答。许多记者仍旧留在现场不走，对铁道部负责人继续追问，发布会现场非常混乱。发言人无法离开现场，被记者团团围住，却始终不回答任何问题。

8月16日铁道部向公众道歉，并表示，铁道部新闻发言人王勇平因"7·23"甬温线特别重大铁路交通事故首次新闻发布会上言辞不当被停职。在事故抢险救援过程中，国家铁道部和上海铁路局存在处置不当、信息发布不及时、对社会关切回应不准确等问题，在社会上造成不良影响。中国高铁在舆论界成为过街老鼠人人喊打，有人把"CRH"解释成"耻辱号"或者"吃人号"；甚至有人造谣说高铁有辐射，乘务员会不孕不育，经常有大批的乘务员辞职。中国高铁似乎进入了低谷期。

问题：

1. 如何评论国家铁道部组织的首场新闻发布会？
2. 此次公共关系工作的失误主要体现在哪些方面？

思考题

1. 如何理解政府公共关系的含义？
2. 政府公共关系的特点是什么？
3. 政府公共关系的职能有哪些？
4. 如何加强政府公共关系？

第十四章

企业公共关系

导入案例

2018年3月15日,"觉醒·谋局"2018年朗乐福品牌战略发布暨Vintage新品发布会在顺德万怡酒店盛大举行。德国酷特·鲍总裁Michael Bauer、酷特·鲍中国首席代表杜效衡女士等一行六人,与朗乐福全国各地200多名新老经销商齐聚一堂,共同见证2018年朗乐福德国原装进口Vintage艺术生活系列荣耀上市。发布会上,深圳市朗乐福睡眠科技有限公司总经理韦江波先生详细发布了2018年朗乐福品牌战略,围绕全新的产品体系、全新的品牌战略、全新的CIS体系、全新的市场规划及全新的运营团队共五个维度进行了详细阐述,针对经销商遇见的问题一一解构,犀利如刀的观点,引起在座经销商的强烈共鸣。同时,韦总宣布2018年朗乐福千万门店运营模式正式启动,现场与经销商签订朗乐福千万大店打造项目书,全面打响朗乐福2018年奋进的第一枪!

从以上案例分析,企业公共关系的作用是什么?导入CIS的时机如何选择?导入的程序是什么?

企业是营利性组织,其公共关系活动必然带有一定的营利性,然而公共关系从本质上是公众利益至上,如何在兼顾组织自身和公众利益的同时,有效地开展公共关系活动,达到双赢,是企业开展公共关系的终极目标。

第一节　企业公共关系概述

企业公共关系，是指企业在运营过程中，有意识、有计划地与社会公众进行信息双向交流及行为互动的过程，以增进社会公众的理解、信任和支持，达到企业与社会协调发展的目的。

一、企业公共关系的作用

公共关系在企业发展中发挥着重要的作用，具体表现在以下三个方面：

（一）树立企业信誉，建立良好的企业形象

企业的信誉是指企业在市场上的威信、影响，在消费者心目中的地位、形象、知名度。建立良好的信誉是企业经营成功的诀窍，“酒香不怕巷子深”的陈旧经营观念已经不能适应竞争日益激烈的趋势。树立信誉首先要创名牌企业。按照公共关系学的观点，商品信誉是较低层次的，只是部分公众或消费者在多次的商品交换过程中形成的对生产者和经营者的信赖程度，它只是企业技术经营素质的综合反映。而树立企业信誉、创立名牌企业，不仅是企业自身发展的需要，也是现代社会对企业日益强烈要求。因为企业作为社会的一单元，既可能给社会带来新的物质文明，也可能给社会带来公害和威胁。因此公众对企业社会价值的评估标准发生了变化，评价范围由对产品质量和服务扩大到企业生产经营和社会活动的各个方面，这使公众舆论对企业产生了更大的影响力。争取舆论支持，争取公众信任，成为企业生存的重要条件之一。企业良好形象和声誉是无形的宝贵财富。公共关系的根本目的是通过深入细致、持之以恒的具体公众树立组织的良好形象和信誉，以取得公众理解、支持、信任。从而有利于企业推出新产品，有利于创造“消费信心”，有利于企业筹集资金，有利于吸引、稳定人才，有利于寻找协作者，有利于协调和社区的关系，有利于政府和管理部门对企业产生信任感，最终促进组织目标的完成。

（二）搜集信息，为企业决策提供科学保障

美国管理学家西蒙说：“管理就是决策，而决策的前提就是信息。”企业每时每刻都会遇到大量的问题，市场需要产品质量、产品开发、新技术方向、竞争者动力、潜在危险、企业形象等方面的信息，不断传递给企业领导，要求领导者做出及时有

效的决策。因此，现代企业把公共关系信息的获取划入企划之中，成为企业活动不可或缺的组成部分。公共关系部门就是要利用各种渠道和网络搜集与企业发展有关的一切信息，为企业决策科学化提供强有力的保证。搜集信息包括企业战略环境信息、产品声誉信息以及企业形象信息等。通过公共关系工作的开展，企业可以及时收集到顾客或者政府反馈的信息，并与顾客或者政府保持信息沟通，从而保证企业在经营过程中可以根据顾客或者政府反映及时调整经营策略，保持正确的经营方向。

（三）协调纠纷，化解企业信任危机

随着生产社会化程度不断提高，任何组织都处于复杂的关系网络之中，而且这种关系处于动态的发展之中。由于企业与公众存在着具体利益的差别，在公共关系中必然会充满各种矛盾。企业在生产经营运行过程中，也难免会有因自身的过失、错误而与消费者发生冲撞的时候。一旦发生，必然导致消费者对企业的不满，使企业面对一个充满敌意和冷漠的舆论环境。如果对这种状况缺乏正确的认识，对问题处理不当，就产生公共关系纠纷，甚至导致严重的公共信任危机。对企业、对公众、对社会都会带来极大的危害。

事实证明，企业与公众的许多矛盾和摩擦都起源于误解和不了解，缺乏信息交流是造成不了解的根本原因。通过建立良好的公共关系机制，增加企业与公众的纠纷，并可能通过公关关系将已经发生的信任危机所造成的组织信誉、形象损失降到最低限度，进而使坏事变成好事。这种功能是广告、人员推销、营业推广所不能具有的。

公共关系通过与各个企业利益相关者的沟通，传播对企业形象有正面影响的信息，同时对企业负面形象信息及时收集并反馈，使得企业能及时纠正错误，维护企业形象；另外，通过公共关系的实践，企业内部员工关系可以更加和谐健康发展。

二、企业公共关系实施现状

通过研究发现，我国企业公共关系实施结果并不理想，只要表现在以下几个方面：

（一）企业公共关系意识不强

虽然企业公共关系多次被强调，但大多企业出于经济利益角度考虑，把主要精力放在企业生产上，对企业公共关系方面投入较少，很多企业没有设立专门的公共

关系部门，有些企业即使设立公共关系部门，但部门过于简单，投入人员较少，更别谈专业的公共关系业务人员。

（二）公共关系传播力度不够

目前我国公共关系运用大多集中在广告、促销上面，涉及面较小，而且很多企业对待公共关系工作没有一个长期持续的发展规划，执行力度不够。

（三）行业管理不规范

表现在部分公关公司在服务过程中一味投客户所好，违背职业道德，公关活动中不进行实际调查，在专业化水平，服务道德上并不过关。

（四）把公共关系与社交活动混为一谈

部分企业在公共关系实施过程中，把公共关系等同于社交活动，没有从维护企业长期整体形象角度出发实施公共关系，而一味追求短期利益，强调短期的社交活动。

从我国企业公共关系的现状来看，存在的主要问题是由两个方面的原因导致的。首先，从企业内部来看，我国企业公共关系存在问题只要是由企业诚信问题及企业管理问题两方面的原因造成的。关于企业诚信问题，部分企业不重视公共舆论的评价，以为追求企业的利益，对外界的负面评论不置可否，缺乏与消费者和政府的有效沟通；关于企业管理问题，目前大部分企业在公共关系实践过程中，没有建立有效的危机预警机制，当危机来临时，不能及时发现公共公共关系出现的问题，同时对公共关系的事后处理也不及时。其次，从企业外部来看，我国企业公共关系存在问题的原因在于，消费者消费意识、安全意识、维权意识都得到大大提高，这些都增加了公共关系危机发生的可能。再次，国家政策法规和执法监督力度的加大，使得部分企业在公共关系破坏后的修复维护难度加大。最后，由于媒体形式和数量的不断增多，媒体监督和报道的强度得到加强，这也对企业公共关系工作带来困难。

三、企业公共关系的维护及危机的处理

（一）企业公共关系的维护

首先，以企业文化为核心，建立企业公共关系体系。第一，企业公共关系建设要有特色形象意识，发展比较优势，在公共关系建设要有自己的特色；第二，要有文

化融入意识，企业在实施公共关系过程中，要融入本企业的特色文化，以企业文化为依托开展公共关系工作；第三，要做好企业内部公共关系工作，企业内部公共关系工作是企业公共关系工作顺利开展的前提。

其次，推行品牌经营战略。要建立品牌战略思维，通过品牌创造长期化的竞争优势以实现持续发展。同时，要推行品牌经营战略，强化品牌意识，在企业经营过程中保持良好的品牌形象。

最后，运用网络传播，发展新的公关媒介。一是要借助媒介的力量做好公共关系工作，二是要强化新闻宣传工作力度。

（二）公共关系危机的处理

首先，树立危机意识和公关意识。这里所说的“危机意识”是特指如何创造一个能让企业克服困难、不被干扰的良好舆论环境的危机公关思维意识。其内容包括以下几个方面：声誉和形象意识、传播意识、诚信意识。

其次，建立危机预警机制和应对预案，提高危机公关能力。建立预警机制、避免危机发生；制定危机处理预案，当危机发生时，企业能临危不惧，处理得当；采取积极主动的危机应对策略，努力将危机的影响降到最低。

最后，加强对公共关系危机的处理。发生突发事件或重大事故时，企业公共关系便处于危机状态之中，企业要面对强大的公众舆论压力和危机四伏的社会关系，沉着冷静，循序渐进地处理是中心工作：(1)要及时发现危机；(2)当危机来临时，要学会识别危机，了解危机的严重程度；(3)要学会处理危机，通过企业公共关系部门，借助媒介的力量，把危机的影响降到最低。

第二节 CIS战略

进入 20 世纪 90 年代以来，许多企业和组织借鉴欧美公司导入 CIS 战略的成功经验，着意设计富有个性的公司和组织形象。同时，“CIS 热”也使当代公共关系理论和实务操作进入了一个崭新的天地。

CIS 是英文 Corporate Identity System 的缩写，直译为组织形象识别系统，意译为组织形象设计。CI 是指组织有意识、有计划地将自己组织的各种特征向社会公众主动地展示与传播，使公众在市场环境中对某一个特定的组织有一个标准化、差别化的印象和认识，以便更好地识别并留下良好的印象。

CIS 的早期实践可以追溯到 1914 年德国的 AEG 电器公司首创 CIS。AEG 在其系列电器产品上，首次采用彼德·贝汉斯所设计的商标，成为 CIS 中统一视觉形象的雏形。紧接着，1932—1940 年英国实施伦敦地下铁路工程，该工程由英国工业设计协会会长佛兰克·毕克负责，被称为"设计政策"的经典之作。

第二次世界大战后，国际经济复苏，组织经营者感到建立统一的识别系统，以及塑造独特经营观念的重要性。自 1950 年，欧美各大组织纷纷导入 CIS。1956 年，美国国际商用计算机公司以公司文化和组织形象为出发点，突出表现制造尖端科技产品的精神，将公司的全称 "International Business Machines"设计为蓝色的富有品质感和时代感的造型"IBM"，这个设计既使这八条纹的标准字在其后 40 多年中成为"蓝色巨人"的形象代表，即"前卫、科技、智慧"的代名词；也是 CIS 正式诞生的重要标志。20 世纪 60 年代以后，欧美国家的组织 CIS 导入出现了潮流般的趋势。60 年代的代表作是由无线电业扩展到情报、娱乐等 8 种领域的 RCA；70 年代的代表作是以强烈震撼的红色、独特的瓶形、律动的条纹所构成的 Coca－Cola 标志。总之，60 年代到 80 年代，是欧美 CIS 的全盛时期。日本组织在 70 年代以后，我国组织在 90 年代后也开始创造自己的 CIS，从而使之发展成为一个世界性的趋势。

一、CIS 识别要素

CIS 是一种意识，也是一种文化，是针对组织或组织的经营状况和所处的市场竞争环境，为使组织在竞争中脱颖而出制定的实施策略。将组织的经营理念与精神文化系统传达给组织内部与社会大众，并使其对组织产生一致的认同感。

CIS 系统是由 MI(理念识别 Mind Identity)、BI(行为识别 Behavior Identity)、VI(视觉识别 Visual Identity)三方面组成。在 CIS 的三大构成中，其核心是 MI，它是整个 CIS 的最高决策层，给整个系统奠定了理论基础和行为准则，并通过 BI 与 VI 表达出来。

CIS 中理念识别系统、行为识别系统和视觉识别系统三者相互联系、相互促进、不可分割；三者功能各异、相互配合、缺一不可。它们共同塑造组织的形象，推动组织的发展。

在 CIS 中，理念识别系统处于核心和灵魂的统摄地位，因为组织识别正是将组织的理念贯彻于其各种行为之中，并运用整体传媒系统，特别是视觉设计，传播给组织的内外部公众，使其对组织产生识别和认同。

组织理念识别是导入 CIS 的关键，能否设计出完善的组织识别系统，并能有效地贯彻，主要依赖于组织理念识别系统的开发与建立。组织理念属于思想、文化的意识层面，因而，它对组织的行为、视觉设计和形象传达具有一种统摄作用。没有理念的指导，组织将成为一盘散沙，既无规范的行为可言，也无统一的视觉形象。另外，组织理念系统虽具有丰富的内涵，但如果不对它实施与应用，它将毫无意义。而应用或实施需要靠人的行为。然而，组织仅通过人的行为来传达和树立形象毕竟是困难的。在组织的行为活动过程中，只有借助于一定的视觉设计符号、一定的传播媒介，并将组织理念应用其中，形成对广大公众的统一视觉刺激态势，才能真正提高公众对组织的认识和记忆。

CIS中的三部分分别处于不同层次。如果以一棵树来比喻CIS的话，VIS是树冠（包括绿叶、花和果实），BIS是树干，而MIS则是树根。树干和树冠须从根部吸取水分和养分，而树根只有通过树干和树冠才能证明自己存在的价值。如果我们将CIS比作一个人的话，MIS是心，BIS是手，而VIS是脸，三者偏废一方，都将不能形成完整的形象。“心”之想，需要通过“手”之做才能实现，需要通过“脸”之情才能展现。

（一）理念识别系统（MIS）

所谓理念识别，是指资讯时代的组织为增强竞争力，提升组织形象而构建，经广泛传播得到社会普遍认同，体现自身个性特征，反映经营观念的价值观体系。显然，这个定义包含以下三个基本点：①构建组织理念识别的目的是增强组织发展的实力，提升组织形象，参与市场竞争并赢得胜利。②组织理念识别的基本特点，一是体现自身特征，以区别于其他组织；二是广为传播，以使社会公众普遍认同。③组织理念的基本内容是组织经营管理思想、宗旨、精神等一整套观念性因素的综合，构成组织价值观体系。

理念识别系统包含两个层次的内容：一是组织制度和组织结构层，包括各种管理制度、规章制度、生产经营过程中的交往方式、生产方式、生活方式和行为准则；二是组织精神文化层，包括组织和员工的概念、心理和意识形态等。

1.组织理念定位标准

组织理念定位主要体现在以下方面：组织哲学和经营理念、组织精神和组织价值观、组织经营方针和经营风格、组织形象标语和口号。

如何检验组织理念定位是否准确，需要一个合适的理念定位的检验标准。

(1)形象方面的标准。首先，要能反映出组织的性质、组织理念。该组织是做什么的，是金融机构？是工业组织、农业组织，还是商业组织等这样一些组织性质方面的形象？这也是一个最基本的检验标准。其次，要能反映出组织的能力。是一个技术发达、设备先进、经营有方的一流组织、一流商店、一流工厂，要能显出自己的品位、格调，组织的业绩、规模，组织的成长力、安定性和开发的能力等这样一些综合性的机能。第三，要能反映出组织的文化价值。所谓组织的文化价值，主要是指组织给人们的一种文化性的印象和感觉，是一个新兴的组织呢，还是一个陈旧的老组织？是一个有亲近感的组织呢，还是一个威严的官僚机构？是一个向上型的组织呢，还是一个保守落后的组织等这样一些组织特性方面的文化性价值。以上只是一种形象上的标准，一个好的组织理念定位，除了要具备以上的条件，还必须要具备功能方面的各种标准。

（2）功能标准。①内部功能标准。包括：a. 作为组织经营的指导思想。组织理念应该对组织的经营活动具有导向、指导作用。这种指导和导向作用，是组织确立经营宗旨、经营目标和各种规章制度的依据和理论基础。b. 实现对组织员工行为的调节和规范。组织理念中本身就包含着行为规范、行为准则的内容，而规范和准则的具体形式就是组织制定的各项规章制度。组织理念在某种意义上讲更是一种组织内部的精神蕴含，组织更主要的是依靠这种内在的自律力，对员工的行为加以调节和规范。c. 对员工的凝聚性。由于理念识别对 CIS 中的各种活动有一定的统摄、导向性，因此，在适宜的理念指导下的 VI 也可以表现出统一性。这种统一性，可使员工每时每刻意识到自己身处一个整体之中，这就是组织理念所体现出来的凝聚作用。②外部功能标准。包括：a. 使组织富有统一性。这种统一性就是指组织内外、上下都保持经营、姿态、形象上的一致和协调。b. 展示易于识别的个性。组织理念包括自身的独特性，而这种独特性又通过各种识别手段加以强化，使其个性、独特性更成为在传播过程中易于识别的内容。

2. 理念识别系统的功能

组织理念识别系统包含了组织的使命、目标、价值取向、文化特质、经营思想等一整套理论体系，它势必对组织的系统经营活动形成一种导向。组织理念识别不仅反映组织的过去和现在，还要指示组织的未来和发展，它从总体价值取向和根本信念上为组织行为和员工行为提供导向。

这种导向功能，反映在确立组织宗旨、经营目标、员工行为规范上。作为组织导向的理念识别始终是组织经营以及各种活动保持有机统一的基础及核心。没有这个基础与核心，必将导致人心不齐、行动不一、组织涣散、丧失发展方向。组织理念首先为组织行为提供导向。其次为员工行为提供导向。

（1）理念识别系统的凝聚功能。一个有序运作协调的组织和一盘散沙的组织，其竞争力自是不可同日而语，组织理念的另一大功能就是增强组织凝聚力。

理念识别对组织的各种活动都有一定的统摄作用。理念识别自身包含的组织使命、宗旨、精神等内涵，是对组织员工进行导向、教育的重要内容，通过影响、教育、感染，使员工增强主人翁责任感。理念识别通过精神、视觉形象上的努力，把员工群众组织成一个有机的团结的整体，展现出共同的理想和共同的追求。使组织整体内外、上下都保持经营、姿态、形象上的一致和协调，使组织个体员工对组织整体产生日益增强的信赖感、归属感。

理念识别是组织全体员工所共享的价值取向、思维方式、行为方式和信念的综合，它强调群体成员价值观的趋同，强调员工个人的奋斗目标统一于组织的发展目标，强调员工之间的吸引力和员工对组织的向心力，强调组织对员工的凝聚力。

(2)理念识别系统的激励功能。理念之所以成为组织活力的源泉，一方面是组织理念能把员工的潜力激发发掘出来，使之服务于该组织共同的事业，使个人目标和组织目标完美统一；另一方面是组织对员工的关怀，使员工感到温暖，进而从内心感激组织，愿意回报组织，拼命工作。

(3)理念识别系统的规范功能。理念识别本身就包含了行为规范、行为准则。但组织理念的规范功能在某种意义上讲更是一种组织内部的精神蕴含，一种可以日益客体化的精神文化，一种富有凝聚力的、协调一致的集体努力形成的导向性的文化氛围。

(4)理念识别系统的传播功能。理念识别是鲜明化、同一化、独特组织个性化的保障。理念识别通过集中化处理组织信息，可造成强烈的冲击力，形成鲜明的组织形象。

从主观上说，没有一个组织希望自己发送到外界的信息是混乱的、零散的、缺乏统一的。但事实上，组织向外发送信息，并不仅是宣传部门或公共关系部门的事情。实际上，整个组织的员工都参与了信息发送工作，只是表现或操作的形式不同而已。例如，和客户及消费者交涉、打电话联络，与关系组织谈判、送货和收货，以及发送文件、接收资料等。所有这些活动都与组织形象有直接或间接的关系。所有这些活动都需耗费组织的人力、财力、物力。如果发送出去的信息紊乱不统一，这不仅在财政上是一笔浪费，更会引起社会公众的困惑而造成巨大损失。由此可见，保持信息的统一性至关重要。

导入理念识别，就是能够保证信息传播的统一性。随着理念识别的导入，在其统摄作用下，各部门可遵循统一设计形式，统一员工行为规范，一方面可以做到统一的视觉识别和活动识别；另一方面可以节约制作成本，减少设计时无谓的浪费。例如，各地的麦当劳分店广告费用甚少，但生意兴隆，很大程度上得益于麦当劳系统有序的世界性宣传。

理念识别的目标是塑造组织形象，它归根结底是一种差异性战略。理念识别自身规定着个性，以此来与其他组织相区别。另外，恰当的组织理念实际上是组织领导人个性、气质、心理特征的延伸，所以，理念识别的这种自身独特性，使得信息在传播中更易于识别。

(二)行为识别系统(BIS)

组织行为识别是指组织在内部协调和对外交往中的规范性准则。这种准则具体体现在全体员工上下一致的日常行为中。也就是说，员工们的一招一式的行为举动都是一种组织行为，能反映出组织的经营理念和价值取向，而不是独立的随心所欲的个人行为。组织行为识别是组织处理和协调人、事、物的动态运作系统。是一种动态的识别形式，它通过各种行为或活动将组织理念贯彻、执行和实施。

组织行为识别是组织 CIS 系统中的"做法"，是组织理念诉诸计划的行为方式，在管理培训、行为规范、公共关系、营销活动、公益事业方面表现出来，对内对外传播组织无不以活动体现或贯彻理念。组织行为识别是在组织理念识别指导下逐渐培育起来的、组织运行的规程和策略。它是一个组织通过科学的管理、制度、措施等手段，对组织员工行为的要求和约束。

组织形象识别系统(CIS)中的关键是组织行为。组织行为识别系统(BIS)是组织理念识别系统的外化和表现。组织行为识别是一种动态的识别形式，它通过各种行为或活动将组织理念贯彻、执行、实施。

组织理念要得到有效的贯彻实施，必须首先要科学构件组织这一行为主题，包括确定组织形式、建立健全组织机构、合理划分部门、有效确定管理幅度、科学授权。组织主体架构完善，组织的运行机制才能完善，组织的行为才能有基础保证，组织的理念才能真正贯彻执行。所以，在组织行为识别系统中，组织主体特征是最基本的基础性因素。

1.组织行为识别系统构成和目标

行为识别(BIS)是 CIS 的动态识别形式，它的核心在于 CIS 理念的推行，将组织内部组织机构与员工的行为视为一种理念传播的符号，通过这些动态的因素传达组织的理念、塑造组织的形象。组织的行为识别系统几乎覆盖了整个组织的经营管理活动，主要由两大部分构成：一是组织内部系统，包括组织内部环境的营造、员工教育和员工行为规范等；二是组织外部系统，包括产品规划、服务活动、广告关系和促销活动等。

组织行为识别的目标在于：通过组织内部的制度、管理和教育训练，使员工行为规范化；组织在处理对内、对外关系的活动中，体现出一定的准则和规范，并以实实在在的行动体现出组织的理念精神和经营价值观；通过有利于社会大众和消费者认知、识别组织的有特色的活动，塑造组织的动态形象，并与理念识别、视觉识别相互交融，树立组织良好的整体形象。员工教育、规范建立和管理提升是建立有效的 BIS 系统的关键环节。

(1)员工教育是将组织理念贯穿于行为的基础。行为识别系统的建设不是员工自发的。如果组织的理念只以文化的形式出现，那么组织的员工就不会把它放在心上，也就无法渗入组织内，成为组织成员共同的价值观而表现在行为中。因此，必须开展多种形式的教育培训，让全体员工知道本组织导入 CIS 的目的、意义和背景，了解甚至参与组织识别系统的设计，熟悉并认同组织的理念，清楚地认识到组织内每一位员工都是组织形象的塑造者。员工教育主要包括组织理念和组织文化方面的内容。通过教育培训，使员工从知识的接收到情感的内化，最终落实到行为的贯彻。

(2)制度和规范是建立行为识别系统的有力工具。组织建立行为识别系统，不能只靠铺天盖地的宣传教育；还需要制定和完善一系列具有可操作性的制度和规范。制度和规范使组织和员工的行为有章可循、规范划一，它具有一定的强制性。对员工而言，制度和规范是一种约束，但也是其顺利完成工作的保证。制度和规范的设计必须以正确的组织理念为指导，必须有助于员工在一种宽松的环境中准确无误、积极主动地完成自身的工作。制度和规范的内容如果偏离了组织理念，将会造成员工思想与行为的不协调、不统一，直接影响员工的积极性和创造性的发挥，给组织管理带来失误和损失。

(3)卓越的管理是行为识别系统顺利实施的保证。BIS 规范化管理是 CIS 导入过程中关键的环节，同时也是最难把握的一环。理念可以树立确定，视角符号可以设计，而人的行为却难以理想化地进行统一。因此，BIS 系统的顺利实施，需要有效的管理手段作为保证。与美国、日本组织雄厚的管理基础和高度现代化的管理手段相比，我国组织的管理基础还十分薄弱，因此，组织必须将 CIS 战略的实施建立在整体管理水平提升的基础上。就是说，组织在开展 BIS 建设的过程中，首先要在组织上和制度上进行管理革新；其次，要有计划地开展员工培训工作，重视人才的开发和引进，提高员工的整体素质；最后，要特别注重管理人员的开发和培养，建立一支高素质的现代经理人队伍，从而保证组织整体水平的提高和管理革新的有效实施。

总之，企业和组织在导入 CIS 时，必须走出各种认识上和行为上的误区，综合考虑自身的经营管理现状，注重 MIS、BIS、VIS 的系统化设计和整体化实施，强调 CIS 导入与管理水平的提升并举，通过 BIS 系统的有效实施，把组织的理念贯穿于组织的一切活动以及员工的行为之中。只有这样，组织才能从整体上和根本上提升和改善形象，才能使 CIS 战略真正获得成功。

2.组织行为识别系统的功能

BIS从本质上说，就是对组织员工群体行为方式的形象定位，是一个塑造“组织人”的过程。一方面，在组织内部，把组织的理念文化内化为组织员工的自觉意识，形成共享的价值观念和认同的行为方式；另一方面，通过组织员工的具体行动，把组织的经营之道和组织的理念文化外化为公众认可的知名度与美誉度。因此，BIS具有以下两个方面的基本功能。

(1)BIS设计的内部整合功能。具体表现为以下四个方面：导向作用、凝聚作用、激励作用、约束作用。

(2)BIS设计的外部表达功能。组织都现实地生存、发展于一定社会历史条件下，组织与其关系者（内部的股东、管理者、员工；外部的顾客、政府、社区、媒介等）实际上都体现为人与人的关系。除去显而易见的各种利益关系之外，其中必然地包含着丰富的情感联系。因而，“动之以情”作为一种经营之道历来为成功的组织奉为信条而倍加推崇，“和气生财”更成为大到组织“帝国”，小到杂货品店都时常自省的行商箴言。

人们感情的交流、传递与表达，除去语言（包括文字、色彩等）这一基本表现方式外，行为则是更为直接和重要的方面。有道是，做出来比说出来更能够让人信服。组织的感情表达——展示与传播，很重要的一个方面，就是靠组织的行为方式来实现的。

BIS的外部表达功能，就是以组织的行为方式为载体，在直接的人与人的接触过程中，向组织的关系者传递尊重与关怀、自信与承诺的信息，从而使人们对组织的经营服务特色、风格以及整体形象留下挥之不去的愉快感受与深刻印象。成功组织都具有一种使其员工从感情上难以割舍的感觉，使其在这里充满了愉悦、欣慰、轻松和快乐。

(三)视觉识别系统(VIS)

视觉识别系统（VIS）是CIS战略的硬件部分，它是组织形象最外在最直观的表述。视觉识别系统的基本要素包括：组织名称、组织标志、组织造型、标准字、标准色、象征图案、宣传口号等。

1.组织名称

组织名称是用文字符号表达的视觉识别系统中的基本要素之一，公众对一家组织的印象往往是从它的名称开始的。组织名称必须体现出组织的本质和特点，同时还应考虑到让消费者便于记忆。组织名称是要让消费者进行识别以后认知的。如果名称很难记,字数冗长,字体繁杂,公众不容易记忆,或者名称很不雅致,则有损组织的形象。这样的命名,都不利于组织提高自己的知名度和美誉度。

如何确定一个组织的名称?

(1)组织名称应当反映组织理念,体现组织的经营特色和业务范围。比如,我国的海尔集团、联想集团、国美电器集团、蒙牛集团公司等知名度较高的组织,就是根据各自的创业特点先后确定名称的。一旦组织名称不利于信息传播,或者由于自身的业务内容有了变化,原来的名称不能很好地适应业务活动的开展,这时候就需要改换原有名称。

(2)组织取名应考虑字数少、笔画简单。在信息传播过程中,组织名称的字数越少,句越短越具有优势。图14-1是国内外专家经过长期研究而制订出来的组织名称字数与公众认知程度的关系比较。从图中可以看出,组织名称字数的多少对公众认知度会产生重大影响。一般来说,名称越短越有利于传播,公众对它的认知程度也就越高。同时,文字的笔画越少,消费者记忆起来也就越方便。"少、短、小"是组织取名的一条基本原则。诸如日本几家著名的大公司,其名称丰田、松下、三洋、日立、东芝等,简短明快,笔画单一,为各国消费者所熟知。

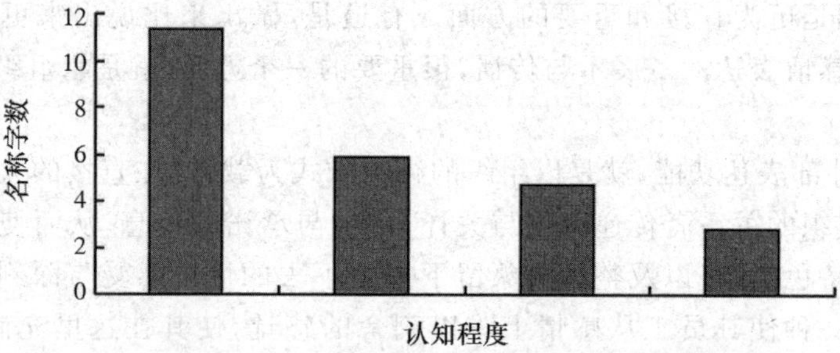

图14-1 组织名称字数与公众认知程度比较图

(3)组织名称要求通俗易懂,读来琅琅上口,富有自己的个性,给公众以吉祥的色彩与美好的联想。如果公司的名称念起来很拗口,认起来很生疏,就不利于消费者记忆;反过来,如果组织给自己定名太普通,且与别人容易混同,也不易让人识别。对此,香港"金利来"集团主席曾宪梓深有感触,他说:"要创名牌,先要选好名字!金利来原名叫金狮,有一天我送两条金狮领带给亲戚,不料对方满脸不高兴,说是再也不戴你的领带了,金狮金输,什么都输掉了。原来香港方言中的'狮'和'输'读音相同,大家对此很忌讳。当天晚上我一夜未睡,为改换原有名称绞尽脑汁,终于将金狮GoldLion改为意译加音译组合,Gold意译为金,Lion音译为利来。金利来名称一出,很快为大众所接受。"因此,不管是组织名称还是商品名称,都要选择有新鲜感、易于流行的名字，既好读又好记，便于男女老少识别，不与其他厂家雷同化，这样的名称可以巧妙地打出组织及其产品的知名度，又可以培育独树一帜的组织形象。

2. 组织标志

组织标志是用图案来表现组织形象的视觉识别要素，它是组织理念、行为特征的象征符号。

(1)标志设计的造型。构成组织标志的设计造型有点、线、面、体四大类。由于每个造型要素本身具有独特的造型意义，因而在组织标志的设计中可以根据组织的特征，表现的重点和题材的需要，选择适当的造型要素，使组织标志具有独特的视觉面貌和强烈的表现力。

A. 以点为造型要素　这是造型要素中一切形态的基本单位，富有延展性，适合于各种构成原理与表现形式的运用。点可由大小、形状、疏密、远近的构成组合造成空间透视、层次变化等效果。点的理想形状是圆点，可连续并列串连成线，由此拓展成面、堆积成体。由于现代科技的发展，电脑、电信业的日趋发达，点在工商组织的设计上起着重要的作用。

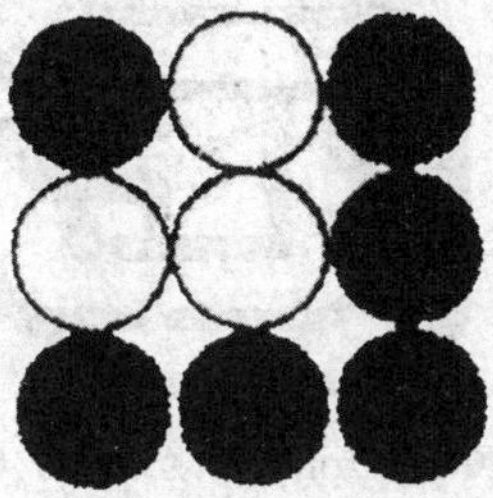

B. 以线为造型要素　线可分为直线、曲线两大系统。线以长度为其造型特性，并具有粗细、长短、宽窄等变化。直线具有指引方向、表现速度等意义；曲线则表现转折、弯曲、柔软等特性。

C. 以面为造型要素　面可由点的扩大、线的移动、线的加宽和集合等形成。当然，面也可以不借助点、线而独立形成。面是最丰富的造型要素，既可以是圆形、三角形、方形、多边形等几何形状，也可以是凹凸有致、充满生机的图案。

（德国）汉堡荷花公司

（美）保险公司

D. 以体为造型要素　在二维的平面上利用透视原理把造型转化为立体感的三维空间的幻觉表现，塑造强烈的视觉效果。这种做法基本上有两种情况：一种是利用文字或图形本身的转折、相交、组合来构成立体感；另一种则是利用阴影作厚度，使其产生立体感。

（瑞士）库普施造纸公司

国际外国语教材规划贸易公司

(2)标志的表现题材。组织标志设计的主题、素材是标志的生命，只有确定了主题、造型要素、表现形式和构成原理才能展开。否则，缺乏严密计划、随意选择题材的组织标志将导致设计方向的不固定，以致事倍功半、也难以符合组织的经营状况。因而必须按照CIS总体报告书所设定的方向，慎重地进行题材的确定。

标志设计的表现形式主要分为文字标志与图形标志两大类。又可细分为中英文、全名、字首、具象、抽象及文字与图形组合等形式。以下就标志设计的题材及表现形式进行分类说明。

A. 以组织、品牌为表现题材　这类组织标志的设计方法是一种直接传达组织形象的强力诉求，以组织及其品牌名称设计字体标志是近年来标志设计的新动向。有的是在字体标志的全名之中选择一字使其具有独特性，以增强视觉的冲击力。

B. 以组织、品牌名称的字首作为主题　这种设计也是常见的形式，也有双字首或多字首的表现形式，而造型单位越单纯，形式也越生动。在单字首型的标志中有字母（文字）结构、笔画变化和字母（文字）空间变化处理等方法。双字以上的有并列、重叠、贯通和扣连（正负）等组合方式。

大新银行（大）

C. 以组织、品牌名称与其字首的组合进行设计　这种设计形式在于追求字首形式的强烈造型的冲击力和字体标志直接诉求的说明性，兼顾两者的优点。把文字标志与图形标志综合，兼顾文字说明和图案表现的优点，具有视听觉同步诉求的效果。

松下（国际牌）

D. 以组织文化和经营理念为表现题材　把组织独特的经营理念与精神文化用形象的图形或抽象的符号传达出来，通过含义深刻的视觉符号唤起大众的共鸣与认同。

第一劝业银行（爱心）

E. 以产品造型为表现题材　这种设计手法具有直接说明或象征组织业务范围、服务性质、产品特色等作用，但需要注意的是，它不能与政策法规和公众习俗相违背，不能触犯有关禁忌。

F. 以创业历史或区域环境为表现题材　刻意强调组织、品牌悠久的历史传统或独特的地域环境，诱导消费者产生权威性的认同，这是具有强烈的故事性与说明性的设计形式。这类标志常以写实的或卡通的造型作为表现形式。

3. 组织标准色

色彩是视觉识别中一个重要因素，能在无形之中影响公众的思想、情绪及其行为，能有效地传递组织形象的相关信息。色彩能引起种种心理感觉，如象征好恶、冷暖、兴奋、宁静以及软硬等。这种感觉的综合，我们称它为色彩的联想形象。

(1)色彩的形象感知。

A. 红色　红色的视觉效果富有刺激性，给人一种活泼、生动而又不安的感觉，它饱含着一种力量、热情和方向感。许多组织都以红色为标准色，是取其视觉上巨大的冲击力。但上述特点，是红色在稳定状态时所表现出来的，当对比条件改变时，就会使它发生相应变化。如在绿蓝底色上，红色像一种炽烈燃烧的火焰；在黄绿底色上，红色变得激烈而不寻常，似一个冒失、鲁莽的闯入者；在橙底色上，红色似乎显得郁积、暗淡而无生命；在黑底色上，红色迸发出它最大的，不可征服的、超人的热情来。广东“太阳神”口服液的商标设计就采用这种红、黑的对比，给人以强烈的震撼效果。

B. 黄色 这是色彩中最亮的颜色。它给人以光明、辉煌、醒目、庄重、高贵、忠诚、轻快、纯洁和充满希望的感觉。黄色因为让人觉得年轻、活泼、充满活力，所以年轻人的用品，使用鲜艳的黄色十分合适。

C. 绿色 纯粹的绿色使人稳定而平静，有助于消除视觉的疲劳，它能给人一种如同自然界那样的清新感，显出一种青春的力量和旺盛的生命力，给人以活泼、充实、平静、希望以及智慧和忠实的感觉。同时，它又象征着和平和安全。日本“富士”胶卷采用明亮的绿色，给人以娇艳欲滴的生命感。

D. 黑色 黑色在视觉上是一种消极性色彩，它象征着悲哀、沉默、神秘、肃穆和死亡、不吉利。但另一方面，黑色又具有稳定、深沉、庄重、严肃大方、坚毅等特点。黑色与其他颜色一起使用，往往可以使标识设计收到生动而有分量的视觉效果。

E. 紫色 这是色相中最暗的色彩，因此在视觉上知觉度很低。它是高贵、庄重的色彩，给人以神秘、高贵、奢华和优越的感觉。紫色应用在组织识别系统，多用于化妆品，近年来家电用品也开始采用紫色调了。

F. 蓝色 此种色调容易使人想到蓝天、海洋、远山、严寒，使人具有崇高、深远、透明、沉静、凉爽的感觉，它也象征着幸福、希望。它又是现代科学的象征色彩，给人以力量和智慧。但蓝色又能给人以深奥莫测之感。在色彩对比中，蓝色也是具有多种变化，黑底色上的蓝色，显得纯洁而鲜明；淡紫红底色上的蓝色，显得退缩、空虚和无能。

(2)组织标准色的设计原则。组织的标准色设计应当突出组织风格，体现组织的性质、宗旨和经营方针。如海王集团选用蓝色为公司标准色，象征着向海洋进军的公司目标，借蓝色冷静、幸福的形象，体现组织对高科技的追求，为人类的健康美好而创造的决心。又如美国航空公司在其广告、公司员工服装、飞机内部以及机票上都使用红、白和蓝的公司标准色，这三种颜色正好是美国国旗所使用的颜色，这清楚地表明了公司作为美国运输强者的地位。

标准色的设计要制造差别，鲜明地显示组织的独特个性，组织在室内装饰、办公用品、员工制服等颜色的选用上，都要统一化、规范化而又有独特个性，与其他组织形成显明的差别，从而给公众以深刻的印象。同时，标准色的设计应当与消费者的心理相吻合，有利于促进组织产品的销售。如日本第一劝业银行，以心的形象为中心设计公司的各种标识，统一使用红色作为标准色，象征公司热情周到为客户服务。美国 TCBY 连锁店，以经营各种酸奶为特色，所有连锁店的分号一律以绿和灰黄相间搭配装饰，象征着天然和健康，有利于吸引顾客。又如广州市煤气公司选用蓝色为标准色，煤气是火源，有危险性，出售危险商品的组织应给人以安全感。蓝色是水色，有灭火的象征，同时蓝色又给人镇定、平静感。

ハートの銀行

DKB 第一勧業銀行

二、实施 CIS 应遵循的原则

按照 CIS 战略理论和操作技法的要求，成功地实施 CIS 战略应遵循下述四个原则。

（一）坚持战略性的原则

作为现代组织形象战略，就必然具有长期性、全局性和策略性的特征。CIS 战略应立足当前，放眼长远。它绝非是 3～5 年的近期规划，而是组织未来 10 年、20 年甚至更长时间的具体发展步骤和实施策略。

（二）坚持民族性的原则

“愈是民族的，愈是世界的。”CIS 战略是从组织发展方向、经营方向上设计与规划自我，CIS 的创意、策划、设计工作的基础应该立足于我们民族的文化传统、消费心理、审美习惯、艺术品位等，才有可能为公众所认同从而获得成功。

（三）坚持个性化的原则

CIS 战略是组织为塑造完美的总体形象在组织群中实施差别化的策略，重要一点就是要求组织形象具有鲜明的个性特征和独具一格的特质，不能“千人一面”。IBM 与可口可乐就是个性成功的典范。

(四)坚持整体性的原则

从构成 CIS 的三个方面来看,它们不是相互脱节的,而必须表里一致、协调统一,BI、VI 为 MI 服务,外美内秀,才是值得称道的。

CIS 的效果评价一直是比较困难的,因为其涉及范围广,收效也难以量化度量。日本日经研究所曾设计了一套 CIS 效果调查指标体系,包括市场因素、外观因素和现代因素三类。不同组织在导入 CIS 时,会注重不同的因素。日本日经研究所认为,组织的销售额和广告认知度是评价 CIS 效果的决定因素。我国学者也对此进行了深入的研究,提出了更为详尽科学的 CIS 导入效果的量化评价体系,包括 MI、BI 对外活动识别部分,BI 对内活动识别部分,VI 应用要素部分,VI 基本要素部分等 5 类 30 个指标。这套指标较为全面细致地反映了 CI 的内容,但指标较抽象,实际运用时存在一定的问题。

应该说,CIS 导入是组织追求内在美和外在美和谐统一的过程,而同时组织的 CIS 战略实施是一个不断运动发展的系统工程。它要求组织根据自身各个时期的不同情况加以修正、补充与创新,这样组织才有可能长久保持和发挥 CI 的强大作用与优势。

三、CIS 的导入时机

由于不同的组织在市场上所处的地位不同,它们对 CIS 需求的程度也不同,因而各自导入 CIS 的时机亦不尽相同。任何一家组织导入 CIS,都必须从长远的角度出发,把握住导入的最佳时机,以取得最理想的效果。组织一般可利用以下时机导入 CIS。

(一)组织建成或改制重组

新建组织开业就导入 CIS,可以一种系列性、新颖性、独特性的统一形式,把组织文化信息传播给社会公众。由于是新组织,没有传统及其影响,更没有陈规陋习的束缚,因而可以设定最佳的组织经营管理观念与信息传播系统,以完美、完整的组织形象带动组织商品销售,迅速占领市场,站稳脚跟。所以,组织建成开业是导入 CIS 的最佳时机。

在市场经济环境中,组织改制重组将会经常发生。改制重组后的组织不再使用原组织的识别标志,通常多采用新标志,以利于组织新形象的树立。组织改制重组后,会给社会公众和社会环境带来影响,尤其是股票上市公司,此时导入 CIS,可让社会公众重新了解组织,解除他们心中的疑虑,乐于购买组织产品或股票。改革开放以来,中国有许多组织通过合资、合作的形式加入了集团化经营的行列,在合作中,这些组织本身的标识系统变更了。

(二)组织推出新产品

新产品代表着组织关心消费者、关心社会的一片爱心与进取之心,易于给消费者留下富有创新精神、敢于领导新潮流的印象,也就最容易促使社会公众接受新的消费观念,接受组织新的组织形象。所以,配合新产品的营销与促销而导入CIS,不仅可收到新产品促销的广告效应,更可以收到树立、强化组织形象之功效。

(三)组织创业周年纪念

创业周年的纪念,对组织而言,是个意义重大的时机。周年纪念肯定了组织所走过的成长历程,肯定了外界对组织所抱有的信任与好感,此时导入CIS,可使组织迈向更高、更长远的目标。一般说来,创业周年纪念活动在周年为“5”的倍数时举行会显得更为庄重、热烈,更具有历史意义,导入CIS的新闻发布会也宜在周年纪念日当天举行,可使前来祝贺的与会嘉宾和社会公众加深对组织的印象,培育信任感。

(四)活动领域扩大和产品结构多元化

当组织的活动领域逐渐改变、扩大,组织产品结构向多元化方向发展时,组织原有的信息传播系统便显得不相适应。这样,组织有必要重新导入CIS,或者开发组织形象的新内容,以确保组织文化信息传播通畅。

(五)开拓国际化经营

组织发展到一定阶段,即在国内竞争中站稳了脚跟,便自然会萌发拓展海外市场的念头,或者组织领导人视野开阔,从创业伊始就将眼光瞄向国际市场。此时,为了考虑组织国际形象的需要,使国外消费者能了解、记住组织的形象和产品品牌,组织应借导入CIS修正原有的形象识别,以便建立适合海外消费者口味的品牌形象。

(六)组织重要人事变动

组织理念反映了组织领导人的价值观与思想政策水平,它包括的内容很多,诸如组织精神的建立、职业道德的培养、质量意识的培育与加强、组织凝聚力的形成等。如果组织发生高层人事变动，新领导上任后，他的思想、观念以及行为作风与原任领导总不尽相同，他可能改变过去的经营方针和政策，或对组织结构进行较大的调整。民间有“新官上任三把火”的说法，表明旧有的制度已不符合新任领导对组织的要求。如果此时配合导入 CIS，实为改变组织形象、鼓舞士气、振奋人心的最佳时机。

（七）提高组织知名度

有的组织建成开业后，由于种种主观、客观的原因，知名度一直很低，社会公众几乎不知道有这家组织存在。低知名度使组织销售受到很大影响，组织经营业绩欠佳甚至亏损，威胁到组织的生存。为了提高知名度，提高销售额，组织就应适时导入 CIS。

（八）重新塑造组织形象

一般在三种情况下，组织需要重新塑造自身的组织形象。一是当组织形象陈旧老化时。这主要是指一些老组织，包袱很重，跟不上时代发展要求，或者缺乏应有的新时代精神，在市场上没有明确的定位，所以也就没有比较固定的消费群体。同时，由于组织形象落伍，缺乏时代感，不能聘到比较优秀的人才，有时甚至连合格的劳动力都难以招聘到。因而，组织应通过导入 CIS，调整组织理念，建立行为规程，其中尤以改善员工工作、学习、生活环境为重点，畅通信息传播渠道，使组织内部公众与外部公众察觉到组织新的形象。二是当组织经营不善，业绩不佳时。此时组织内部员工士气低落，社会公众开始遗忘该组织而使组织进入每况愈下的境地。为重振员工士气，摆脱组织经营危机，就必须进行彻底整顿。整顿应从组织形象识别的多个层面上同时展开，其中尤以整顿组织高层领导的思想道德品质、管理才干、工作作风与专业知识为主，促使其萌发奋发进取之心，形成正确的理念，再以新理念规范员工的言行。三是当组织在经营过程中发生意外变故，使组织形象受到损害时。为了清除消费者与社会公众心中的阴影，树立安全、可信的组织形象，可导入 CIS。

（九）扩大组织产品品牌差异性

随着科技进步，同类型的组织在硬件建设上趋向于同质化，甚至在产品品质、成本、售价、服务态度、服务技巧等软件方面也趋向于同质化，导致组织之间差异性渐趋模糊。于是，消费者就会认为这家组织与那家组织没有什么不同，这家组织的商品与那家组织的产品也似乎一样，他既可买这家的产品，也可买那家的产品，客观上造成了消费者认知上的疑虑与障碍。此时导入 CIS，营造新颖的视觉环境，塑造出组织独特的形象，便可收到强化组织市场竞争力与加深消费者对组织、对组织商品品牌的认同与喜好的效果。

四、CIS 导入程序

组织在正式导入 CIS 以前，必须先规划、编制相应的导入程序，然后按照程序逐项进行策划、导入。CIS 导入程序可使 CIS 按部就班、有条不紊、相互交叉、承上启下地得到具体实施。一般而言，CIS 的导入要经过以下 11 道程序。

（一）建立 CIS 组织机构

1. 成立 CIS 委员会

组织在酝酿、设想导入 CIS 时，应首先成立 CIS 委员会，委员会成员应包括组织最高层领导及其他有关人员。组织最高层领导（总经理、副总经理）是组织的决策人员，CIS 的策划与实施需要依靠他们来提供人力、物力、财力以及决策的保障。此外，还要有组织各部门的经理参加，CIS 策划所需要的信息依赖于他们提供，同时 CIS 也依赖于他们在各自的部门全面宣传推广。CIS 委员会的其他人员，一部分应是组织公关部擅长组织策划的人员，另一部分应是组织外聘的专家与学者，CIS 的全部策划、设计、定型等一系列工作依赖于他们去具体完成。

CIS 委员会的任务主要有以下几项：

（1）确定 CIS 开始导入的具体日程与时间。

（2）制定 CIS 导入与实施的方针政策。

（3）确定 CIS 导入的价值取向。

（4）全面诊断与调查组织内部、外部经营环境。

（5）提供 CIS 策划所需要的完整材料。

（6）评审、通过 CIS 策划的各种方案。

（7）为策划人员提供方便、帮助与保障。

（8）发动组织全体员工积极参与 CIS 导入的各项活动。

（9）在组织内部全面推行 CIS。

（10）向策划人员及时反馈组织内部对组织形象策划的各种意见与建议。

2. 设立 CIS 执行委员会

CIS 执行委员会在组织上隶属于 CIS 委员会，是 CIS 委员会下设的一个具体从事 CIS 策划与推广的办事机构。如上所述，CIS 委员会的主要工作是负责制定 CIS 的决策，负责落实各种资料信息提供和后勤保障，而 CIS 执行委员会则负责 CIS 具体内容的策划。CIS 执行委员会的成员在本书中统称为 CIS 策划人员，他们的主要工作有以下几项：

（1）预测组织形象开始导入的具体日程与时间。

（2）编制 CIS 导入的费用预算。

（3）递交 CIS 委员会关于 CIS 策划项目与内容的论证报告。

（4）对组织内部经营环境进行诊断。

（5）对组织外部经营环境开展调查。

（6）开展组织理念识别、行为识别、综合感觉识别、信息传播识别等组织形象识别系统的创意与策划。

（7）负责落实 CIS 的内外实施与推广。

（8）负责对 CIS 实施效果进行评价与检验。

CIS 执行委员会成员部分为有关领域的专家，组织可根据 CIS 策划项目的要求，邀请他们参加 CIS 的策划。这些专家在组织经营管理、市场营销、公共关系、社会文化、电脑、美术等学科领域既有理论知识又有实践经验，他们分别负责不同的项目策划，将各自项目的初步策划方案提交 CIS 执行委员会讨论，最后形成更为完善的策划方案。CIS 执行委员会中另一部分成员可从组织公共关系部工作人员中选派。他们的主要工作是协助各路专家，与他们进行最充分的信息交流与沟通，同时也承担某些项目的创意策划。

如此组成的 CIS 策划力量，无论在策划项目的数量上，还是在策划项目的质量上，都是单一的广告公司或形象策划公司不能企及的。

CIS 委员会在审定 CIS 执行委员会的组成人选时，应处理好自我策划与专家策划的关系。组织自我策划与聘请外界专家策划应很好地结合起来，优势互补，共同努力，把组织形象塑造好。

在实践中，容易产生两种倾向：一种是“排外”，有些组织不了解外聘专家策划的特点与意义，不了解专家的实力与水平，不愿借助外界智力优势，从而使 CIS 策划的视野、思路大受限制，使组织形象塑造局限性较大。有人曾说过这样的话：“组织领导人展望到的东西是组织的天花板，组织形象策划专家则把天花板踩到脚底下变成组织的地板。”这句话虽然有失偏颇，但可以肯定，由数位专家在他们的专长之上共同建立的创造合力，可以把组织带到更高的境地。另一种倾向是“崇外”，认为“本组织没有能搞组织形象策划的人才”，因而不惜重金聘用外界有关机构和人员。如果导入 CIS 的决策过程透明度比较低，那么不仅会导致组织员工不理解、不配合，甚至也会在中层管理人员中产生抵触情绪，使 CIS 策划工作失去群众基础而难以顺利进行。正确的做法应是把围绕某一目标、策划某一工作、提出某一方案的过程，视为调动组织员工积极性、促进组织发展的契机，作为统一思想认识、规划组织蓝图、振奋组织精神风貌的思想教育过程和舆论宣传过程，使全体员工人人参与，献计献策。这样，加上外界专家的智力与经济的配合，就容易取得满意的效果。

(二)组织内外部经营环境的诊断与调查

1.组织内部经营环境诊断

在正式开展 CIS 策划以前，策划人员所要做的最重要的工作，便是对组织内部经营环境进行全方位的诊断。通过诊断，可以了解组织的历史与现状，了解组织的优势与劣势，更主要的是发现组织内部经营环境中存在的问题与不足。有了对组织内部经营环境的全面了解，策划人员才能进行真正的 CIS 策划。

组织内部经营环境诊断主要包括八个方面的内容：

(1)组织理念识别诊断。

(2)组织经营战略诊断。

(3)组织人事管理诊断。

(4)组织行为规程诊断。

(5)组织服务环节诊断。

(6)组织市场营销诊断。

(7)组织财务管理诊断。

(8)组织识别标志诊断。

2.组织外部经营环境调查

组织外部经营环境调查的目的，是要为 CIS 策划中的组织形象定位，或修正组织形象的定位，并为定位提供科学的依据。

组织外部经营环境调查，主要包括五个方面的内容：

(1)组织外部宏观环境调查。

(2)组织消费者调查。

(3)组织产品调查。

(4)组织竞争者市场营销调查。

(5)组织外在形象现状调查。

(三)组织形象定位

组织形象定位,是要根据客源市场的竞争情况以及组织的优势条件,确定组织产品与服务在目标市场上的竞争地位。换言之,就是要在目标市场消费者的心目中为组织产品与服务创造一定的特色与个性特征,赋予组织一定的鲜明形象,以便于消费者与社会公众识别,适应他们的需要与爱好。组织形象定位一般要考虑以下问题:

(1)组织提供的产品与服务具有何种特点与优势?

(2)组织目标市场上的潜在消费者需要什么样的产品与服务?

(3)组织目标市场上的新消费群体组成情况怎样?

(4)组织目标市场上的竞争者给消费者提供什么样的产品与服务?

(四)建立组织理念识别系统

当对组织内外经营环境的诊断与调查结束并取得全部有用的资料后,在组织形象定位准确的基础上,可以开始策划组织理念识别系统。在创意策划组织理念时,应持非常慎重、认真、科学的态度,因为组织理念不仅要反映出组织的行业特点、个性特征,而且还要能被社会公众所认同和内化。组织理念是 CIS 策划的灵魂,它决定着 CIS 策划的成败。组织理念识别系统策划方案制订后,要经由 CIS 委员会评审通过才实施。

(五)建立组织行为识别系统

组织行为识别系统策划是 CIS 的主要内容,要求其能充分反映组织经营理念,把理念具体化,并具有可操作性。在进行组织行为识别策划时,除了组织自有的管理专家参加之外,还需要外界组织经营管理专家与组织形象策划专家的参与。另外,组织行为识别系统策划不仅要破除旧有的、不合组织生产力发展的行为模式与规程,而且要增加新的、适合并促进组织生产力发展的行为模式与规程。目前一些广告公司或形象策划公司在给组织进行形象识别策划时,只做表面的视觉识别策划,而往往把行为识别与理念识别策划给省略掉了,这是对组织形象塑造极不负责任的做法。

组织行为识别系统策划方案制订后,要递交 CIS 委员会评审;在充分征询组织全体员工的意见与建议的基础上,经反复修订后才可通过。因此,组织行为识别系统策划的最高境界是策划的科学化、规范化、程式化以及可操作化。

（六）建立组织视觉识别系统

组织视觉识别系统的策划，必须以组织理念识别与行为识别为依据。可以说，视觉识别是这两者的静态外化。由于组织形象意识与整体素质意识普遍较强，因而组织导入 CIS，仅仅开展视觉识别的再策划是远远不够的，甚至是片面和有害的。当然，组织导入 CIS，也可以从视觉识别策划入手，再过渡到包括组织理念识别、行为识别、综合感觉识别、信息传播识别等在内的组织整体形象识别策划。

组织视觉识别系统策划方案完成后，也要递交到 CIS 委员会进行审查讨论，在听取组织最高层领导的意见后，经修订最终予以通过。

（七）建立组织综合感觉识别系统

继组织视觉识别系统策划之后，要对组织综合感觉识别系统进行策划。综合感觉识别系统策划的内容主要包括组织信誉形象、道德形象、管理者形象、员工形象、经营环境形象等。综合感觉识别系统策划方案完成后，照例也要递交 CIS 委员会审查通过。

（八）建立组织信息传播识别系统

组织信息传播识别是组织策划主体工程的最后一个项目。信息传播识别在 CIS 中起着把组织的理念信息、行为信息、视觉信息、综合感觉信息等源源不断地向组织内外进行辐射的作用。在进行组织信息传播策划时，要讲究信息传播的经济性、系统性、真实性、科学性和艺术性。策划方案完成后，要递交 CIS 委员会审查通过。

（九）编制 CIS 手册

当 CIS 主体工程策划完成后，接下来就要把在前面各个阶段、各个程序上所策划的内容编纂成册，作为今后实施 CIS 的资料和依据。所以，CIS 手册其实就是一本完整、详细的 CIS 实施指南。

组织 CIS 手册包括以下五部分内容。

（1）组织理念识别系统。此部分收录组织理念识别系统所策划的成果，具体有组织宗旨、组织精神、价值观念、方针政策、战略目标等项内容。

（2）组织行为识别系统。此部分收录组织各个部门、各种岗位上的全部行为规范和行为模式。这部分是组织开始沿着新轨道安全、有序、高效运行的全部制度和规程，必须使组织全体员工人手一份，并把这部分作为员工辅导、基本要素的组合系统以及应用要素等。

(3)组织视觉识别系统。此部分收录组织标识系统的全部内容，包括基本要素、附属基本要素、基本要素的组合系统以及应用要素等。

(4)组织综合感觉识别系统。此部分收录策划人员在组织信誉形象、道德形象、管理者形象、员工形象、经营环境形象等项目上的策划成果。

(5)组织信息传播识别系统。此部分收录组织在信息传播项目上的策划成果，主要分为真实、系统的信息、适用的媒介，艺术、科学的渠道，灵敏、快捷的反馈等内容。

组织 CIS 手册制订后，照例要求提交到 CIS 委员会审查通过。

(十)写作 CIS 宣言

CIS 宣言代表了一个组织在步入一个新的历史发展阶段时，向全社会发布的一次精神宣誓，是组织向社会公众，特别是目标市场消费者所做出的一次永久性的精神承诺。这一承诺将在今后漫长的经营管理过程中，作为一面镜子，检验组织的行为和形象。

CIS 宣言一般包括四个方面的内容：

(1)回顾组织所走过的历程。

(2)准确诠释组织经营理念。

(3)概括描述组织品牌的功能优势以及精神意义。

(4)详细说明组织标志含义。

CIS 宣言创作完成后，也是提交 CIS 委员会审查通过。

(十一)CIS 评估检查

组织导入、实施 CIS 以后，为了了解 CIS 是否达到预期目标，必须对实施中的 CIS 进行客观的评估，以便找出不足和问题，为 CIS 下一步的深入实施创造有利条件。CIS 实施效果评估工作，分为三个阶段进行：

(1)组织形象现状评价。

(2)组织形象现状调查与分析。

(3)组织形象现状修正与完善。

CIS 实施效果评估工作，必须在 CIS 委员会的直接指导和监督下进行。

第三节 企业广告管理

一、企业广告管理的概念和特征

企业广告管理是指企业依照国家法律、法规和行业规则，针对本企业实际情况制定的企业内部管理的规定，对自身设计广告的经营行为和宣传内容进行的管理。这种管理既有严格遵守国家法律法规的刚性约束，也有自觉遵守行业规则和职业道德规范的软性约束，由企业自行实施。

业广告管理具有两大典型特征：自然属性和社会属性。

1. 自然属性

它是从广告主的利益需求出发，以发挥广告效用提高广告效益为目的，把实现广告投入的受益最大化为追求目标；广告公司通过不断完善自身的用人制度、业务水平及服务水平，把实现经济利益最大化提高行业竞争能力为追求目标。

需要强调的是：广告经营管理具有明显的趋利性和自我维护性。它要求广告公司不断提高自身的业务水平和管理水平，充分利用各种广告技术手段，以保证广告主广告目标和广告公司自身经营目标的实现。

2. 社会属性

主要强调广告作为一种社会表现形态，不仅是企业追求利益的手段，也是社会经济发展的组成因素，必须要从社会经济和大众文化等多重因素的有序和协调中加以规范，广告既要保证广告主和广告经营者的利益，同时也要保证整个社会大众的利益。

二、企业广告效果的管理原则

企业广告管理的核心是广告效果管理。企业所投放广告究竟能否达到预期目标？预期目标实现的程度如何？怎样的广告才能达到事先预期的目标？这些问题归结起来就是广告效果问题，也是企业和广告制作者最关心的问题。因此，对广告效果的管理是整个广告活动中最重要的环节之一，企业应该采取科学的方法加强对广告效果的管理。

企业在决定对广告进行投入之前，首先要对广告有一个目标性的预计，希望广告发布之后能够达到什么样的宣传效果。例如，广告播出后，企业产品的销售额是否有明显的增长，这种品牌在消费者印象中的排序是否会有所提高，是否能够在特定的区域市场中占据更多的销售份额等。

对这些目标性的预计进行具体的量化之后，企业就能够根据自身的资源情况制定相应的广告计划了。一旦目标和计划都明确之后，对广告效果的管理原则也就自然明确了。因此，广告效果的管理原则就是以目标和计划为基础实施管理。

三、企业广告效果管理的过程

广告效果的整个管理过程可以分为事先预测、过程控制和阶段评价三个阶段。其中，事先预测尽管很难，但只要抓住一些关键因素就能有较高的把握。事先预测在广告效果管理过程中所占的比例很大，事先预测做得越好，过程控制和阶段性评价的工作量就越小。因此，事先预测的程度反映了广告投入前的准备程度。

（一）广告效果的事先预测

广告效果的事先预测就是在广告正式发布之前对广告效果的测定。这种测定是在人为环境下进行的，测试的对象都是与广告作品首次接触的消费者群体，其测定目的在于了解人们对广告产品各方面的反映，及时修改以避免广告传达信息的方向性错误。

1.影响企业广告效果的事先预测的内部因素

对广告效果进行预测，虽然行之有效，但必须注意：由于测定的环境是人为的，受测者被动地接受广告，并且有意识地对广告加以分析理解。因此，广告预测时要全面考虑到各种因素的影响。在企业内部，需要考虑的因素主要分为五个方面。

（1）策略。企业的策略决定了企业要做什么、怎么做，是方向性的指导方针。无论广告预期要播出多长的时间，它总是随着企业策略的不同阶段，相应地改变其表现形式和投放的内容。因此，广告的投入和运行与企业的广告策略配合程度越精密，那么广告效果就会越好。

（2）目标。每一个企业都希望能够长期经营下去，因此，广告都是为企业的总体策略和目标服务的。每一个广告都要有具体的目标，通过这些目标的实现，逐个阶段地构成整个经营目标。例如，短期的广告有阶段性的目标，年度广告有年度的总体目标。

（3）概念。概念是紧密连接产品特性和消费者需求的桥梁，大多数消费者对产品的构成、工作原理等信息基本上一窍不通，这就需要通过广告概念来实现沟通。

因此，广告向公众展示了什么样的概念也是事先预测广告效果时必须考虑的重要因素之一。

(4)投资。一般说来，广告的创意、制作和发布都需要一笔数额不小的投资。为了确保投入资金后能够收到应有的广告效果，企业必须在每一个阶段针对某些产品、区域市场和某一类消费者群体，考虑进行何种规模的投资。

(5)系统能力。企业的系统能力也是广告效果预测所要考虑的内部因素之一。为了收到良好的广告效果，企业要有一整套完善的营销体系、销售计划、一定的品牌推广策略和渠道设计，以及一定的销售鼓励政策。这些系统能力的配合情况直接构成了广告效果，决定了整个广告投入质量的好坏。

2.影响企业广告效果事先预测的外部因素

企业的很多经营活动是在企业外部开展的，外部影响因素更为复杂，因此，在不可控因素的基础上实施广告效果的管理和控制，是一项非常困难的工作。这时候考虑问题的立足点就应该放在企业外部，从信息接收者或消费者的角度进行换位思考。

从企业外部进行思考时涉及的因素主要由六个方面构成：目标、环境、创意、媒体、投资和服务。

(1)目标。目标消费群体是最为重要的外部因素。企业在进行广告投入之前，要清楚地知道预备将产品卖给哪些人，要对目标消费群体有一个非常准确的描述，具体包括：人员、年龄、职业、兴趣爱好、为产品或服务支付的成本，以及他们的信息通路等各方面的内容。

(2)环境。广告效果预测所需考虑的第二个外部因素是消费者对环境的理解。因为消费者毕竟是生活在一定的时间和空间内的，特定的时间、空间和环境下，消费者会受到多种信息的影响，这些信息的影响就构成了传播环境。如果企业在谋划广告时没有考虑到传播环境因素，广告的效果就会受到重要影响。

例如某企业在完成了广告的创意和制作之后，为了检验广告的实际播出效果，特意进行了一番测试。他们将预计发布这个广告的电视台的前后各 15 条广告全部录制下来，并邀请了一些目标消费者前来观看广告。

当消费者一起看完这 30 条广告后，企业要求他们针对广告的冲击力和吸引程度等表现情况进行打分，并设计相应的表格来记录消费者的价值感受。通过这样的测试，企业对广告的效果就有了大致的了解，收到了良好的控制效果。

(3)创意。在创意方面，企业的广告负责人一般从业绩的角度进行考虑，而广告制作人员则更多地考虑广告的艺术效果。因此，广告的专业制作人员与企业的广告负责人很容易在广告创意方面产生冲突，双方对广告的表现形式往往无法获得一致的看法，很多制作人员因为企业的广告负责人否决了他们做好的广告创意而感到非常的懊恼，这就需要双方寻找一种能够被消费者所理解的概念来作为连接两种价值的纽带。

(4)媒体。企业在进行广告投入之前还需要考虑媒体的种类、时段、区域性和构成等问题，决定报纸、电视、广播等媒体手段的组合使用计划。此外，还应该以目标消费者的描述为基础，考虑上述各种媒体是否符合目标消费者的信息通路。

(5)投资。在企业内部因素中需要考虑投资，在企业外部因素中同样需要考虑对广告的投资。这两者的区别在于：在企业内部考虑投资是企业能够拿出多少资金来用于广告的投入，而在企业外部考虑的则是在特定的环境下投资是否能够对特定的目标消费群体发挥预期的作用。

(6)服务。企业所能够提供的服务的优劣与广告并没有必然的联系。很多企业做了广告之后，消费者或商业单位致电询问具体情况时，企业内部的员工竟然说不知道，如此难得的商业机会和信息沟通机会就被这样简单地应付掉了。因此，广告效果的好坏还受到服务能否有效跟进的影响。

(二)广告效果的过程控制

由于消费者的心理和商品市场总是处于不断变化的状态，而且影响的因素也很多，这就使得广告效果的过程控制变得非常困难。但是，随着商品经济的发展和广告理论的深入研究，广告效果的规律性必将逐渐被人们所认识。一般说来，可以从竞争特性、时间特性、积累特性和综合特性这四个基本方面来进行过程控制。

1.竞争特性

这里所说的竞争并不是对投资数额进行简单的比较，而是看重产品在目标消费者大脑中的排序或占有率。实际上，市场就在消费者的心中，消费者直接掌握着企业的命运。由于消费者的记忆容量和购买能力有限，为了能够在消费者的记忆容器中占据有利的竞争位置，企业应该从以下两个方面来赢得主动。首先，让消费者对品牌印象深刻。一般说来，消费者不会购买自己不知道的产品。因此，消费者购买某种产品的可能性，是由他头脑中是否有这种产品和品牌所决定的。当同类产品中出现多种选择时，消费者就会按照自己的意愿进行品牌排序，然后购买自己认为最好的商品。例如，在购买蔬菜时，消费者首选那些没有受到污染的环保产品，即绿色有机食品。其次，保持市场沸点，吸引消费者购买。既然消费者的记忆是有限的，购买的选择也是有限的，那么消费者购买哪一种产品往往取决于同一区域市场内不同企业的广告宣传效果。一般说来，企业对广告的投入越大，广告的创意越独特，广告的持续时间越长，那么就越容易形成所谓的市场沸点。需要注意的是，市场沸点是阶段性的，有可能在一段时间内很高，在另一段时间内却很低。

有一位营销大师曾经说过："消费者买的是商品，选的是印象。"产品和品牌在消费者大脑中的排序越靠前，消费者就越倾向于选择这种产品或品牌。

因此，企业在做广告时，要特别注意看清"沸点"，营造"沸点"，吸引消费者更多的注意力。

2. 时间特性

广告在传播过程中具有时间特性，这种时间特性是以传播规律和消费者的认知规律为基础的，会形成两种效果：绩效性和延迟性。其中，绩效性指的是广告播出后为企业带来的各种收益，延迟性是指广告活动的效果需要经过一段时间后才能够充分表现出来。

3. 积累特性

大多数广告通常不能立竿见影，其效果是逐渐累积而成的。如果没有"量"的累积就很难有效果的"真正体现"。可口可乐品牌价值接近 435 亿美元，这是 100 年来用同等甚至超过这一数目的广告费用累积起来的，而且会在相当长一段时间内起到提醒购买的作用。因此，广告效果的累积性表明企业不能过于急功近利和急于求成。

积累特性可以用两项指标来进行评价：市场地位和投入时间。在每一个历史时期，各类产品中总有一些充当领头羊的产品和品牌，但是经过别的企业和品牌的反复积累之后，就可能把原来领先的品牌替换出去。因此，企业必须保持创新，只有这样才能延长产品在市场上的生命周期，避免被消费者遗忘而淘汰出局。

4. 综合特性

广告效果的综合特性表现为以下三个方面。第一，促进销售，增加业绩。对于大多数中小型企业来说，进行广告投资的主要目的是宣传企业的产品，提高品牌的知名度，改善企业的公众形象。当有新产品进入市场时，企业希望通过广告向广大消费者传递信息，期望促进产品的销售，增加销售业绩。第二，延长产品在市场上的生命周期。有一部分企业做广告是为了延长产品在市场上的生命周期，延缓产品的衰退或者重新塑造产品形象，通过持续不断地广告，使产品在市场竞争中始终处于领先地位。有些广告不但推出新产品，还通过行销的支持对消费者形成一种态度的塑造，引导产品长期占据市场。第三，支持产品购买者在购买后的消费满足感。事实证明，很多消费者是受到了广告的吸引，尝试性地购买一件产品。任何人都希望做正确的事情并赢得公正和正确的评价，当他们在购买完产品后，特别希望能够得到更多的资料来证明自己的购买选择是正确的。因此,广告还有支持产品购买者在消费过程中获得必要满足感的作用。

(三)广告效果阶段评价

进行广告效果的阶段评价的目的是为了进一步地了解广告活动的传播效果和销售效果。由于产品的销售不仅受广告的影响,还受到产品的生产状况、市场竞争状况、产品本身的质量和价格、销售渠道、销售人员的素质等多种因素的影响,因此,对广告活动的评价不能单纯以销售量和利润来衡量,而必须结合生产、市场等多种因素的具体状况加以综合分析。

在广告效果的阶段评价中,经常会用到三个计算公式,即广告费比率、广告效果比率和广告效益公式。

广告费比率:即用每百元销售额所支出的广告费来衡量广告的效果。这个数值越小,广告效果越好。

广告效果比率:即用销售量的增量与广告费的增量之间的比率关系来测定广告的效果。其公式为:

$$广告效果比率=(销售量的增量/广告费的增量)\times 100\%$$

即

$$\Delta Q/\Delta P\times 100\%$$

由此可见,在广告费的增量不变的前提下,销售量的增量越大,广告的效果越好。在销售量的增量不变的前提下,广告费的增量越小,广告的效果越好。

广告效益法:即用每元广告费所对应的销售量增量来衡量广告的效果。显而易见,这个数值越大,广告的效果就越好。

如果要正确而有效地使用广告这种手段,企业就必须认识到销售是由营销体系和促销体系构成的。企业为社会提供某种产品或服务,就需要对消费者的需求进行评价和管理。同时,企业利用营销体系做一些宣传,帮助零售商来理解产品,进而作为企业产品概念的传递者直接与消费者沟通。

本章小结

企业公共关系,是指企业在运营过程中,有意识、有计划地与社会公众进行信息双向交流及行为互动的过程,以增进社会公众的理解、信任和支持,达到企业与社会协调发展的目的。公共关系在企业发展中发挥着重要的作用,具体表现在以下三个方面：树立企业信誉，建立良好的企业形象；搜集信息，为企业决策提供科学保障；协调纠纷，化解企业信任危机。

通过研究发现，我国企业公共关系实施结果并不理想，只要表现在以下几个方面：企业公共关系意识不强；公共关系传播力度不够；行业管理不规范；把公共关系与社交活动混为一谈。

企业公共关系的维护，应以企业文化为核心，建立企业公共关系体系；推行品牌经营战略；运用网络传播，发展新的公关媒介。企业公共关系危机的处理：树立危机意识和公关意识；建立危机预警机制和应对预案，提高危机公关能力；加强对公共关系危机的处理。

CIS 由 MI、BI、VI 三个方面组成。其核心是 MI，它是整个 CIS 的最高决策层，给整个系统奠定了理论基础和行为准则，并通过 BI 与 VI 表达出来。所有的行为活动与视觉设计都是围绕着 MI 这个中心展开的，成功的 BI 与 VI 就是将组织的独特精神准确表达出来。

CIS 导入的时机：组织建成或改制重组；组织推出新产品；组织创业周年纪念；活动领域扩大和产品结构多元化；开拓国际化经营；组织重要人事变动；提高组织知名度；扩大组织产品品牌差异性；重新塑造组织形象。

CIS 导入的程序为：建立 CIS 组织机构；组织内外部经营环境的诊断与调查；组织形象定位；建立组织理念识别系统；建立组织行为识别系统；建立组织视觉识别系统；建立组织综合感觉识别系统；建立组织信息传播识别系统；编制 CIS 手册；写作 CIS 宣言；CIS 评估检查。

企业广告管理是指企业依照国家法律、法规和行业规则，针对本企业实际情况制定的企业内部管理的规定，对自身设计广告的经营行为和宣传内容进行的管理。这种管理既有严格遵守国家法律法规的刚性约束，也有自觉遵守行业规则和职业道德规范的软性约束，由企业自行实施。

企业广告管理具有两大典型特征：自然属性和社会属性。

广告究竟能否达到预期的目标，是企业和广告制作单位都十分关注的问题。为此，对广告效果的事先预测、过程控制和阶段评价就显得十分重要。

案例分析

朗乐福品牌：2018 战略发布暨 Vintage 进口系列耀世发布

2018 年 3 月 15 日，“觉醒·谋局”2018 年朗乐福品牌战略发布暨 Vintage 新品发布会在顺德万怡酒店盛大举行。德国酷特·鲍总裁 Michael Bauer、酷特·鲍中国首席代表杜效衡女士等一行六人，与朗乐福全国各地 200 多名新老经销商齐聚一堂，共同见证 2018 年朗乐福德国原装进口 Vintage 艺术生活系列荣耀上市。

品牌战略发布会在朗乐福小伙伴们精彩热舞后拉开序幕，集团董事长黄董慷慨寄语："2018 年是充满挑战的一年，从思维到战略的转变与觉醒，将加速提升企业核心竞争力，只有应势而变，才能决胜未来。"

德国"工业 4.0"时代已来，未来睡眠将是"品质＋健康＋智慧"的全新生活方式，德国总裁 Michael Bauer 诠释了原装进口系列 Vintage 德国艺术生活美学的产品内涵："用严格德国工艺产品的品质，严苛的工艺标准，为全球消费者的睡眠健康'赋能'"!

德国原装进口系列 Vintage 新品发布环节，集团产品策划总监黄毅智在发布会中分享到 2018 年是家居行业机遇与威胁并存的一年，在新消费趋势下应对新需求的挖掘上，德系品牌朗乐福潜能巨大，更要应势而为，通过创新赋予产品更多价值，甚至超越使用价值，赋能品牌变革、引领消费升级。

赋能，策定乾坤！发布会上，深圳市朗乐福睡眠科技有限公司总经理韦江波先生详细发布了 2018 年朗乐福品牌战略，围绕全新的产品体系、全新的品牌战略、全新的 CIS 体系、全新的市场规划及全新的运营团队共五个维度进行了详细阐述，针对经销商遇见的问题一一解构，犀利如刀的观点，引起在座经销商的强烈共鸣。

同时，韦总宣布 2018 年朗乐福千万门店运营模式正式启动，现场与经销商签订朗乐福千万大店打造项目书，全面打响朗乐福 2018 年奋进的第一枪！

发布会上另一道亮丽的风景，朗乐福经销商发展委员会正式成立，未来携手同行！终端觉醒，工程赋能！朗乐福酒店工程总监韦总深度剖析"终端工程运营模式"，从项目切入到项目落地，让经销商拓展更多销售渠道，赋予终端更多销售能量！

觉醒，当谋大局！深圳市朗乐福睡眠科技有限公司副总经理孙鹏程先生，解读 2018 年度朗乐福招商政策与加盟商机，他诙谐幽默的发言引发现场阵阵掌声，至情至性的孙总谈起加入朗乐福家庭缘由，分享的小故事让大家动容，情到深处潸然泪下，源于对朗乐福进入中国 16 年来对品质的坚持和执着而感动。

当晚 2018 年朗乐福答谢晚宴暨 2017 年朗乐福年度颁奖盛典，在德国乐队的美妙音乐中愉悦地拉开了帷幕，朗乐福公司领导和各位与会的尊贵嘉宾共同举杯，寄予更多美好祝愿，共同描绘朗乐福更美好的明天。

1882 年德国厄奥，Alwin Bauer 创建了"Curt Bauer(酷特·鲍)"品牌，以"专注、标准、精确、完美、秩序"为其制造的理性工具。2017 年，因 15 年的持续合作，酷特·鲍公司与广东美梦思床具有限公司正式升级为永久战略合作伙伴关系。目前,Long Life Basics 朗乐福在中国大陆建立了超过300人的高效营销团队,拥有350家专卖店,有超过100万个家庭在使用朗乐福产品。

绽放全新面貌,拥抱全新视界,迎接全新旅程。2018年,朗乐福将不忘初心,全力以赴,为消费者提供高质量的睡眠解决全案。

问题:

1. 结合案例分析一下CIS导入的最佳时机是什么时候?
2. 结合案例总结CIS导入的程序有哪些?

思考题

1. CIS的定义及识别要素有哪些?
2. 简述企业公共关系的概念及特征。
3. 简述企业广告效果管理的三个阶段。

参考文献

范方舟.实用公共关系.超星阅览，2007,8.
方世敏,洪建新.公共关系实务.武汉:华中理工大学出版社,2002.
方宪轩.公共关系学教程.6版.杭州:浙江大学出版社,2001.
傅琼.实用公关与礼仪.北京:中国人民大学出版社,2004.
郭芳芳.公共关系学教程.上海:上海财经大学出版社,2003.
郭文臣,姜园华.公共关系原理与实务.大连:大连理工大学出版社,2000.
管玉梅.公共关系学.2版.北京:机械工业出版社,2018.
何春晖,彭波.现代社交礼仪.杭州:杭州大学出版社,1997.
胡百精.公共关系学.2版.北京:中国人民大学出版社,2018.
胡苗苗,胡柳.公共关系学.武汉:武汉大学出版社,2017.
纪华强.公共关系的基本原理与实务.北京:高等教育出版社,2006.
纪华强,杨金德.公共关系的基本原理与实务.厦门:厦门大学出版社,2003.
蒋春堂.公共关系学教程.武汉:武汉大学出版社,2003.
居延安.公共关系学.5版.上海:复旦大学出版社,2013.
李道平,等.公共关系学.北京:经济科学出版社,2000.
李济中.公关语言学.北京:北京工业大学出版社,1998.
李剑锋.组织行为管理.北京:中国人民大学出版社,2003.
李健荣,王克智.现代公关理论与实践.北京:高等教育出版社,2000.
李喜民,孟顺英.应用写作.北京:中国农业大学出版社,2005.
李兴国.公共关系学.北京:中国人民大学出版社,2004.
李元授.交际礼仪学.武汉:华中科技大学出版社,2007.
郎群秀.公共关系学.2版.北京:科学出版社,2012.
廖为建.公共关系学.北京:高等教育出版社,2000.
吕维霞.案说公共关系.北京:对外经济贸易大学出版社,2002.
孟庆耘.公共关系理论与实务. 超星阅览,2007,8.

(美)卡特里普,等.公共关系教程.明安香,译.北京:华夏出版社,2001.
(美)弗雷泽·P.西泰尔.公共关系实务.13 版.潘艳丽,吴秀云,译.北京:清华大学出版社,2017.
欧阳周,陶琪.实用公共关系学.长沙:中南大学出版社,2001.
蒲永川.公关写作艺术.成都:四川大学出版社,1992.
舒永久,房桂芝.公共关系理论与实务.北京:中国农业大学出版社,2008.
舒永久,房桂芝,郝卯亮.公共关系理论与实务.2 版.北京:中国农业大学出版社,2011.
東亚弟,张敏.公共关系学.北京:机械工业出版社,2016.
陶应虎,顾建平,吴静,等.公共关系原理与实务.3 版.北京:清华大学出版社,2015.
王继志.公关写作学.南京:南京大学出版社,1988.
王敏彦,何惠星.公共关系学.北京:警官教育出版社,2000.
魏南滨.公共关系写作.海口:南海出版公司,1993.
吴军.公共关系理论与实务.北京:经济日报出版社,1995.
肖北婴.现代公共关系学新编.北京:北京工业大学出版社,2003.
肖辉.实用公共关系学.北京:北京大学出版社,2005.
谢虹光.实用公关写作.北京:中国经济出版社,1995.
熊源伟.公共关系学.合肥:安徽人民出版社,1997.
叶茂康.公共关系写作教程.上海:复旦大学出版社,2013.
姚曦,黎明.互联网时代公共关系的理论与实践.北京:中国建筑工业出版社,2017.
姚惠忠.公共关系理论与实务.2 版.北京:北京大学出版社,2011.
于明.礼仪全书.北京:国际文化出版公司,1993.
余明阳.公共关系学.广州:广东高等教育出版社,1999.
袁凯锋,刘敏.公共关系学.沈阳:东北大学出版社,2004.
曾琳智.新编公关案例教程.上海:复旦大学出版社,2006.
张百章,何伟祥.公共关系原理与实务.大连:东北财经大学出版社,2002.
张灿.新编公文写作技巧与标准范例.北京:蓝天出版社,2004.
张何英.现代公共关系学.北京:首都经济贸易大学出版社,2008.
张克非.公共关系学.北京:高等教育出版社,2001.
张克非.公共关系学.3 版. 北京:高等教育出版社 ,2014.
张秀英.公共关系学概论.超星阅览,2007,8.
赵晓兰,等.最新公共关系学教程.北京:经济管理出版社,2001.

郑逸芳，纪新青．公共关系学．北京：中国农业出版社，2007.
中国国际公共关系协会．最佳公共关系案例．合肥：安徽人民出版社，2006.
钟敬文．中国礼仪全书．合肥：安徽科学技术出版社，2000.
周安华，苗晋升．公共关系理论、实务与技巧．北京：中国人民大学出版社，2007.
周安华．公共关系——理论、实务与技巧．5版．北京：中国人民大学出版社，2016.
周裕新．公关写作艺术．上海：同济大学出版社，2003.

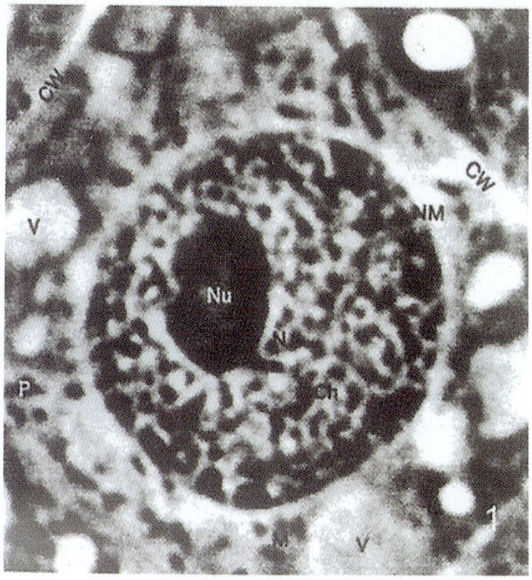

光镜下植物细胞剖面

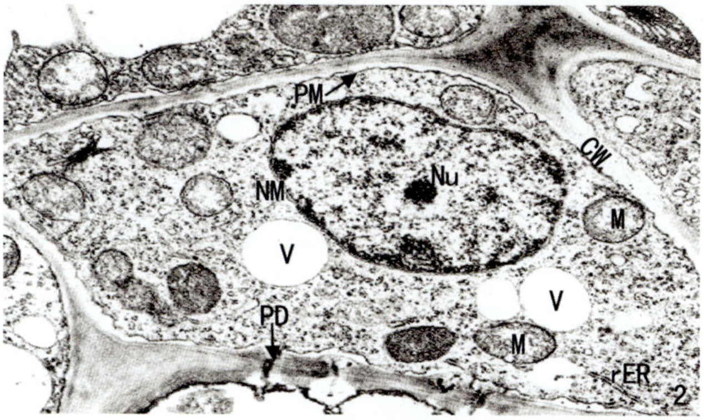

透射电镜下植物细胞剖面

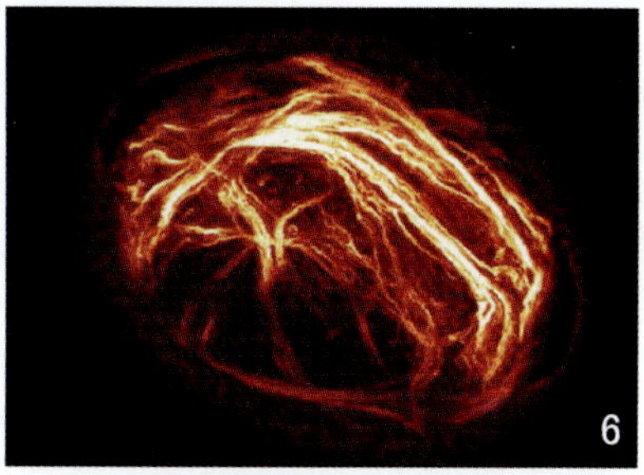

百合花粉内微丝骨架

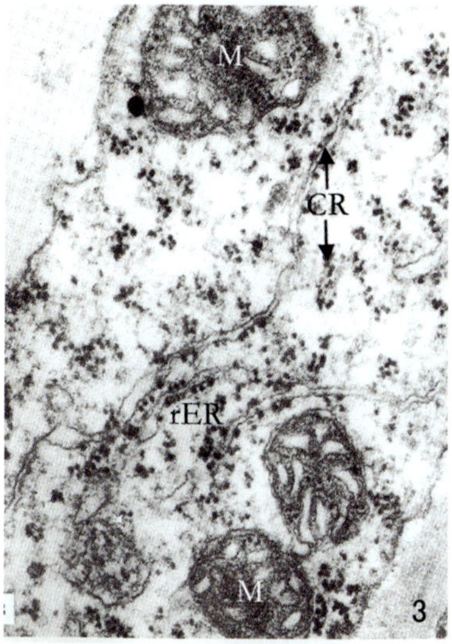

透射电镜下线粒体及粗糙型内质网

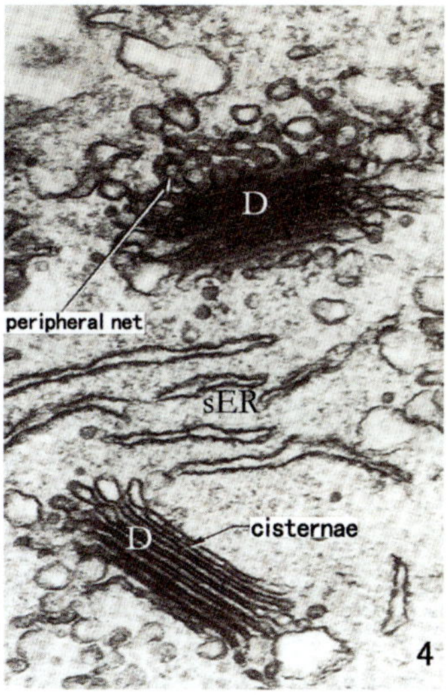

高尔基体及光滑型内质网

洋葱根尖分生细胞（中期）微管骨架

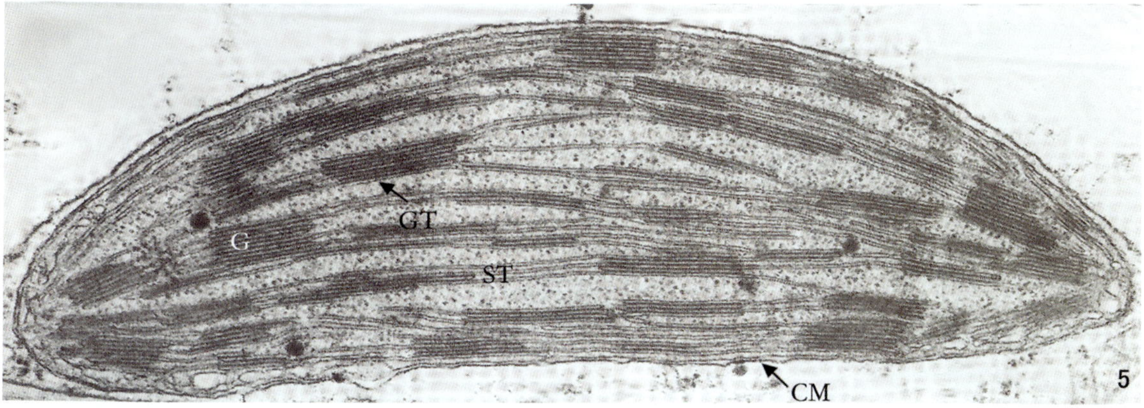

透射电镜下的叶绿体

彩插 2

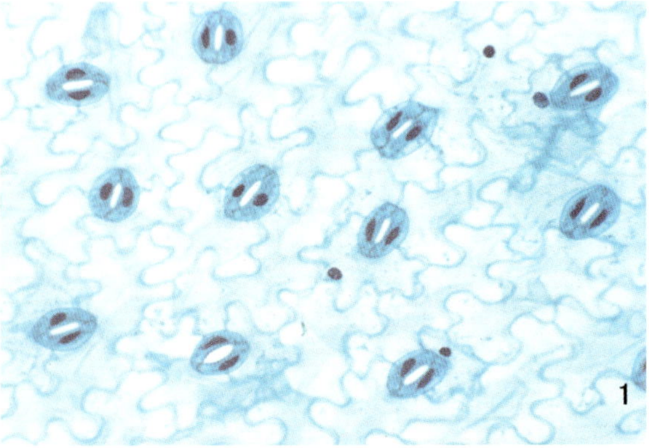

光镜下蚕豆叶下表皮

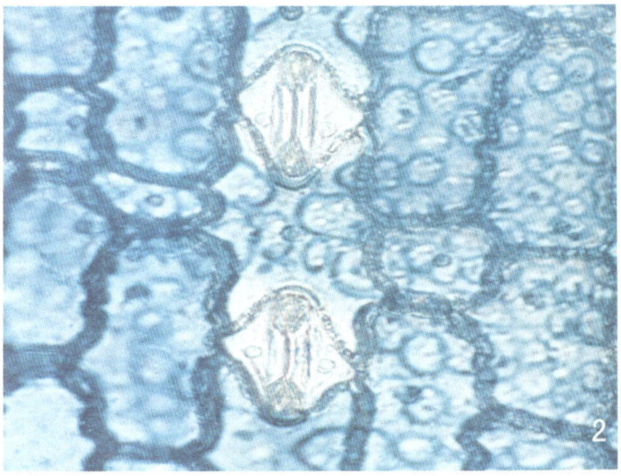

光镜下玉米叶表皮

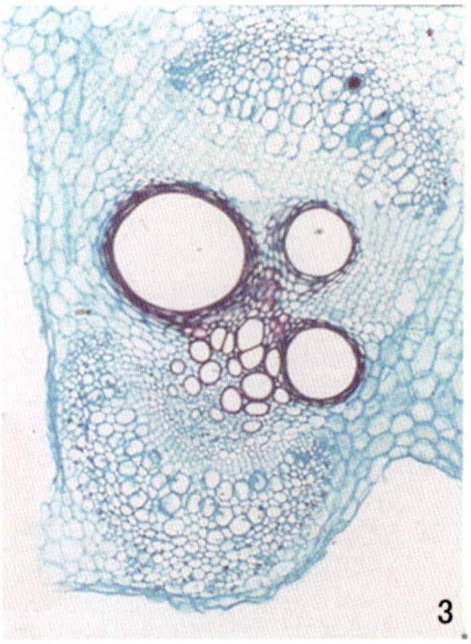

南瓜茎中双韧无限维管束

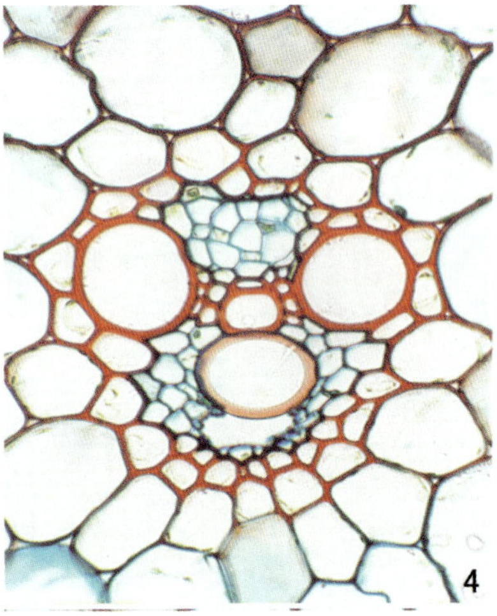

小麦茎中外韧有限维管束

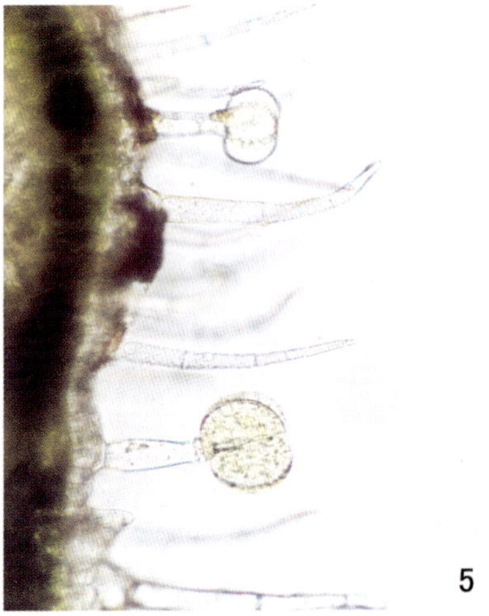

番茄茎表面的腺毛及表皮毛

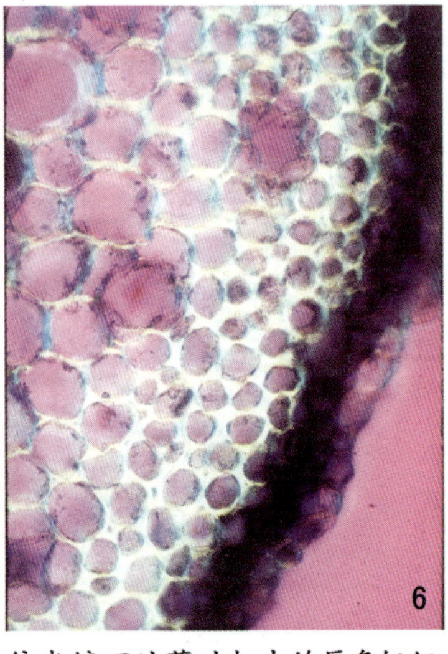

偏光镜下甘薯叶柄中的厚角组织

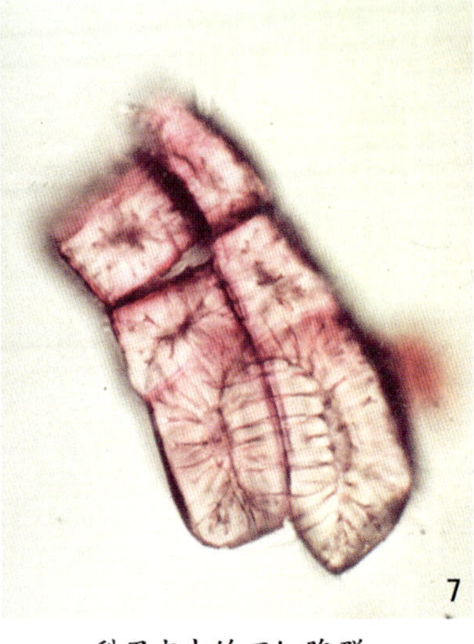

梨果肉中的石细胞群

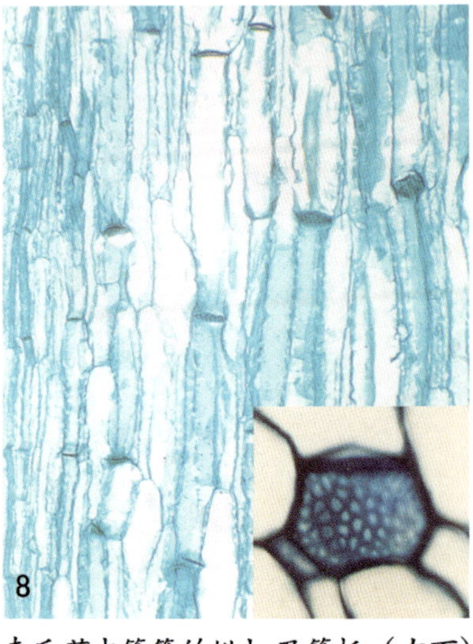

南瓜茎中筛管的纵切及筛板（右下）

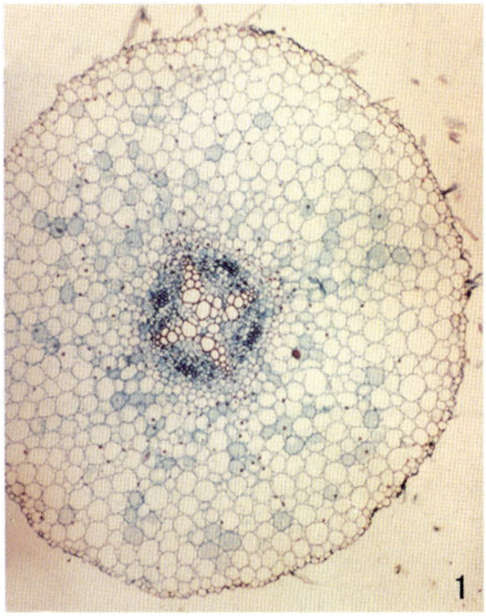

蚕豆（双子叶）根初生结构横切面

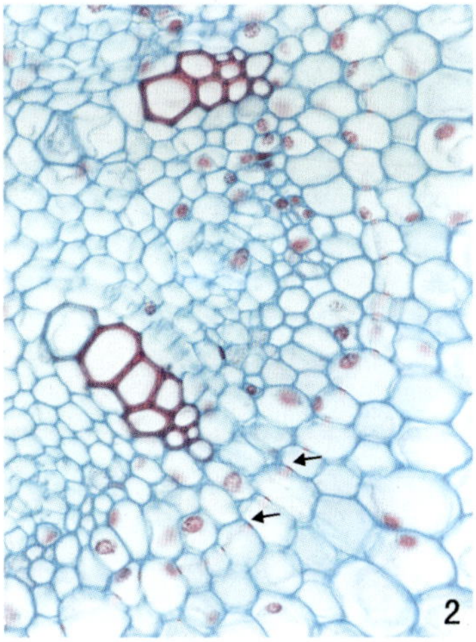

蚕豆初生根横切示内皮层凯氏点

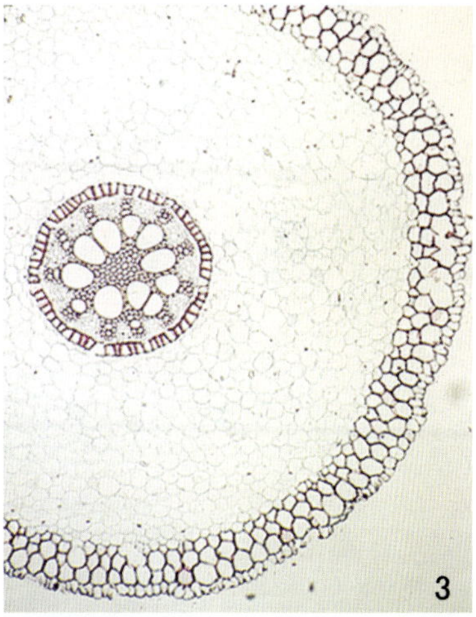

鸢尾（单子叶）根横切示初生结构

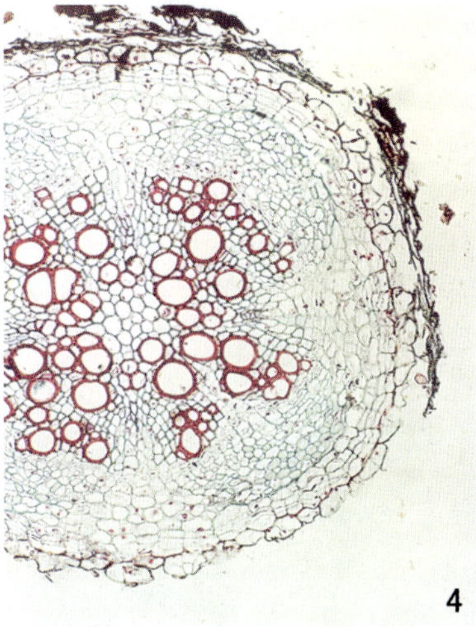

花生（双子叶）根次生结构横切面

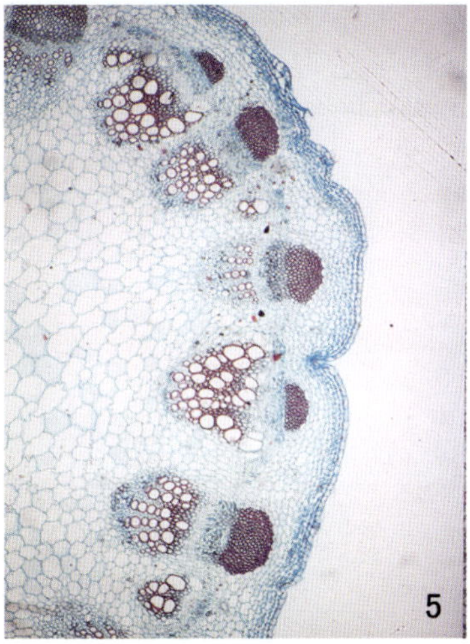

向日葵（双子叶）茎初生结构横切面

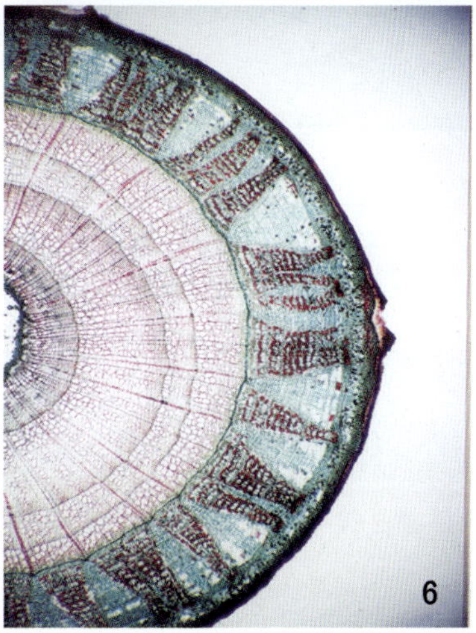

椴树（双子叶）茎次生结构横切面

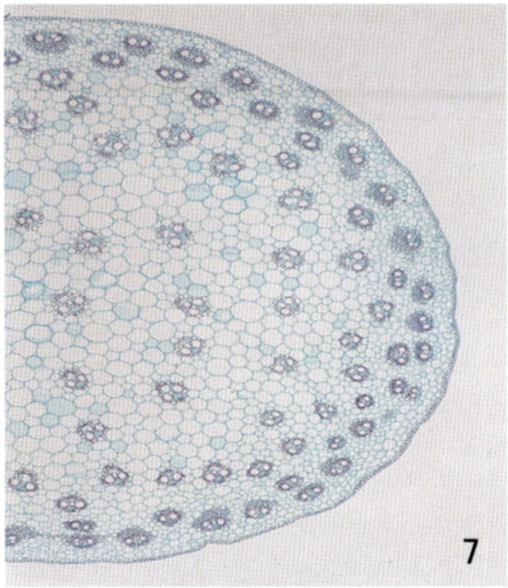

玉米（单子叶）茎初生结构横切面

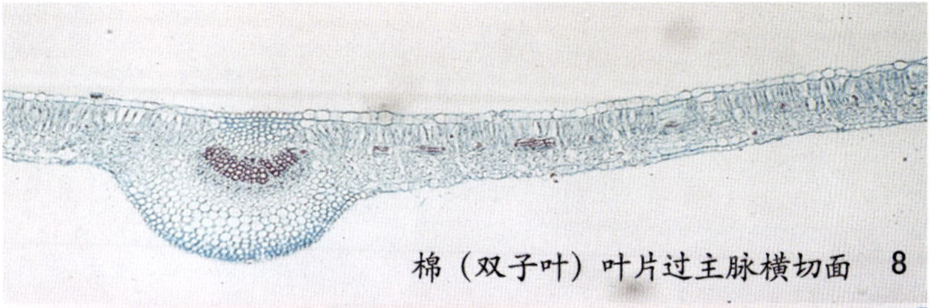

棉（双子叶）叶片过主脉横切面

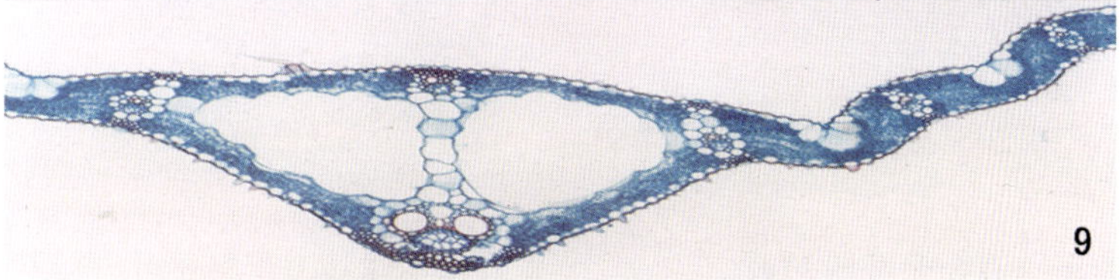

水稻（单子叶）叶片过主脉横切面

彩插 4

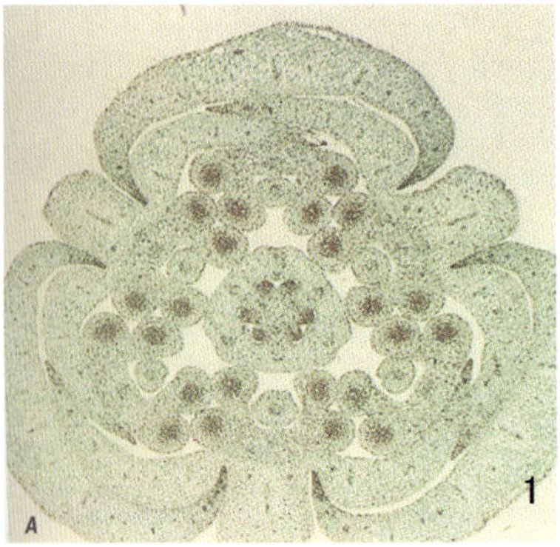

百合花芽横切面

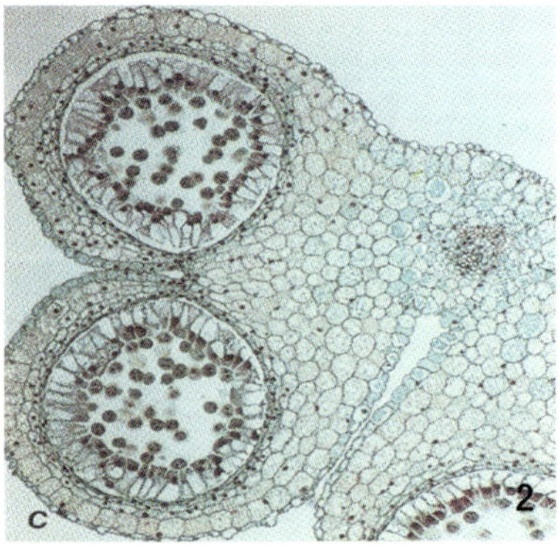

百合幼嫩花药横切面（部分）

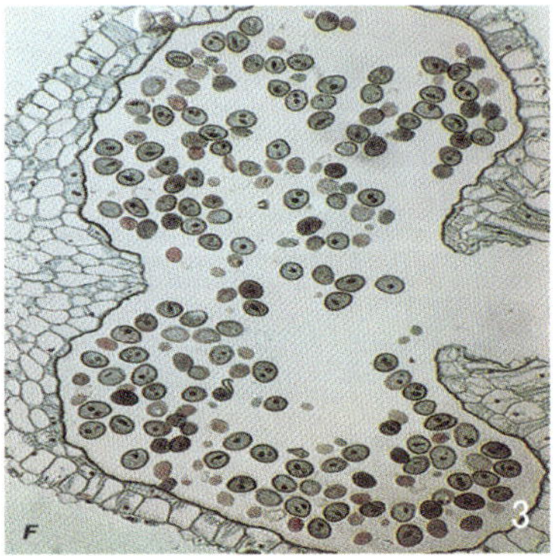

百合成熟花药横切面（部分）

扫描电镜下的黄瓜花粉粒

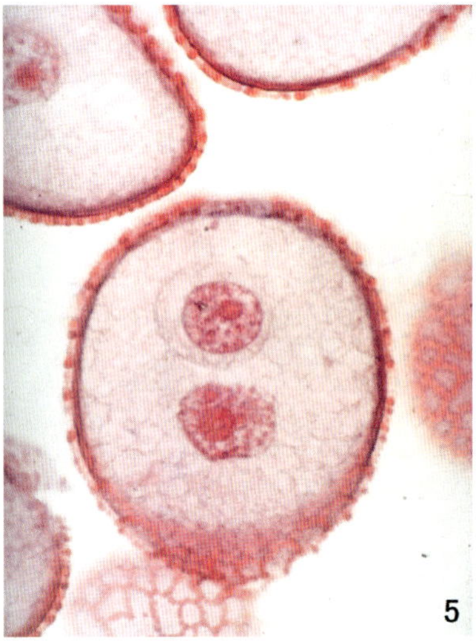

百合的 2- 细胞型花粉

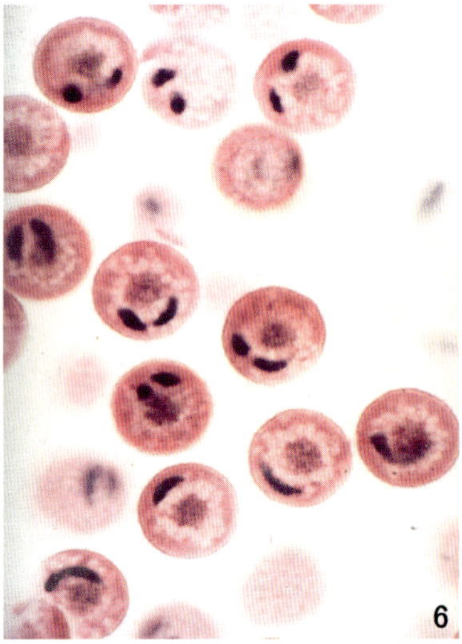

慈姑的 3- 细胞型花粉

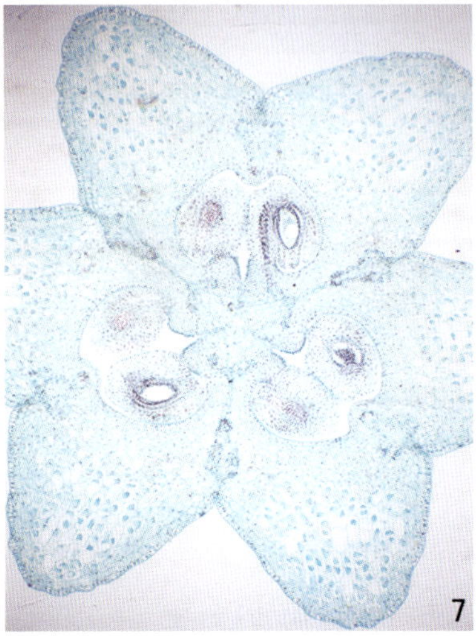

百合子房横切面

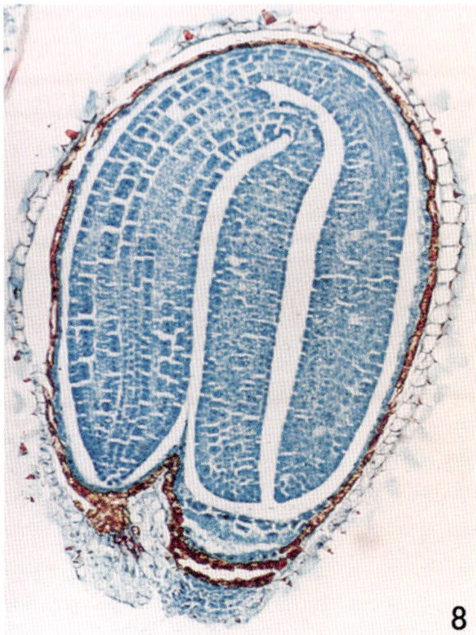

荠菜胚珠纵切面示双子叶胚结构

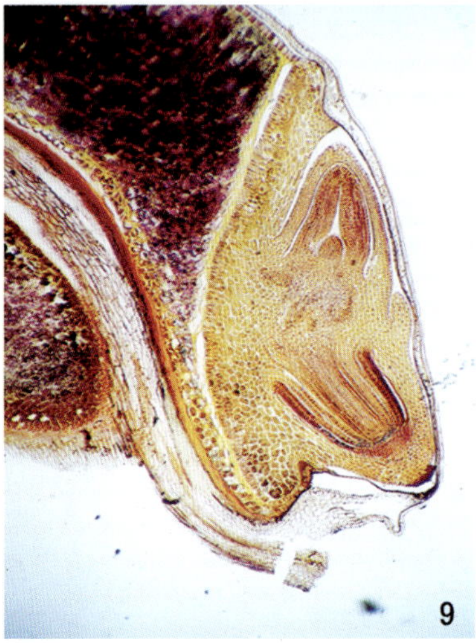

小麦颖果纵切面示单子叶胚结构